# जंगल के जीव-जन्तु

आर्य प्रकाशन मंडल

गांधीनगर, दिल्ली

# आभार

इस पुस्तक का प्रणयन **बेदी फ़िल्म्स** के आर्थिक सहयोग से हुआ है। इसके संचालक नरेश बेदी और राजेश बेदी का मैं आभारी हूं।

पुस्तक की प्रेस कॉपी तैयार करने के लिए **बेदी शोध संस्थान** में कार्यरत स्टाफ़ — भूपसिंह व सतनाम सिंह भाटिया (सहायक सम्पादक), राजकुमार लोहिया (आर्टिस्ट), दिनेश उप्रेती (प्रूफ रीडर) और संजय कुमार (कम्प्यूटर ऑपरेटर) ने अथक श्रम किया है। उनके सहयोग के लिए आभार प्रकंट करता हूं।

**रामेश बेदी**

# विषय सूची

एक

# मोक्ष दिलाने वाला जीव : हिरन

पुरातत्त्व की साक्षियों से ज्ञात होता है कि पाँच हज़ार साल पहले सिन्धु घाटी के लोगों का एक सर्वोच्च देवता था। हाथी, गेंडा, जंगली भैंस जैसे शाकाहारी तथा शेर

चित्र 1 पशुपतिनाथ की चौकी के नीचे हिरन

जैसे माँसाहारी पशु उसके अधीन थे। आधुनिक पुरातत्त्वविद् उसे महिषमुण्ड देवता या पशुपतिनाथ कहते हैं। प्राचीन ऋषियों के आश्रम में पल रहे हिरनों के समान

पशुपतिनाथ के आश्रम में हिरन निर्भय विचरते थे। खुदाई से प्राप्त एक मुद्रा में पशुपति की चौकी के नीचे दो बेफ़िक्र हिरन खड़े हुए दिखाए गए हैं।

मोहेंजो-दड़ों की खुदाई से मिली तीन पहलू वाली एक मुद्रा छाप के एक पार्श्व पर विशाल देवद्रुम बनाया गया है। इसके पत्तों को पिछली टाँगों के बल खड़े होकर महिषमुण्ड देवता के कृपापात्र दो हिरन आनन्द से चर रहे हैं।

चित्र 2 देवद्रुम को चरते हुए हिरन

मौर्य काल के चाँदी के एक सिक्के पर हिरन बनाया गया है।

## गोद में हिरन की धुँधली छाया

उजले चाँद पर जो काला धब्बा नज़र आता है उसे न जाने कब से हिरन समझा जाता रहा है। इस लोकमान्यता के कारण संस्कृत काव्यों में चाँद को मृगाङ्क कहते रहे हैं। इस शब्द का अर्थ है —हिरण (मृग) जिसकी गोदी (अङ्क) में है। एक दिन राजा अज अपनी रानी इन्दुमती के साथ नगर के उपवन में सैर कर रहे थे। उस समय स्वर्ग के फूलों से गुँथी हुई माला रानी इन्दुमती के स्तनों के बीच में गिर पड़ी थी, जिससे वह मर गई थी। राजा अज ने उसे गोदी में लिटा लिया था। वे सवेरे के उस चाँद के समान दिखाई दे रहे थे जिसकी गोद में हिरन की धुँधली छाया नज़र आती है :

**समलक्ष्यत बिभ्रदाविलां मृगलेखामुषसीव चन्द्रमा: ॥**

रघुवंश, सर्ग 8; 42.

## मृगछौनों के नाभिनाल ऋषियों की गोदी में सूखते हैं

वरतन्तु के शिष्य कौत्स ऋषि गुरु-दक्षिणा के लिए धन माँगने रघु के पास

अयोध्या में आते हैं। रघु ने उनका कुशल मंगल जानते हुए पूछा था कि हिरनियों के वे छोटे-छोटे बच्चे तो कुशल से हैं जिन्हें ऋषि लोग बड़े प्यार से गोदी में बिठाकर खिलाते हैं। जिनकी नाभि का नाल ऋषियों की गोद में ही सूखकर गिरता है और जिन्हें ऋषि लोग यज्ञ के लिए बटोरी हुई कुशा को भी खाने से नहीं टोकते :

**क्रियानिमित्तेष्वपि वत्सलत्वादभग्नकामा मुनिभिः कुशेषु।**
**तदङ्कशय्याच्युतनाभिनाला कच्चिन्मृगीणामनघा प्रसूतिः॥**

रघुवंश, सर्ग 5 ; 7.

महर्षि वशिष्ठ के आश्रम में राजा दिलीप शाम को पहुँचे थे। बहुत-से मृग वहाँ आश्रम में पर्णकुटियों के दरवाज़ों को रोककर खड़े हुए थे। ऋषि-पत्नियाँ अपने बच्चों के समान इन्हें भी नीवार के दाने खिलाया करती थीं :

**आकीर्णमृषिपत्नीनामुटजद्वाररोधिभिः।**
**अपत्यैरिव नीवारभागधेयोचितैर्मृगैः॥**

रघुवंश, सर्ग 1; 50.

धूप में सुखाने के लिए जो नीवार धान बिखेरा गया था, दिन छिपते ही उसे समेटकर कुटियों के आँगन में ढेर लगा दिया गया था। कुछ आँगनों में अनाज के इन ढेरों के साथ ही बैठे हुए मृग आराम से जुगाली कर रहे थे :

**आतपात्ययसंक्षिप्तनीवारासु निषादिभिः।**
**मृगैर्वर्तितरोमन्थमुटजाङ्गनभूमिषु॥**

रघुवंश, सर्ग 1; 52.

जौ खिलाकर पाला हुआ हिरन पुष्ट नहीं होता।

**यद्धरिणो यवमत्ति न पुष्टं पशु मन्यते।**

यजुर्वेद, अध्याय 23 ; 30.

## आश्रमों की शोभा—हिरन

गन्धमादन पर्वत पर शिव और पार्वती हनीमून मनाने चले गए थे। साँझ की चहल-पहल की तरफ़ इशारा करते हुए शिव अपनी नई ब्याही पत्नी को दिखाते हैं—

देखो, पर्ण-कुटियों के आँगन में आते हुए हिरनों से, हरे-भरे पौधों से, लौटकर आती हुई सुन्दर दुधारू गायों से और हवन की जलती हुई अग्नि से ये आश्रम कैसे सुहावने लग रहे हैं :

**आविशद्भिरुटजाङ्गणं मृगैर्मूलसेकसरसैश्च वृक्षकैः।**
**आश्रमाः प्रविशदग्रधेनवो बिभ्रति श्रियमुदीरिताग्नयः॥**

कुमारसम्भव, सर्ग 8 ; 38.

रघुकुल में देवानीक नामक एक राजा हुए, वे बड़े मधुरभाषी थे। मीठी बोली में ऐसा असर होता है कि एक बार डराए हुए हिरन भी वश में हो जाते हैं :

**सकृद्विविग्नानपि हि प्रयुक्तं माधुर्यमीष्टे हरिणान् ग्रहीतुम्॥**

रघुवंश, सर्ग 18 ; 13.

राम और लक्ष्मण को लेकर विश्वामित्र जब अपने आश्रम में पहुँचे तब तपोवन के मृग मुँह उठाकर उन्हें देख रहे थे :

**आससाद मुनिरात्मनस्ततः शिष्यवर्गपरिकल्पितार्हणम्।**
**बद्धपल्लवपुटाञ्जलिद्रुमं दर्शनोन्मुखमृगं तपोवनम्॥**

रघुवंश, सर्ग 11; 23.

इसी तरह रावण की बहिन कुम्भीनसी के बेटे लवणासुर को मारने के लिए जाते हुए शत्रुघ्न वाल्मीकि ऋषि के आश्रम में ठहरे थे। वहाँ के मृग उनके रथ की आवाज़ को बड़ी उत्कण्ठा से सुन रहे थे :

**रथस्वनोत्कण्ठमृगे वाल्मीकीये तपोवने॥**

रघुवंश, सर्ग 15; 11.

रावण जब सीता को चुरा ले गया था तब वे जंगल के वृक्ष-लताओं और जीवों से उसका अता-पता पूछते थे। कुशा घास के नए फूटे हुए अङ्कुरों को खाती हुई हिरनियाँ दक्षिण दिशा की तरफ़ आँखें उठाकर सीता के जाने का मार्ग बताती थीं। उनकी बड़ी-बड़ी आँखों के पलक ऊपर उठे रहते थे :

**मृग्यश्च दर्भाङ्कुरनिर्व्यपेक्षास्तवागतिज्ञं समबोधयन्माम्।**
**व्यापारयन्त्यो दिशि दक्षिणस्यामुत्पक्ष्मराजीनि विलोचनानि॥**

रघुवंश, सर्ग 13; 25.

## हिरन राम की यशोगाथा सुनते थे

तमसा नदी के किनारे वाल्मीकि के आश्रम में पहुँचकर सीता को जब पता चला कि राम ने उसका परित्याग कर दिया है तब वे दहाड़ मारकर रोने लगीं। उसे सुनकर हिरनियों के मुख से दर्भ घास के कौर गिर पड़े :

**सा मुक्तकण्ठं व्यसनातिभाराच्चक्रन्द विग्ना कुररीव भूयः॥**
**नृत्यं मयूराः कुसुमानि वृक्षा दर्भानुपात्तान्विजहुर्हरिण्यः।**

रघुवंश, सर्ग 14 ; 68 -69.

साँझ हो जाने पर आश्रम के हिरन चुपचाप वेदी को घेरकर बैठ गए :

**सायं मृगाध्यासितवेदिपार्श्वं स्वमाश्रमं शान्तमृगं निनाय।**

रघुवंश, सर्ग 14 ; 79.

कुछ समय बाद वहाँ रहते हुए सीता ने लव और कुश को जन्म दिया। बड़ा हो जाने पर इन बच्चों को वाल्मीकि ऋषि ने राम की यशोगाथा के गीत गाना सिखा दिया। आश्रम के मृग इनके गीतों को चुपचाप सुना करते थे। आश्रम के सुख-दुःख दोनों में हिरन शामिल होते थे :

**मैथिलीतनयोद्गीतनिःस्पन्दमृगमाश्रमम्।**

रघुवंश, सर्ग 15 ; 37.

## बाबर की मृगवाटिका

भारत में मुग़ल शासन की स्थापना करने वाले बाबर की प्रिय हौबी बाग़बानी थी। अपने प्रतिद्वन्द्वियों से युद्ध में जूझते हुए उसे जब भी अवकाश मिलता वह सुन्दर बग़ीचों का निर्माण कर देता था। 1513 के शुरू में उसने काबुल में दस बग़ीचे बनाए जिनमें से एक में पालतू हिरन रखे थे। इसका नाम बाग़-इ-आहू-ख़ाना था। आहू शब्द फ़ारसी का है, जिसका अर्थ हिरन है। प्रतिकूल मौसम की मार से बचने के लिए हिरनों को यहाँ मकानों (आहू-ख़ाना) में संरक्षण दिया जाता था।

## मोक्ष दिलाने के लिए

हिरनों के साथ रहना मोक्ष-प्राप्ति में सहायक माना जाता था। बुढ़ापा आने पर धर्मात्मा नल ने उत्तर कौशल का राज्य अपने बेटे नभ को सौंप दिया था और स्वयं जंगलों में जाकर मृगों के साथ इसलिए रहने लगे थे कि देह को बार-बार बन्धन से मुक्ति मिल जाए :

**तस्मै विसृज्योत्तरकोशलानां धर्मोत्तरस्तत्प्रभवे प्रभुत्वम्।**
**मृगैरजर्यं जरसोपदिष्टमदेहबन्धाय पुनर्बबन्धः॥**

रघुवंश, सर्ग 18 ; 7.

जैन धर्म में हिरन शान्ति के देवता का वाहन माना गया है। बौद्धों की पौराणिक कथाओं में यह निःस्वार्थता का प्रतीक दिखाया गया है। एक पौराणिक कथानक में हिरन धर्म का उपदेश देता है, और इस प्रकार महान् गुरु का प्रतीक बन गया है।

पुष्पक विमान पर आते हुए गोदावरी से आगे शातकर्णी ऋषि का पञ्चाप्सर नामक क्रीड़ा-सरोवर राम ने सीता को दिखाया था। किसी समय ये महर्षि तपस्या करते समय हिरनों के साथ केवल कुशा घास के अङ्कुरों को खाकर निर्वाह किया करते थे। ऐसी घोर तपस्या को देखकर इन्द्र को डर लगा कि कहीं ये मेरी गद्दी ही न छीन लें। इनका तप डिगाने के लिए इन्द्र ने एक साथ पाँच अप्सराओं का जाल इन पर फेंका और ये बेचारे फँस गए :

**एतन्मुनेर्मानिनि शातकर्णेः पञ्चाप्सरो नाम विहारवारि।**
**आभाति पर्यन्तवनं विदूरान्मेघान्तरालक्ष्यमिवेन्दुबिम्बम्॥**
**पुरा स दर्भाङ्कुरमात्रवृत्तिश्चरन्मृगैः सार्धमृषिर्मघोना।**
**समाधिभीतेन किलोपनीतः पञ्चाप्सरोयौवनकूटबन्धम्॥**

रघुवंश, सर्ग 13 ; 38-39.

गोदावरी से आगे राम ने सीता को तप करते हुए सुतीक्ष्ण ऋषि दिखाए थे। वे चार अग्नियों के बीच में बैठे हुए सूर्य को एकटक देख रहे थे। राम का पुष्पक विमान उनके ऊपर से गुज़रता हुआ सूरज के समाने आ गया था। तब सुतीक्ष्ण ने राम को देखा और रुद्राक्ष की माला बँधी हुई अपनी दाहिनी बाँह उठाकर उनका स्वागत किया था, इसी हाथ से वे कुशा घास के सुई जैसे नोकीले पत्तों को काटा करते थे और इसी हाथ से वे हिरनों को खुजलाया करते थे :

**एषोऽक्षमालावलयं मृगाणां कण्डूयितारं कुशसूचिलावम्।**
**सभाजने मे भुजमूर्ध्वबाहुः सव्येतरं प्राध्वमितः प्रयुंक्ते॥**

रघुवंश, सर्ग 13 ; 43.

## वनों की शोभा

हिमालय में शिव जिस वन में तप कर रहे थे वहाँ मुनियों के तप की समाधि को डिगाने वाला और कामदेव का सहायक बनने का घमण्ड करने वाला वसंत अपना पूरा रूप खोलकर चारों ओर छा गया था। वहाँ के हिरन मद में चूर हो गए थे। उनकी आँखों में प्याल के फूलों की परागधूलि पड़ जाने से वे ठीक तरह देख नहीं पा रहे थे, फिर भी सूखे पत्तों पर मस्ती में इधर-उधर दौड़ते फिर रहे थे :

**मृगाः प्रियालद्रुममञ्जरीणां रजःकणैर्विघ्नितदृष्टिपाताः।**
**मदोद्धताः प्रत्यनिलाः विचेरुर्वनस्थलीर्मर्मरपत्रमोक्षाः॥**

कुमारसम्भव, सर्ग 3; 31.

कालिदास ने वर्षा ऋतु के वर्णन में लिखा है कि हिरनियों के मुँह की कुतरी हुई हरी-हरी घासों और नई कोंपलों वाले वृक्षों से छाए हुए विन्ध्याचल के जंगल किसका मन नहीं लुभा लेते :

**तृणोत्करैरुद्गतकोमलाङ्कुरैश्चितानि नीलैर्हरिणीमुखक्षतैः।**
**वनानि वैन्ध्यानि हरन्ति मानसं विभूषितान्युद्गतपल्लवैर्द्रुमैः॥**

ऋतुसंहार, सर्ग 2; 8.

वर्षा ऋतु में हिरन मस्त हो जाते हैं। यक्ष ने मेघ को अपने घर का रास्ता बताते हुए समझाया था कि जब तुम हिमालय पर पहुँचोगे तब वहाँ के शाद्वलों पर खेलने वाले शरभ नामक हिरन मचल उठेंगे। अपने अंग-भंग की परवाह किए बिना, लम्बी-लम्बी चौकड़ी भरते हुए वे तुम्हारे रास्ते को लाँघने की कोशिश करेंगे। ऐसे फ़िज़ूल के काम करने वाले शरभों पर धुआँधार ओले बरसाकर उन्हें तितर-बितर कर देना :

**ये संरम्भोत्पतनरभसाः स्वाङ्गभंगाय तस्मिन्**
**मुक्ताध्वानं सपदि शरभा लङ्घयेयुर्भवन्तम्।**
**तान्कुर्वीथास्तुमुलकरकावृष्टिपातावकीर्णान्**
**के वा न स्युः परिभवपदं निष्फलारम्भयत्नाः॥**

मेघदूत, पूर्वमेघ; 58.

गरमियों में सभी जीवों की दुर्दशा हो जाती है। गरमी के मारे जिन वृक्षों के पत्ते झड़ जाते हैं उन पर बैठी हुई सभी चिड़ियाँ हाँफने लगती हैं, उदास बन्दरों की टोलियाँ पहाड़ों के घने कुञ्जों के अन्दर चली जाती हैं, नीलगायों के गोल पानी की खोज में चारों ओर भटकते फिरते हैं और शरभों का झुण्ड किसी कुण्ड से गटागट पानी पीता जाता है :

**श्वसितिविहगवर्गः शीर्णपर्णद्रुमस्थः**
**कपिकुलमुपयाति क्लान्तमद्रेर्निकुञ्जम्।**
**भ्रमति गवययूथः सर्वतस्तोयमिच्छन्**
**शरभकुलमजिह्मं प्रोद्धरत्यम्बु कूपात्॥**

ऋतुसंहार, सर्ग, 1; 23.

जलते हुए सूर्य की किरणों से झुलसे हुए जिन हिरनों के तालु प्यास से बहुत सूख गए हैं, वे धोखे में उन जंगलों की ओर दौड़े जाते हैं जहाँ के अंजन के समान नीले आकाश को ही वे पानी समझ बैठे हैं :

**मृगाः प्रचण्डातपतापिता भृशं तृषा महत्या परिशुष्कतालवः।**
**वनान्तरे तोयमिति प्रधाविता निरीक्ष्य भिन्नाञ्जनसन्निभं नभः॥**

ऋतुसंहार, सर्ग, 1; 11.

जंगल के किनारे से उठती हुई और वायु से अधिक भड़की हुई आग की लपट पहाड़ की घाटियों में फैलती हुई सभी हिरनों को जलाए देती है, सूखे बाँसों को पटपटा देती है और क्षण-भर में आगे बढ़कर घास पकड़ लेती है :

**ज्वलति पवनवृद्धः पर्वतानां दरीषु**
**स्फुटति पटुनिनादैः शुष्कवंशस्थलीषु।**
**प्रसरति तृण मध्ये लब्धवृद्धिःक्षणेन**
**ग्लपयति मृगवर्गं प्रान्तलग्नो दवाग्निः॥**

ऋतुसंहार, सर्ग 1; 25.

## सुन्दर आँखें

सुन्दर आँखों के लिए हिरन की आँखें प्रतीक बन गई हैं। काव्यों में इनके सौन्दर्य का बहुत उल्लेख हुआ है। कालिदास ने वर्षा ऋतु के वर्णन में लिखा है, 'कमल के समान सुन्दर चंचल आँखों के कारण सुन्दर मुख वाले डरे हुए हिरनों से भरा हुआ रेतीला जंगल हृदय को बरबस खींचे लिए जा रहा है' :

**विलोलनेत्रोत्पलशोभिताननैर्मृगैः समन्तादुपजातसाध्वसैः।**
**समाचिता सैकतिनी वनस्थली समुत्सुकत्वं प्रकरोति चेतसः॥**

ऋतुसंहार, सर्ग 2; 9.

सन्देशा ले जाने वाले बादल को विरही यक्ष बताता है, 'वहाँ जो दुबली-पतली नन्हे-नन्हे दाँतों वाली, पके हुए बिम्बा फल के समान लाल ओठों वाली, पतली कमर वाली, चौंकी हुई हिरनी के समान आँखों वाली, गहरी नाभि वाली, नितम्बों के बोझ से धीरे-धीरे चलने वाली और स्तनों के भार से कुछ आगे झुकी हुई साँवली युवती तुम्हें दिखाई दे, वही मेरी पत्नी है। उसका सौन्दर्य देखकर यही जान पड़ेगा मानो ब्रह्मा की सबसे उत्कृष्ट रचना वही है' :

**तन्वी श्यामा शिखरिदशना पक्वबिम्बाधरोष्ठी**
**मध्ये क्षामा चकितहरिणीप्रेक्षणा निम्ननाभिः।**
**श्रोणीभारादलसगमना स्तोकनम्रा स्तनाभ्यां**
**या तत्र स्याद्युवतिविषये सृष्टिराद्येव धातुः॥**

मेघदूत, उत्तरमेघ; 22.

हे मेघ! जब तुम मेरी प्यारी के पास पहुँचोगे तब उस मृगनयनी की वह बाईं आँख फड़क उठेगी जिस पर बाल फैले हुए होंगे :

**त्वय्यासन्ने नयनमुपरिस्पन्दि शङ्के मृगाक्ष्य**

मेघदूत, उत्तरमेघ; 37.

उसे मेरी तरफ़ से कहना, 'हे प्यारी ! मैं यहाँ बैठा हुआ चौंकी हुई हिरनी की आँखों में तुम्हारी चितवन देखा करता हूँ' :

**श्यामास्वङ्गं चकितहरिणीप्रेक्षणे दृष्टिपातं**

मेघदूत, उत्तरमेघ; 46.

पार्वती की बड़ी-बड़ी आँखों की चितवन आँधी से हिलते हुए नीले कमलों के समान चंचल थी। उसे देखकर यह पता नहीं चलता था कि यह दृष्टि उसने हिरनियों की ले ली है या हिरनियों ने पार्वती से ली थी :

**प्रवातनीलोत्पलनिर्विशेषमधीरविप्रेक्षितमायताक्ष्या।**
**तया गृहीतं नु मृगाङ्गनाभ्यस्ततो गृहीतं नु मृगाङ्गनाभिः॥**

कुमारसम्भव, सर्ग 1; 46.

## पार्वती की चञ्चल आँखें

शिव को पाने के लिए पार्वती हिमालय में घोर तप कर रही है। ब्रह्मचारी के भेस में शिव उसके पास आकर उसके मनोभावों को जानना चाहते हैं। वे तरह-तरह के प्रश्न पूछते हुए कहते हैं, 'हे कमलनयनी ! तुम्हारे हाथ से प्रेम से कुशा छीनकर खाने वाले इन हिरनों में तुम्हारा मन बहला रहता है न ! जिनकी आँखें तुम्हारी आँखों के समान ही चञ्चल हैं' :

**अपि प्रसन्नं हरिणेषु ते मनः करस्थदर्भप्रणयापहारिषु।**
**य उत्पलाक्षि प्रचलैर्विलोचनैस्तवाक्षिसादृश्यमिव प्रयुंञ्जते॥**

कुमारसम्भव, सर्ग 5; 35.

बहुरूपिए का भेस धरे हुए शिव ने तप करती हुई पार्वती को कहा था, 'हे मृगछौने की आँख जैसी आँखों वाली ! वर में जो गुण खोजे जाते हैं उनमें से एक भी तो महादेव में नहीं है' :

**वरेषु यद्बालमृगाक्षि मृग्यते तदस्ति किं व्यस्तमपि त्रिलोचने॥**

कुमारसम्भव, सर्ग 5; 72.

अपनी सेवा में लीन पार्वती को छोड़कर शिव जी अन्तर्ध्यान हो गए थे। इससे पार्वती को बहुत ठेस पहुँची थी, क्योंकि वह उन्हें पति के रूप में वरण करना चाहती थी। धुन की पक्की पार्वती ने कठोर तप द्वारा शिव जी को पाने का मार्ग अपनाया। उसी समय वह ऐसी शान्त हो गई थी मानो उसने अपनी चंचल चितवन हिरनियों को धरोहर के रूप में दे दी हो :

**लतासु तन्वीषु विलासचेष्टितं विलोलदृष्टं हरिणाङ्गनासु च॥**

कुमारसम्भव, सर्ग 5; 13.

अपने हाथ से जंगली अनाज खिलाकर जिन हिरनों को पार्वती ने पाला था उन्हें अपनी सखियों के आगे लाकर कुतूहलवश उनकी आँखों से अपनी आंखें नापा करती थी :

**अरण्यबीजाञ्जलिदानलालितास्तथा च तस्यां हरिणा विशश्वसुः।**
**यथा तदीयैर्नयनैः कुतूहलात्पुरः सखीनाममिमोत लोचने॥**

कुमारसम्भव, सर्ग 5; 15.

रावण का वध करके राम पुष्पक विमान में लौट रहे हैं। वे सीता को नीचे धरती की चीज़ें दिखाते हुए कहते हैं, 'हे मृगनयनी! पीछे की तरफ़ तो देखो! दूर निकल आने से जंगलों से भरी हुई यह भूमि ऐसी दीख पड़ रही है मानो अभी समुद्र में से अचानक निकल आई है' :

**कुरुष्व तावत्करभोरु पश्चान्मार्गे मृगप्रेक्षिणी दृष्टिपातम्।**
**एषा विदूरीभवतः समुद्रात्सकानना निष्पततीव भूमिः॥**

रघुवंश, सर्ग 13; 18.

मृगनयनियों की बात तो छोड़िए! पुरुषों की आँखों की उपमा भी हिरन की आँखों से दी जाती है। रघुकुल में सिंह के समान एक वीर राजा ध्रुवसन्धि हुए हैं। शिकार खेलते समय वे जंगल में सिंह से मारे गए थे। उनकी आँखें हिरन की खुली हुई आँखों के समान बड़ी थीं :

**मृगायताक्षो मृगयाविहारी सिंहादवापद्विपदं नृसिंहः**

रघुवंश, सर्ग 18 ; 35.

1923 में नाभा रियासत में अकाली आन्दोलन चल रहा था। बाहर के लोगों को नाभा में प्रवेश करने की इज़ाज़त नहीं थी। जवाहरलाल नेहरू की इस आन्दोलन के प्रति सहानुभूति थी। इसलिए नाभा-प्रवेश पर उन्हें इक्कीस सितम्बर को गिरफ़्तार कर लिया गया था। गिरफ़्तारी का जो पुलिस चालान भरा गया था उसमें क्लर्क ने उनकी आँखों का हुलिया देते हुए चश्मे आहू शब्दों का प्रयोग किया था। फ़ारसी के इन शब्दों का अर्थ है —हिरन जैसी आँखों वाला व्यक्ति।

## रूप बदल लेना

विशेष कार्यों को सम्पादित करने के लिए मनुष्य हिरनों का रूप धारण करते रहे हैं। सीता को चुराने की योजना में मारीच को माया मृग का रूप धरना पड़ा था :

**रक्षसा मृगरूपेण वञ्चयित्वा स राघवौ।**
**जहार सीतां पक्षीन्द्रप्रयासक्षणविघ्नितः॥**

रघुवंश, सर्ग 12 ; 53.

विभाण्डक नामक कश्यपवंशीय ऋषि का वीर्य उर्वशी को देखकर जल में गिर गया था जिसे मृगरूप धारिणी शापभ्रष्टा देवकन्या ने पी लिया था। उसके गर्भ में ऋष्य शृंग नामक ऋषि पैदा हुए थे। उनके सिर पर हिरन का एक सींग भी था। दशरथ की शान्ता नामक कन्या ऋष्य शृंग से ब्याही थी। इन्हीं ऋष्य शृंग ने दशरथ का पुत्रेष्टि यज्ञ कराया था :

**ऋष्यशृङ्गादयस्तस्य सन्तः सन्तानकाङ्क्षिणः।**
**आरेभिरे जितात्मानः पुत्रीयामिष्टिमृत्विजः॥**

रघुवंश, सर्ग 10; 4.

तृण बिन्दु नामक ऋषि की तपस्या से घबराकर इन्द्र ने उसे डिगाने के लिए हरिनी नामक एक अप्सरा भेजी थी जो मुनि के शाप से मनुष्य योनी में आकर राजा अज की रानी इन्दुमती बनी थी :

**चरतः किल दुश्चरं तपस्तृणबिन्दोः परिशङ्कितः पुरा।**
**प्रजिघाय समाधिभेदिनीं हरिरस्मै हरिणीं सुराङ्गनाम्॥**

रघुवंश, सर्ग 8 ; 79.

पञ्चवटी में सीता ने शूर्पणखा का मज़ाक उड़ाया तो वह झल्लाकर बोली कि तुमने वैसा ही मेरा अपमान किया है जैसे कोई हिरनी किसी बाघिन का अपमान करे :

**मृग्या परिभवो व्याघ्र्यामित्यवेहि त्वया कृतम्॥**

रघुवंश, सर्ग 12 ; 37.

## उपयोग

विनय पिटक से पता चलता है कि उस समय अमीरों के बिस्तर के ऊपर की चादर कदलीमृग की खाल से बनी होती थी। वाल्मीकि ऋषि के आश्रम में सीता को रहने के लिए पत्तों की कुटिया दी थी। उसमें हिंगोट के तेल का दीया जल रहा था। उसके फ़र्श पर मृगचर्म बिछा हुआ था :

**ता इङ्गुदीस्नेहकृतप्रदीपमास्तीर्णमेध्याजिनतल्पमन्त:।**

रघुवंश, सर्ग 14 ; 81.

राजा रघु लड़कपन में रुरु मृग की पवित्र खाल पहनकर विद्याभ्यास किया करते थे :

**त्वचं स मेध्यां परिधाय रौरवीमशिक्षतास्त्रं पितुरेव मन्त्रवत्।**

रघुवंश, सर्ग 3 ; 31.

रघु के पोते राजा दशरथ ने अश्वमेध यज्ञ करते समय मृगछाल पहन रखी थी, कुशा की तगड़ी बाँध रखी थी और हिरण का सींग उठा रखा था :

**अजिनदण्डभृतं कुशमेखलां यतगिरं मृगभृङ्गपरिग्रहाम्।**

रघुवंश, सर्ग 9 ; 21.

मृगछाल, मृगशृंग और माँस के लिए तथा मृगया का शौक़ पूरा करने के लिए हिरनों का शिकार किया जाता था। श्रवण को तमसा नदी में से घड़ा भरते हुए जब दशरथ ने शब्दभेदी बाण मारा था तब वे रुरु मृग का पीछा करते हुए वहाँ चले आए थे :

**अथ जातु रुरोर्गृहीतवर्त्मा विपिने पार्श्वचरैरलक्ष्यमाण:।**
**श्रमफेनमुचा तपस्विगाढां तमसां प्राप नदी तुरंगमेण॥**

रघुवंश, सर्ग 9 ; 72.

**रोग निवारण के लिए :** हिरन की खाल क्षेत्रिय रोगों को नष्ट करती है। सायण

के समय यह विश्वास था कि चन्द्रमा में जो काला धब्बा है, वह हिरन है। इसलिए क्षय आदि क्षेत्रिय रोगों को नष्ट करने के लिए जो मन्त्रोपचार किया जाता था उनमें कहा जाता था, —'चन्द्रमण्डल में हिरण जैसी यह जो वस्तु प्रकाशित हो रही है, अथवा चार टाँगों वाली यह जो हिरन की खाल सामने भूमि पर बिछी हुई है उससे मैं तेरे क्षय, कुष्ठ आदि अनेक प्रकार के क्षेत्रिय रोगों को नष्ट करता हूँ' :

**अदो यदवरोचते चतुष्पक्षमिवच्छदिः।**
**तेना ते सर्वं क्षेत्रियमङ्गेभ्यो नाशयामसि॥**

अथर्ववेद, काण्ड 3, अनुवाक 2, सूक्त 7; 3.

माता-पिता से आने वाले रोगों को वैदिक साहित्य में क्षेत्रिय रोग कहते हैं। इन रोगों को नष्ट करने के लिए अथर्ववेद में हिरन के सींग का प्रयोग किया गया है। इन मन्त्रों को देखिए :

'वेग से दौड़ने वाले हिरन के सिर में रोग को दूर करने वाली एक दवा है —सींग। वह हिरन अपने सींग से क्षेत्रिय व्याधियों को सब ओर से नष्ट कर देता है।'

'हे सींग, तुझे धारण करने से ही हिरन में ऐसी शक्ति आ जाती है कि वह अपने चारों पैरों से क्षेत्रिय रोगों को रौंद डालता है। हृदय में जो क्षेत्रिय रोग की गाँठ बन गई है उसे तू नष्ट कर दे :'

**हरिणस्य रघुष्यदोधि शीर्षणि भेषजम्।**
**स क्षेत्रियं विषाणया विषूचीनमनीनशत्॥**
**अनु त्वा हरिणो वृषा पद्भिश्चतुर्भिरक्रमीत्।**
**विषाणे विष्य गुष्पितं यदस्य क्षत्रियं हृदि॥**

अथर्ववेद, काण्ड 3, अनुवाक 2, सूक्त 7; 1-2.

सायण के समय इन रोगों के निवारण के लिए इस सींग के टोने का प्रयोग बहुत प्रचलित था। कौशिकसूत्र (4; 3) में भी इसका अभिचार के रूप में प्रयोग मिलता है। क्षेत्रिय व्याधि की शान्ति के लिए हिरन के सींग की मणि को शरीर में धारण करते थे, पानी में सींग को घिसकर अभिमन्त्रित करके उस जल को पिलाते थे। हिरन की खाल को जलाकर पानी में डालकर उस पानी से प्रातःकाल रोगी को स्नान कराते थे :

**हरिणस्येति बन्धनपायनाचमानि शंकुधानज्वालेनापनक्षत्रेऽवसिञ्चति।**

कौशिकसूत्र, 4; 3.

दो

# सौन्दर्य, शक्ति और शान की मूर्ति : शेर

शेर का वेग, फुर्ती, शक्ति, गठा हुआ सुन्दर शरीर आदि विशेषताएँ इतनी अधिक पसन्द की गई हैं कि भारत तथा बहुत-से देशों में इसे विज्ञापन उद्योग में नाना रूपों में व्यापक रूप से चित्रित किया गया है। सड़कों के किनारे पेट्रोल पम्पों के पास हम

चित्र 3 सौन्दर्य, शक्ति और शान की मूर्ति

इसे बड़े-बड़े आकर्षक विज्ञापनों में गति व शक्ति के प्रतीक रूप में देखते हैं। बालों के पिनों जैसी मामूली चीज़ों के प्रचार में भी विज्ञापन एजेन्सियों ने इसे अंकित किया

है। इतने पर भी मनुष्य अपने इस प्यारे जीव की आदतों के बारे में बहुत कम, सही और विस्तृत ज्ञान प्राप्त कर सका है।

## नाम

सामान्य लोग सिंह, बाघ, गुलदार और चीते को अज्ञानवश एक ही प्राणी समझ बैठते हैं। एक ज़िम्मेदार शैक्षणिक संगठन द्वारा प्रकाशित बच्चों की एक पुस्तक में मैंने बाघ के चित्र के ऊपर चीता लिखा हुआ देखा है। हिन्दी के अख़बारों में भी इन चारों प्राणियों को सही नाम देने में कोई विचार नहीं किया जाता ।

शेर के लिए संस्कृत शब्द व्याघ्र है और हिन्दी शब्द बाघ। सामान्यतया व्याघ्र की निष्पति विशेषेण आ समन्तात् जिघ्रति की जाती है जिसका अर्थ है —ऐसा जानवर जिसमें सूँघने की शक्ति विशेष रूप से उन्नत है, परन्तु अनुभव इस बात की पुष्टि नहीं करता, इसलिए इसकी सही निरुक्ति होगी विशेषेण आक्रामति जिघ्रति च अर्थात् ऐसा जानवर जो हमला करने तथा सूँघने दोनों गुणों से सम्पन्न है। राजस्थानी में शेर को नाहर; अंग्रेज़ी में इसे टाइगर (tiger) और जीवशास्त्रियों की परिभाषा में **पांतेरा तीग्रिस** (लिनिअस) [**Panthera tigris** (Linn.)] कहते हैं।

## पाँच हज़ार साल पहले बाघों का आतंक

सिन्धु-मुद्राओं पर बाघ को अनेक रूपों में अंकित किया गया है। बहुत-सी मुद्राओं पर इसके सींग भी बनाए गए हैं। कुछ मुद्राओं पर एक संकीर्ण देवता प्रदर्शित किया गया है, जो कटि के ऊपर तो मनुष्य के आकार वाला है, परन्तु उसकी पीठ मुण्डहीन बाघ का शरीर है।

इसमें सन्देह नहीं कि यह हिंसक पशु कोई पाँच हज़ार साल पहले उस विस्तृत प्रदेश में बहुत अधिक संख्या में पाया जाता था जहाँ सिन्धु-सभ्यता फैली हुई थी। वहाँ के लोगों के सामान्य जीवन के लिए यह मुसीबत बना हुआ था। सिन्धु निवासी इससे बहुत आतंकित रहते थे। इसी से उन लोगों ने इसे भयंकर व्याघ्र-दानव के रूप में चित्रित किया था।

व्याघ्र-दानव अकसर उनके पवित्र वृक्ष देव-द्रुम की चोरी करता था जिससे उसका संरक्षक बाघ का दमन करता था। कई सिन्धु-मुद्राओं पर एक असाधारण दृश्य बना है। जिसमें व्याघ्र-दानव जीवन-तरु की शाखा चुराने में यत्नशील दिखाई देता है। वह इस वृक्ष के नीचे खड़ा है और ऊपर बैठे हुए संरक्षक यक्ष की ओर मुड़कर

देख रहा है। यक्ष भी एक हाथ में वृक्ष की शाखा को थामे और दूसरे हाथ को सम्मोहन मुद्रा में फैलाए व्याघ्र को मन्त्रमुग्ध और निष्क्रिय बनाने में प्रवृत्त दिखाई देता है। साथ ही साथ पाद-प्रहार से वृक्ष की कँटीली शाखा को व्याघ्र के शरीर में चुभोकर उसे यातना भी दे रहा है। एक-दो मुद्राओं पर तो ऐसा प्रतीत होता है कि बाघ को दण्ड देने के लिए शाखा के नीचे नुकीली कील भी बाँधी हुई है। मन्त्रमुग्ध व्याघ्र वृक्ष के नीचे निश्चेष्ट खड़ा किंकर्तव्यविमूढ़-सा होकर गरदन घुमाकर यक्ष की ओर ताक रहा है। जब-जब व्याघ्र-दानव शाखा के अपहरण के लिए प्रकट होता है, वृक्ष पर बैठा यक्ष उसकी सब दुष्ट योजनाओं पर पानी फेर देता है।

मोहेंजो-दड़ों की एक मुद्रा पर एक नर-वृषभ सींगों वाले बाघ पर विकट रूप से झपट रहा है, क्योंकि उसने देव-द्रुम की शाखा चुराने की कोशिश की थी। एक अन्य मुद्रा के एक पार्श्व पर बने हुए दृश्य में बाईं ओर अमृत घट रखा है। उसके साथ देव-द्रुम पर आरूढ़ यक्ष के द्वारा व्याघ्र-दानव को दमन करते हुए दिखाया गया है। उससे अगले दृश्य में दूसरे यक्ष ने देव-द्रुम के दो चोरों को रंगे हाथ पकड़ लिया है। अनेक सिन्धु मुद्राओं पर अलौकिक बलशाली दिव्य वीरों को बाघों के साथ द्वन्द्व-युद्ध में प्रवृत्त दिखाया गया है। इन चित्रों से यह तो स्पष्ट है कि सिन्धुनिवासियों ने दुष्ट बाघों को मारने में समर्थ एक ऐसे जातीय महापुरूष की कल्पना की थी जो दो-दो बाघों को गले से पकड़कर एक साथ पछाड़ सकता था।

मोहेंजो-दड़ो से उपलब्ध दो मुद्राओं पर एक पराक्रमी वीर दो बाघों के बीच खड़ा अपनी भुजाओं से उनका गला घोटकर उन्हें पछाड़ रहा है। हड़प्पा की एक मुद्राछाप के एक ओर ऊपर के रिक्त स्थान में यही वीर उसी प्रकार बाघों को पछाड़ रहा है, इसके नीचे एक हाथी की मूर्ति है। छाप की दूसरी ओर के दृश्य में शमी वृक्ष पर आसीन एक उपदेवता व्याघ्र का दमन करते हुए दिखाया गया है। हड़प्पा से प्राप्त एक मुद्रा के बाएँ किनारे पर दो बाघ पिछली टाँगों पर एक-दूसरे के सामने खड़े हैं, जो सम्भवत: पशुरूप में यमलोक के दूत अथवा दानव हैं। शायद ये वही व्याघ्र हैं, जिन्हें मोहेंजो-दड़ों की दो मुद्राओं पर गिलगेमेश के समान एक दिव्य वीर गले से पकड़कर पछाड़ रहा है। सुमेरियन कथानकों का परमवीर गिलगेमेश द्वन्द्व-युद्ध में सिंहों को वश में कर लेता था।

बाघों को वश में करने के लिए सिन्धु-निवासी तान्त्रिक उपायों का आसरा भी लिया करते थे। हड़प्पा की एक मृण्मय मुद्राछाप पर योगासन आरूढ़ एक देवता अंकित है। उसके दाईं ओर व्याघ्र-वशीकरण दृश्य है और बाईं ओर एक अहाते के अन्दर

खड़ा एक पशु मुड़कर पीछे देख रहा है। सम्भवत: यह पशु व्याघ्र-दानव है जो पकड़ा जाने पर इस अहाते में क़ैद कर दिया गया है। देवपीठ के पास देवता का कृपापात्र हिरण है और अहाते की दीवार पर खड़ा छोटा पशु सम्भवत: दूसरा हिरण है जो नीचे मुँह किए अपने साथी की तरफ़ देख रहा है।

वैदिक काल के लोग भी बाघ को हमला करने वाला ज़बर्दस्त प्राणी मानते थे। अथर्ववेद में राजा को बाघ के समान शत्रुओं पर आक्रमण करने वाला बताया गया है :

**सिंहप्रतीको विशो अद्धि सर्वा व्याघ्रप्रतीको बाधस्व शत्रून्।**

अथर्ववेद, काण्ड 4, अनुवाक 5, सूक्त 22; 7.

महान् पराक्रमी पुरुष को हम आजकल नरसिंह कहते हैं, महाभारत में उसे नरव्याघ्र कहा गया है :

**किं नु दुःखतरं शक्यं मया द्रष्टुमतः परम्।**
**योऽहमद्य नरव्याघ्रान् सुप्तान् पश्यामि भूतले॥**

महाभारत, खण्ड 1, अध्याय 150; 28.

## विदेशी मुद्रा कमाने का साधन

शेरों के लिए भारत प्रसिद्ध रहा है। इस ख़ूबसूरत जानवर की तलाश में दुनिया-भर से शिकारी यहाँ आते रहे हैं। यह हमारे लिए अच्छी-ख़ासी विदेशी मुद्रा कमाने का साधन रहा है। 1964 में पचास विदेशी दलों ने बीस लाख रुपया भारत में शेरों की शूटिंग पर ख़र्च किया था। इन दलों में अधिकतर अमेरिका से आए थे।

सदियों से शिकारी इसे अपनी बन्दूक का निशाना बनाते आ रहे हैं। उनसे हमें शेरों की आदतों के बारे में अधिक जानकारी नहीं मिलती। अपने उद्देश्य की पूर्ति में शिकारी बहुत ही कम समय के लिए शेर के सान्निध्य में आता था। इसलिए उसे इसके बारे में अधूरा ही ज्ञान हुआ। उसके लिए शेर क्रूरता, तीव्रगति, धूर्तता, अपराजेयता आदि भयंकर गुणों से युक्त एक प्राणी रहा है। अपने शौर्य के प्रतीक-रूप में शिकारी दलों और फ़ौजी टुकड़ियों ने बिना किसी हिचकिचाहट के शेर को चुना है।

## शेर मरवाना — मेहमाननिवाज़ी

भारतीय राजाओं की परम्परागत मेहमाननिवाज़ी का एक अंग विशिष्ट मेहमानों

को शेर का शिकार करने के लिए निमन्त्रण देना और उनसे शेर मरवाना रहा है। इसी से बीते युग में हमारे देशी रजवाड़ों ने और उनके मेहमानों ने शेर का बड़े पैमाने पर शिकार किया था। इनके द्वारा मारे गए शेरों की बड़ी संख्याओं पर प्राय: विश्वास भी नहीं जमता। प्रामाणिक विवरणों में यह पढ़कर अचरज होता है कि एक महाराजा ने अपने जीवन काल में 616 शेर मार डाले थे। एक अन्य महाराजा ने 1871 और 1907 के मध्य छत्तीस बरसों में 370 शेर, 430 अरना भैंसे और 328 बारहसिंगे से कम नहीं मारे थे। (ओरिएण्टल स्पोर्टिंग मेगज़ीन, 1876) राजस्थान में नीमच के पास एक सौ बारह किलोमीटर लम्बे और अड़तालीस किलोमीटर चौड़े एक क्षेत्र में 1850-1854 में राइस नामक एक शिकारी ने सौ शेर मारे थे। 1903 में भारत छोड़ने से पूर्व मध्य प्रदेश और हैदराबाद में मेजर जनरल मौण्टेग्यू गेरार्ड ने दो सौ सत्ताईस शेर मारे थे। उन दिनों के मध्य भारत की सेवा में नियुक्त प्रिड्यौक्स ने अपने सेवा काल में 1930 तक एक सौ सैंतालीस शेर शूट किए थे।

## एक हज़ार शेरों का शिकार

कर्नल केसरी सिंह ग्वालियर और जयपुर राज्यों में शिकार विभाग के अध्यक्ष रहे थे। उन्होंने अपने तीस साल के कार्यकाल में लगभग दो सौ शेर तो स्वयं मारे थे और एक हज़ार शेरों का शिकार करवाया था। इनके रिकॉर्ड बतलाते हैं कि ग्वालियर के महाराजा सर माधोराव ने लगभग आठ सौ शेरों का शिकार किया था। यह संख्या इसलिए अधिक ऊपर नहीं गई, क्योंकि उन्होंने कभी भी दूसरों के रिकॉर्ड को तोड़ने की इच्छा नहीं की। यदि वे चाहते तो मज़े में ऐसा कर सकते थे, क्योंकि उनके राज्य में उन दिनों शेरों की संख्या अधिक थी।

कम समय में अधिक शेर मारने के कुछ अभिलेख भी दिलचस्प हैं। भारत के एक वायसराय लॉर्ड मिण्टो ने ग्वालियर की एक यात्रा में उन्नीस शेर मारे थे। असम में गालपुरा शिकार के लिए सबसे बढ़िया जगह है। गौरीपुर के राजा के साथ यहाँ शिकार खेलने की मैत्रीपूर्ण प्रतिस्पर्द्धा हुआ करती थी। राजा के पास अपने बीस हाथी तो थे ही, इनमें दस या अधिक सरकारी हाथी भी शामिल कर लिए जाते थे। एक सप्ताह में एक दर्जन शेरों को मार लेना उनके लिए मामूली बात थी। ताप्ती नदी के किनारे 1862 में एक शिकारी ने पाँच दिन में दस शेर मार लिए थे, लॉर्ड हार्डिंग ने ग्वालियर के पास तोरा में एक ही दिन में आठ शेर मार गिराए थे। नॉगरेडे ने असम में पन्द्रह मिनट में पाँच शेर मारे थे। कर्नल वी. के. बर्च ने लिखा है कि

उनके शिकार-जीवन में सबसे बड़ी रोमांचक बात एक मिनट में तीन शेर शूट करना है। अहीरी में वे मचान पर बैठे थे और शेरों को हाँका करके उनके समाने लाया गया। क्रम्प के दल ने पहाड़गढ़ (राजस्थान) में पाँच सेकण्ड में पाँच शेरों को मार गिराया था। शिकारियों की दुनिया में ग्यारह साल की उम्र का मनुष्य का वह बच्चा बड़ा बहादुर माना जाता है जिसने बन्दूक से एक शेर मार लिया हो।

## पुत्र-लाभ के लिए

यह ठीक है कि इनमें से कुछ तो प्राणी की ख़ूबसूरत खाल और ट्रॉफ़ियों (विजय-चिह्न) से महलों को सजाने के लिए मारे गए होंगे और कुछ की हत्याएँ महज़ अपने शौर्य की गाथाओं में चार चाँद लगाने के लिए की गई होंगी। लेकिन, ज्योतिषियों के चक्कर में पड़कर अन्धविश्वासों के कारण भी न जाने कितनी ही अविवेकपूर्ण हत्याएँ की गई हैं। ज्योतिषियों पर महाराजा मैसूर का परम विश्वास था। एक ज्योतिषी ने बता दिया कि पिचहत्तर शेरों को मारने के बाद उन्हें पुत्र-लाभ होगा। उनका कुमार जब अठारह मास का हुआ तब वे एक सौ तीन शेर मार चुके थे।

## सोलह गोलियाँ खाकर मरा

हिमालय की तराई के जंगलों में, मुरादाबाद से लखीमपुर खीरी के बीच डब्ल्यु. पी. ओकेडेन ने 1821 से लेकर 1841 तक के बीस बरसों में लगभग दो सौ पिचासी शेर, उन्नीस भालू, तेरह भैंसे और सैकड़ों हिरण शूट किए थे। ओकेडेन की डायरी में लिखा है कि उनका मुख्य उद्देश्य शेर को झटपट मार डालना नहीं होता था। वे शेर को अपने असली रूप में देखना चाहते थे। राइफ़ल में वे इतना कम सिक्का-बारूद भरते थे कि उसकी चोट खाकर शेर मरे तो नहीं, हमला करने पर बाध्य हो जाए। इस तरह उकसाने पर जब वह हमला करने आता था तब फिर पहले के समान ही हलकी गोली दाग़ी जाती थी। उनकी डायरी बताती है कि मरने से पूर्व कुछ शेर सोलह गोलियाँ तक खा चुके होते थे।

एक शेर बड़ी बहादुरी से लड़ा। पहले उसकी पिछली टाँगों में से एक टूटी और फिर अगली एक टाँग। पीठ पर लगी एक गोली दूसरे पार निकल गई थी। उसने उसकी आँतें बाहर निकाल दीं। एक गोली से उसकी एक आँख उड़ गई। इतना क्षत-विक्षत हो जाने पर भी वह नितम्बों के सहारे चौकन्ने कुत्ते के समान बैठा था

और शिकारियों पर गरज रहा था। उसकी दूसरी आँख आग के गोले के सदृश चमक रही थी इस समय वह क्रोध, जंगलीपन और हिंसा की खौफ़नाक तस्वीर बन गया था।

## सारे दिमाग़ का गूदा बन गया था

घातक चोट खाने के बाद भी शेर कितना जीवन्त हो सकता है इसका एक और प्रमाण हमें बॉम्बे नैचुरल हिस्ट्री सोसायटी के जर्नल के एप्रिल, 1913 (पृष्ठ 188-189) के अंक में छपी घटना से पता चलता है। इस उदाहरण में एक शेरनी थी। मसूरी के समीप एक मारण पर यह बैठी थी। सोमवार की रात आठ बजे इस पर गोली चलाई गई। प्राप्त समाचारों के अनुसार मंगलवार की सुबह चार बजे तक वह ज़िन्दा थी। बुधवार की सुबह शेरनी मरी हुई पाई गई। जिस स्थान पर उसे गोली लगी थी वहाँ से वह पौन किलोमीटर दूर पड़ी थी। उसकी बाहूस्थि (humerus) को तोड़ती हुई गोली उसकी भुजा में से गुज़री। टूटी हुई हड्डी खाल के बाहर निकल आई थी जिससे भुजा बेकार हो गई थी। फ़िर गोली बाईं आँख के ऊपर से उसके सिर में घुसी, दिमाग़ को बींधती हुई अन्त में गरदन के बाईं ओर खाल से बाहर निकल आई।

गोली ने सामने के दिमाग़ का बायाँ आधा भाग छेद दिया था। तिरछा जाते हुए इसने अन्दर दाहिने गण्डवर्ध (mastoid proces) को तोड़ दिया। कपाल के नाक वाले भागों को इसने नहीं छुआ, परन्तु पार्श्वास्थियाँ (parietal) चार टुकड़ों में खिल गई थीं। वास्तव में सारी मस्तिष्क गुहा पिचक गई थी। सारे दिमाग़ का गूदा बन गया था। दिमाग़ की ऐसी ख़तरनाक हालत तथा घातक चोटों के बावजूद भी वह आठ घण्टे ज़िन्दा रही और पौन किलोमीटर का रास्ता भी तय कर गई। जीवनी शक्ति के ऐसे उदाहरण शायद शेरों में ही मिलेंगे।

## शेर बचाओ योजना

बीसवीं शताब्दी के शुरू में भारत में शेरों की संख्या 40,000 आँकी जाती थी। इनका शिकार करना सामान्य बात थी। ये बड़ी संख्या में शूट किए जाते थे। इस शिकार में ख़तरा भी रहता था। चोट खाया हुआ शेर शिकारी पर घातक हमला कर सकता था। सफल शिकार को शिकारी अपनी गौरवपूर्ण विजय समझता था। विजय से प्रफुल्लित शिकारी के पैरों में मारे गए शेरों के साथ फ़ोटो खिंचवाए जाते थे।

जंगली पशुओं का सन्तुलन बनाए रखने के लिए शेरों की सुरक्षा करना आवश्यक है। इन्हें मार देने से हिरणों, तृणभोजियों, जंगली सूअरों की संख्या इतनी बढ़ जाएगी कि फ़सलें चौपट हो जाएँगी। शेरों के संरक्षण के उद्देश्य से 1970 में भारत में शेर को मारने पर पूर्ण प्रतिबन्ध लगा दिया गया था। तब शेरों की आनुमानिक संख्या 2,000 से कुछ अधिक थी। इन्हें बचाने की एक योजना 1 एप्रिल, 1973 से शेर बचाओ योजना (प्रोजेक्ट टाइगर) नाम से नौ राज्यों में शुरू की गई थी। वर्ल्ड वाइल्ड लाइफ़ फ़ण्ड इसको सफल बनाने में सहयोग दे रहा है। सत्ताईस अभयवनों व नेशनल पार्कों में शेर को संरक्षण मिला हुआ है। संरक्षण मिलने से शेरों की संख्या बढ़ने लगी है।

1989 में इनकी आनुमानिक संख्या 9,334 बताई जाती थी जो 1993 में गिर गई और 3,750 रह गई। वर्ष 2000 में प्रकाशित एक रिपोर्ट के अनुसार संसार भर में शेरों की संख्या 7,000 से 7,500 के बीच थी। इसमें भारत में 4,000 से 5,000 के बीच बताए थे। इसी वर्ष की एक अन्य गणना में भारत के वनों में शेरों की संख्या 3,700 बताई गई थी। सन् 2001 की एक रिपोर्ट में भारत में शेरों की संख्या 3,000 तक बताई गई है।

## चारा

शेर को लुभाने के लिए पशु बाँधा जाता है, उसे चारा कहते हैं। बकरी पर वह झट आता है, क्योंकि यह उसकी पसन्द की चीज़ है। इस चारे में मुख्य ख़राबी यह है कि इस हलके-से प्राणी को वह पलक मारते ही उठा ले जाता है और दृष्टि से ओझल हो जाता है। छिपकर बैठे हुए कैमरामैनों या शिकारियों को अपने कार्य के लिए मौक़ा ही नहीं मिलता।

अधिक जगहों पर चारे के लिए भैंस के बच्चे को बाँधने का रिवाज है। कुछ प्रदेशों में इसे कटरा या पाड़ा कहते हैं। शाकाहारी चौपायों को भगवान् ने अपनी रक्षा के लिए दो सींग और चार खुर दिए हैं। झोटा बाँधा गया है तो आगे से आने वाले शेर को सींग से चोट करके भगा सकता है। पीछे से हमला किया है तो दुलत्ती से चोट करके उसकी खोपड़ी तोड़ सकता है। यह भी सम्भव है कि डर के मारे शेर बड़े भैंसे पर हमला करने की हिम्मत ही न करे। इसलिए बड़ा भैंसा नहीं बाँधा जाता। एक साल की उम्र का कटरा ठीक रहता है। वैसे भैंसे की अपेक्षा गाय उसे अधिक पसन्द है, परन्तु धार्मिक भावनाओं के कारण गाय को बध्य पशु के रूप में बाँधने का रिवाज नहीं है। सूअर को शेर चाव से खाता है। इसलिए चारे के लिए पालतू

सूअर को बाँधा जा सकता है।

चारा कुछ भी दिया जाए, एक बात का ध्यान रखना आवश्यक है, वह यह कि शेर भी पले हुए मांसल पशु को खाना चाहता है। हड्डियाँ निकले हुए मरियल कटरे या बकरे को बाँधा जाए तो वह उस पर तभी हमला करता है जब वस्तुत: बहुत भूखा हो। बध्य पशु बाँधने की बजाय दूध और अण्डों के आहार पर शेर को आकृष्ट करने के परीक्षण किए गए हैं, जो सफल सिद्ध हुए हैं। एक बरतन में दूध और अण्डे तोड़कर रख दिए जाएँ तो जंगली शेर उन्हें चट कर जाते हैं। इस चारे में एक ख़तरा यह देखा गया है कि शेर के आने से पहले कई बार गीदड़ आदि छोटे जानवर भी इन चीज़ों को खा-पी जाते हैं।

## ब्राह्ममुहूर्त्त में घण्टियाँ बज उठीं

बाँधने के बाद कटरा या भैंसा चुपचाप खड़ा रहता है। एक बार भैंसे को बाँधने के बाद हम लोग झोपड़ी में घुस गए। भैंसा निश्चल खड़ा था। रात अंधेरी थी। समय-समय पर उठने वाली आवाज़ों से ही मैं समझ सकता था कि अन्धकार के परदे के पीछे क्या हो रहा है। टेप में भरी आवाज़ों को अगली सुबह सुनने के बाद मैंने अपने अनुमानों की पुष्टि की। दूर कहीं चीतल की तीखी चीख़ ने सन्नाटे को भंग किया। इससे भैंसा चौंका। ब्राह्ममुहूर्त्त में बजने वाली मन्दिर की घण्टियों के समान उसके गले में बँधी घण्टियाँ बज उठीं। पैर से कसकर बँधा होने से वह भाग तो सकता नहीं था।

सुबह के दो बजे थे। शेर कहीं पास ही था। मौत को पास आते देख भैंसा ज़ोर-ज़ोर से चिल्लाने लगा। उसकी लम्बी पुकारों के साथ कभी-कभी तो घण्टी के शब्द भी मिल जाते। कुछ क्षण ठहरकर फिर कारुणिक पुकारें ज़ारी हो जातीं। कोई पाँच मिनट तक यह चलता रहा। फिर एकदम चिल्लाना बन्द हो गया। शेर बिलकुल क़रीब आ गया था।

भैंसे ने हिम्मत बाँधी और सिर झुका लिया। चौड़े नथुनों से वह गरम साँस की फुंकारें मार रहा था। शेर लपका। घण्टियाँ ज़ोर से खनखनाईं। शेर के पैने दाँत उसकी गरदन पर पड़े थे। उस बलशाली प्राणी को मारने में कुछ सेकण्ड ही लगे। जंगल में फिर दिव्य चुप्पी फैल गई।

बाँधने के बाद यदि पशु चुपचाप बैठ जाए तो सम्भव है कि शेर को उसकी मौजूदगी का पता ही न चले। पशु की गन्ध तो उसके पास पहुँचेगी नहीं। इसलिए पशु के गले में ढोरों वाली घण्टी बाँध दी जाती है। पशु के हिलने से घण्टी में पैदा

होने वाले शब्द को सुनकर शेर वहाँ आ जाता है।

पशु के पास पिंजरे में बन्द शेरनी को रखकर शेर को बुलाने की तरकीब भी कामयाब होती है। रात को शेरनी गरजती है। उसकी आवाज़ को सुनकर दौरे पर निकला हुआ शेर वहाँ आ जाता है। बँधे हुए पशु पर तब वह हमला करता है।

हिमालय में बरफ़ से ढकी चोटियों पर उगने वाली जटामांसी नामक एक जड़ी की गन्ध कुछ इस प्रकार की होती है जैसी कि गरमी में आई हुई शेरनी में से आती है। एक कनस्तर में इस जड़ी को रात-भर भिगोते हैं। बध्य पशु के पास से जटामाँसी के पानी को छेद वाले किसी बरतन से एक पंक्ति में गिराते हुए शेर के घर तक ले जाते हैं। शेर जब अपने निवास पर वापस आता है तब इस गन्ध से आकृष्ट होता है और इसका अनुसरण करता हुआ पशु तक पहुँच जाता है।

## शेर की तलाश

जलाशयों के आस-पास पड़े हुए पैरों के निशानों से पता चल जाता है कि उस क्षेत्र में किस उम्र के कितने शेर रहते हैं। पानी पीने के बाद पद-पद्धति जंगल में जिस दिशा में गई होती है उसी वन-खण्ड में शेर की तलाश करनी चाहिए। कई

चित्र 4 शेर के पदचिह्न

बार आकाश में मण्डराते हुए गिद्धों से उसकी उपस्थिति का संकेत मिल जाता है। शेर द्वारा मारे गए शिकार को खाने के लोभ में वे चक्कर लगा रहे होते हैं।

शेर और गुलदार को देखकर बन्दर, साँभर, चीतल, काकड़ और मोर बोल पड़ते हैं। अपने साथियों को सावधान हो जाने का यह संकेत होता है। जोहड़ में टर्राते हुए मेढक एकाएक चुप हो जाएँ तो शेर या किसी जानवर के उधर जाने की पक्की निशानी होती है।

मारण को शेर घसीटकर ले जाता है। घसीटने से घास दब जाती है और एक रास्ता-सा बन जाता है। इसका पीछा करते हुए मारण तक पहुँचा जा सकता है और तब शेर की तलाश शुरू की जाती है।

पालतू ढोरों के गले में प्राय: घण्टी बँधी रहती है। घनी घास में छिपकर शेर

चित्र 5 शिकार पर शेर

जब ऐसे ढोर खा रहा होता है तब मांस को छुड़ाने की कोशिशों में गले की घण्टी बीच-बीच में बज उठती है। इसी तरह शिकार को खाते हुए जानवर की हड्डियाँ टूटती हैं। उसकी आवाज़ शान्त वातावरण में दूर से सुनाई दे जाती है। शेर का अता-पता

करने में शिकारी इन संकेतों से लाभ उठाता है।

## रस्सी का हाँका

कॉर्बेट नेशनल पार्क में मैं कई बार रस्से के हाँके में शामिल हुआ हूँ। शेर ने पड्डे को मारकर ऊँची घास में छिपा दिया है तो अगले दिन सुबह छिपे हुए शेर को रस्सी का हाँका करके निकाला जाता था जिससे दर्शक खुली पट्टी में उसे देख सकें।

दर्शकों को मचानों पर बिठा दिया जाता था। वहाँ घास इतनी ऊँची थी कि उसमें जाते हुए हाथी की पीठ ही नज़र आती थी। घास से भरे हुए भूखण्ड के अन्तिम छोर पर दोनों सिरों से दो हाथी पड्डे के बाँधे जाने के स्थान की ओर बढ़ते थे। इन पर बैठे हुए वन-अधिकारियों के हाथों में एक रस्से के दोनों सिरे पकड़े रहते थे। रस्से में वे इतनी ढील देते थे कि ज़मीन से कमर की ऊँचाई तक ऊपर रहे । हाथियों के बढ़ने के साथ-साथ ऊँची घास से टकराता हुआ रस्सा भी आगे जाता रहता था। घास में छिपा हुआ शेर डरकर बाहर निकल आता था। एक-दो बार तो ऐसा भी हुआ कि शेर हाथी के पैर के पास ही लेटा था और उसने हाथी पर हमला कर दिया था।

## सात शेर निकल आते थे

यह पद्धति सीधी थी और इसमें प्रायः कामयाबी मिल जाया करती थी। 1960-62 में शेरभोजी में इस हाँके से एक के बाद एक साथ सात शेर निकल आए थे। ये सब दो परिवार के सदस्य थे। प्रचुर और नियमित आहार मिलने के कारण ये शेरभोजी में ही रहने लगे थे। चारे को खाने में ये सभी शामिल हो जाते थे। कैमरामैन धैर्यवान् हो तो उसे माँ के साथ खेलते हुए बच्चों को देखने का मौक़ा मिल जाता था।

## माँ के दुलारे

एक बड़े पड्डे को खाने के बाद एक बार शेरनी और उसके तीनों बच्चे कुंज में सोते रहे। दिसम्बर के सूर्य की किरणें जब इस घाटी में उतरी तब माँ इन्हें भी धूप सिंकाने के लिए खुले में ले आई। छोटी घास में एक साफ़ जगह पर बैठ गई। अपनी सहज प्रकृति से वह जानती थी कि सूरज की जीवनदायिनी किरणें बच्चों के स्वास्थ्य के लिए परम लाभदायक हैं। मस्ती में उछलते हुए बच्चे उसके पास आते और उससे लिपट जाते। माँ उन्हें चाटने लगती।

चित्र 6 शेरनी के साथ तीन बच्चे

ये बच्चे आठ-नौ महीने के हो चुके थे। आत्मविश्वास के साथ जंगल में अकेले घूमने की इच्छा इनमें विकसित हो चुकी थी। एक बच्चा अलग जाकर धरती खोदने में लग गया। प्रकट रूप में यह व्यर्थ का काम था और क़ेवल खेल के लिए किया जा रहा था, लेकिन इससे उसके नाख़ूनों के बीच लगी गन्दगी साफ़ हो गई। कभी ये तेज़ी से दौड़ने का मुक़ाबला करते। शान्त जंगल में कैमरे के शब्दों के प्रति इनके कान चौकन्ने रहते थे। कभी घास की पत्तियों को मुँह से तोड़ने में लग जाते थे। इस उम्र में शायद ये जान गए थे कि कभी-कभी घास खाना उनकी सेहत के लिए फ़ायदेमन्द है। माँ से प्यार करने के लिए वे अपने शरीर को माँ की गरदन के नीचे घसीटते हुए इधर-उधर जाते। माँ भी गरदन को दाएँ-बाएँ फेर लेती। कई बार तो वे तीनों एक साथ माँ से लिपट जाते। इस वक़्त क्योंकि माँ का पेट भरा हुआ था, इसलिए उनका लाड़-दुलार भी उसे अच्छा लग रहा था। जब भूखी रहती है तब उन पर झपटती है और धमकाकर उन्हें दूर कर देती है।

तीनों में सबसे छोटा बच्चा तो माँ के साथ छाया की तरह रहता था। वह बैठती तो वह भी पास ही बैठ जाता। अपने बड़े भाइयों के समान वह इधर-उधर खेलने नहीं जाता था। ऐसे सुखी परिवार पर छिपकर गोली चलाना क्या कायरता और क्रूरता नहीं?

वास्तव में यह एक अनुपम दृश्य था। कोई गोली नहीं चली, कानों को फाड़ने वाली कोई ध्वनि नहीं उठी, इस शान्त वातावरण की चुप्पी को भंग करने वाली कोई चीत्कार या कराहने की आवाज़ नहीं आई, न कोई जानवर मारा गया और न ज़ख़्मी हुआ। अपने क़ानूनसम्मत कार्यों में व्यस्त भारतीय वनों के अतिशय भव्य इन हिंस्र जानवरों को कैमरे से शूट करने का हमने जो आनन्द लिया उसे हमारे फ़ोटो के रूप में देखकर हज़ारों लोग प्रसन्न हुए।

## शेरों का अध्ययन

शेरों की फ़ोटोग्राफ़ी करने या उनका अध्ययन करने के उद्देश्य से गरमियों का मौसम अधिक अच्छा है। इसमें पहला लाभ तो यह है कि पानी की जगहें कम हो जाती हैं जिससे पशुओं का दायरा भी सीमित हो जाता है। दूसरे यह कि पेड़ों और झाड़ियों के पत्ते झड़ जाते हैं जिससे दूर तक की चीज़ साफ़ दीख जाती है।

जंगल में यदि हम चुपचाप सावधानी से उन्हें बिना छेड़े अध्ययन करेंगे तो वे भी हमें पहचानने लगेंगे। हमारी उपस्थिति से तब वे सहसा उत्तेजित नहीं होंगे।

चन्द्रमा के प्रकाश में उन्हें रात-भर शिकार को मारते हुए तथा उसे खाते हुए अध्ययन किया जा सकता है।

जानवरों की आदतों का बारीकी से अध्ययन करने के लिए मैं जंगल में पैदल घूमना ही सर्वोत्तम समझता हूँ। मैं समझता था कि यदि हम प्राणी के प्रति बुरा भाव नहीं रखेंगे तो वह भी हमें कुछ नहीं कहेगा। जंगलों में निरन्तर घूमते रहने से वहाँ के शेर और दूसरे जानवर हमें पहचानने लगते थे। बाघ संरक्षण की महती योजना को कार्यान्वित करने के बाद शेरों के रुख़ में परिवर्तन आ गया है। 1980 के बाद के सालों में मैंने देखा है कि वे कभी-कभी मनुष्य को भी अपने भोजन के लिए मारने लगे हैं। इसलिए मैं पैदल वन-भ्रमण की सलाह नहीं दूँगा।

हमने मचान पर बैठकर और सवारी हाथी की पीठ से शेरों के फ़ोटो खींचे हैं। ज़मीन पर से फ़ोटो खींचने हों तो एक हाइड (गोपन) में से खींचने चाहिए, जिससे शेर हमें देख न सके। यह गोपन एक छोटी फूस की झोपड़ी होती है जो दो मीटर लम्बी, इतनी ही चौड़ी तथा ऊँची होती है। इसे आसानी से उठाकर इधर-उधर रखा जा सकता है। शेरों के आने के वास्तविक स्थान से इसे पहले दूर रखा जाता है। रोज़ देखते रहने से वे इससे परिचित हो जाते। इसे धीरे-धीरे ठीक स्थान की ओर खिसकाते जाते हैं। यदि यह शक हो जाए कि शेर ने उसमें घुसते हुए हमें देख लिया है तो दल में से एक फालतू आदमी को आधार शिविर में लौटा देना चाहिए। उसे देखकर शेर समझता है कि सभी लोग लौट गए हैं, उसे गिनती तो आती नहीं।

## इन्सान अधिक बुद्धिमान्

सामान्यतया कोई मांसाहारी जन्तु मनुष्य पर हमला नहीं करता। प्रकृति ने शेर और सम्भवत: सभी जंगली जानवरों के मन में यह विचार बिठा दिया है कि उनकी अपेक्षा इन्सान अधिक बुद्धिमान् है। इसलिए वे इन्सान से दूर रहते हैं। यह तो निश्चित है कि मनुष्य की अपेक्षा शेर अधिक ख़ूँखार और धूर्त होता है, परन्तु वह यह भी जान गया है कि ख़ासी दूरी से मनुष्य उस पर वार कर सकता है। इसलिए, वह उससे डरता है और उस पर कभी हमला करने का साहस नहीं करता। किन्हीं विशेष कारणों से या उत्तेजित किए जाने पर ही वह हमला करता है। उदाहरण के लिए यदि रतिकर्म में प्रवृत्त हों, या जब शंकित हों, या अपने बच्चों की रक्षा कर रहे हों तो शेर या गुलदार आगन्तुक पर आक्रमण कर सकते हैं।

चित्र 7 मचान पर बैठकर फ़ोटोग्राफ़ी

## अपराधी महसूस करता है

अपने मारे हुए शिकार की रक्षा में रत शेर मनुष्य को देखकर भिन्न-भिन्न प्रतिक्रियाएँ दिखाते हैं। ढोरों को उठाकर ले जाने वाला कोई-कोई शेर ऐसा होता है जो शोर मचाने पर भी लाश को खाना नहीं छोड़ता। प्रायः पालतू ढोर को मारने पर शेर अपने को अपराधी महसूस करता है। ज़रा-सा खटका होने पर वह चोर की तरह भाग जाता है। परन्तु जंगली जानवर के मारने पर ऐसी बात नहीं होती। वह जानता है कि यह मनुष्य की नहीं, मेरी सम्पत्ति है। इसलिए उसके नज़दीक जाने पर वह कभी-कभी एतराज़ करता है। गुर्राने के द्वारा यह नाराज़गी प्रकट की जाती है। यदि इतना कारगर न साबित हुआ तो वह भयानक रूप से गरजते हुए कुछ-कुछ क़दमों की दौड़ें लगाता है। यदि ये चेतावनियाँ भी अनसुनी कर दी गईं तो जान-जोख़िम की ज़िम्मेवारी पूर्णतया उधर जाने वाले पर ही होती है।

## बच्चे वाली शेरनी का क़िस्सा

1966 में शेरभोजी में एक शेरनी और उसके एक साल के दो बच्चों को चारे पर आने के लिए प्रशिक्षित किया गया था। वे हर रात साढ़े नौ और बारह बजे के बीच पड्डे को मारकर घसीट ले जाया करते। खूँटे से कोई पाँच-छह मीटर दूर सरकण्डों के झुण्डों के अन्दर छिपकर उसे खा लिया करते। एक दिन छोड़कर उन्हें पड्डा दिया जाता था। बढ़ते हुए बच्चों और शेरनी की उदरपूर्ति के लिए इतना भोजन पर्याप्त न पड़ता। कभी-कभार चारा देने में नागा भी हो जाता।

अपने परिवार की आवश्यकता की पूर्ति करने के लिए शेरनी दूसरे भोजन की टोह में भी रहने लगी। एक रात उसने पहले तो पड्डा मारा। उस रात उसने उसे घसीटकर रामगंगा की धारा के किनारे खाने की सोची। मई की गरमी से बचने की यह योजना थी। पेट-भर खाने के बाद सभी सदस्य छककर धारा का ताज़ा पानी पी लेते और वहीं मझाड़े में ठण्डी जगह लोट रहते। झुण्डों के अन्दर पड्डे को न खाने का कारण यह भी था कि उस दिन शेर अपने दौरे पर उधर निकल आया था। सम्भव था कि वह इस शिकार को छीन लेता। इस आशंका से उसे मारा हुआ पड्डा बीच में ही छोड़ना पड़ गया। ऊला घास (एलिफ़ैण्ट ग्रास) के अन्दर उसने लाश को छिपा दिया। बच्चों को लेकर वह सीधी गंगा पार उतर गई। वहाँ उन्हें एक चीतल मिल गया जिसे मारने में वह कामयाब हो गई। उस दिन उसका भाग्य साथ दे रहा था। हवा का बहाव उत्तर से दक्षिण की ओर था। नदी के उस तट पर प्यास बुझाने के लिए आने वाले

हिरणों को पता ही नहीं चला कि कास के झुण्डों के बीच शेरनी दावत उड़ाने में जुटी है। पौ फट गई थी। प्यास बुझाकर लौटते हुए एक तृप्त और सन्तुष्ट सांभर पर वह टूट पड़ी। इस बार भी क़िस्मत ने उनका साथ दिया।

चित्र 8 शेर का गुर्राना—मनुष्य को दूर रहने की चेतावनी

इतने में हथिनियों पर सवार पर्यटकों व कैमरामैनों के दल वहाँ पहुँच गए। रस्सी के हाँके में वह सदा एक ओर के झुण्डों में से निकलकर दूसरी ओर के झुण्डों के अन्दर चली जाया करती थी। इतने से दर्शकों और फ़ोटोग्राफ़रों को सन्तोष हो जाया करता था। आज उसका बरताव जुदा था। पट्ठे के बारे में वह सोचती थी कि

मनुष्य की कृपास्वरूप मिलने वाला उपहार है, परन्तु यह सांभर तो विशुद्ध रूप से उसके निजू पराक्रम का फल था। हाँके वाली हथिनी को देखते ही वह गुर्राती हुई आगे बढ़ी।

अगले दिन पड्डे की लाश को फिर खूँटे पर बाँधा गया, शेरनी उसे घसीट ले गई।

## मनुष्य से डरने वाला भला जानवर

बूढ़े शेर अधिक डरपोक होते हैं और मनुष्य को देखकर तुरन्त भाग खड़े होते हैं। साधारण शेर मनुष्य के लिए ख़तरनाक नहीं होता। वह मनुष्य से डरने वाला भला जानवर है। ऐसा नहीं होता तो शेर वाले जंगलों में हज़ारों आदमी प्रतिदिन कैसे आते-जाते! हाँ, अपवाद रूप में कुछ ऐसे उदाहरण भी देखे गए हैं जब शेर ने अकारण ही मनुष्य को मार दिया है तथा उसकी लाश को बग़ैर खाए चला गया है और पुन: उस पर लौटा भी नहीं।

शेर शर्मीला और आराम-पसन्द जानवर है। अपने पास वह मनुष्य की उपस्थिति को पसन्द नहीं करता। उससे बचने के लिए वह या तो दूर भाग जाता है या घास में छिप जाता है। अपनी नाराज़गी बताने के लिए वह कभी-कभी खँखारता हुआ-सा गुर्राता है।

बच्चे वाली शेरनी यद्यपि ख़तरनाक होती है, परन्तु जब वह हमें बार-बार आता-जाता देखती है तब उसके बच्चे भी हमें देखने के आदी हो जाते हैं। उम्र के बढ़ने के साथ-साथ उनके मन में हमारे लिए विश्वास तथा नि:शंकता की भावना और अधिक बढ़ती जाती है। तब हम उन्हें पूरी उम्र में भी काफ़ी नज़दीक से लगातार घण्टों तक असीम आनंद और रोमांच के साथ अध्ययन कर सकते हैं। हमारी उपस्थिति से तब शेरों का परिवार चौंकता नहीं।

कार्तिक पूर्णिमा की साँझ की कल्पना कीजिए। डूबते हुए सूरज की लाल-सुनहरी रोशनी अभी क्षितिज से अपना सौन्दर्य समेट नहीं पाती कि दूसरी ओर उभरता हुआ चाँद का बड़ा गोला इस प्रकार दीखने लगता है मानो कि सोने से बना एक पिण्ड चमक रहा हो। उन दिनों जंगल के चौड़ की घास पककर पीली-लाल पड़ गई होती है। इसके बीच सतर्कता से शिकार की टोह में शेर जा रहा होता है। उदय और अस्त होते हुए कार्तिक पूर्णिमा के चाँद और सूरज की फीके प्रकाशों में काली लम्बी धारियों से सजी लाल-पीले रंग में चमकती हुई खाल उस सुनहरी वातावरण में उसे कितना

सुन्दर जीव बना देती है! सारा माहौल ही उस वक़्त जैसे जी खोलकर इस ख़ूबसूरत प्राणी पर अपने सुनहरी आशीर्वादों की बारिश कर रहा होता है। तब, इसकी गठी हुई देह मानो सौन्दर्य, शक्ति और शान की मूर्ति बनकर उपस्थित हुई होती है। निश्चय ही हम इसे प्रकृति की महानतम सौन्दर्य अनुभूतियों में रख सकते हैं।

## भोजन के लिए कड़ी मेहनत

शेर के शस्त्रागार के आयुधों को हम इस क्रम में रख सकते हैं — ज्ञान-इन्द्रियों की तीव्र ग्रहण क्षमता, महान् गति (यद्यपि केवल थोड़ी दूरी तक), शक्ति व आकार और भयंकर पंजे तथा दाँत। ये सब मिलकर उसे अपराजेय शौर्य प्रदान करते हैं। बहुत-से शिकारी और प्रकृतिविद् तो इससे यह समझ बैठे कि शेर जब चाहे शिकार मार सकता है वह जानवरों के स्वर्ग में रहता है, उसे कुछ करने की ज़रूरत ही नहीं पड़ती। जब चाहता है, जंगल के इन पशुरूपी फलों को उठा लेता है। परन्तु वास्तविकता इसके विपरीत है। भोजन के लिए उसे कड़ी मेहनत करनी पड़ती है।

कान्हा नेशनल पार्क में गरमियों में जब पानी की कमी हो जाती है तब बचे-खुचे जलकुण्डों के आस-पास वन्य पशु इकट्ठे होने लगते हैं। अनुमान है कि उन दिनों पाँच वर्गमील से कम जगह में आठ सौ पशु जमा हो जाते हैं। तब भी अनेक बार शेर कई रातों की कोशिश के बाद एक जानवर को भी मारने में सफल नहीं हो पाता। शिकार के लिए शेर को एक आवरण की आवश्यकता होती है, जिसके बीच से छिपकर सरकता हुआ वह दुश्मन के लगभग दस से तीस मीटर की दूरी तक पहुँच जाता है। वहाँ से वह अपनी अन्तिम निर्णयात्मक दौड़ लगाता है। शिकार के बिलकुल नज़दीक पहुँच जाने पर उछलकर उसकी गरदन तोड़ देता है। छिपने के लिए उपयुक्त झाड़-झंखाड़ का अभाव है और वह दुश्मन के बिलकुल पास तक नहीं पहुँच सकता तो दिल दहलाने वाली गरज के साथ हमला करता हुआ दुश्मन को हतप्रभ करना चाहता है। सींग और खुर की चोट से बचने के लिए वह बाज़ुओं से पशु की गरदन पर आक्रमण करता है। शिकार बनने वाले पशुओं को भी प्रकृति ने प्रतिरक्षा के साधन दिए हैं। गन्ध लेने की तीव्र सामर्थ्य और शेर से तीव्रतर गति उनके मुख्य साधन हैं। अन्दाज़ है कि अभयवन में मारे गए प्रत्येक जंगली पशु के पीछे शेर बीस से तीस असफल प्रयत्न कर चुका होता है। यह तो अभयवन की बात है जहाँ उसका शिकार पर्याप्त है। दूसरे जंगलों में उसे कितनी मुसीबत उठानी पड़ती होगी, इसकी कल्पना हम भली भाँति कर सकते हैं।

तीन

# सफ़ेद शेर : प्रकृति का मोहक आश्चर्य

शेर जंगल का राजा होता है, लेकिन सफ़ेद शेर शेरों का राजा है। यह दुनिया का अत्यन्त दुर्लभ प्राणी है। 1987 के शुरू में समूचे संसार के चिड़ियाघरों में लगभग अठहत्तर सफ़ेद शेर थे। ये सभी मध्य प्रदेश के रीवाँ के जंगलों में से 1951 में पकड़े गए एक सफ़ेद शेर के वंशज थे।

## बटालियन द्वारा एक साल की खोज

रीवाँ के जंगलों में पहली बार सफ़ेद शेर 1914–15 में देखा गया था। गाँव वालों ने इसकी सूचना उस समय के महाराजा व्यंकटरमण सिंह को दी। इसे सुनकर वे बेहद प्रोद्दीप्त हो गए। उन्होंने सोचा कि शेर की यह दुर्लभ नस्ल है, इसे मारना उचित नहीं। उसके सौन्दर्य पर वे मुग्ध हो गए। शिकार-प्रेमी महाराजा ने उस पर गोली नहीं चलाई।

उन्होंने नौ सौ सिपाहियों की एक बटालियन को फ़ौरन घेरा डालने का हुक्म दिया। महाराजा की आज्ञा थी कि ज़िन्दा पकड़ने की कोशिशों में उसे किसी प्रकार की चोट नहीं पहुँचनी चाहिए। प्राणदान दिए हुए उस सफ़ेद शेर को पकड़ने में इस बटालियन को एक साल से कुछ अधिक समय लग गया।

उसे रीवाँ के व्यंकट भवन के प्रांगण में स्थित चिड़ियाघर में रख दिया। 1918 में महाराजा व्यंकटरमण परलोक सिधार गए। रीवाँ राज्य का शासन अंग्रेज़ रेज़िडेण्ट को सौंप दिया गया। दुर्भाग्य यह हुआ कि इतने ख़र्च और श्रम से पकड़ा गया सफ़ेद शेर अंग्रेज़ों द्वारा संचालित रेज़िडेन्सी शासन में ज़िन्दा न रह सका। बन्दीगृह में उसने छह महीने से अधिक नहीं काटे। उसकी सन्तान लेने की कोशिश भी नहीं की गई। मरे हुए शेर की खाल में भुस भरवाकर ब्रिटेन के सम्राट् को भेंट कर दिया गया। महाराजा गुलाब सिंह जब राउण्ड टेबल कॉन्फ्रेंस में इंग्लैण्ड गए थे और बकिंघम पैलेस में जॉर्ज पंचम से मिले थे तब वह वहाँ मौजूद था।

महाराजा गुलाब सिंह को एक या दो बार सफ़ेद शेर के बच्चे पकड़वाने में सफलता

मिली थी। पर वे बच्चे ज़िन्दा नहीं रहे। उसके बाद पाँच और सफ़ेद शेर गोली से मारे गए। 1937 में जो सातवाँ मारा गया वह 290 सेण्टीमीटर लम्बी मादा का शानदार नमूना था। महाराजा ने उसे भरवाकर बैठक में सजा दिया था। 1942 में एक अंग्रेज़ शिकारी वुडलर द्वारा रीवाँ के जंगलों में मारे गए एक सफ़ेद शेर का वृत्तांत मिलता है।

## मारने वाला श्रीहीन

कूच बिहार में भी 1922 में एक सफ़ेद शेर को मारे जाने का विवरण मिलता है। सफ़ेद हाथी के समान सफ़ेद शेर के प्रति भी आदिवासी आदर के भाव रखते हैं। शिकारियों का विश्वास है कि सफ़ेद शेर को मारा जाए तो मारने वाला श्रीहीन हो जाता है और किसी बड़े संकट में फँस जाता है। उस समय तक सर्वसाधारण की ऐसी चीज़ों में विशेष दिलचस्पी नहीं थी। इसलिए सफ़ेद शेरों के ये विवरण राजे-महाराजों तथा प्रकृतिविदों की चर्चाओं तक ही सीमित रहे।

## चार साल तक तलाश

1947 में एक सफ़ेद शेर का शिकार करने के बाद तत्कालीन रीवाँ महाराज मार्तण्ड सिंह की भी दिलचस्पी इन प्राणियों में पैदा हो गई। उनके दिमाग़ में सफ़ेद शेरों के प्रजनन संबंधी परीक्षण करने की एक योजना चक्कर काट रही थी। इस योजना को आरम्भ करने के लिए इन प्राणियों को ज़िन्दा पकड़ना ज़रूरी था। चार साल तक जंगल में तलाश करने के बाद 1951 में एक शेरनी देखी गई जिसके साथ चार बड़े बच्चे थे। इनमें से तीन का रंग सामान्य था। चौथा सफ़ेद रंग का था और यह था भी सबसे बड़ा। माँ और उसके तीन सामान्य बच्चों को गोली से मार लिया गया। सफ़ेद बच्चे को 27 मई को पिंजरे में पकड़ लिया गया। यह नर था और अनुमान है कि उस समय नौ महीने का था। इसका नाम मोहन रखा गया। वस्तुत: यह दर्शकों के मन को मोह लेता था। पकड़े जाने के पहले ही दिन वह घेरे की दो सौ सत्तर सेण्टीमीटर ऊँची दीवार को फाँदकर महल से भाग निकला। एक आदमी को उसने ज़ख़्मी कर दिया, वह उसे पकड़ने की कोशिश कर रहा था। जल्दी ही उसे दुबारा पकड़ने में सफलता मिल गई।

## सफ़ेद संतति

रीवाँ महाराज की इस विचित्र उपलब्धि के समाचार का ख़ूब प्रचार हुआ, क्योंकि

यह एक विशेष उद्देश्य से पकड़ा गया था। महाराजा देखना चाहते थे कि यदि इसकी सन्तान प्राप्त की जा सके तो क्या वह भी ऐसी ही सफ़ेद निकलेगी? 1952 में एक पूर्णवय शेरनी को पकड़ा गया और मोहन के पिंजरे में दाख़िल किया गया। इस शेरनी का नाम बेग़म था। रीवाँ से लगभग बीस किलोमीटर दूर गोविन्दगढ़ में महाराजा का एक विशाल शाही महल था जिसमें डेढ़ हज़ार विशिष्ट मेहमानों को ठहराने की व्यवस्था थी। 1862 में बनाया गया यह महल ख़ाली पड़ा था। इस महल के अन्दर बन्दी मोहन और बेगम के जोड़े से 1953, 1955 और 1956 में तीन ब्यात हुए जो सभी सामान्य रंग के थे। दूसरे ब्यात में से एक मादा बच्चे (राधा) को मोहन के साथ भविष्य में जोड़ा बनाने के लिए चुना गया। तीस अक्तूबर, 1958 को राधा ने चार बच्चे दिए जो सभी मोहन जैसे सफ़ेद थे। इनमें से तीन मादा थीं।

नारंगी रंग की उसी शेरनी से मोहन द्वारा संकरण के परिणामस्वरूप दो ब्यात और लिए गए। जून, 1960 के ब्यात में दो सफ़ेद नर और एक सामान्य रंग का नर पैदा हुआ। मार्च, 1962 में तीसरे ब्यात में दो सन्तान पैदा हुईं, जिनमें एक नर और एक मादा थी। 1967 तक राधा तेरह सफ़ेद शेरों को जन्म दे चुकी थी, जिनमें से नौ जीवित थे।

## निर्यात पर पाबंदी

1958 के ब्यात में से वाशिंगटन के राष्ट्रीय चिड़ियाघर के लिए 1960 में एक मादा बेच दी गई। कहा जाता है कि महाराजा को इस सफ़ेद मादा की क़ीमत सवा लाख रुपये मिल गई थी। विदेशों में जब इनके ऊँचे-ऊँचे सौदे होने लगे तब भारत सरकार ने सोचा कि हमारे देश की यह पशु-सम्पदा हमारे ही देश से लुप्त हो जाएगी। उसने इसके निर्यात पर पाबन्दी लगा दी। उस समय महाराजा के पास एक ही कुनबे के आठ सफ़ेद और दो नारंगी शेर थे। भारत सरकार इन दुर्लभ प्राणियों को हस्तगत तो करना चाहती थी, परन्तु इतनी ऊँची क़ीमतें देने को तैयार नहीं थी।

## महँगा धंधा

महाराजा मार्तण्ड सिंह को सफ़ेद शेरों के उत्पादन संबंधी अपने लक्ष्य में सफलता मिल चुकी थी। सफ़ेद शेर को लुप्त होने से बचाने तथा केवल एक सफ़ेद शेर मोहन से उसका वंश बढ़ाने का कार्य उन्हीं के बुद्धि कौशल से सफलतापूर्वक हो सका था, लेकिन वे उनके रख-रखाव पर आने वाले ऊँचे ख़र्चे से तंग आ गए थे। वे

इस परीक्षण को बहुत महँगा धन्धा अनुभव करने लगे थे। 1963 के शुरू में उन्होंने निश्चय कर लिया कि इसे बन्द कर दिया जाए। उन्होंने भारत सरकार से प्रार्थना की कि महान् आर्थिक हानि की पूर्ति के लिए उन्हें एक जोड़ा बेचने की इज़ाज़त दी जाए और शेष सारे स्टॉक को भारत सरकार ले ले। महाराजा ने भारत सरकार के इस सुझाव को ठुकरा दिया कि इन्हें दिल्ली के चिड़ियाघर को उपहार के तौर पर दे दिया जाए। उन्होंने छह सफ़ेद शेरों के लिए तीन लाख रुपये की माँग की थी, जो भारत सरकार की राय में बहुत अधिक थी। उन दिनों नारंगी रंग के शेर की क़ीमत क़रीब तीन हज़ार रुपये थी।

इस अवसर पर ब्रिटेन के ब्रिस्टल चिड़ियाघर के संचालक रेजिनाल्ड ग्रीड ने इसे ख़रीदने का विचार प्रकट किया। 1963 के जनवरी मास में बातचीत शुरू हुई। आरम्भ में भारत सरकार न तो स्टॉक ख़रीदने को राज़ी हुई और न ही उसने इन्हें बेचने की अनुमति दी। सरकार का ख़याल था कि राष्ट्रीय पशु-सम्पत्ति के रूप में सरकार इनके संबंध में सभी दायित्व अपने ऊपर ले ले। सरकार ने भदरी के राजा साहब की मार्फ़त महाराजा रीवाँ को पत्र भेजा कि सरकार इनकी डिलीवरी लेकर उनकी देखभाल करेगी और सौदा बाद में कर लिया जाएगा। विशेषज्ञों की सलाह से क़ीमत तय कर ली जाएगी। विक्री के सभी मार्ग बन्द पाकर महाराजा इन्हें पुन: जंगल में छोड़ने की सोचने लगे।

## कूटनीतिक दबाव

इस विवाद में ब्रिस्टल का चिड़ियाघर एक बार तो हताश हो गया था। अत्यन्त दुर्लभ प्राणियों की बिक्री दुनिया में कई बार हुई है, परन्तु प्राणियों के ख़रीद-फ़रोख़्त के इतिहास में कभी भी इतना कूटनीतिक, राजनीतिक और शासकीय दबाव नहीं डाला गया जितना इन दो सफ़ेद शेरों के सौदे में।

आख़िरकार, महाराजा दो सफ़ेद और दो नारंगी शेरों को दिल्ली चिड़ियाघर के लिए उपहारस्वरूप देने को राज़ी हो गए। सरकार ने बिक्री पर लगाया हुआ प्रतिबन्ध हटा लिया, ब्रिस्टल चिड़ियाघर को सफ़ेद शेर बेचने की अनुमति दे दी गई।

1962 में पैदा हुए जोड़े को लगभग 8,000 पॉण्ड में ब्रिस्टल चिड़ियाघर ने ख़रीद लिया। नर और मादा दोनों ही पन्द्रह महीने की उम्र के 195 सेण्टीमीटर लम्बे ख़ूबसूरत प्राणी थे। प्रत्येक का भार लगभग छिहत्तर किलोग्राम था। इन दोनों में एक विशेषता यह थी कि ऊपर के जबड़े में बाईं तरफ़ दो किल्ले-दाँत (केनाइन) विद्यमान थे।

जबकि सभी शेरों में एक ही होता है।

## पाशविक दुःशील

रीवाँ में महाराजा के बाड़ों में से इन्हें फन्दे में फँसाकर ब्रिस्टल जाने वाले पिंजरे में बन्द करना मेहनत और धैर्य का काम था। चौदह साल का हो जाने पर भी इनका बाप बड़ा भयंकर था। अपने अन्तःपुर में झाँकते हुए दर्शकों को बर्दाश्त नहीं कर सकता था। दर्शकों को देखकर अपने पाशविक दुःशील में आ जाता था, सींख़चों के अन्दर ही गुस्से में गरजने लगता था और दूर खड़े हुए दर्शकों पर अकसर झपटने की कोशिश करता था। साथ के बाड़े में उसके बच्चों को छेड़ा जा रहा होता था तो वह विशेष रूप से गुस्से में आ जाता था।

मादा ने तो ज़्यादा परेशान नहीं किया, परन्तु नर पकड़ने की सब कोशिशों को विफल कर देता था। दोनों में वह बड़ा था और चालाक भी। फन्दे के अन्दर लुभाने के लिए डाली गई भेड़ की टाँग या ज़िन्दा चूज़ा जब उसे दिखाया जाता तब वह उधर एक उपेक्षापूर्ण नीली दृष्टि डालकर चल देता।

नर बच्चे का स्थानांतरण डराने वाला कार्य था। उस पिंजरे के पास से जो कोई भी गुज़रता, वह उस पर झपटता था और काटने की कोशिश करता था। आदेशों का पालन कराने के लिए जो छड़ी उसके पिंजरे में डाली जाती उसे चबाकर भरता बना देता था।

## हवाई यात्रा

ब्रिस्टल यात्रा के प्रथम चरण में इक्कीस जून, 1963 को रीवाँ से इस जोड़े ने प्रस्थान किया। स्वदेश छोड़ने से पूर्व दोनों शिशुओं का स्वास्थ्य ठीक होने का सर्टिफ़िकेट लेना पड़ा था, जो लखनऊ चिड़ियाघर के डॉक्टर ने दिया था।

एयर इण्डिया इण्टरनेशनल की बोइंग सेवा से 2 जून, 1963 को तड़के ही दोनों बच्चों ने एक विशेषज्ञ के साथ उड़ान भरी। सफ़ेद शेरों के महत्त्व को देखते हुए एयर इण्डिया ने प्राणी-विशेषज्ञ का किराया भी नहीं लिया।

पाँच घण्टे की उड़ान के बाद ये लंदन पहुंचे। ब्रिस्टल चिड़ियाघर के अध्यक्ष के नेतृत्व में एक दल यहाँ इनका स्वागत करने खड़ा था। यूरोप के चिड़ियाघरों में सबसे पहले यहीं सफ़ेद शेर पहुँचे थे।

## 1,31,250 रुपये का एक

परिवहन में 9,500 पॉण्ड का भारी ख़र्च ब्रिस्टल चिड़ियाघर को अलग से देना पड़ा था। इस तरह कुल मिलाकर ये दोनों बच्चे 17,500 पॉण्ड में ब्रिस्टल के चिड़ियाघर को पड़े। इनको पालने में भी अन्य शेरों से अधिक ख़र्च किया जाता था। प्रत्येक शेर को भेड़ की गरदन, छह पिण्ट दूध और छह अण्डे प्रतिदिन दिए जाते थे। विटामिनों और हड्डी का चूरा (बोन मील) भी समुचित परिमाण में खिलाया जाता था।

दिल्ली के चिड़ियाघर में पाले जाने वाले सफ़ेद शेरों को शुरू में भेड़ और बकरी के मांस का मिश्रण दिया जाता था। बाद में अन्य शेरों के समान ही भैंस का मांस दिया जाने लगा था। डीलडौल में सफ़ेद शेर अपेक्षाकृत बड़े होते हैं इसलिए इनकी खुराक भी कुछ अधिक होती है।

## दायित्व भारत सरकार का

भारत सरकार और महाराजा रीवाँ के बीच हुए समझौते के अनुसार सफ़ेद शेरों को पालने का दायित्व भारत सरकार पर आ गया। जो शेर भारत सरकार को दिल्ली चिड़ियाघर के लिए उपहारस्वरूप मिले उन्हें पालना तो सरकार का कर्तव्य था ही, परन्तु रीवाँ नरेश के गोविन्दगढ़ में विद्यमान सफ़ेद शेरों को पालने की ज़िम्मेदारी भी भारत सरकार पर आ गई। सफ़ेद शेरों के लिए दिल्ली की जलवायु शायद अनुकूल न पड़े — इस बात का ध्यान रखते हुए सफ़ेद शेरों के एक जोड़े को रीवाँ में ही रहने दिया गया। अपने दायित्व को निभाने के लिए भारत सरकार को अपने कर्मचारी उनकी सेवा तथा देखभाल करने के लिए रीवाँ रखने पड़े, उनके रख-रखाव का सारा ख़र्च भारत सरकार उठाती रही।

जब कभी ज़रूरत पड़ती तब दिल्ली चिड़ियाघर के उच्च अधिकारी उनका निरीक्षण करने रीवाँ चले जाते। पाठक पूछेंगे कि इस सबका भारत सरकार को क्या लाभ? समझौते के अधीन इन शेरों की जो भी सन्तान होगी उनमें से आधी सरकार को मिल जाएगी। दूसरी ओर इस समझौते के अधीन नरेश को उन बच्चों में से भी आधे का अधिकार मिला हुआ था जो दिल्ली के चिड़ियाघर में पैदा होंगे। नरेश अपने शेरों को इच्छानुसार बेच सकते थे। इस समझौते का लाभ उठाते हुए उन्होंने पचास हज़ार रुपये में एक सफ़ेद शेर मुम्बई के विक्टोरिया गार्डन को और एक सफ़ेद शेरनी इतने रुपये में लोरिडा (संयुक्त राज्य अमेरिका) के स्कॉट को बेची थी। शेरनी तो रास्ते में ही मर गई थी।

## भेदसूचक लक्षण

सफ़ेद शेरों के बारे में एक पहेली है कि क्या यह पृथक् जाति (species) है अथवा प्रकृति के अपवाद ही होते हैं। दूसरे शेरों से इनमें निम्नलिखित भेद हैं:

| सफ़ेद शेर | नारंगी शेर |
|---|---|
| 1 सफ़ेद खाल | नारंगी खाल |
| 2 भूरी या कत्थई धारियां | काली धारियां |
| 3 कत्थई जबड़ा | काला जबड़ा |
| 4 कान के नीचे सफ़ेद बालों का गुच्छा | कान के नीचे काले बालों का गुच्छा |
| 5 पैर की गद्दी सफ़ेद | पैर की गद्दी काली |
| 6 नीली आँखें | पीली आँखें |
| 7 अधिक ऊँचा क़द | अपेक्षाकृत छोटा क़द |
| 8 अधिक लम्बा शरीर | कम लम्बा शरीर |
| 9 अगली टाँगें अपेक्षाकृत पतली | अगली टाँगें अपेक्षाकृत मोटी |

## प्रकृति में कोई नहीं है?

1987 के शुरू में विश्व के चिड़ियाघरों में सफ़ेद शेरों की संख्या लगभग अठहत्तर थी। इनमें से तैंतीस भारत के चिड़ियाघरों में और पैंतालीस विदेशों में थे। इन संख्याओं में परिवर्तन होता रहता है, क्योंकि कुछ बूढ़े और बीमार शेर मर जाते हैं; कुछ नए बच्चे पैदा हो जाते हैं; और कुछ शेर एक चिड़ियाघर से दूसरे में भेज दिए जाते हैं। 1987 के शुरू में दिल्ली चिड़ियाघर में चार सफ़ेद शेर थे; भुवनेश्वर के पास नन्दन कानन में बाईस थे। सफ़ेद शेर भारत की मूल उपज है। भारत में इनकी संख्या कम हो जाए और विदेशों में अधिक, यह अभीष्ट नहीं है।

भारत के चिड़ियाघरों में सफ़ेद शेरों के बाड़े पर्याप्त बड़े नहीं हैं। कनाडा के मॉण्ट्रियल चिड़ियाघर में मैंने इन्हें बहुत बड़े खुले बाड़ों में घूमते देखा है। शेर भी कुछ-कुछ महसूस करते होंगे कि वे प्रकृति में विचर रहे हैं।

कुछ लोग पूछते हैं कि रीवाँ के जंगलों में और भी सफ़ेद शेर मिल सकते हैं?

इस प्रश्न का सीधा उत्तर देने से पहले मैं पाठकों को सफ़ेद शेरों का पुराना लेखा-जोखा बताना चाहूँगा। अपर असम में मार्च, 1889 में एक सफ़ेद शेर मारा गया था। 1907 से 1933 तक बॉम्बे नेचुरल हिस्ट्री सोसाइटी में कम से कम सत्रह सफ़ेद शेरों को शूट करने का समाचार दिया है। इनमें से छह का रीवाँ के महाराजा ने शिकार किया था। 1909 में उड़ीसा में, 1910 में मध्य प्रदेश के बिलासपुर में और बिहार के भागलपुर में और 1958 में बिहार के हज़ारी बाग़ में सफ़ेद शेर मिले हैं। सबसे अधिक रीवाँ के जंगलों में देखे गए हैं। 1914 के बाद उन जंगलों में कुल सोलह सफ़ेद शेरों का लेखा-जोखा मिल जाता है। सम्भवत: वहाँ की जलवायु में कुछ ऐसे तत्त्व मौजूद हैं जो शेर को ये विलक्षण रंग-रूप प्रदान करते हैं। इसलिए मैं समझता हूँ कि पता नहीं कब कोई सफ़ेद शेर वहाँ पैदा हो जाए। 29 जून, 1978 को यू. एन. आई. ने एक समाचार प्रसारित किया था कि सीधी के जंगलों में एक सफ़ेद शेर देखा गया है। रीवाँ राज्य के भूतपूर्व शासक मार्तण्ड सिंह ने अपने रक्षकों को उस पर निगरानी रखने के लिए तैनात कर दिया था। गाँव वालों ने बताया था कि भड़वास के पास उन्होंने उस सफ़ेद शेर को विचरते देखा था। विन्ध्य पर्वतमाला की कैमोर राजि का एक भाग सीधी के जंगल हैं। सिंह का ख़याल था कि इनमें कुछ ऐसी विशेषताएँ हैं जो सफ़ेद शेरों के पनपने के लिए अनुकूल हैं। सिंह ने इन्हीं जंगलों से 1951 में देवा गाँव से मोहन को पकड़ा था।

## ऊँचे दाम

प्रकृति का निराला जीव होने से सफ़ेद शेर की क़ीमत बहुत अधिक है। ब्रिस्टल और वाशिंगटन के लिए जो शेर बेचे गए थे उनके दाम तो ऊँचे मिले ही थे; कोलकाता चिड़ियाघर को बानबे हज़ार रुपये में दो शेर बेचे गए थे। इस ऊँचे दाम की तुलना ज़रा भूरे शेर से तो कीजिए! सामान्यतया इसका जोड़ा पाँच-छह हज़ार रुपये में बिक जाता था। परन्तु माँग, उसकी पूर्ति तथा प्राणियों के स्वास्थ्य और आयु के अनुसार जोड़े की क़ीमत तीन-चार हज़ार रुपये तक गिर सकती है और दस हज़ार रुपये तक चढ़ भी सकती है।

शेर अत्यधिक सन्तान उत्पत्ति करने वाला प्राणी है। जिस गति से सफ़ेद शेरों की सन्तति बढ़ रही है उससे इनका वंश नष्ट होने का ख़तरा नहीं दीखता। साथ ही, माँग इतनी अधिक है कि इनकी क़ीमत में गिरावट की भी कोई संभावना नहीं है।

## मोहक सौंदर्य

जिस किसी भी पशु-वाटिका में सफ़ेद शेर पहुँचे, अपने मोहक सौन्दर्य के कारण उन्होंने दर्शकों को मुग्ध कर लिया। रीवाँ नरेश द्वारा भेजा गया पहला सफ़ेद शेर जब राजधानी की एक प्रदर्शनी में पहली बार सर्व-साधारण के लिए प्रदर्शित किया गया तब लाखों लोगों ने उसके रूप की प्रशंसा की थी। उसे देखने के लिए भीड़ इतनी अधिक जमा होती थी कि हज़ारों लोगों को निराश लौटना पड़ता था। भीड़ को नियन्त्रित करने के उद्देश्य से ही कोलकाता की अलीपुर पशु-वाटिका में सफ़ेद शेरों को देखने के लिए अलग से टिकट ख़रीदना पड़ता है।

## रोग-रोधक शक्ति क्षीण

सफ़ेद शेरों की जोड़ी राजा और रानी से 3 मई, 1964 को चिड़ियाघर में पैदा हुए दो बच्चों में से एक कृष्ण को 1974 में गठिया हो गया था। घुटनों और कोहनी के जोड़ों में दर्द से वह परेशान रहने लगा था। बाद में उसके अंगों का आंशिक पक्षाघात हो गया था। जून, 1979 को उसे चिड़ियाघर के हॉस्पिटल में भरती करना पड़ा था। हॉस्पिटल में एक महीने के इलाज के बावजूद भी पन्द्रह साल की उम्र का यह सफ़ेद शेर 31 जुलाई, 1979 की सुबह मर गया। लाश की चीर-फाड़ से पता चला कि उसकी मौत का तात्कालिक कारण तपेदिक था।

लखनऊ के प्रिंस ऑफ़ वेल्स चिड़ियाघर में 15 अक्टूबर, 1971 को दिल्ली चिड़िया-घर से एक सफ़ेद शेर लाया गया। इसका नाम राकेश था, लेकिन सभी लोग उसे प्रिंस के नाम से पुकारते थे। चिड़ियाघर में यह सबसे अधिक लोकप्रिय प्राणी बन गया था। दिल्ली चिड़ियाघर के सफ़ेद शेरों के जोड़े राजा और रानी ने पाँचवें ब्यात में प्रिंस को जन्म दिया था। राजा और रानी सगे भाई-बहन थे। इनके दादा-दादी मोहन और राधा, का आपसी रिश्ता बाप और बेटी का था। एक ही कुनबे के अन्दर सगे-सम्बन्धियों के जोड़ों से पैदा हुई सन्तान उतनी स्वस्थ और सक्षम नहीं हुआ करती जितनी दूर रहने वाले जोड़ीदारों की सन्तान होती हैं। इसमें रोगों का मुक़ाबला करने की शक्ति भी कम होती है। यह देखा गया है कि लखनऊ आने पर प्रिंस को कोई नौ महीने के बाद कोई न कोई बीमारी घेरे रहती थी।

जुलाई, 1972 में उसकी पूँछ में इन्फ़ेक्शन हो गया, जिससे उसे खुजली होने लगी। वह अपनी पूँछ का बहुत-सा भाग ख़ुद ही कुतरकर खा गया। कई विशेषज्ञ प्रिंस की रोग-परीक्षा के लिए बुलाए गए। उनकी राय से ऑपरेशन करके उसकी

चित्र 9 जलकुण्ड में सफ़ेद शेर

पूँछ काटकर फेंक दी। जनवरी, 1978 में उसकी पिछली टाँगों को लकवा मार गया। उसे चलने-फिरने में दिक्क़त होने लगी। इलाज कराए जाने पर भी कोई फ़ायदा नहीं हुआ। 13 जुलाई, 1978 से उसने खाना छोड़ दिया। इससे चिड़ियाघर के अधिकारी अधिक परेशान हो गए। प्रिंस की बेचैनी बढ़ गई। उसकी बीमारी का ठीक-ठीक कारण नहीं पता चल रहा था। जैसे-तैसे उसे दवा के साथ थोड़ा-थोड़ा दूध पिलाने की कोशिश की जाती थी। कमज़ोरी बढ़ती गई। यहाँ तक कि वह उठने में भी असमर्थ हो गया। 15 जुलाई, 1978 को दोपहर बाद ढाई बजे बारह साल की उम्र का प्रिंस चल बसा। मौत का ठीक कारण जानने के लिए लाश को चीरा गया। पता चला कि उसकी ड्योनिनम में ज़ख़्म बन गया था, जिसने उसकी जान ले ली थी।

मोहन की पोती होमा सफ़ेद रंग की थी। दिल्ली चिड़ियाघर में उसका नारंगी रंग के एक शेर मोती के साथ मेल कराया गया। 1976 में इसने तीन बच्चों को जन्म दिया। तीनों नारंगी रंग के थे। होमा ने एक भली माँ की तरह इन्हें पालकर बड़ा कर लिया। 9 अक्टूबर, 1978 को इसने फिर दो बच्चे दिए। नारंगी रंग के ये बच्चे अगले दिन मर गए। इनके पैदा होने के चौबीस घण्टे बाद एक बच्चा और पैदा हुआ। वह भी नारंगी रंग का था। वह भी ज़िन्दा नहीं रहा। चिड़ियाघर के डायरेक्टर के ख़याल से माँ ने इनकी उपेक्षा कर दी थी, वह इन्हें दूध नहीं पिलाती थी, इसलिए वे मर गए थे।

सफ़ेद शेरों के कुनबे के पितामह की मौत भी गोविन्दगढ़ महल में दु:खदायी परिस्थितियों में हुई थी। लगभग उन्नीस बरस तक यह बन्दीगृह में रहा। शेरों की अधिकतम उम्र इसके आस-पास होती है। 20 दिसम्बर, 1969 को मरने से पहले वह तीन महीने बीमार रहा। उसके पिछाड़े को लकवा मार गया था। लड़खड़ाती पिछली टाँगों को सम्हालता हुआ एक दिन वह उठा। कमरे से बाहर खुले आँगन में घूमने निकल गया, पर लौटकर कमरे तक नहीं चल सका। सरदी और बारिश से उसे बचाने के लिए आँगन को छत दिया गया। बीमारी में शेर और दूसरे जानवर खाना छोड़ दिया करते हैं। मोहन ने भी खाना बन्द कर दिया। अपने सामान्य भोजन, भेड़ के मांस, को भी वह छूता तक नहीं था। बहुत कोशिश करने पर कभी ज़रा-सा दूध, अण्डा या चूज़ा ले लेता था।

कोई पन्द्रह दिन पहले उसकी तबीयत ज़्यादा ख़राब हो गई थी। आख़िरी दिनों में जब वह दर्द और कष्ट के मारे घातक रोग से जूझ रहा था, तब यह सुझाव आया कि उसे दवा देकर लम्बी नींद में क्यों न सुला दिया जाए?

नौ महीने के अनाथ मोहन को पाल-पोसकर जिन पालकों ने लम्बी बीमारी में भी उसकी अथक सेवा की थी, उनके दिल और दिमाग़ ने इस विचार का विद्रोह किया। यद्यपि उसके तीन सहोदर भाइयों और उसकी माँ की उसकी आँखों के सामने क्रूरता से हत्या कर दी गई थी, पर गोविन्दगढ़ महल में उसे राजकुमारों के समान पाला गया था। उसके पालक उसे अपने परिवार का प्रिय सदस्य मानते थे। हाकि़मों के पीठ पीछे वे दबी ज़बान में कहते, इनके बीमार बच्चे को डॉक्टर नींद का इंजेक्शन देकर हमेशा के लिए सुला दें तो?

एक सौ चौदह साल पुराने शाही महल में जन्मे-पले आख़िरी सफ़ेद शेर, विराट, की 8 जुलाई, 1976 को मृत्यु हो गई। उसके बाद उसकी बीवी चमेली अकेली रह गई। उसे दिल्ली चिड़ियाघर भेज दिया गया। पालकों ने नम आँखों से अपनी बेटी के समान उसे विदाई दी। गोविन्दगढ़ से ट्रक पर आठ सौ किलोमीटर का चरमरा देने वाला सफ़र करने के बाद वह 26 जुलाई, 1976 को दिल्ली पहुँच गई।

रीवाँ में भूतपूर्व शासकों का राज एक कहानी बन गई है। रीवाँ के जंगलों में जन्मे सफ़ेद शेरों की नस्ल के संस्थापक मोहन की कीर्ति तो ऐसी कहानी बन गई है जिसे संसार-भर के प्रकृतिप्रेमी सदा याद रखेंगे।

अंग्रेज़ी में इसे टाइगर (tiger) और जीवशास्त्रियों की परिभाषा में **पांतेरा तीग्रिस** (लिनिअस) [**Panthera tigris** (Linnaeus)] कहते हैं।

चार

# ब्लैक टाइगर या ब्लैक मैजिक

1977-78 की सर्दियों में दिल्ली में एक सर्कस आया था। इसमें एक नया जानवर दिखाने का दावा किया गया था। यह था ब्लैक टाइगर। इसमें शक नहीं कि प्रकृति में कई बार जानवरों के साधारण रंग बदल जाया करते हैं। प्रकृति की एक विलक्षण उपज सफ़ेद शेर (व्हाइट टाइगर) का तो ज्ञान है, लेकिन ब्लैक टाइगर के बारे में कुछ भी पता नहीं है।

चित्र 10 काला तेंदुआ

दिल्ली में जीव-जन्तुओं से सम्बद्ध दर्जनों संस्थाएँ हैं, प्राणिशास्त्र का पठन-पाठन करने वाले और वन्य जीवों पर शोध करने वाले हज़ारों छात्र हैं। कोई भी वैज्ञानिक ब्लैक टाइगर के अस्तित्व को स्वीकार नहीं करता। ऐसी हालत में जिज्ञासा होती है कि सर्कस कम्पनी ने क्या ब्लैक मैजिक के ज़रिए यह ब्लैक टाइगर पैदा कर लिया!

सर्कस के मालिकों ने बड़े-बड़े विज्ञापनों के द्वारा ब्लैक टाइगर का ख़ूब प्रचार किया। मैं जिधर भी गया, सड़क के किनारे गड़े खम्भों पर इसके इश्तहार टँगे देखे। विज्ञापन के सभी दृश्य और श्रव्य माध्यमों का सर्कस कम्पनी ने उदारता से उपयोग किया। टेलीविज़न को घेरकर जब लोग दिलचस्प प्रोग्राम देखने में मशगूल होते तब अचानक ब्लैक टाइगर स्क्रीन पर आ धमकता। रेडियो पर, अंग्रेज़ी और हिन्दी के दैनिकों में ब्लैक टाइगर नियमित रूप से प्रकट होता रहता। इश्तहारों में विज्ञापन बड़ी चतुराई से जनसाधारण का ध्यान इस अद्भुत प्राणी की तरफ़ खींचते। विज्ञापनों में लिखा होता :

**हज़ारों आदमी रोज़ देख रहे हैं**
**जम्बो सर्कस**
**बिलकुल नए करतबों के साथ और**
**पहली बार**
**ब्लैक टाइगर**

स्थानीय दैनिकों में सर्कस की समीक्षाओं में प्रशस्तियाँ लिखी गईं। एक अख़बार के संवाददाता ने लिखा —'कोई सत्तर के क़रीब जानवरों में प्रमुख आकर्षण ब्लैक टाइगर है'।

प्रकृतिविद् होने के नाते मेरे लिए ब्लैक टाइगर सचमुच बड़ा आकर्षण था। ब्लैक टाइगर अंग्रेज़ी के दो शब्द हैं —जिनका अर्थ काला शेर है। विज्ञापन का माध्यम हिन्दी हो या अंग्रेज़ी, सभी जगह ब्लैक टाइगर शब्द ही विज्ञापित किया जाता रहा।

शेरों की फ़ोटोग्राफ़ी के सिलसिले में मैं जंगल-जंगल घूमा हूँ। मैंने इसे बेहद शर्मीला प्राणी पाया है जो इन्सान की मौजूदगी का आभास होते ही दूर निकल जाता है। किसी नसीब वाले को ही जंगल के बादशाह के दर्शन नसीब होते हैं। सौभाग्यवश मुझे जंगल में अनेक बार शेर देखने का सुयोग हुआ है। मैं अपने को उन भाग्यशाली प्रकृतिविदों में समझता हूँ जिन्होंने इस सुन्दर प्राणी के मोहक सौन्दर्य को जी भरकर निहारा है।

अपने जंगल के लम्बे नाते में मैंने काला शेर नहीं देखा। बसेलों, गूजरों, लकड़हारों, जंगल के ठेकेदारों और वन-सेवा के कर्मचारियों का जंगल से शाश्वत सम्बन्ध है। लम्बे प्रवासों में भी मैंने किसी वनेचर से काला शेर देखने की बात नहीं सुनी।

कुछ बरस पहले मुझे गेम गार्डों ने कॉर्बेट नेशनल पार्क में दो काले शेरों के

बारे में बताया था। इनमें से एक शेरनी थी जो शेरभोजी में रहा करती थी। दूसरा शेर था जो ढिकाला से थोड़ी दूर पटेरपानी के रास्ते में रहता था।

शेरभोजी में उन दिनों टाइगर शो हुआ करता था। गेम गार्ड ने मुझे सूचित किया कि शो में बाँधे गए पड्डे को शेर ने मार लिया है। अगले दिन तड़के ही मैं अधखाई लाश को देखने गया। ढाँग से उतरते ही घने जंगल की परिसीमा में एक जोहड़ था। उसके अन्दर नाम मात्र को पानी बचा था। मैं पार्क की एक सधी हुई हथिनी पर सवार था। ढाँग से उतरने पर हथिनी ने शेर की मौजूदगी का संकेत दिया। मैंने काली शेरनी को जोहड़ में से निकलकर जाते हुए देखा। यह अजीब-सा प्राणी था, जिसका सिर तो सामान्य शेर के रंग जैसा था, पर देह कीचड़ जैसी काली थी। इस विरूप को देखकर मुझे ज़रा भी सन्देह नहीं रहा कि कीचड़ ने ही उसे काली शेरनी बनाया था। लोट लगाते समय क्योंकि सिर कीचड़ से बाहर रहा था, इसलिए उस पर काला रंग नहीं चढ़ा था।

यही हाल पटेर पानी वाले काले शेर का था। वह फ़र्न के झुरमुट के अन्दर कीचड़ में लोट लगाया करता था और गेम गार्डों की आहट पाकर उठ जाया करता था। काले कीचड़ में लथपथ प्राणी काला शेर बना होता था।

काले शेरों की सत्ता के बारे में प्रकृतिविदों ने सदा सन्देह व्यक्त किया है। तथाकथित काले शेर निम्नलिखित अवस्थाओं में बन जाया करते हैं :

1 गर्मियों में पानी की जब कमी हो जाती है तब दिन के अधिक समय शेर काले कीचड़ में लेटे रहते हैं। कीचड़ से सने हुए जब बाहर निकलते हैं तब काले शेर नज़र आते हैं।

2 जंगल में आग लगने के बाद जगह-जगह बिखरी हुई राख पर शेर लोट लगाएँ तो उनके बदन पर काली राख चिपट जाती है जिससे वे काले शेर समझे जा सकते हैं।

3 ताज़े शिकार को खाते हुए शेर के बदन पर कई बार इस तरह ख़ून चिपट जाता है कि उसकी खाल की सफ़ेदी और उसका सुनहरी रंग बिलकुल ख़त्म हो जाता है। सूखने पर यह ख़ूब काला पड़ जाता है जिससे प्राणी काला शेर प्रतीत होता है।

स्पष्ट है कि ऐसे शेरों का काला रंग उनका रंग नहीं है। पानी पड़ते ही काला रंग धुल जाता है और उनकी सुनहरी खाल फिर से निखर उठती है, फिर भी खिज़ाब

लगे शेरों को देखने से काले शेरों का भ्रम हो सकता है।

काले शेरों के सम्बन्ध में अपनी जिज्ञासा को शान्त करने के लिए मैंने शिकार-साहित्य की छानबीन करनी शुरू की। जीव-जन्तुओं सम्बन्धी अनेक पुस्तकों को तथा रिसर्च जर्नलों को मैं पलट गया। एक विवरण से मुझे पता चला कि चटगाँव के पास सी. एस. बकलैण्ड ने एक काले शेर का शिकार किया था। दूसरा विवरण मुझे म्याँमार का मिला। टी. ए. होक्स्वेल म्याँमार में वन-संरक्षक (कन्ज़र्वेटर ऑफ़ फ़ॉरेस्ट) के पद पर नियुक्त थे। उनके बेटे ने मामो ज़िले के कोबकावे जंगलों में एक काले शेर को शूट किया था। गोली उसके आमाशय में लगी थी। घायल होने पर वह भाग गया था। इस बात का बड़ा अफ़सोस रहा कि ऐसे दुर्लभ प्राणी को हस्तगत नहीं किया जा सका। यह मिल जाता तो जीव विज्ञान (नेचुरल हिस्ट्री) के म्यूज़ियमों की अनमोल धरोहर बन जाता। इसकी परीक्षा करके प्रकृतिविद् काले शेरों पर पड़े काले परदे को उठाने में कामयाब हो जाते। इन काले शेरों का पूरा ब्योरा न मिलने के कारण समीक्षकों की शंकाओं और आलोचनाओं का निराकरण नहीं हुआ। सौभाग्यवश म्याँमार वाले ज़ख़्मी प्राणी के पैर के निशानों को खोजियों ने नाप लिया था। उसका घेरा पचास सेण्टीमीटर था। इससे पता चलता था कि वह बड़े आकार का प्राणी था, वह काला शेर था—इस सम्भावना से इनकार नहीं किया जा सकता।

इतने ऊहापोह के बाद भी मेरी धारणा है कि काले शेरों के वास्तविक अस्तित्व पर अब भी काला परदा पड़ा हुआ है। फिर शंका होती है कि दिल्ली की इश्तहारबाज़ी का शिकार वह ब्लैक टाइगर क्या? क्या वह सचमुच काला शेर था? वह शेर भी था या नहीं? यदि नहीं तो क्या ब्लैक टाइगर के नाम से भोली जनता को कोई दूसरा जानवर दिखाकर धोखा दिया जा रहा था?

मैं जब भी ब्लैक टाइगर का इश्तहार देखता, मुझे उसे देखने की इच्छा फिर जाग्रत हो जाती। मैं इस विलक्षण प्राणी की गुत्थी सुलझाना चाहता था। एक दिन मैं अपने परिवार के सभी सदस्यों के साथ सरकस देखने चला गया। कुछ खेलों के बाद उसका पिंजरा बीच के घेरे में लाया गया। उसके गले में पट्टा डाल रखा था जिसमें दो रस्सियाँ बँधी थीं। दाएँ और बाएँ बाजू दो आदमियों ने रस्सियों को पकड़ रखा था। इससे वह इधर-उधर भाग नहीं सकता था। रस्सियों में मामूली-सी ढील दे रखी थी जिससे वह आगे की तरफ़ धीरे-धीरे बढ़ रहा था। उसे एक सीढ़ी पर दो-तीन बार घुमाया गया। सीढ़ी ज़मीन से 2.40 मीटर ऊँची और तीस मीटर लम्बी होगी। रिंग मास्टर लम्बा हण्टर लिए ग़ौर कर रहा था। वह सावधानी से धीरे-धीरे

पैर बढ़ा रहा था। रुक जाने पर रिंग मास्टर हवा में हण्टर फटकारता था। उसने अपना खेल ठीक तरह दिखाया। करतब दिखाने के बाद उसे फिर पिंजरे के अन्दर दाख़िल कर दिया गया। वह सीधा-सादा जीव था। उसने एक बार भी दाँत नहीं दिखाए। वह ज़रा भी गुर्राया नहीं।

बग़ल में बैठी मेरी पोती रंजना बेदी बड़ी दिलचस्पी से करतब देख रही थी। उसने इस काले जानवर को दिल्ली के चिड़ियाघर में कई बार देखा था। सीढ़ियों पर पग बढ़ाते हुए जानवर को देखकर सहज भाव से उसके मुख से निकला–ब्लैक पैन्थर।

नन्ही रंजना (जन्म 14 अगस्त, 1973) की ऑब्ज़र्वेशन बिलकुल सही थी। ब्लैक पैन्थर का अर्थ काला तेंदुआ होता है। तेंदुआ सिंह परिवार (कैट फ़ैमिली) का प्राणी है। इसे गुलदार भी कहते हैं। इसकी खाल काले निशानों (गूल) से चित्रित होती है, इसी से गुलदार (चित्रित जानवर) नाम पड़ा है। अंग्रेज़ी में तेंदुए को पैन्थर (panther) और लेपर्ड (leopard) कहते हैं। प्राणिशास्त्र में इसका नाम **पान्तेरा पार्दुस** (लिनिअस) [**Panthera pardus** (Linnaeus)] है। किन्हीं-किन्हीं जंगलों में तेंदुए को गुलबाघ, गोलबाघ या बघेरा भी कहते हैं। गुजराती में इसे दीपड़ो या दीपड़ी और संस्कृत में द्वीपी कहते हैं।

शेर की तुलना में तेंदुआ बहुत छोटा जानवर है। एक ही आकार के शेर और तेंदुए में मुक़ाबला हो तो ताक़त में यह शेर की बराबरी करेगा। इसके अलावा यह शेर से अधिक चुस्त, चालबाज़, धूर्त व कूटनीतिज्ञ जीव है। शेर की निस्बत यह अधिक चुपके से और अधिक चोरी से काम करता है। शेर से यह बेहतर तरीक़े से ढलानों और पहाड़ों पर चढ़ सकता है, बेहतर कूद सकता है और बेहतर मार सकता है। यह अपने को प्राय: कहीं भी छिपा सकता है। मकानों और पेड़ों पर आसानी से चढ़ जाता है। अनुभवी शिकारियों का यह कहना ठीक है कि शेर यदि सेर है तो तेंदुआ सवा सेर। सरकस के लिए तेंदुआ अच्छी तरह सध जाता है। पिरेमिड में वह दूसरे जानवरों को अपने ऊपर उठा भी लेता है। उस्ताद के इशारे पर वह आग के गोले में से कूद जाता है। लेकिन जिस तेंदुए का मैं ज़िक्र कर रहा हूँ, उसने कोई हैरतअंगेज़ खेल नहीं दिखाया।

सामान्य तेंदुए की खाल का रंग मैला धूसर, पीलाई लिए हुए भूरा, लाली लिए हुए पाण्डुर, हलका पीला, धूसर, चमकीला सुनहरा भूरा — अनेक प्रकार का हो सकता है। स्थानभेद से रंग में अन्तर पड़ जाता है। उत्तर भारत के जंगलों में काला तेंदुआ

अपवाद रूप में ही दिखाई देता है। जंगल में मैंने केवल एक बार काला तेंदुआ देखा है। यह कॉर्बेट नेशनल पार्क में था। 1958 के मार्च महीने की बात है। मैं ढिकाला के जंगलों में घूम रहा था। उन दिनों वहाँ टूरिस्ट बहुत कम जाया करते थे। तब रामनगर से ढिकाला आने-जाने के लिए सवारी का नियमित प्रबन्ध नहीं था। जंगल से लकड़ियाँ ढोने वाले ट्रक सुबह-शाम चला करते थे। ढिकाला से वापसी पर मुझे एक ट्रक पर लिफ़्ट मिल गई। शाम के चार बजे थे। पार्क में वन्य जीवन बहुतायत में है, अनायास ही अनेक जानवर दिखाई दे जाते हैं। शाम के समय जंगल में जीवों की चहल-पहल बढ़ गई थी। हमारा ठेला मन्थर गति से बढ़ रहा था। उसकी खड़क-फड़क को सुनकर जानवर खड़े हो जाते। शाल वन के पतले पेड़ों की क़तार के किनारे

चित्र 11 तेंदुए पेड़ पर आराम करते हुए

खड़े हुए वे हमें एकटक घूरते रहते। भारी-भरकम सींगों वाले सांभर हमारा स्वागत करते। उजले चटाकों वाली चीतलियों के साथ घास में मुँह मारते हुए उनके छौने भी चरना छोड़कर खटारे को देखने लगते। शाल वन की उस ठण्डी सड़क पर हमारा खटारा ढिकाला से पाँच किलोमीटर दूर निकल आया। खटारे से कुछ ही क़दम आगे मैंने काले तेंदुए को सड़क पार करते हुए देखा। मैंने झट खटारा रुकवाया। तेंदुआ जंगल में ग़ायब नहीं हुआ था। वह जानता था कि इस पार्क में जानवरों को अभयदान मिला हुआ है। दो-चार छलाँगें मारकर वह सड़क के नज़दीक ही नितम्बों के बल बैठ गया। वह हमारी हरकतों पर ग़ौर कर रहा था। मैं उसके फ़ोटो खींचना चाहता था। उन दिनों मेरे पास टेलीलेन्स नहीं था। नॉर्मल लेन्स का रॉलीकोर्ड कैमरा था। तेंदुए के नज़दीक जाकर ही काम लायक़ फ़ोटो खींचे जा सकते थे। गेम वार्डन

मेरे साथ खटारे से नीचे उतरा, लेकिन तेंदुआ फ़ोटो नहीं खिंचवाना चाहता था। छलाँग मारता हुआ घने जंगल में ग़ायब हो गया। कुछ शिकारियों ने विडाल वंश के बड़े प्राणियों में काले तेंदुए को सबसे ख़तरनाक बताया है। इस तेंदुए को मैंने मस्त, गम्भीर और निडर प्राणी पाया था।

काला तेंदुआ सामान्यतया सिक्किम, असम, नीलगिरी और मलाबार के वनों में पाया जाता है। मलय प्रायद्वीप में यह अपेक्षाकृत अधिक मिल जाता है। इन प्रदेशों की कुछ विशेषताएँ हैं। यहाँ गरमी ख़ूब पड़ती है और बारिशें भी ख़ूब होती हैं जिससे जंगल सदा हरे तथा घने बने रहते हैं।

काला तेंदुआ सामान्य तेंदुए का ही एक भेद है। अलग जाति (स्पीसीज़) नहीं है। इसे प्रकृति की विलक्षणता कहा जा सकता है। एक ही ब्यात में एक काला और एक सामान्य रंग का बच्चा पैदा हो सकता है। इसलिए इसे भिन्न नस्ल (रेस) भी नहीं माना जाता।

पशु-वाटिकाओं के रिकॉर्डों से पता चलता है कि बन्दी जीवन में काले तेंदुओं की वंशवृद्धि सन्तोषजनक नहीं है। इसलिए चिड़ियाघरों में इनकी संख्या सीमित ही रही है। दिल्ली के चिड़ियाघर में काले और सामान्य तेंदुए एक ही बाड़े में एक साथ खुले विचरते हैं।

काले तेंदुए की आँखें नीली होती हैं। इसका शरीर निरा काला होता है। सामान्य तेंदुए के शरीर पर गुल (फूलों सरीखे चटाक) पड़े रहते हैं। वैसे निशान काले तेंदुए की खाल पर भी बने होते हैं। वे साफ़-साफ़ दिखाई नहीं देते। अच्छे प्रकाश में ग़ौर करने पर ही दिखाई देते हैं। सूर्य की किरणें जब तिरछी पड़ रही हों तब काली खाल के अन्दर काले रंग के ये चटाक दिखाई दे जाते हैं। शरीर के निचले भागों का रंग कुछ हलका होता है, इसलिए वहाँ ये अपेक्षाकृत स्पष्ट दीख पड़ते हैं।

सफ़ेद रंग के तेंदुए अत्यन्त दुर्लभ प्राणी हैं। हज़ारीबाग़ में एक सफ़ेद तेंदुआ मिला था जो स्टफ़ करके ब्रिटिश म्यूज़ियम में रखा हुआ है।

ब्लैक टाइगर की धुआँधार इश्तहारबाज़ी को देख-सुनकर मेरे मन में अनेक प्रश्न उमड़ आए। क्या जनसाधारण वन्य जीवों के बारे में सचमुच इतना अनजान है? इस अज्ञान का सर्कस कम्पनी को अपनी स्वार्थसिद्धि के लिए लाभ उठाने की मनमानी छूट दी जा सकती है? क्या सर्कस कम्पनियों से यह आशा नहीं की जाती कि वे वन्य जीवों के बारे में जनसाधारण को अधिक शिक्षित करने में योगदान दें?

पाँच

# सिंहों के साथ दिलचस्प अनुभव

सिंहों के जीवन पर टेलीविज़न फ़िल्म बनाने के लिए मैं और मेरे बेटे नरेश बेदी गिर अभयवन में एक महीने रहे थे। नरेश की पत्नी वन्दना और दोनों बच्चे भी साथ थे। बड़ी बच्ची रंजना तीन साल की थी और छोटा बच्चा राजीव चार महीने का था। हम लोग सुबह अँधेरे में ही रेस्ट हाउस से जीप पर चल पड़ते थे। रंजना तब सोई होती थी। उसे उसी तरह उठाकर जीप में लिटा लेते थे। खाने-पीने का सामान साथ रख लेते थे।

## आहार जुटाने के लिए सिंहों को मेहनत करनी पड़ती है

मेरी और नरेश की जंगलों से पुरानी दोस्ती है। हम लोग गिरवन में सिंहों के फ़ोटो खींचने अकसर जाते रहते हैं। वन्दना और रंजना यहाँ पहली बार आए थे। इन्हें भी जंगल में सिंहों को देखने में ख़ूब मज़ा आया था।

चिड़ियाघरों और सर्कसों के जानवरों में वह चुस्ती और ताज़गी नहीं होती जो जंगल के जानवरों में होती है। वे आज़ादी से जंगलों में घूमते हैं। घने झुरमुटों की छाया में पसरकर सोते हैं। अपना भोजन जुटाने में ख़ूब मेहनत करते हैं। कठघरे में रखे हुए सिंहों को तो नियमित समय पर भोजन मिल जाता है। उनसे वह खाया भी नहीं जाता। इसका कारण यह है कि बन्दी सिंहों को घूमने और दौड़ने का मौक़ा नहीं मिलता। उनकी कसरत पूरी तरह नहीं हो पाती। उन्हें ठीक तरह भूख नहीं लगती।

दूसरी तरफ़ जंगल में सिंहों का भोजन नीलगाय, हिरण और जंगली सूअर हैं। इनका शिकार करने के लिए सिंहों को कड़ी मेहनत करनी पड़ती है। उनकी ख़ूब कसरत हो जाती है, उन्हें ख़ूब भूख लगती है और उन्हें जो कुछ मिलता है उसे चट कर जाते हैं। गिरवन में सिंहों के कई परिवार रहते हैं। इन्होंने अपने रहने के इलाक़ों का बँटवारा कर रखा है। एक परिवार के सिंह एक टोली में रहते हैं और अकसर मिलकर शिकार करते हैं।

जंगली जानवर हों या पालतू ढोर, इतनी आसानी से इनके हाथ नहीं लगते। वे इन्हें देखते ही भाग जाते हैं। घास खाने वाले चौपायों की नाक बहुत तेज़ होती है। उन्हें सिंह की गन्ध आ जाए तो वे चौकन्ने हो जाते हैं और भाग जाते हैं।

इनका शिकार करने में सिंह सूझ-बूझ से काम लेते हैं। जानवर जहाँ चर रहे होते हैं, उस जगह को ये चारों ओर से घेर लेते हैं। घेरा बनाकर झाड़ियों के बीच छिपकर बैठ जाते हैं। सिंहों के शरीर से और मुँह से एक तरह की बास आती है। जिसे जानवर पहचानते हैं। हवा के झोंके के साथ यह बास जानवरों के पास पहुँच जाती है। उनमें भगदड़ मच जाती है। वे जिस दिशा में भी भागें, उधर सिंह छिपे होते हैं, वे उन्हें मार लेते हैं।

## सिंहनी ने तीन ढोर मार लिए

ये जिस फुरती से शिकार मारते हैं उसे देखकर अचरज होता है। एक बार मैं रेस्ट हाउस में बैठा था। गिर अभयवन के इंचार्ज के साथ सिंहों की समस्याओं

चित्र 12 नर की अपेक्षा मादा की देह छरहरी तथा चुस्त होती है

पर विचार कर रहा था। दुपहर ढल रही थी। कुछ मालधारी वहाँ आए। उन्होंने बताया कि उनके तीन ढोरों को सिंह ने मार लिया है। बारिश हो रही थी। घने बादलों के

कारण दिन में भी अँधेरा-सा हो गया था।

मैं उसी वक़्त जंगल में चल पड़ा। मैंने सारी घटना की जाँच की। रेस्ट हाउस से पाँच किलोमीटर दूर मैंने सिंह का पहला शिकार देखा। वह ढोर एक खुले तप्पड़ में पड़ा था। उसे मारने वाला सिंह नहीं, सिंहनी थी। उसने अकेले ही एक साथ तीन ढोर मार गिराए थे। बात यह थी कि उस तप्पड़ में सासण गाँव के कोई सौ ढोर चर रहे थे। उनका चरवाहा ढाक के एक तिरछे पेड़ पर बैठा बाँसुरी बजाने में मगन था। तप्पड़ के एक तरफ़ एक नाला चला गया था। इसमें पानी तो नहीं था, घनी झाड़ियाँ उगी हुई थीं। करौंदी के एक झुरमुट में एक सिंहनी ने तीन बच्चे दिए थे। ये अब चार-पाँच महीने के हो गए थे और अपनी माँ के साथ जंगल में शिकार के दौरों पर जाने लगे थे। ये खुद तो शिकार नहीं मार सकते थे। इनकी माँ इन्हें शिकार मारने की शिक्षा दे रही थी।

उस दिन माँ इन्हें लेकर झाड़ियों की ओट लेती हुई ढोरों की तरफ़ बढ़ी। उनके नज़दीक पहुँचकर उसने बच्चों को एक टीले पर बिठा दिया। नाले के किनारे वाले

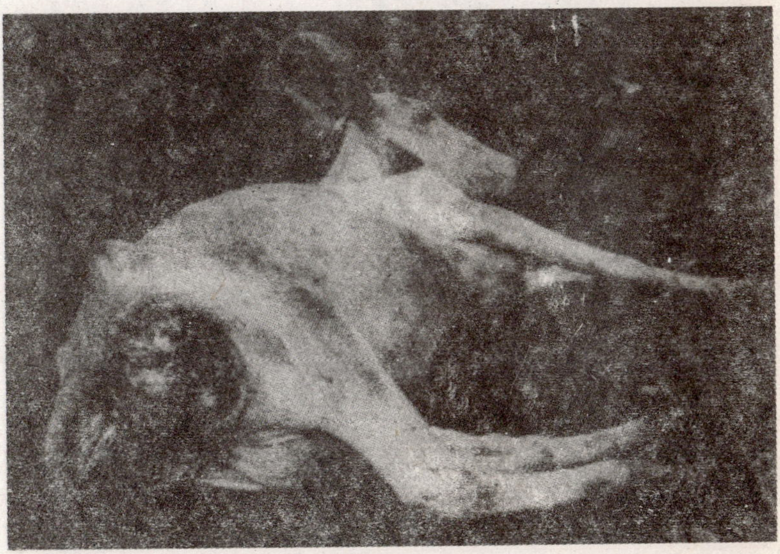

चित्र 13 सिंहनी द्वारा मारी गई गाय

ढोर पर उसने घात लगाई। वह बिजली की तरह उस पर कूदी। एक ही छलाँग में उसने उसकी गरदन को दबोच लिया। एक ही झटके में उसकी गरदन तोड़ दी। वह

निढाल होकर गिर पड़ा। यह इसका पहला शिकार था। मैंने देखा कि वह अब भी ज़िन्दा था।

चरते हुए ढोरों में भगदड़ मच गई। सिंहनी ने पहले शिकार को छोड़ा और भागते हुए ढोरों के पीछे दौड़ी। कुछ ही क़दमों पर उसने दूसरे ढोर को दबोच लिया। मैंने इसकी गरदन पर सिंहनी के दाँतों के निशान देखे थे। सांस की नली कट जाने से उसकी जान निकली थी। गीली धरती पर सिंहनी के पैरों के निशान पड़े थे। उन्हें देखते हुए हम आगे बढ़े। कुछ क़दमों पर उसने तीसरा ढोर मार लिया था। इसकी रान का गोश्त भी उसने खा लिया था।

## जलकुण्ड पर

अगर बड़ा शिकार मार लिया जाए तो सिंह परिवार के सभी लोग एक साथ खाने में शामिल हो जाते हैं। एक शिकार पर मैंने नौ सिंहों को दावत उड़ाते देखा था। वे बड़े उतावलेपन से शिकार खा रहे थे। कभी एक सिंह दूसरे से टकरा जाता तो वह ज़ोर से घुड़ककर उसे दूर हटा देता।

चित्र 14 जलकुण्ड पर सिंह परिवार

ये सिंह एक गहरे नाले के अन्दर थे। तीन तरफ़ पहाड़ और बड़ी-बड़ी चट्टानें खड़ी थीं। यहाँ पर बरसात में नाला कोई बीस मीटर ऊपर से गिरता था। नीचे एक बड़ा कुण्ड था। इसमें अब भी पानी जमा था। बाक़ी नाला सूखा था।

नरेश ने जलकुण्ड के ऊपर अपने कैमरे फ़िट कर लिए थे। रंजना जब यहाँ पहुँची थी, तब सोई हुई थी। सिंहों की गरज सुनकर उसकी नींद खुल गई थी। मुझे और नरेश को फ़ोटो लेने के लिए फुरती से इधर-उधर जाना होता था। रंजना एक चट्टान पर अकेली बैठी हुई विस्मय से सिंहों की जीवनलीला देख रही थी। कहानियाँ सुनकर रंजना को सिंहों के बारे में जितनी बातें पता चलतीं, उससे अधिक वह यहाँ सीख रही थी। पेट भर जाने पर सिंह पास में ही लोट लगाने लगे। धीरे-धीरे वे जलकुण्ड पर पानी पीने लगे। सिंह दिन में कई बार पानी पीते हैं।

जलकुण्ड से लौटकर ये शिकार के पास बैठ गए। शिकार को खाने के लिए कौए और गिद्ध आते थे। सिंह उन्हें उड़ा देते थे। कुछ देर बाद सिंह फिर शिकार में मुँह मार लेते थे। उनके पेट तन गए थे। धीरे-धीरे उन्होंने सारा शिकार ख़त्म कर दिया। छोटी और नरम हड्डियाँ भी वे चबा गए थे। जंगल में सिंहों को हर रोज़ भोजन नहीं मिलता। अनेक बार छोटा-मोटा शिकार भी हाथ नहीं लगता। उन्हें कई दिन भूखे रहना पड़ जाता है। इसलिए जब उन्हें शिकार मिलता है तब वे ठूँस-ठूँसकर खा लेते हैं।

## अन्तिम आश्रयस्थल में

गिर अभयवन के अलावा भारत में कहीं भी सिंह नहीं पाए जाते। पहले ये दूसरी जगहों पर भी मिल जाते थे। इन्हें नए सिरे से महाराष्ट्र और उत्तर प्रदेश के जंगलों में बसाने की योजना है।

गिर अभयवन में सिंहों के संरक्षण और संवर्द्धन के लिए उपाय किए जा रहे हैं। हर तीसरे साल इनकी गिनती की जा रही है। पिछली गिनतियों से पता चला है कि इनकी संख्या में कोई विशेष उतार-चढ़ाव नहीं आया। 1986 में लगभग 240 सिंह गिने गए थे। 1990 में इनकी संख्या 284 थी, जो 1995 में बढ़कर 305 और 2000 में 310 से 320 के बीच हो गई।

गिर अभयवन से जब हम लौटे तब ढेर सारी जंगल की घटनाएँ हमारे दिमाग़ में बस गई थीं। हमें अपने एलबम के लिए सिंहों के दुर्लभ फ़ोटो मिल गए थे। उन्हें देखकर हमारी यादें ताज़ा हो जाती हैं। मेरी नन्ही रंजना ने जंगल के इस शानदार प्राणी के बारे में कितने ही रोमांचकारी पाठ पढ़े। उसने कुदरत की वह किताब पढ़ना सीख लिया, जिसके पन्ने सदा खुले रहते हैं। यह उसके जीवन की अनमोल धरोहर बन गई है। सिंहों की बातें सुनाती हुई वह कभी नहीं थकती।

जंगल का राजा सिंह मनुष्य के हाथ जितना तिरस्कृत हुआ है, उतना शायद ही कोई जानवर हुआ हो। पहले इसे राष्ट्रीय पशु जैसा सम्मान दिया जाता था। भारत क्या, अनेक देशों के राज-चिह्नों में सिंह अंकित है। किसी समय भारत के कई प्रदेशों में पाया जाने वाला यह महामहिम जानवर अपने अन्तिम आश्रयस्थल सासण गिर के अभयवन में ही बचा है। वहाँ 1,412 वर्ग किलोमीटर में 320 के लगभग सिंह रहते हैं।

## पर्याप्त आहार नहीं मिलता

तीसरी शताब्दी ईस्वी पूर्व पाटलिपुत्र (अब पटना) के प्रधानमन्त्री कौटिल्य ने अभयवनों के रख-रखाव के लिए जो नियम बनाए थे, उनमें से शायद ही किसी का गिरवन में परिपालन किया जा रहा है। खेतिहरों और पशुपालकों ने अभयवन की तीस से चालीस प्रतिशत ज़मीन पर क़ब्ज़ा कर लिया है। वनों के भीतरी भागों में दूर-दूर तक खेतों का विस्तार होता जा रहा है। गन्ने और मूँगफली जैसी औद्योगिक फ़सलों की पैदावार बढ़ने के साथ नई-नई सड़कों का निर्माण हो गया है। सिंह के निवास का दायरा सिकुड़ गया है। सौ साल नहीं गुज़रे, गिरवन का क्षेत्रफल मौजूदा क्षेत्रफल से तिगुना था। पशुपालकों के हज़ारों पालतू ढोर अभयवन के अन्दर रहते हैं। घास के लिए नीलगाय, चीतल व अन्य आखेटक पशुओं की इन ढोरों से ज़बर्दस्त प्रतिस्पर्द्धा है। इसमें जंगल के तृणभोजी घाटे में रहते हैं। पर्याप्त घास न मिलने से वे पनप नहीं पाते। ये मृग सिंह का प्राकृतिक भोजन हैं। इनकी संख्या में कमी हो जाने से सिंहों के लिए पालतू ढोरों को खाने के अलावा कोई मार्ग नहीं बचता। सिंह जिन ढोरों को मारते हैं, वे सब उन्हें खाने को नहीं मिलते। ढोर को मारकर वह उसे नाले में घसीटकर ले जा रहा होता है कि पशुपालक शोर मचाते हुए दौड़ते हैं। गुर्राकर नाराज़गी प्रकट करता हुआ सिंह मारण को छोड़कर नाले में उतर जाता है। हरिजन खाल उतारने और मांस काटने के उद्देश्य से दलबल के साथ लाश पर धावा बोल देते हैं। मरे हुए जानवर पर गिद्धों, गुलदारों, लकड़बग्घों और नेवलों की छीना-झपटी भी रहती है। तेईस प्रतिशत लाशों को तो सिंहों को बिलकुल नहीं खाने दिया जाता। बीस प्रतिशत लाशों में से वह कुल दस किलोग्राम गोश्त खा पाता है। गिर के सिंहों को हर रोज़ पर्याप्त भोजन नहीं मिलता।

## ज़हर खिलाकर मारने की घटनाएँ

सिंहों को ज़हर देकर मारने की वारदातें अब भी हो रही हैं। 1971 के शुरू में

हम लोगों ने सासंण गिर रेस्ट हाउस से चार किलोमीटर दूर ग़रीब नामक एक सिंहनी के फ़ोटो खींचे थे। उसके साथ दो बच्चे भी थे। उसी साल हमें दुबारा वहाँ जाने का मौक़ा मिला। पता चला कि ग़रीब और उसके बच्चों को अमृत वेल नेस के एक पशुपालक ने ज़हर देकर मार दिया है। ग़रीब ने अपने नन्हे बच्चों की भूख मिटाने के लिए उसका बछेरा मारने का अपराध किया था। वन-विभाग के अधिकारियों से छुपाने के लिए हत्यारे ने ग़रीब को बच्चों समेत जला दिया था। ऐसा गम्भीर अपराध करके भी हत्यारा अदालत से साफ़ छूट गया । उसके ख़िलाफ़ कोई भी गवाही देने को तैयार नहीं था। इस प्रकार के अपराध दूसरे अभयवनों में किए जा रहे हैं।

वन-जीवों के ह्रास को रोकने के लिए दिल्ली जैसे शहरों के प्रबुद्ध नागरिक और सरकारी अफ़सर यद्यपि पर्याप्त जागरूक हैं फिर भी यहाँ एक अदालत को एक अपराधी को दण्डित करने में छह बरस लग गए थे। यह एक दर्जन जाति के जानवरों की दो सौ से अधिक खालों के साथ पकड़ा गया था। लगभग पचास खालें संरक्षित जानवरों की सूची की थीं। वह अनधिकृत रूप से खालों का व्यापार करता था। 26 दिसम्बर, 1982 को इसे केवल एक साल की जेल और दो हज़ार रुपए जुर्माने का दण्ड सुनाया गया।

सिंहों को अतीत के ऊँचे दरजे तक पहुँचाने के लिए अनेक उपाय करने होंगे। उसे दूसरे राज्यों में बसाना होगा। वाराणसी से लगभग सत्तर किलोमीटर दूर चकिया वन के अन्दर चन्द्रप्रभा अभयवन में 1957 में सिंहों को बसाने की कोशिश की गई थी। उसमें सफलता नहीं मिली थी। वहाँ जो भूलें हो गई थीं उन्हें हमें दुबारा नहीं होने देना चाहिए।

गिरवनों की गिरी हुई अवस्थाओं को सुधारने के उपायों में आवश्यक है कि जंगल में पैदा हुई घास में से पच्चीस प्रतिशत से अधिक काटकर ले जाने की इज़ाज़त नहीं दी जानी चाहिए। यथासम्भव पालतू ढोरों को चरने से रोकना चाहिए और पशुपालकों को अभयवन के अन्दर से हटाकर दूसरी जगह बसाने का काम तेज़ी से करना चाहिए।

इसे हिन्दी में बबर शेर; संस्कृत में सिंह; अंग्रेज़ी में लॉयन (lion) और लेटिन में **पांतेरा लेओ** (लिनिअस) [**Panthera leo** (Linnaeus)] कहते हैं।

छह

# स्याहगोश

भारत में स्याहगोश सदा दुर्लभ और अपरिचित-सा प्राणी रहा है। इसलिए प्राकृतिक अवस्थाओं में इसके रहन-सहन के बारे में बहुत कम ज्ञान है।

## डराने के लिए अजीब हरकतें

प्रकृतिविदों ने इसके बारे में जो ज्ञान प्राप्त किया है वह अधिकतर पालतू या चिड़ियाघरों में रखे हुए स्याहगोशों के पर्यवेक्षण के आधार पर प्राप्त किया है। दिल्ली चिड़ियाघर में रखे हुए स्याहगोश को ग़ौर करने मैं जाता रहा हूँ। उसके पास जाएँ तो वह डराने के लिए अजीब हरकतें करता था। अगले दोनों पंजों को ज़मीन पर टेककर सीधा बैठ जाता था। शरीर के पिछले भाग को सिकोड़ता था। बड़ी, चमकीली आँखों से घूरता हुआ डराने की कोशिश करता था, फिर भी रुकते नहीं थे और उसके नज़दीक जाते थे, तो वह पैंतरे बदलता था। नाक के ऊपर की खाल को पीछे सिकोड़ता हुआ पैने दाँतों को दिखाता था। इतने पर भी मैं वहाँ से हटता नहीं था तो वह मुँह से फै""ह"" शब्द करता हुआ दाहिने पंजे को उठाकर ज़ोर से ज़मीन पर पटकता था। डराने की इस प्रक्रिया में मुँह का शब्द और पंजा पटकने की आवाज़ एक साथ होती थी। इसकी परवाह न करके मैं आगे बढ़ने की कोशिश करता था तो वह पूरी ताक़त से फै""ह""आवाज़ करता था, जिसके साथ थूक के छींटे मेरी तरफ़ उड़ते थे। स्याहगोश की इस मुद्रा को मेरे फ़ोटोग्राफ़र बेटे राजेश बेदी ने सफलता से फ़ोटोग्राफ़ किया था। डाक-तार विभाग ने यह रंगीन फ़ोटो दो रुपये के टिकट पर छापा था। बीस लाख की संख्या में छपी यह बहुरंगी टिकट 1976 के वन्य-प्राणी सप्ताह के शुभारम्भ में पहली अक्टूबर को ज़ारी की गई थी।

विडाल वंश में स्याहगोश और फ्याउकू मिलते-जुलते प्राणी हैं। ख़रगोश जैसे लम्बे खड़े कानों के कारण संस्कृत में स्याहगोश को शश कर्ण कहते हैं; अंग्रेज़ी में कैराकल (caracal) और लेटिन में **फ़ेलिस कैराकल** श्रेबर **(Felis caracal** Schreber) कहते हैं। फ्याउकू का अंग्रेज़ी नाम लिंक्स (lynx) है। तैत्तिरीय-संहिता में हलीक्ष्ण नामक एक वन्य-प्राणी का उल्लेख है। डॉक्टर रघुवीर का मत है कि

यह फ्याउकू है।

## स्वरूप

स्याहगोश और फ्याउकू दोनों का सिर चौड़ा होता है और कान के सिरों पर बालों का लम्बा, पतला गुच्छा उगा होता है जो झर्टिंगर नेवले के बालों से बने आर्टिस्ट

चित्र 15 स्याहगोश

के ब्रश सरीख़ा दीखता है। खड़े हुए दोनों प्राणियों की ऊँचाई नापी जाए तो पिछली टाँगों पर ऊँचाई अधिक होगी और अगली टाँगों पर कम। लेकिन स्याहगोश का

क़द अपेक्षाकृत छोटा होता है और बदन हलका होता है। इसकी पूँछ फ्याउकू की पूँछ से अधिक लम्बी होती है। चेहरे के चारों ओर बालों की झालर नहीं होती जो फ्याउकू में होती है। इसकी खोपड़ी सामान्य आकृति में फ्याउकू की खोपड़ी से मिलती है, लेकिन सिर और चेहरा उतने चौड़े न होकर तंग होते हैं और बनावट में टिपिकल बिल्ली की खोपड़ी की याद दिलाते हैं। लबादे के बाल यद्यपि फ्याउकू के बालों के समान घने नहीं होते, तो भी मोटे और मुलायम होते हैं। स्याहगोश के ऊपरी भागों का रंग ललाई लिए धूसर (grey) होता है जो नीचे की तरफ़ जाते हुए हलका होता हुआ पाण्डुर (buff) या सफ़ेद हो जाता है।

## यहाँ मिलता है

भारत के बँटवारे से पहले यह बिलोचिस्तान, सिन्ध और कच्छ में पाया जाता था। कच्छ की उत्तरी और उत्तर-पश्चिमी पहाड़ियों पर यह मिल जाता है। पंजाब, राजस्थान, उत्तर प्रदेश और मध्य प्रदेश के सूखे भागों में पाया जाता है। भारत के बाहर ईरान, इराक और अरब में तथा अफ़्रीका के अधिक भागों में मिल जाता है।

हरिद्वार में गंगा पार शिवालक की अधीत्यका के जंगलों में मारे गए एक स्याहगोश की खाल मैंने 1938 में देहरादून के टैक्सिडर्मिस्ट की वर्कशॉप में देखी थी। मई 1955 में टिहरी-गढ़वाल सर्कल के कन्ज़र्वेटर वी. पी. श्रीवास्तव ने सहारनपुर वन-विभाग में एक स्याहगोश का गोली से शिकार किया था। विभाग के पालतू हाथी पर वे सुबह जंगल के दौरे पर निकले थे। कोई पचास मीटर की दूरी पर उन्होंने स्याहगोश को एक नर तीतर का शिकार करते देखा था। तीतर को पकड़कर उसने पहले छाती के प्रायः सारे पंख उखाड़कर खाल साफ़ कर दी। इसके बाद ज्यों ही खाने लगा, श्रीवास्तव ने उसे मार गिराया। कॉर्बेट नेशनल पार्क में पाए जाने वाले पचास स्तनपायी जानवरों की सूची में स्याहगोश भी है। दिल्ली की जामा मस्जिद के पास पशु-पक्षी पालने के शौक़ीन मुसलमानों के पास कभी स्याहगोश दिखाई दे जाता था। जून 1964 में मैंने अपनी फ़ील्ड नोटबुक में दिल्ली में स्याहगोश के बच्चे का दाम पचास-साठ रुपये लिखा था।

असाधारण फुर्ती और तेज़ी वाले इस प्राणी के रहने के लिए घना और भारी भरकम जंगल उपयुक्त नहीं है। इसलिए यह सूखे, खुले प्रदेश में रहता है, जहाँ विरली झाड़ियाँ और छितरी घास उगी हों। यहाँ इसे छोटे स्तनपायी, कुतरकर खाने वाले जानवर और पक्षी मिल जाते हैं, जिनका यह शिकार करता है। शिकार के

फ़न में यह बहुत होशियार है। पक्षियों को पकड़ने की इसकी योग्यता विलक्षण है और ज़मीन पर बैठे पक्षियों तक ही सीमित नहीं रहती। कहा जाता है कि यह काफ़ी ऊँचा उछल सकता है और उड़ते हुए पक्षी को उछलकर पकड़ लेता है। कम ऊँचाई पर उड़ते हुए गोल में से एक ही बारी में कई सारे पक्षी गिरा लेता है।

## फनियर का शिकार

मैसूर के चिड़ियाघर में स्याहगोश के पिंजरे में एक बार फनियर साँप घुस गया। स्याहगोश ने उसे इस सफ़ाई से मारा कि फनियर को वार करने का मौक़ा ही नहीं मिला। साँप का कुछ हिस्सा उसने खा भी लिया था। उत्तर प्रदेश के मिर्ज़ापुर ज़िले में एक आदमी पर स्याहगोश द्वारा हमला किया जाने का उल्लेख मिलता है। विश्वास किया जाता था कि भूख ने उसे हमला करने के लिए बाध्य कर दिया था। आहार न मिलने से वह दुबला-पतला हो गया था; शायद हताश होकर उसने हमला किया था। जो भी हो, सत्तर सेण्टीमीटर से ज़रा लम्बे और क़रीब तेईस सेण्टीमीटर लम्बी पूँछ वाले इस छोटे-से प्राणी का अपने से कई गुना बड़े मनुष्य पर हमला करना हिम्मत का काम था।

अफ़्रीका और दक्षिणी एशिया के देशों में देखा गया है कि सूखी घास के मैदानों और झाड़-झंखाड़ वाले जंगलों में सावधानी से घात लगाता हुआ यह कृन्तकों, ख़रगोशों, छोटे एणों (antelopes) और शुतुरमुर्गों को मार लेता है। अगली टाँगों से पिछली टाँगें लम्बी होने से यह थोड़ी दूर तक तो कुरंगों (gazelles) का पीछा करके उन्हें गिरा लेता है। ऐसे शिकार में तेज़ रफ़्तार इसे सफलता प्रदान करती है।

## शिकार के लिए ट्रेनिंग

छोटे हिरणों, कुरंगों, ख़रगोशों और लोमड़ियों का तथा मोर, सारस, कबूतर और तीतर जैसे पक्षियों का शिकार करने के लिए इसे प्रशिक्षित किया जाता था। पर्शिया में किसी ज़माने में स्याहगोशों को पालना और उनसे शिकार मरवाना प्रिय खेल था। मुग़ल बादशाहों ने इस खेल को भारत में प्रचलित किया था। मुग़ल बादशाहों को इस चुस्त, साफ़-सुथरे, फुरतीले और सुन्दर प्राणी को शिकार खेलने के लिए पालने का चस्का था। दिल बहलाव का यह दिलचस्प साधन बन गया था। अनुभवी उस्तादों द्वारा प्रशिक्षित स्याहगोशों के मुक़ाबले करवाए जाते थे। दाना चुगते हुए कबूतरों के गोल पर इन्हें छोड़ दिया जाता था। जो ज़्यादा कबूतर मार लेता था उसे ज़ीत का

सेहरा मिलता था। दबे पाँव और चौकन्नी आँखों से कबूतर पर झपटकर यह कमाल दिखाता था। हमले की कार्यवाही में इसकी आँखों और पैरों में पूरा तालमेल दिखाई देता था। इसका साहस और इसकी दक्षता देखते ही बनती थी। उड़ने से पहले ही चैम्पियन खिलाड़ी एक के बाद एक नौ-दस कबूतरों को ढेर कर देता था।

## चीते से मिलता-जुलता

शिकार करने की टेकनीक सिखाने के लिए इसे उसी तरह प्रशिक्षित किया जाता था जिस तरह चीते को। पिछले पैरों की बनावट पर ग़ौर किया जाए तो यह दिलचस्प बात मालूम होती है कि बिल्ली की बिरादरी के सभी प्राणियों की तुलना में चीते के सबसे नज़दीक स्याहगोश आता है। हाँ, उसकी तेज़ रफ़्तार का यह मुक़ाबला नहीं कर पाता। चीते के समान यह आसानी से पल जाता है। बन्दी जीवन में वंशवृद्धि भी करता है। जोहन पोल्लर्ड ने केनिया में रेमौण्ड हुक के प्राइवेट चिड़ियाघर के बारे में 'अफ़्रीका फ़ौर एडवंचर' पुस्तक में लिखा है —'ज़मीन की सतह पर बनाए लम्बे बाड़े में एक मादा स्याहगोश रेंग रही थी। कान के सिरों पर बाल के गुच्छों से सुशोभित यह विडाल वंशीय प्राणी बड़ा ख़ूबसूरत था। आज भी यह वैसी ही डरावनी थी जैसी कि वह जंगल में पकड़ने वाले दिन थी। हुक को उसके लिए एक जोड़ीदार मिल गया था। इनके संयोग से दो बच्चे पैदा हुए थे —नर और मादा। बड़ा हो जाने पर इन्हें जलपोत द्वारा यूरोप के एक चिड़ियाघर के लिए भेज दिया गया।'

भारत में स्याहगोश के प्रजनन के बारे में निश्चित रूप से कुछ पता नहीं है। जंगल के लोग और शिकारी बताते हैं कि यह सेह के भटों में, पेड़ की खोहों में और चट्टानों की दरारों के बीच में एक ब्यात में दो से चार तक बच्चे देती है। राजस्थान में अक्टूबर के महीने में एक बार दो बच्चे मिले थे। आरम्भिक जीवन में बच्चों की माँ शिकार करना सिखाती है। बाद में ये अकेले ही शिकार करते हैं।

## अस्तित्व के लिए ख़तरा

भारत में स्याहगोश तेज़ी से लुप्त हो रहा है। जिन वन्य-प्राणियों के संरक्षण के लिए ज़ोर-शोर से आवाज़ उठाई जा रही है उनकी अग्रिम पंक्ति में यह अदना-सा जीव नहीं दिखवाई देता। खुले प्रदेशों में इसका प्राकृत निवास इसके अस्तित्व के लिए बड़ा ख़तरा है। प्रकृतिविद् भली भाँति जानते हैं कि ऐसे आवास में रहने की आदत के कारण भारत में चीते का क्या हश्र हुआ। विवेकहीन शिकारियों को वहाँ

छोटे जानवरों को मारने की बेहिसाब छूट दे दी गई। ये जानवर चीते का प्राकृतिक भोजन थे। शिकार की लालसा ने चीते को भी नहीं छोड़ा।

वन्य-जीवों के संरक्षक बड़े प्राणियों के संरक्षण के लिए बेहद चिन्तित हैं। उन्हें बचाने के लिए बहुत कुछ लिखा जाता है और कहा जाता है। अपेक्षाकृत छोटे वन्य-जीवों की रक्षा के लिए कम ही चर्चा की जाती है। उनके संरक्षण की समस्याएँ भी गम्भीर हैं। स्याहगोश को भी लोभी चोर-शिकारियों ने चीते की राह पर पहुँचा दिया तो एक आकर्षक, ज़िन्दादिल और अनुपम प्राणी उस पुनीत धरती से उठ जाएगा। जहाँ के देवालयों और घरों में हज़ारों-लाखों कण्ठों से दिन-रात इस मांगलिक श्लोक की गूँज सुनाई देती है :

**सर्वे भवन्तु सुखिनः सर्वे सन्तु निरामयाः।**
**सर्वे भद्राणि पश्यन्तु मा कश्चिद् दुःखभाग भवेत्॥**

सात

# फ्याउकू

सुगठित देह वाला बिल्ली की बिरादरी का यह जन्तु दुर्लभ है। इसके सिर एवं देह की लम्बाई पिचासी से नब्बे सेण्टीमीटर और पूँछ की अठारह से तेईस सेण्टीमीटर होती है। वज़न लगभग सत्ताईस किलोग्राम होता है।

चित्र 16 फ्याउकू

इसके कानों के सिरों पर लम्बे, सीधे बालों का गुच्छा उगा होता है। चेहरे और गले की सन्धि पर बालों की झालर होती है। पूँछ छोटी होती है और पिछले घुटनों (hocks) से ऊपर आधे रास्ते में ही ख़त्म हो जाती है। पूँछ का सिरा काला होता है। लबादे का रंग सामान्यतया हलका रेतीला, धूसर या इसाबेलीन (isabelline)

होता है। शरीर का निचला भाग सफ़ेद होता है। गिलगित के आस-पास पाए जाने वाले फ्याउकू की पीठ का रंग गूढ़ा होकर जंगारी लाल बन जाता है। गर्मियों में लबादा चिकना-चुपड़ा होता है, इस पर काले रंग की सुन्दर चित्तियाँ निकल आती हैं जो सर्दियों के अधिक लम्बे घने रोओं वाले लबादे में प्रायः लुप्त हो जाती हैं। लेकिन टाँगों और बक्खियों पर अधिक समय तक बनी रह सकती हैं।

ऊपरी सिन्धु घाटी, गिलगित, लद्दाख और तिब्बत में, हिमालय के उत्तर में एशिया में सर्वत्र; और यूरोप में आल्प्स के उत्तर में यह पाया जाता है। पश्चिमी हिमालय की चन्द्र और भागा नदियों से बने जलसंभर (watersheds) प्रदेश में शिकारियों ने फ्याउकू मिलने के विवरण दिए हैं। गर्मियों में यह 2,645 मीटर और 3,355 मीटर के बीच की ऊँचाइयों पर दिखाई दे जाता है। मजनू (willow) के क्षुद्ररोहों, नरकुलों के झुण्डों और ऊँची घास से बने आवरण में फ्याउकू रहता है।

यह चूहों, ख़रगोशों, हिममूषों (marmots), तीतरों, नीले कबूतरों (blue pigeons) और फ़ेजेण्ट (pheasants) का शिकार करता है। भरल और बकरियों के बच्चे मार लेता है। रेवड़ में से भेड़-बकरियों को दबोच लेता है। सेना के जवानों ने लेह में एक मिनी ज़ू बनाया हुआ था। 1978 में इसमें एक फ्याउकू था जिसके लिए कहा जाता था कि उसने छह भेड़ों को मार लिया था।

एक ब्यात में दो या तीन बच्चे पैदा होते हैं। माँ बच्चे को प्रायः चट्टानों के बीच कन्दरा के अन्दर या विवर में छिपाती है। अगस्त में छोटे बच्चे देखे गए हैं। भारत के छोटे और बड़े शिकार में लिडेक्कर ने लिखा है कि कभी-कभी स्पीती के आदिवासी छोटे बच्चों को उठा लाते हैं। इसके पारिवारिक जीवन और आदतों के बारे में अधिक ज्ञान नहीं है। इसकी तीव्र दृष्टि और उन्नत श्रवण शक्ति मुहावरा बन गई है। तीव्र दृष्टि वाले को अंग्रेज़ी में लिंक्स-आईड (lynx-eyed) कहते हैं। शिकारियों ने बताया है कि कभी-कभी सात फ्याउकू इकट्ठे मिल जाते हैं।

महिलाओं के कोटों और मफ़लरों के लिए इसकी खाल बहुत पसन्द की जाती है। खालों के लिए इसका शिकार किया जाता है। यह पशुधन का शिकार करता है, इसलिए भी इसे मारा जाता है। इसके प्राकृतिक निवास में बहुत कमी आ गई है। इन्हीं कारणों से फ्याउकू दुर्लभ हो गया है।

लाहूल में इसे फ्याउकू; लद्दाख में एच; संस्कृत में हलीक्ष्ण; अंग्रेज़ी में लिंक्स (lynx) और लेटिन में **फ़ेलिस लिंक्स इसाबेल्लिना** ब्लिथ (**Felis lynx isabellina** Blyth) कहते हैं।

आठ

# शिवजी का कण्ठहार : रुण्डा

संस्कृत में रुण्डे को तुंग शश कहते हैं। इस शब्द का अर्थ है—ऊँचे (तुंग) पहाड़ों पर रहने वाला खरगोश। अंग्रेज़ी में इसे पीका (pika) कहते हैं। प्राणिशास्त्र में यह

चित्र 17 रुण्डा

*ओकोतोना (Ochotona)* गण में रखा गया है। इस गण में चौदह जातियाँ हैं जो एशिया के पर्वतों पर मिलती हैं। इनमें से दो अमेरिका में पाई जाती हैं।

## विविध नाम

अंग्रेज़ी : पीका (pika) हिमालयन माउस-हेअर (Himalayan mouse-hare)।

भूटिया : गुम्ची पिची।

लेटिन : **ओकोतोना रोइलेई** (ओगिल्बी) **[Ochotona roylei** (Ogilby)]।

लेप्चा : कुचेन।
संस्कृत : हिमालय आखु शश।
हिन्दी : पहाड़ी मूसा-खर, रंगदुनी।

## शिवजी के कण्ठहार के रुण्डे

बरफ़ के नीचे सुरंगों में छिपे रुण्डे बाहर निकलकर नई वनस्पतियों को कुतरकर खाने में आतुर होते हैं। हिमालय के ऊँचे पहाड़ों पर रहने वाला यह कृन्तक ख़रगोश और गिनिपिग के बीच का स्तनपायी है। शिव स्तोत्र का गान करते हुए भक्तजन शिव के गले में रुण्ड माला का ज़िक्र किया करते हैं। यह वही रुण्डा है। शिवजी के प्रिय इस जीव को मैंने पहली बार देखा था। नरेश इसे पकड़ने के लिए मचल उठा। नरेश ने अपने गले का तौलिया उतारकर उसके ऊपर फेंका तो वह फिर बरफ़ की सुरंग के अन्दर घुस गया। दूर आकर हम प्रतीक्षा करते रहे, वह फिर निकल आया। वह उन गिलहरियों जैसा चंचल और बेधड़क था जो मेरे दिल्ली निवास के आम के ऊपर घोंसले में रहती हैं। पेड़ के नीचे एक पिंजरे में मैंने हिमालय के गप्पू पाल रखे थे। उनके खाने को दिए गए आहार को खाने गिलहरियाँ नीचे बैठी रहती थीं। नरेश के चंचल बेटे पकड़ने जाते थे तो वह पेड़ के ऊपर भाग जाती थीं।

### प्रजनन

अपने नज़दीकी रिश्तेदारों, ख़रगोशों (hares) और रैबिटों, से ये छोटे होते हैं — पन्द्रह-बीस सेण्टीमीटर लम्बे।

एक ब्यात में रुण्डों के दो से छह बच्चे पैदा होते हैं। आठ दिन के जातक रेंगने लगते हैं और आवाज़ करने लगते हैं। पैदा होने के दो महीने के अन्दर ये पूरा आकार धारण कर लेते हैं। तब तक माँ अगले संजातकों को पालने में लग जाती है। बच्चे लगभग एक महीना गर्भ में रहते हैं। बन्दीगृहों में इनका जीवन-विस्तार तीन साल देखा गया है।

गिनीपिग से मिलते-जुलते, बिना पूँछ वाले, ये छोटे कृन्तक हिमालय में 5,335 मीटर की ऊँचाइयों तक पाए जाते हैं जहाँ दूसरे स्तनपायी नहीं रहते। भीषण सरदियों में रहने के लिए कुदरत ने उनकी देह पर घने, मुलायम, धूसर-भूरे रंग की भली भाँति विसंवाहित (insulated) फ़र वाली खाल पहना दी है। इस व्यवस्था के कारण इन्हें शीतनिद्रा की प्रसुप्ति में जाकर जीवन के क्रिया-कलापों को स्थगित करने की ज़रूरत

नहीं रहती। वे सरदियों में भी क्रियाशील रहते हैं। मुलायम फ़र का कोट पहने वे बरफ़ के नीचे खोदी हुई सुरंगों से इधर-उधर आते-जाते हैं। रुण्डों के तलवे भी रोओं से ढके रहते हैं, जिससे वे चिकनी बरफ़ीली चट्टानों के ऊपर आराम से आ-जा सकते हैं।

## भोजन

रुण्डों का भोजन अनेक प्रकार की घासें, छोटे पौधे और शाखिकाएँ हैं। वसन्त में और गरमियों में रुण्डों का अधिक समय खाने में गुज़रता है। फिर ये मेहनतकश जीव सरदियों के लिए भोजन जुटाने में लग जाते हैं। कुतरकर लाई हुई ताज़ी वनस्पतियों को अपने निवास के बाहर धूप में सूखने डाल देते हैं। नन्हे कृन्तकों की भोजन की ढेरी कई हाथ ऊँची और उतनी ही चौड़ी हो जाती है। इसकी रक्षा के लिए वे

चित्र 18 रुण्डा —गन्ध लेते हुए

चौकन्ने रहते हैं। दूसरा रुण्डा खाने आए तो झट खदेड़ देते हैं। उसे एक पत्ती भी लूटने नहीं देते। जिन रुण्डों का निवास चट्टानों के अन्दर होता है वे सूखी घास और वनस्पतियों को चट्टानों के बीच के खानों और गैलरियों में जमा कर देते हैं। ऐसी

बढ़िया व्यवस्था करने से ही रुण्डे सरदियों की दारुणता को मज़े से काट लेते हैं।

रुण्डे अपने इलाक़े की निशानदेही के लिए चेहरे की ग्रन्थी को चट्टान पर रगड़कर उसकी गन्ध वहाँ छोड़ देते हैं। निशानदेही के लिए पेशाब की गन्ध भी काम आती है। जगह-जगह पेशाब करके वे अपने इलाक़े की सीमा को अंकित कर लेते हैं। ये गन्ध इन्हें जोड़ीदार से मिलाने में भी मदद करती है।

बाज़, गरुड़ या कथिया नेवले (weasels) रुण्डों का शिकार करते हैं। निवास से बाहर निकला हुआ, चट्टान पर बैठा हुआ या ढलानों के चरागाह में चरता हुआ

चित्र 19 ख़तरे को देखकर चिल्ला उठता है

रुण्डा अपने दुश्मनों को देखकर बोलकर चेतावनी देता है, और चट्टान की दरार के अन्दर भाग जाता है। कुछ इलाक़ों के रुण्डे तीखी चीख़ सरीखी आवाज़ करते हैं और कुछ इलाक़ों के मेमनों के मिमियाने की।

## साधु की हड्डियाँ तक खा लीं

दीवाली की पूजा करने के बाद केदारनाथ मन्दिर के कपाट बन्द हो जाते हैं। मन्दिर के पास कुटिया में एक साधु रहता था। उसे फलाहारी बाबा कहते थे। सरदियों में भी वह यहाँ रहता था। तब सारा केदारनाथ गहरी बरफ़ में डूबा होता था।

एक साल एक दूसरा साधु फलाहारी बाबा के साथ कुटिया में रह गया। उसका नाम भोलागिरि था। सरदियाँ अभी शुरू हुई थीं। कुटिया के सामने गिरी बरफ़ को बाबा ने बेलचे से उठाकर बगल में फेंक दिया जिससे दरवाज़ा बन्द न हो जाए। निवृत्त होने के लिए बाहर जाने-आने का रास्ता साफ़ रहे।

भोलागिरि निवृत्त होने जाता तो सरदी के मारे वहीं बैठा रह जाता। उसे उठाकर बाबा कुटिया के अन्दर ले आए। सरदी के कारण उसकी धमनियाँ सिकुड़ने लगी थीं। उनके अन्दर ख़ून दौरा नहीं कर पा रहा था। उसकी हालत अधिक बिगड़ने लगी। आहार का ग्रास मुँह में ले जा रहा होता तो हाथ अधर में ही रह जाता। उसके मुँह और आँखें खुली की खुली रह जातीं।

बाबा ने सोचा — वह कहीं मर न जाए। उसे नीचे पहुँचाने का प्रबन्ध किया जाए। बाबा ने उसे कुटिया में बन्द किया और गरुड़चट्टी में लोगों को बुलाने चले गए। वहाँ अभी कुछ आदमी थे जो नीचे उतरने की तैयारी कर रहे थे। बाबा सोचता था कि वे काण्डी में साधु को ले जाएँगे। बाबा के नीचे आते ही भयंकर तूफ़ान के साथ बरफ़ गिरने लगी। सब मार्ग बन्द हो गए। बरफ़ गिरने का क्रम चलता रहा। भोलागिरि को निकालन बाबा ऊपर नहीं जा सके। उन्हें नीचे गौरीकुण्ड में जाकर छह महीने रहना पड़ा। रास्ता खुलने पर वे केदारनाथ गए। उनकी कुटिया में साधु नहीं था। उस ऊँचाई पर केवल बरफ़ानी तेंदुआ ही हिंसक जानवर है जो आदमी की लाश को खा सकता है। बाबा तो कुटिया के दरवाज़े की बाहर से साँकल मारकर गए थे। इसलिए तेंदुआ उसे कैसे खा सकता है ?

बाबा ने बताया, 'मैं कुटिया को बुहारने लगा तो मुझे हड्डियों के कुछ क़तरे बिखरे मिले। मेरी कुटिया के अन्दर दो रुण्डे रहते थे। उन्होंने लाश को खाना शुरू किया। छह महीने के लम्बे अर्से में वे गोश्त और हड्डियाँ सब चट कर गए।'

नौ

# धारीदार लकड़बग्घा : अलौकिक गुणों से सम्पन्न

**स्वरूप** : नर की कुल लम्बाई 150 सेण्टीमीटर; ऊँचाई 90 सेण्टीमीटर; भार 38.5 किलोग्राम; मादा का भार लगभग 4.5 किलोग्राम कम। धारीदार लकड़बग्घा बदसूरत जानवर है जिसे देखने पर घृणा पैदा होती है। कोई भी स्वाभिमानी जानवर लकड़बग्घे के गोश्त को खाने में बेइज़्ज़ती महसूस करता है। शरीर की बनावट में लकड़बग्घा

चित्र 20 गोश्त ले जाता हुआ लकड़बग्घा

कुछ-कुछ एल्सेशियन कुत्ते से या भेड़िए से मिलता है, लेकिन इसका सिर चौड़ा होता है। बड़े, नुकीले और खड़े कान बाहर की ओर तने हुए रहते हैं। गलमूँछों का ठीक तरह विकास नहीं हुआ होता। जीभ खुरदरी और आँखें गहरी होती हैं। मुँह काला, गरदन मोटी और मज़बूत होती है। कन्धवाल (mane) कानों के बीच में

से उठकर पीठ पर होता हुआ झब्बेदार पूँछ में मिल जाता है। कन्धवाल में दस-बारह सेण्टीमीटर लम्बे बाल होते हैं। रंग सलेटी भूरा जिस पर अस्पष्ट धारियाँ पड़ी होती हैं। टाँगों पर धारियाँ अधिक चमकती हैं। नाख़ून छोटे, खुण्डे और सिकुड़कर किसी खोल के अन्दर सिमटने वाले नहीं होते।

इसका अगला भाग भारी होता है, अगली टाँगें बड़ी होती हैं। पिछाड़ा हलका होता है। शरीर की इस भद्दी-सी बनावट का इसकी चाल पर भी असर पड़ता है। ऐसा लगता है, मानो लँगड़ाकर चल रहा हो और जैसे उसे अपने शरीर को घसीटने में दिक़्क़त हो रही हो।

## विविध नाम

अंग्रेज़ी : स्ट्राइप्ड हायना (striped hyena)।
कन्नड़ : कठे कीसबा, कठे कुरुबा, नई हूलि।
तमिल : कलड़ा कोराटु, कलुथई पुलि।
तेलुगु : दुमुल गुण्डु, कोर्ना गुण्डु।
मराठी : तरस।
मलयालम : चेरुपुलि।
राजस्थान : जरख।
लेटिन : **हिएना हिएना** (लिनिअस) [**Hyaena hyaena** (Linnaeus)]
संस्कृत : राजिल तरक्षु।
हिन्दी : धारीदार लकड़बग्घा।

संस्कृत साहित्य में लकड़बग्घे का बहुत वर्णन मिलता है। वाजसेनीयसंहिता, मैत्रायणीसंहिता, रामायण, सुश्रुतसंहिता, हरिवंशपुराण, महाभारत आदि में इस प्राणी के लिए तरक्षु शब्द आया है। तरक्ष, तर्क्षु, तरक्षुक और मृगादन शब्दों का प्रयोग भी इसके लिए संस्कृत साहित्य में मिलता है।

## यहाँ मिलता है

लकड़बग्घे की तीनों जातियों में से धारीदार लकड़बग्घा अधिक विस्तृत क्षेत्र में पाया जाता है, भारत, पर्शिया, एशिया माइनर, उत्तर और पूर्वीय अफ़्रीका में मिल जाता है, फ़िलस्तीन में यह आम मिलता है। कश्मीर के कम ऊँचे स्थानों से नेपाल तक, तराई में, राजस्थान के पूर्व से लोअर बंगाल तक और कच्छ के दक्षिण से नीलगिरी

तक, सम्भवतः कन्याकुमारी तक पाया जाता है। लोअर बंगाल और केरल में बहुत कम मिलता है। श्रीलङ्का और म्याँमार में नहीं मिलता। अपेक्षाकृत सूखे प्रदेशों में अधिक रहता है। यह एकाकी रहने वाला प्राणी है। खुले मैदानों, उजाड़ों, चट्टानों और क्षुद्ररोह से ढकी पहाड़ियों पर, नालों और खुले जंगलों में रहना पसन्द करता है। दिन में चट्टानों में, कन्दराओं और गुफ़ाओं में, अपने भट में या सेह के बनाए हुए भट में सो जाता है।

2,900 से 2,200 ईस्वी पूर्व में मिस्र के पुराने राजा लकड़बग्घे से परिचित थे। चीतले (spotted) और धारीदार (striped) दोनों प्रकार के लकड़बग्घे यूरोप के अतिनूतन युग (pliocine) में अश्मीभूत पाए गए हैं।

## राजधानी के चिड़ियाघर में

राजधानी के चिड़ियाघर में एक नर व एक मादा धारीदार लकड़बग्घा एक ही बाड़े में रहते थे और एक नर अलग बाड़े में। कच्ची ज़मीन में स्वयं खोदकर बनाए हुए भट के अन्दर नर और मादा अपना अधिकांश समय गुज़ारते थे। मादा दिन में केवल एक बार शाम को छह-सात बजे बाहर आती थी, मल-मूत्र त्यागती थी, पानी पीती थी और फिर भट के अन्दर घुस जाती थी। उसका पति मांस के लोथड़ों को *रनिवास* के अन्दर स्वयं पहुँचा देता था। इसलिए वह खाने के लिए भी बाहर नहीं निकलती थी। वह सचमुच *असूर्य पश्या* थी।

नर को मैंने पाँच बजे भट के बाहर देखा था। वह मांस खा रहा था। कुत्तों या शेरों की तरह बैठकर नहीं। खड़े-खड़े ही गोश्त में से बोटियाँ और हड्डियाँ तोड़ रहा था। लोथड़े को क़ाबू में रखने के लिए वह उसे कभी एक पंजे से और कभी दोनों पंजों से दबा लेता था। हड्डियाँ और गोश्त काटते हुए जब वह थक जाता था तब बैठकर पंजों को चाटकर साफ़ करने लगता था। जाली के कोने में बँधी बाल्टी से बार-बार पानी के घूँट भर लेता था। अपने पंजे से कुछ पानी फ़र्श पर गिरा देता था और उस पर लेट जाता था।

सरदियों में यह घण्टों बाड़े के अन्दर चक्कर काटता रहता था। अपने पालकों को पहचानता था। उनके साथ इसने कभी जंगली व्यवहार नहीं दिखाया था। इसका नाम मदन था। पुकारने से जाली के साथ आ खड़ा होता था। पालक इसकी पीठ पर हाथ फेरकर इसे पुचकारता था। हाथ फेरने से यह मस्त हो जाता था। चिड़ियाघर में भी यह गन्दा जानवर होता है। इसका बाड़ा दूर तक दुर्गन्ध फैलाता रहता है। झाड़ियों के अन्दर पड़े मांस पर मुर्दार मक्खियाँ और लाल भूण्ड भनभनाते रहते हैं।

कौए और चील पुरानी हड्डियों को नोचते रहते हैं।

## कामदेव पास नहीं फटका

संस्कृत में *मदन* का अर्थ कामदेव होता है। लेकिन इस लकड़बग्घे के बारे में कैसी विडम्बना है कि कामदेव इसके पास फटकता ही नहीं। अपनी प्रेयसी के साथ मदन कई बरस से इसी रनिवास में रह रहा है, वह उसकी क़द्र भी करता है, फिर भी उसे चिड़ियाघर को दो या तीन बच्चे भी देने का श्रेय नहीं मिला।

मादा दो साल में लैंगिक परिपक्वता को पहुँच जाती है। नर ज़रा जल्दी तरुण हो जाता है। बच्चे सात महीने गर्भ में रहते हैं। प्रायः तीन से चार बच्चे रेशमी सफ़ेद छोटे बालों से ढके हुए अन्धे और असहाय पैदा होते हैं। उन पर धारियाँ पड़ी रहती

चित्र 21 माँद के मुख पर लकड़बग्घे का बच्चा

हैं। दाँत बिलकुल नहीं बने होते। भारत में लकड़बग्घों के अकसर गरमियों में बच्चे पैदा होते हैं। बच्चे आसानी से पल जाते हैं, भलेमानस होते हैं। उन पर भरोसा किया जा सकता है। चिड़ियाघरों में यह बारह से चौबीस साल तक उम्र भोग लेता है। इसकी औसत उम्र उन्नीस बरस मानी जा सकती है।

लकड़बग्घे कई तरह की बोलियाँ बोलते हैं। इनमें सबसे प्रसिद्ध उनका अट्टहास है। हो सकता है कि सहसा अच्छा भोजन पाकर ये खुशी में अट्टहास कर बैठते

हों। मैथ्यूज़ ने टांगानीका में चीतले लकड़बग्घों की हुल्लड़बाज़ी के बारे में लिखा है।

सरदियों में हरिद्वार में मैंने लकड़बग्घे के अट्टहास बहुधा सुने हैं। चाँदनी रातों में खेतों के अन्दर ये अट्टहास ऐसे उठते हैं जैसे कोई पगला आपे से बाहर होकर बार-बार हँस रहा हो। थोड़ी-थोड़ी देर के बाद समानान्तर हँसियों के कहकहों से शान्त वायुमण्डल व्याप्त हो जाता है।

## सत्रह मीटर लम्बा भट

धारीदार लकड़बग्घे का भट बहुत लम्बा और गहरा होता है। राजधानी के चिड़ियाघर में दो लकड़बग्घे एक बाड़े में रखे हुए थे। अपने रहने के लिए उन्होंने खुद भट खोद लिए थे। 1964 की बात है। मादा ने कीकर के नीचे एक भट खोदा। जंगले से यह दस मीटर अन्दर था। बरसातें शुरू हुईं तो दाहिने हाथ की पक्की सड़क धँसने लगी। यह ठेकेदार की लापरवाही का परिणाम तो हरगिज़ नहीं था, क्योंकि वह कई बरसातें झेल चुकी थी। अगले दिन सड़क एक जगह से बिलकुल बैठ गई। गड्ढे को पाटने के लिए मज़दूर लगाए गए। उन्होंने देखा कि वह गड्ढा अन्दर ही अन्दर लकड़बग्घे के बाड़े के भीतर चला गया था और उसके भट में जा मिला था।

मैंने इस जगह की पैमाइश की और पाया कि लकड़बग्घे ने सब मिलाकर सत्रह मीटर लम्बा भट खोद लिया था। तार जाल की कंक्रीट की नींव लगभग 120 सेण्टीमीटर गहरी होगी। इतना गहरा खोदने के बाद ही भट बाड़े के बाहर गया होगा। कुछ दिनों के बाद लकड़बग्घे ने बाड़े की बाईं तरफ़ एक भट खोदना शुरू किया। वह भी लगभग इतना ही लम्बा और गहरा था। बाड़े के बाहर फुटपाथ पर बजरी कूटी जा रही थी। लोहे का रोलर नीचे धँस गया तो पता चला कि यह गड्ढा लकड़बग्घे के भट का अन्तिम सिरा था।

## मानो हिमपात से मैदान सफ़ेद हो गया हो

हैदराबाद के जंगलों में प्रेटर ने एक धारीदार लकड़बग्घा मारा था। उसका आमाशय सूखी और साबुत हड्डियों से ठसाठस भरा था। एक चीतले लकड़बग्घे के आमाशय में कई किलोग्राम हड्डियाँ मिली थीं। क्योंकि यह मुख्यतया हड्डियाँ खाता है, इसलिए सूखने पर इसका मल चॉक जैसा सफ़ेद हो जाता है।

इस जानवर की आदत एक ही जगह पर मल-विसर्जन करने की है। इसका मल चॉक जैसा सफ़ेद होता है, जो एल्बम ग्रेसियम के नाम से जाना जाता है। इसलिए

कुछ स्थानों में एल्बम ग्रेसियम की काफ़ी ढेरियाँ जमा हो जाती हैं। चॉक जैसे सफ़ेद मल पर जब धूप पड़ रही हो तब यह स्थान दूर से ही दिख जाता है। कुछ शौच-स्थान बहुत बड़े बन जाते हैं। सेर्रेनेआ नंदी के पास एक शौचालय कोई 1,012 वर्गमीटर में फैला हुआ था। अरुशा के एक निवासी ने एक बड़े शौच-स्थान का वर्णन करते हुए उसे एक ऐसा मैदान बताया है जहाँ हाल ही में हिमपात हुआ हो।

लकड़बग्घा मैदानों और जंगलों की गन्दगी को साफ़ करने वाला अत्यधिक क्रियाशील मेहतर है। बीमारी से मरे हुए जानवर को भी खा जाता है। गीदड़ों के समान यह कैम्पों और घरों के बाहर फेंकी हुई जूठन और मांस तथा हड्डियों के टुकड़ों को खाने रात को आ जाता है। ज़रा-से कचरे के लिए ये आपस में छीना-झपटी करते रहते हैं।

जंगलों में शायद ही इसने कभी आदमी पर हमला किया हो। दूसरे जानवरों पर भी कम ही हमला करते हुए देखा जाता है। अधिकतर जंगली जानवर इसके हाथ नहीं आते, वे इससे कहीं चुस्त हैं। हाँ, यह भेड़-बकरियों का शिकार कर लेता है, कुत्तों की अपेक्षा इन्हें कम मारता है।

ब्लैन्फ़ोर्ड ने एक लकड़बग्घे को शूट किया था, जो नीलगाय की पिछली टाँग को अपने भट में ले जा रहा था। इसके जबड़े और दाँत इतने शक्तिशाली होते हैं कि भैंसे की पसली को एक झटके में तोड़ देता है। जिस हड्डी को शेर नहीं चबा सकता उसे यह चबा जाता है। इसके मोहड़े पर हड्डियाँ ज़रूर मिलती हैं। जब इसे जंगल के दौरे पर आहार नहीं मिलता, तब मोहड़े पर जमा हड्डियों को चबाता रहता है।

## नींद हराम कर दी

दिल्ली के निवासी लकड़बग्घे के उस जोड़े से परिचित हैं जिसने महीनों रामकृष्णपुरम् के लोगों की नींद हराम कर दी थी। मई के शुरू में रात को यह जोड़ा सेक्टर तीन और चार में देखा गया। मालूम पड़ता है कि इसने कचरे में फेंकी गई हड्डियों को खाने के लिए यहाँ आना शुरू किया था। दूसरा कारण यह हो सकता है कि नाले में गाड़े गए किसी शिशु की लाश को खोदकर इसने पहले खाया होगा। शिशु मांस का चस्का लग जाने पर इसने बच्चों को उठाना शुरू कर दिया होगा।

सेक्टर तीन और सेक्टर चार में मई के अन्त में लकड़बग्घे देखे जाने के कई समाचार मिले। दोनों सेक्टरों के बीच के नाले में छिपकर यह कभी इधर और कभी उधर निकल जाता था। स्थानीय लोग इससे कितने भयभीत थे इसका अन्दाज़ यहाँ

दी गई कुछ घटनाओं से लगाया जा सकता है।

शनिवार, 22 मई, 1968 की रात को रामकृष्णपुरम में गीता की कथा सुनाई जा रही थी। नौ बजे का समय रहा होगा। एकाग्र होकर भक्त लोग कथा का रसास्वादन कर रहे थे। इतने में सड़क पर शोर मचा। कुछ राहगीरों ने अँधेरे में किसी चीज़ को हिलते हुए देखा और शोर मचा दिया। शोर को सुनकर अँधेरे वाला जानवर घबरा गया। जंगल में अदृश्य होने की बजाय वह सड़क पर बत्ती के नीचे आ खड़ा हुआ। वह लकड़बग्घा तो नहीं, भूरे रंग का आवारा कुत्ता निकला।

इसी तरह सेक्टर एक में रात को जब सब सो रहे थे तब एक शोर ने लोगों की नींद उचाट कर दी। छतों पर से लोग नीचे उतर आए ताकि दुश्मन का मुक़ाबला करने के लिए संगठित हो सकें। पूछने पर पता चला कि बाहर सो रहे एक आदमी ने नींद में जब करवट बदली तब पास खड़े हुए एक कुत्ते को देखकर उसे लकड़बग्घे का भ्रम हो गया। वह बेतहाशा चिल्ला उठा। रामकृष्णपुरम् थाने के चार सिपाहियों, दो निशानेबाज़ों और दो अफ़सरों को उस इलाक़े में तैनात कर दिया गया। उनकी ड्यूटी लकड़बग्घों को तलाश कर उन्हें मार डालना था। अधिकारियों ने सोचा था कि इस कार्य में जल्दी सफलता न भी मिले तो इस अमले के वहाँ मौजूद रहने से लोग आश्वस्त तो रहेंगे!

सुरक्षा के लिए तैनात पुलिस अधिकारी ने ढिंढोरा पिटवा दिया था कि कोई भी व्यक्ति घर से बाहर खुले मैदान में न सोए। गरमियों में मकानों की दीवारें और छतें इतनी तप जाती हैं कि रात को देर तक गरम रहती हैं। जिनके पास बिजली के पंखे नहीं, उनके लिए तो और भी कठिनाई थी। इन परिस्थितियों में घरों के अन्दर सोना तो जानबूझकर अपना दम घोटना था। ब्राह्ममुहूर्त्त में दूध की डेरियों पर इकट्ठे हुए सयाने लोग लकड़बग्घे के बारे में छपे हुए समाचारों पर टीका-टिप्पणी करते।

## अलौकिक गुणों से सम्पन्न

लकड़बग्घे को इन्सान के ख़ून का ऐसा चस्का लग गया था कि वह दिन में भी घूमने लगा।

महीनों की कोशिशों के बाद भी लकड़बग्घे मारे नहीं जा सके। कमज़ोर दिल और भूत-प्रेतों में विश्वास करने वाले लोग इसे अलौकिक गुणों से सम्पन्न जानवर कहने लगे। चौपालों में हुक्का गुड़गुड़ाते हुए लोगों के मुख से कुछ वैसी ही बातें

सुनाई देतीं जैसी कि अफ़्रीका के आदिवासी लकड़बग्घे के बारे में कहा करते हैं। उनकी मान्यता के अनुसार यह प्राणी हर साल अपना लिंग बदल लेता है। अफ़्रीका के कुछ क़बीले बताते हैं कि इसकी आँख में जादू का पत्थर रहता है। यदि वह मिल जाए और उसे कोई जीभ के नीचे रख ले तो भविष्य की सभी बातों को बता सकता है। प्रतीत होता है कि रामकृष्णपुरम् के लकड़बग्घों का यह जोड़ा भी पुलिस द्वारा उन्हें मारे जाने की सभी साज़िशों को भविष्यद्रष्टा के समान जान जाता था और उन्हें विफल कर देता था।

रामकृष्णपुरम् में जितनी वारदातें हुईं उनके अध्ययन से मुझे पता चला कि यह लकड़बग्घा बहुत ही ढीठ, दिलेर और साहसी था। शेर के समान वह अपने शिकार को आसानी से छोड़ता नहीं था।

सरदारी लाल पर भी इसने बहादुरी से हमला किया था। शुक्रवार, 7 जून की रात को नौ-दस बजे यह मन्दिर के चबूतरे पर सोया था। पुजारी तथा चार-पाँच अन्य लोग भी वहाँ सो रहे थे। मन्दिर का निर्माण अभी पूरा नहीं हुआ था, इसलिए अब तक चारदीवारी भी नहीं बनी थी। सदा की भाँति पुजारी ब्राह्ममुहूर्त्त में उठे और शौचादि से निवृत्त होकर मन्दिर के अन्दर चले गए। शिकार की टोह में निकला हुआ लकड़बग्घा उस वक़्त वहाँ आ पहुँचा। सीमेंट की मुँडेर पर चढ़ गया। ज़मीन से मुँडेर कुल पैंतालीस सेण्टीमीटर ऊँची थी, इसलिए उस पर यह आसानी से कुत्ते की तरह कूद सकता था। वहाँ सबसे छोटा व्यक्ति सरदारी लाल था। उसके पिता रामचन्द्र ने मुझे उसकी उम्र नौ साल बताई थी, लेकिन वह था दुबला-पतला। लकड़बग्घे ने इसे ही अपना लक्ष्य बनाया। उस वक़्त वह औंधे मुँह सो रहा था। लकड़बग्घे ने पीछे से उसकी खोपड़ी को दाँतों में भींच लिया। सरदारी लाल चीख़ उठा।

## खोपड़ी पकड़ता था

सुबह के चार बज चुके थे। पुजारी मूर्ति पर तिलक लगा रहे थे। उसे छोड़कर पुजारी सरदारी की ओर लपके और उसकी टाँग पकड़ ली। उनके शोर मचाने से लकड़बग्घे ने अपनी पकड़ छोड़ी। सरदारी को घायल करके भी वह टला नहीं। सरदारी के ऊपर ही खड़ा रहा। पुजारी ने उसे डण्डा मारा तो वह मुँडेर से नीचे उतरकर सरदारी की ओर मुँह किए खड़ा रहा। लोगों ने उसे ढेले मारे, हल्ला किया, तब कहीं वह टला। लकड़बग्घे की पकड़ से सरदारी की खोपड़ी पर लगभग पन्द्रह सेण्टीमीटर लम्बे घाव बन गए थे। ख़ून तेज़ी से बह रहा था। उसे तुरन्त हस्पताल पहुँचा दिया गया।

रविवार, 9 जून, 1968 की रात को आठ साल के एक लड़के दिलीप कुमार को भी लकड़बग्घे ने खोपड़ी पर काटा था। रात को वह बे-ख़बर सो रहा था। उसके

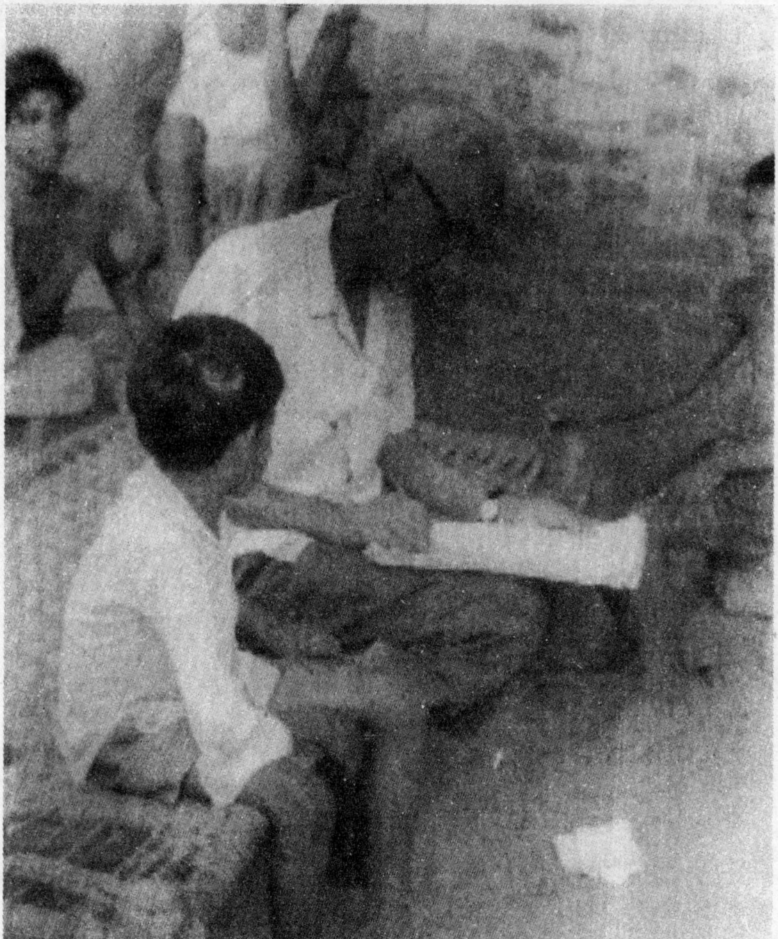

चित्र 22 घटना का ब्योरा लिखते हुए लेखक; साथ में बच्चा, जिसके सिर पर ज़ख़्म के निशान हैं

पास ही उसकी माँ सोई हुई थी। अचानक एक तीखी चीख़ के साथ वह जाग उठा। चीख़ को सुनकर पड़ोस के लोग जाग गए। उन्होंने हमलावर को देख लिया। उनके बयान के अनुसार इसका आगा भारी था, पीठ ढलवाँ थी और पिछली टाँगें छोटी।

मां ने दिलीप को देखा तो उसके सिर से बहुत ख़ून बह रहा था।

झुग्गी के बाहर तीजू नामक चार महीने की एक बच्ची सो रही थी। 10 जून, 1968 को उसे लकड़बग्घा उठा ले भागा। इसकी यह चोरी झट पता लग गई, मज़दूरों ने उसका पीछा किया और कुछ ही मीटर की दूरी पर बच्ची को छुड़ा लिया। ज़ख़्मों के निशानों से पता चलता था कि लकड़बग्घे ने उसे सिर से पकड़ा था।

11 जून को सेक्टर एक में लकड़बग्घे ने एक और बच्चे पर हमला किया था। 11 जून की रात को एक पुलिस दल ने सेक्टर तीन और चार के बीच वाले नाले को टॉर्चों से छान मारा। विश्वास किया जाता था कि लकड़बग्घा यहीं छिपता है।

उसके हमले ज़ारी थे। 13 जून को उसने आनन्दपुर गाँव के दो लड़कों पर हमला किया। खोज करने वाले शिकारी दल को पहले रामकृष्णपुरम् के सेक्टर एक के पास फिर मुनीरका गाँव के पास और उसके बाद मिलिटरी बैरकों के पास लकड़बग्घा दिखाई भी दिया था, परन्तु उसे मारने में सफलता नहीं मिली।

रामकृष्णपुरम् वाले लकड़बग्घे के शिकार बने बच्चों को देखने से यही ज्ञात होता है कि वह सिर पर हमला करता था। भय के कारण सभी लोग घरों के अन्दर सोने को बाध्य हो गए थे। जिनके घरों में बिजली के पंखे थे, उनका गुज़ारा तो हो जाता था पर झुग्गी वालों की गरमी से बड़ी मुसीबत थी।

किशोरों ने एक दल संगठित किया जिसका प्रत्येक सदस्य लाठी से लैस था। नाले को उसने छान मारा। अँधेरे में कोई भी हिलती हुई चीज़ नज़र आती तो ये किशोर उस पर पत्थरों की बौछार कर देते थे। आवारा कुत्तों की ज़िन्दगी इन्होंने दूभर कर दी थी।

दक्षिणी क्षेत्र के पुलिस सुपरिण्टेण्डेण्ट का उस रात लकड़बग्घे की खोज के लिए पुलिस के कुत्तों का उपयोग करने का विचार था, लेकिन कुत्ते के पालक ने इसकी इजाज़त नहीं दी, क्योंकि उसे डर था कि कहीं लकड़बग्घे उन्हीं पर हमला न कर दें, जिसमें ये क़ीमती कुत्ते मारे जाएँ। 17 जून से हवा के रुख़ में एक तब्दीली आने लगी। जनता के कटाक्षों का उत्तर देने के लिए एक पुलिस अफ़सर ने बयान दिया कि लकड़बग्घे की दहशत निराधार है। इस अफ़वाह के पीछे ज़रूर कोई चाल है।

जन-साधारण पर इसका प्रभाव अवश्य पड़ा। जनता का ध्यान पुलिस की असफलता से हट तो गया, लेकिन फिर भी कुछ आलोचक पूछते कि यदि यह भ्रम

मात्र है तो बच्चों का ज़ख़्मी होना तो भ्रम नहीं है? उन्हें ज़ख़्मी करने वाला भी कोई होना ही चाहिए? इसके समाधान में कहा जाता कि दहशत फैलाने के लिए यह किसी शरारती आदमी की करतूत है जो बघनखे जैसे किसी हथियार से चोट करता है।

## डाकिन का वाहन

एक देहाती ने मुझे बताया कि यह कोई अघोरी है जो घोर मन्तर से देह को बदल लेता है। अलौकिक सिद्धियों को हासिल करने के लिए उसे मासूम बच्चों की हड्डियों को चबाना पड़ता है। इसकी बात को काटते हुए चौपाल के दूसरे सयाने ने कहा कि साहब! सात रंग बदलता है लकड़बग्घा, सात रंग ! कभी गधा बन जाता है, कभी कुत्ता, कभी तेंदुआ, कभी बन्दर, कभी बिल्ली, कभी भेड़िया और कभी आदमी। सातों जानवरों के गुण इसमें मिलते हैं। कितनी ही ऊँची दीवार हो, उसे फाँदकर यह बच्चे को पीठ पर लादकर ले जाएगा। इसमें कुछ ऐसी करामात है कि आता हुआ दिखाई नहीं देता, जाता हुआ भले ही दीख जाए। राजस्थान में प्रचलित लोक विश्वास के अनुसार लकड़बग्घा डाकिन का वाहन है। रात के सन्नाटे में लकड़बग्घे पर सवार होकर यह बच्चों की जान लेने आती है। अदृश्य योनि होने से डाकिन तो नज़र आती नहीं, लकड़बग्घा दीख जाता है।

प्राणियों के विशेषज्ञों को अनेक बार इस प्राणी के पदचिह्नों की शिनाख़्त करने के लिए बुलाया गया। उनकी खोज और छानबीन के परिणाम निश्चयात्मक नहीं थे। उपलब्ध तथ्यों और विवरणों के विवेचन के बाद वे स्वयं भी उस भ्रम-जाल के बाहर नहीं निकल सके जिसमें इस इलाक़े के बहुत-से लोग ग्रस्त थे। दबी ज़बान से वे इस मायावी जानवर को गीदड़ की संज्ञा देने लगे थे। इन लकड़बग्घों के बारे में सही जानकारी हासिल करने के लिए मैं पचासों लोगों से मिला। झुग्गियों के अनपढ़ ग़रीब लोगों से, पढ़े-लिखे बाबुओं से और उद्बुद्ध चेतस के अफ़सरों से। इन लोगों ने मुझे अजीब क़िस्से सुनाए।

## पाँच सौ होमगार्डों को तैनात कर दिया

जिन्होंने अपनी आँखों से इस प्राणी को उस इलाक़े में देखा था उनमें से कुछ की सम्मति में यह लकड़बग्घा नहीं, गीदड़ था, लेकिन दूसरे प्रत्यक्षदर्शियों के बयानों से इस जानवर के लकड़बग्घा होने में मुझे सन्देह नहीं था। 22 जून को दिल्ली के

तत्कालीन मुख्य कार्यकारी पार्षद श्री विजयकुमार मल्होत्रा ने डिप्टी कमिश्नर, जन सुरक्षा निदेशक और क्षेत्रीय पुलिस के सुपरिण्टेण्डेण्ट के साथ प्रभावित इलाक़े का दौरा किया था। लकड़बग्घे द्वारा घायल किए गए बच्चों के अभिभावकों से वे मिले थे। वहाँ के निवासियों में सुरक्षा की भावना को पैदा करने के लिए उन्होंने जन सुरक्षा के स्वयंसेवकों और होमगार्ड के जवानों को वहाँ तैनात करने का आदेश दिया था।

कई दिनों की चुप्पी के बाद शुक्रवार, 5 जुलाई, 1968 की रात को यह रहस्यमय जानवर फिर प्रकट हो गया। ब्राह्ममुहूर्त्त में जब गहरी नींद में लोग सो रहे थे तब साढ़े तीन बजे इसने नीलम नामक चार साल की एक लड़की को सिर से पकड़ लिया। उसकी माँ साथ में सो रही थी। वह जाग गई। उसने बच्ची की टाँग कसकर पकड़ ली और शोर मचा दिया। यह क़िस्सा सेक्टर छह के नौ सौ पैंतीसवें क्वार्टर का है। शोर सुनकर और लोग भी जाग गए। लकड़बग्घे और माँ की खींचातानी में नीलम की खोपड़ी का जितना मांस प्राणी के मुँह के अन्दर था, वह दाँतों के साथ ही नुच गया।

मामले की छानबीन करने के लिए तुरन्त विशेषज्ञों को बुलाया गया। उन्हें नाले के अन्दर पड़े हुए उस पशु के पद-चिह्न दिखाए गए। उस मायावी प्राणी का नाम-धाम प्रकट करने में वे चुप्पी मार गए।

## शिकार पर ललचाई आँखें गड़ी थीं

इस घटना का अध्ययन करने के लिए मैंने मौक़े का निरीक्षण किया। जिन परिस्थितियों में नीलम को उठाया गया था, उससे स्पष्ट था कि लकड़बग्घा अतिशय बेधड़क बन चुका था। तीन तरफ़ दोमंज़िली इमारतें खड़ी थीं जिनके बीच में तीस-चालीस आदमी सो रहे थे। नीलम यद्यपि अलग खटोले पर थी, परन्तु उसके साथ सटकर एक तरफ़ उसके पिता, एक तरफ़ माता तथा तीसरी तरफ़ चार चारपाइयाँ और पड़ी थीं। इस तरह कई परिवार छोटे-छोटे समूहों में इस प्रांगण में सो रहे थे। इन सबके बीच में से नीलम पर हमला करना हिम्मत का काम था। नीलम से छोटी दो बहिनें भी वहाँ सो रही थीं। एक पिता के बिस्तर पर और दूसरी माँ के बिस्तर में। हमले को जब नाक़ामयाब कर दिया गया और लकड़बग्घे को भगा दिया गया तब वह कोई पच्चीस क़दम दूर जाकर खड़ा हो गया। उसकी ललचाई हुई आँखें शिकार पर गड़ी थीं। नीलम की माँ ने मुझे बताया कि अगली रात फिर वह शिकार की तलाश में वहाँ चक्कर लगा रहा था।

होमगार्डों और स्वयंसेवकों की संख्या बढ़ाने के निर्णय पर जनता को क्षणिक सन्तोष अवश्य हुआ था, लेकिन इससे लकड़बग्घे की कारस्तानी पर कुछ प्रभाव नहीं पड़ा था। 5 जुलाई के हमले के बाद तो अफ़वाहों और असंगत कल्पनाओं का ज़ोर बढ़ गया। लकड़बग्घे का हौवा सपने में भी दिखने लगा।

शनिवार, 6 जुलाई की रात को देवी की कथा सुनकर कुछ औरतें लौट रही थीं। क्वार्टरों के बाहर लोग सो रहे थे। बारह बज रहे होंगे। इन औरतों के देखते-देखते एक आदमी नींद से उठा और चारपाई पर बैठ गया। उसके बाद वह हड़बड़ाता हुआ चिल्लाया — 'लकड़बग्घा... लकड़बग्घा...!' जिस औरत के जिधर पैर उठे वह उधर ही भाग गई। एक औरत हिम्मत करके उस आदमी की ओर बढ़ी और उससे कड़ककर पूछा, 'तुमने कहाँ देखा?'

अब वह व्यक्ति अर्द्धनिद्रा की अवस्था से पूर्ण जागृत अवस्था में आ चुका था। उसके स्वप्नलोक का ख़ूँखार लकड़बग्घा नाले में अदृश्य हो चुका था। वस्तुत: लकड़बग्घे की दहशत सारे प्रभावित क्षेत्र में बहुत अधिक थी। एक गाँव में मैंने बूढ़ों को कहते हुए सुना, 'इत्ती मलट्री भी उसे नहीं मार सकी तो वह जिनावर कोई भूत-प्रेत मालूम देवे है। ...एक बार तो उसे देखकर थानेदार और तीन सिपाहियों की बन्दूकें हाथ से गिर पड़ीं। ...अजी, उसका जिस्म स्प्रिंगों का बना हुआ है। गोली भी मारें तो उछल जाएगी। हवा की माफ़िक चलता है। ...वह जब आता है तब बिल्ली जितना छोटा बनकर आता है। फिर फूलता जाता है। ...जब, मलट्री भी लगी रही और वह मारा नहीं जा सका तब ज़रूर देह बदल लेता होगा।'

## उपयोग

धारीदार लकड़बग्घे का चाक जैसा सफ़ेद मल मध्यकाल की दवासाज़ी में काम आता था। एल्बम ग्रेसियम के नाम से यह बुख़ार, गिल्लड़, मस्से और कई प्रकार के रोगों में दिया जाता था। भारत के आदिवासी लकड़बग्घे की जीभ और चरबी को दवा में काम लाते थे। सूजनों और रसोलियों को बिठाने के लिए जीभ उपयोगी होती है। घोड़ों के ज़ख़्मों के इलाज के लिए यह उपयोगी बताई जाती है। अफ़्रीका में इसकी चरबी को घावों पर लगाते हैं। आमवात में इसकी चरबी रोगग्रस्त अंगों पर मली जाती है। मिस्र में नील घाटी के किसान लकड़बग्घे के समान साहसी बनने के लिए इसका दिल खाते हैं। गलमूँछों को वे जादू-टोने के लिए इस्तेमाल करते हैं। ग़रीब लोग इसका गोश्त खाते हैं।

दस

# चीतला लकड़बग्घा

इसकी खाल पर गूढ़े रंग की चित्तियाँ पड़ी रहती हैं। कन्धे पर ऊँचाई नब्बे सेण्टीमीटर,

चित्र 23 चीतला लकड़बग्घा

कुल लम्बाई 170 सेण्टीमीटर, पूंछ तीस सेण्टीमीटर होती है। यह एबिसीनिया से केप तक पाया जाता है।

## विविध नाम

अंग्रेज़ी : स्पौटेड हायना (spotted hyena)।

लेटिन : **क्रोकुता क्रोकुता (Crocuta crocuta)**।

संस्कृत : पृषत, तरक्षु।

हिन्दी : चीतला लकड़बग्घा।

## सिंह की जूठन पर पलता है

एच. ई. शौर्ट्ट ने चाँद की रोशनी में एक भालू को शूट किया। उसकी पीठ पर एक बच्चा चढ़ा हुआ था। दूसरी ओर से एक और बच्चे की आवाज़ सुनाई दी। उसे सुनकर एक लकड़बग्घा वहाँ आ पहुँचा। वह ज़ोर से अट्टहास कर रहा था। शौर्ट्ट के सामने ही उसने बच्चे को उठा लिया और भाग गया।

अफ़्रीका का चीतला लकड़बग्घा सामाजिक प्राणी नहीं है। यह केवल रात को अपनी माँदों से बाहर निकलता है। दिन-भर भटों और कन्दराओं में छिपा पड़ा रहता है। ज्यों ही रात आई, पूतिमांस या लाश की तलाश में आ जाता है। वह खुद ज़िन्दा जानवर को मारकर खा सकता है। परन्तु अफ़्रीका में देखा गया है कि अकसर सिंह की जूठन पर पलता है। सिंह लकड़बग्घे से नफ़रत करता है। अपने मारण पर आए हुए लकड़बग्घों को भगा देता है।

## आहार

यह इतना डरपोक है कि बीमार, असहाय या ज़ख्मी जानवर पर ही हमला करता है। अफ़्रीका में चोरी-छिपे शिकार करने वालों के फन्दों में जो जानवर फँस जाते हैं, उन्हें शिकारियों के आने से पहले ही लकड़बग्घे खाने लगते हैं। ये उन्हें निर्दयता से मारते हैं। अपने शक्तिशाली जबड़ों से, उन्नत मांसपेशियों वाले कन्धों से और मज़बूत अगली टाँगों से लकड़बग्घा एक बड़े हिरण या छोटे ज़ेबरे को खींच ले जाता है।

शिकार के सभी भागों को पचाने की इसमें क्षमता है। हड्डियाँ, पंख, बाल — सभी कुछ इसके आमाशय में ठुँसे हुए मिल जाते हैं। आमाशय में अनपचा मांस प्राय: नहीं मिलता। इससे मालूम होता है कि मांस का पाचन बहुत शीघ्र हो जाता है। चमड़े के लिए लकड़बग्घे की विशेष कशिश होती है। इसके लिए वह चमड़े की बनी किसी भी चीज़ को नहीं छोड़ता। बन्दूक के केस को और जूतों को भी चबा जाता है।

चीतला लकड़बग्घा कीट-पतंगों को भी खा जाता है। टिड्डियों का विशेष शौक़ीन है। जिन दिनों टिड्डी दल आते हैं, यह उन्हीं से पेट भर लेता है। गरमियों में जोहड़ों के अन्दर पानी सूख रहा हो तो लकड़बग्घा वहाँ मछली मारता हुआ देखा गया है। अण्डों को चुराने के लिए भी यह बदनाम है। शुतुरमुर्गों के अण्डे वह जितने खाता है, उससे कहीं अधिक बरबाद कर देता है। कहा जाता है कि यह भेड़ों के बाड़े में

ज़बर्दस्त तहलका मचा देता है।

## प्रजनन

चीतले लकड़बग्घे सारे साल ही प्रजनन चेष्टाओं में रत पाए जाते हैं। गरमी के एक दौर में चौदह दिन होते हैं। नर की तुलना में मादा अधिक उम्र में तरुण होती है। उसका भगांकुर शिश्न के आकार का होता है। पश्च मूलाधार ग्रन्थि (पोस्टीरियर पैरीनिअल) नर के अण्डकोष की थैलियों से मिलती है तथा गुदा ग्रन्थियाँ नर के प्रजनन अंगों के समान होती हैं। नर और मादा में बाहरी प्रजनन अंगों का इतना अधिक सादृश्य है कि पुराने लोग इसे उभयलिंगी जानवर समझ लेते हैं। बहुत-से आदिवासियों का विश्वास था कि हर साल लिंग बदल लेता है। लकड़बग्घे की दूसरी जातियों में नर और मादा के लिंगों में यह समानता नहीं पाई जाती।

चीतले लकड़बग्घे में गर्भधारण काल एक लेखक ने एक सौ दिन बताया है। लंदन के चिड़ियाघर के रिकॉर्डों में प्रायः नब्बे दिनों में बच्चे पैदा हुए हैं। दक्षिण अफ्रीका में सरदियों में बच्चे पैदा होते हैं। एक ब्यात में बच्चों की संख्या एक ही होती है। अपवादस्वरूप कभी दो बच्चे पैदा होने पर नर परिवार की देखभाल करता है। कुछ समय तक सब इकट्ठा रहते हैं। भारतीय धारीदार लकड़ग्घे की भी यही आदतें हैं।

ग्यारह

# जंगली सूअर : बहादुर योद्धा

**दाँतों पर धरती को निकाल लाया :** जब प्रलय होगी तब लोग कहाँ रहेंगे ? ध्यानमग्न ब्रह्मा जी यह सोच रहे थे कि उनकी नाक के अन्दर से अँगूठे के बराबर सूअर का

चित्र 24 वराह अवतार के रूप में पूजनीय

एक बच्चा निकल आया। क्षण-भर में वह पहाड़ के बराबर हो गया। ठाठें मारते हुए प्रलय जल के बीच में वह घुस गया और दाँतों पर धरती को निकाल लाया। सूअर

को संस्कृत में वराह कहते हैं। धरती का उद्धार करने के लिए इसे अवतरित किया गया था, इसलिए इसे वराह अवतार की संज्ञा दी गई। सूअर के रूप में विष्णु की स्तुति गीत गोविन्द में इन शब्दों में गाई है :

**केशवधृतशूकररूप जय जगदीश हरे।**

सूअर के रूप में विष्णु की शक्ति को वाराही कहते हैं।

## सूअर का मांस खाने का निषेध

कुरान में सूअर का गोश्त खाने की मनाही है, इसलिए मुसलमान शूकर मांस नहीं खाते। हिन्दुओं में विष्णु के उपासक इसे हेय मानते हैं। वराहपुराण में कहा गया है कि शूकर मांस खाकर जो विष्णु की पूजा करता है उसे सूअर बनकर दस साल तक जंगल में चरना पड़ता है। श्राद्ध आदि के दिनों में यह खाना मना है।

मनु ने ब्राह्मणों को मल खाने वाले गाँव के सूअर को खाना मना किया है:

**... ... विड्वराहं च ... ... ...।**
**... ... ... ... मत्या जग्ध्वा पतेद् द्विजः॥**

मनुस्मृति, अध्याय 5; 19.

मनुस्मृति में श्राद्धकर्म में पितरों को सूअर का मांस खिलाने का जो विधान है। वह जंगली सूअर का मांस है :

**दशमासांस्तु तृप्यन्ति वराहमहिषामिषैः।**

मनुस्मृति, अध्याय 3; 270.

## विविध नाम

| | |
|---|---|
| अंग्रेज़ी | : इण्डियन वाइल्ड बोर (Indian wild boar), पिग (pig), स्वाइन (swine), हौग (hog)। |
| कन्नड़ | : हुण्डी। |
| गढ़वाली | : सुंगर। |
| तमिल | : पुन्नी। |
| मराठी | : रान डुक्कर। |
| मलयालम | : कर्तु पुन्नी। |
| म्याँमार | : वेत। |

लेटिन : **सूस स्क्रोफ़ा** लिनिअस (**Sus scrofa** Linnaeus)।
हिन्दी : भारतीय जंगली सूअर, सूअर, बद जानवर, बुरा जानवर।

## संस्कृत नाम

अखनिक : धरती को खोदने वाला।
चक्रदंष्ट्र : जिसके उद्दन्त (दंस्ट्र) गोल मुड़े हुए (चक्र) हों।
दन्तायुध : जिसके उद्दन्त (दन्त) हथियार (आयुध) का काम करते हैं।
बहुसू : बहुत (बहु) बच्चों को जन्म देने वाला (सू)।
रोमश : बालों (रोम) वाला जानवर।
स्तब्धरोमा : कड़े (स्तब्ध) बालों वाला (रोमा)।
स्थूलनासिक : मोटी (स्थूल) थूथनी वाला (नासिक)

## पचास के झुण्डों में फ़सल पर हमले

सूअर जंगलों के सीमावर्ती प्रदेशों और खेतों के साथ लगते वनों में अधिकतर रहते हैं। इसलिए फ़सलों को ख़ूब नुकसान पहुँचाते हैं। बॉम्बे गज़ेटियर (जिल्द 12) में प्रकाशित विवरण में इसे जंगली जानवरों में किसान का सबसे अधिक नुकसान करने वाला जानवर बताया है। देहाती सूअर जैसा होने पर भी यह आदतों में उससे जुदा है। मुख्यतया घास-पात खाने वाला होने के बावजूद यह स्वाद में बेहद नवाबी तबीयत का है। धरती के सबसे बढ़िया पदार्थ इसे मिलने चाहिए। सबसे अधिक लज़ीज लुकमों के चुनाव में यह जो कुछ खाता है उससे कहीं अधिक बरबाद कर देता है। गन्ना, शकरकन्दी और अन्य कन्दमूल, ज्वार, बाजरा तथा मकई के रसीले तने इसके प्रिय भोज़न हैं। रात को ये पचास या बड़े-बड़े झुण्डों में फ़सलों पर हमला करते हैं।

न्यूज़ीलैण्ड में राज्य की वन-सेवा ने प्रतिपादित किया था कि जंगल तथा कृषि को हिरणों और बकरियों के बाद जंगली सूअर से हानि पहुँचती है। वन-रोपणियों को यह भारी नुकसान पहुँचाता है। 1947 की रिपोर्ट के अनुसार एक बार सूअरों ने पाँच साल पुराने पाँच सौ डगलास फ़र के पेड़ खोद डाले थे। छोटे पौधे के अलावा ये कभी-कभी बड़े वृक्षों की छाल भी खा लेते हैं। ब्रेकन फ़र्न (*प्तेरीदिउम आकुइलिनुम* वैरा. *एस्कुलेंतुम Pteridium aquilinum* var. *esculentum*) की मण्डमय रसीली जड़ें इसका प्रिय भोजन हैं। इन्हें ये उसी शौक़ से खाते हैं जैसे नागरमोथे के कन्दों

चित्र 25 जंगली सूअर फ़सलों को नुकसान पहुँचाते हैं

को राजा दुष्यन्त ने मालिनी के वनों में सूअरों के झुण्ड के स्वामी को जोहड़ों के अन्दर मोथे को खोदते हुए देखा था :

**विश्रब्धं क्रियतां वराहपतिभिर्मुस्ताक्षतिः प्ल्वले।**

अभिज्ञानशाकुन्तल अङ्क 2 ; 6.

कालिदास (पाँचवीं शती) ने मोथे के लालची सूअरों के बारे में लिखा है कि धूप से एकदम झुलसा हुआ जंगली सूअरों को यह झुण्ड अपने लम्बे थूँथनों से नागरमोथे से भरे हुए सूखे कीचड़ वाले गड्ढे को खोदता हुआ ऐसा लगता है मानो धरती में घुसा जा रहा हो :

**सभद्रमुस्तं परिशुष्ककर्दमं सरः खनन्नायतपोतृमण्डलैः।**
**रवेर्मयूखैरभितापितो भृशं वराहयूथो विशतीव भूतलम्॥**

ऋतुसंहार, सर्ग 1; 17.

पादप जीवन पर वन्य शूकर के हानिकर प्रभाव के बारे में और विवरण मिले हैं। कि (1896) ने रिपोर्ट दी थी कि किसी ज़माने में बहुतायत से मिलने वाला *गास्त्रोदिआ कुन्निंगामीई (Gastrodia cunninghamii)* नामक और्किड बहुत हद तक सूअरों और चूहों ने नष्ट कर दिया था। फ़सलों पर हमला करने के कारण

सूअर हानिकर प्राणी माने जाते हैं, इसलिए जो चाहे और जब चाहे इन्हें मार सकता है।

## पुनर्नवा की जड़ें खाता है

आहार की तलाश में जाता हुआ जंगली सूअर जब पुनर्नवा (*Boerhavia diffusa* Linn.) को देखता है तब ठहर जाता है। थोड़े-से प्रयत्न के बाद वह उसकी जड़ को खोदकर खा लेता है और आगे चल पड़ता है। फिर पुनर्नवा के मिल जाने पर वह फिर ठहर जाता है और पहले के समान उसकी जड़ खोदकर खा लेता है। इससे पथरीली भूमि में घास के खुले मैदानों में सूअर द्वारा छोटा-मोटा हल चलने का-सा दृश्य उपस्थित हो जाता है। खोदे गए गड्ढों की परीक्षा से पता चलता है कि सूअर ने अपनी थूथनी से नमीदार धरती को दस-पन्द्रह सेण्टीमीटर खोदकर सारी जड़ को खा लिया है।

खोदे गए प्रत्येक स्थान में यह पाया गया कि सूअर ने केवल पुनर्नवा को ही खोदा है, किसी अन्य पौधे को नहीं। इसके तने, पत्ते या फूल को उसने छुआ तक नहीं। अंग्रेज़ी में पुनर्नवा को हॉग वीड (hog weed), पिग विड (pig weed) या स्प्रेडिंग वीड (spreding weed) कहते हैं। जंगली सूअर की आहार सम्बन्धी आदतों को देखते हुए यह नाम ठीक है, परन्तु नाम रखने वालों ने क्या सचमुच इस बात का ध्यान रखा था। पुनर्नवा आयुर्वेद की सुविदित जड़ी है।

## मांसभोजी भी है

एक बार एक वन्य शूकर के आमाशय को खोलने से उसमें कुछ प्राणिज पदार्थ पाए गए थे। इसलिए यह कहना ग़लत है कि सूअर पूर्णरूप से घास-पात खाने वाला जानवर है। आहार की विविधता के लिए ये भटों को खोदकर ख़रगोश के बच्चों को खा जाते हैं। किर्क (1896) के अनुसार जंगली सूअर धरती पर घोंसला बनाने वाले कई पक्षियों के विनाश और कमी के लिए ज़िम्मेदार हैं। चिल्टन (1909) ने बताया है कि ओकलैण्ड द्वीपों में भूमि पर घोंसला बनाने वाले समुद्री पक्षियों के अण्डों और बच्चों को नष्ट करके सूअर ने बड़ी बरबादी की थी। ये मेमनों को मार डालते हैं। इनके द्वारा सद्य:जात मेमनों का विनाश गम्भीर बात है। एक समाचार के अनुसार फ़िरोजाबाद के गाज़ीपुर गाँव में आठ वर्षीय एक ब्राह्मण बालक को सूअरों ने चबाकर मार दिया था। घरवाले विवाह के कार्यों में संलग्न थे। आँधी और बारिश की आवाज़ में सूअरों की चिंघाड़ में बालक की चीख़ों को कोई न सुन सका। सुबह बालक मरा

हुआ पाया गया।

## प्रस्तरयुग में सूअर का शिकार

वेल्लिंग्टन और न्यू प्लिमाउथ के बीच में पहली बार जब तार के खम्भे गाड़े गए तब वन्य सूअर अपना शरीर उनके साथ रगड़कर उन्हें बहुत नुकसान पहुँचाते थे। बढ़ती हुई संख्या को कम करने के लिए इन्हें मारना शुरू किया गया। अधिक संख्या का अन्दाज़ इस बात से होता है कि एक हमले में ही दक्षिण टारानाकी में 1,200 सूअर मार डाले गए थे। इनकी संख्या के कारण हैं — न्यूज़ीलैण्ड के जंगल में भोजन की बहुतायत और छिपने के ठिकानों की बहुलता। न्यूज़ीलैण्ड में जंगली सूअरों को नियंत्रित करने के लिए एक योजना बनाई गई, जिसमें प्रत्येक थूथनी के लिए एक शिलिंग इनाम दिया जाता था। 1940-45 के वर्षों में इस योजना के अन्तर्गत 1,25,122 थूथनियाँ प्रस्तुत की गई थीं। गोली मारने और विष खिलाकर जान लेने, दोनों ही तरीक़ों से सूअर को नष्ट करने के परीक्षण किए गए। गोली से मारना अधिक पसन्द किया गया।

प्रागैतिहासिक मनुष्य भाले से सूअर का शिकार किया करते थे। भोपाल क्षेत्र के गुफ़ा-मन्दिर में प्रस्तरयुगीन आखेट दृश्य में भागते हुए जंगली सूअर की पीठ पर भाला मारा गया है। भरहुत के एक शिलापट्ट पर सूअर के शिकार का दृश्य अंकित है।

मिर्ज़ापुर क्षेत्र में भल्डरिया नदी के तटवर्ती एक शिलाश्रय पर गेरुए रंग में घायल सूअर का मार्मिक चित्रण है। दर्द के मारे सूअर मुँह फाड़कर कराह रहा है। इसी क्षेत्र के कण्डाकोट के समीप वाली लखनिया-दो की विशाल गुफ़ा के मध्यवर्ती भाग में छत पर गहरे गेरुए रंग में सूअर का चित्र है। इसमें पूँछ और पीठ के खड़े बालों को मोटी कठोर रेखाओं द्वारा शक्ति के साथ क्रमबद्ध रूप से चित्रित किया गया है। सूअर का एक चित्र पँचमढ़ी क्षेत्र की महादेव गुफ़ा में है। कबरापहाड़ नामक रायगढ़ के शिलाश्रय पर एक विशाल एवं पुष्ट सूअर का अत्यन्त सशक्त चित्रण है। इसमें मुख समेत सारे शरीर को एक दीर्घवृत्त के रूप में परिकल्पित करके कानों, पैरों और पूँछ को सांकेतिक लघुता के साथ प्रदर्शित किया गया है।

बाणभट्ट ने सातवीं शती में राजकुमार चन्द्रापीड द्वारा सूअर के शिकार का एक रोचक वृत्तान्त दिया है। यह बड़ा शिकार अभियान था, जिसमें राजकुमार स्वयं तो घोड़े पर सवार थे; बहुत-से हाथी, घोड़े और सैनिक पैदल चलकर वन को घेरकर आगे बढ़ रहे थे :

**बहुगजतुरंगपदातिपरिवृतो वनं ययौ।**

कादम्बरी, पूर्वभाग,

मद से अन्धे गन्धगजों के दानों से काले मद की धाराएँ ऐसे बह रही थीं कि दसों दिशाएँ काली हो गई थीं :

**गलन्मदान्धगन्धगजदानधारान्धकाराः**

कादम्बरी, पूर्वभाग.

विन्ध्याटवी में चन्द्रापीड का यह शिकार इतना सफल रहा कि उन्होंने हज़ारों जंगली सूअर, सिंह, शरभ, वनचंवर और हिरण मार लिए थे :

**वनवराहान्केसरिणः शरभांश्चमराननेककुरंगकांश्च सहस्रशो जघान।**

कादम्बरी, पूर्वभाग.

यह अभियान इतना अधिक प्रोद्दीपक रहा कि शिकारी दल के सदस्य वापसी में सारे रास्ते यही बातें करते रहे कि उन्होंने किस चतुराई से सूअर को मारा और किस तरह भैंसे, शरभ या हिरण को :

**एवं मृगपतिः, एवं वराहः, एवं महिषः, एवं शरभः, एवं हरिणः इति तमेव मृगयावृत्तान्तमुच्चारयन्स्वभवनमाजगाम।**

कादम्बरी, पूर्वभाग.

गरमियों के मौसम में जंगली सूअर दिन के किसी भी समय पानी में मिल जाता है। उसका उद्देश्य पानी या कीचड़ में लोट लगाना होता है। रात को भी ये पानी में लोटते हैं।

## पचास जगह घायल कर दिया

पुराने ज़माने में राजाओं के लिए सूअर का शिकार बड़ा प्रोद्दीपक हुआ करता था। कहा जाता है कि महाराणा प्रताप और उनके भाई शक्ति सिंह में सूअर के शिकार के लिए ही अनबन हो गई थी। विश्वास किया जाता है कि अठारहवीं शती के उत्तरार्ध में अंग्रेज़ आखेटकों ने घोड़े की पीठ पर से बरछों द्वारा जंगली सूअर का शिकार करने की विद्या बंगाल में पहुँचाई थी। ढाका ज़िले में 1776 में इसके लिए एक छोटा, भारी, नब्बे सेण्टीमीटर लम्बा बरछा प्रयुक्त होता था। घोड़े की पीठ पर से यह सूअर को खींचकर मारा जाता था। यदि वार ख़ाली गया तो आखेटक नीचे उतरकर हथियार को उठाता था और फिर प्राणी का पीछा करके वार करता था।

इसके पश्चात् 180 सेण्टीमीटर लम्बे भाले का उद्विकास हुआ। मुम्बई की तरफ़ भाले की लम्बाई 240 से 300 सेण्टीमीटर लम्बी होती थी। सिम्सन के वर्णन से ज्ञात होता है कि 1830 में छोटे भाले को फेंककर मारने का रिवाज़ ख़त्म हो गया था। भाले से छिद जाने पर भी सूअर अपना उद्दन्त घोड़े के शरीर में या सवार की टाँग में गाड़ सकता था।

किशनगढ़ के महाराजा मदन सिंह एक बार अपने पोलो के बढ़िया घोड़े पर रूपनगर (राजस्थान) में जंगली सूअरों का शिकार कर रहे थे। एक नई उम्र के और हलके सूअर को तो उन्होंने भाले से बींध लिया। दूसरा सूअर बूढ़ा था। उसका अनुभव उसे आसानी से घुटने नहीं टेकने देना चाहता था। पहले तो वह सीधा भागा। घोड़ा उसके पीछे ऐसे जा रहा था जैसे पोलो की गेंद का पीछा कर रहा हो। गेंद तो कभी बग़ली नहीं खाती, लेकिन घुड़सवार ने ज्यों ही अपना भाला सूअर को चुभोने के लिए साधा, वह बग़ली खा गया। महाराजा पीछे दूसरे घोड़े पर थे। वे ऐसे अवसर की प्रतीक्षा में ही थे। उन्होंने अपना भाला घुसेड़ दिया। भाले के बाँस ने ऐन मौक़े पर धोखा दे दिया और फल के पास से टूट गया। बूढ़ा सूअर अब लड़ने पर उतर आया। यद्यपि वह घायल था, फिर भी घोड़े के पास पहुँचकर एकाएक उछला। पहले ही वार में उसने घोड़े के कन्धे में पन्द्रह सेण्टीमीटर गहरा घाव कर दिया। उसकी यह भिड़न्त ज़ारी थी और यदि दूसरा घुड़सवार शिकारी उसे मार न गिराता तो वह घोड़े की न जाने कैसी दुर्दशा करता! एक बार किन्लौच घोड़े की पीठ पर जंगली सूअर का शिकार कर रहे थे। वह गिर पड़ा, जिसे सूअर ने पचास जगहों पर घायल कर दिया।

## बहादुर योद्धा

हाथी की पीठ पर बैठकर सूअर का शिकार किया जा रहा है तो ज़ख़्मी या घिरा हुआ सूअर हमला करके हाथी के पिछले पैर को ज़ख़्मी कर सकता है, जिससे हाथी भाग खड़ा होता है। ज़िन्दगी की उम्मीदें ख़त्म हो जाने पर निराश जंगली सूअर में इतना शौर्य और दिलेरी न जाने कहाँ से आ जाती है। आकार की दृष्टि से विचार करें तो हमारे जंगलों में यह सबसे अधिक योद्धा है।

मुसीबतों को बर्दाश्त करने की इसमें अद्भुत क्षमता है। एक जंगली सूअर को मारने के बाद सिडनी ए. क्रिस्टोफ़र ने सोचा कि उसका सिर भी विजय-चिह्न के रूप में ले लिया जाए। उसे साफ़ कराने पर उन्होंने देखा कि थूथनी से कुछ सेण्टीमीटर अन्दर नाक की हड्डी के अन्दर एक सीसे का डला घुसा हुआ है। कपाल को भली भाँति

साफ़ करने पर सीसा और हड्डी का एक टुकड़ा अलग गिर पड़ा। यद्यपि अन्दर इतनी चोट थी, परन्तु बाहर से खोपड़ा और तन्तु पूर्णतया भले-चंगे थे। उस चोट का कोई निशान तक न था।

बैल्लण्टाईन (जर्नल, बॉम्बे नेचुरल हिस्ट्री सोसाइटी, 1911, पृष्ठ 1069) ने ऊपरी असम में एक जंगली सूअर को शूट किया। वह कद्दावर, इक्कड़ सूअर था। कन्धे पर चवालीस सेण्टीमीटर ऊँचा था। उसके रद बड़े थे। उसके दाएँ कन्धे पर ज़ख्म ठीक हो जाने के बाद बना हुआ एक निशान था। निशान के नीचे एक नरम गुमड़ी थी जिसके अन्दर पस भरी थी। यह सोचकर कि किसी शिकारी की गोली लगने के फलस्वरूप यह गुमड़ी बनी होगी, उसका निरीक्षण किया गया। कन्धे की फलक की हड्डी में वह मज़बूती से गड़ा हुआ था। इससे स्पष्ट था कि दूसरे सूअर से भिड़न्त में उसे यह उपहार मिला था। बाहर से ज़ख्म भर गया था। अन्दरूनी चोट का भी सूअर पर प्रकट रूप से कोई बुरा प्रभाव नहीं दीखता था। वह लँगड़ाकर नहीं चलता था।

## सिंह का प्रिय भोजन

सिंह और सूअर के मुक़ाबले में कौन तगड़ा होता है, इस बारे में विवाद रहा है। सूअर द्वारा कभी-कभार शेर को मारने के उदाहरण मिल जाते हैं। इसलिए सूअर यदि अपने को शेर से बलिष्ठ मान बैठे तो यह तथ्य के विपरीत होगा। इस बात पर सुभाषितरत्नभाण्डागार में एक व्यंग्य है :

**गच्छ शूकर भद्रं ते वद सिंहो मया हतः।**
**पण्डिता इव जानन्ति सिंहशूकरयोर्बलम्॥**

इसका भाव है कि सूअर भले ही कहता फिरे कि मैंने सिंह को मार डाला है, जानकार लोग सिंह और सूअर की ताक़त को जानते हैं। इसमें कोई शक नहीं कि एक बड़ा सूअर एक शेर या सिंह के मुक़ाबले में खड़ा हो सकता है। शेर, सिंह और गुलदार इसके गोश्त को ख़ूब पसन्द करते हैं। मध्य प्रदेश के निमार ज़िले में जोन्स ने एक पेड़ पर क़रीब सात मीटर ऊपर जंगली सूअर की देह टँगी हुई देखी थी। सूअर किशोर अवस्था का था, उसे गुलदार ने मारकर यहाँ टाँग दिया था। इस वृक्ष का तना बहुत मोटा था और कई मीटर तक कोई शाखा नहीं फूटी थी।

सूअरों के भोजन के लिए शकरकन्द आदि पदार्थ बोए जाते हैं। केले के तनों को ये ख़ूब खाते हैं। टेपिओका का कचरा और चावल की भूसी भी। ठण्डे देशों

चित्र 26 सूअरों को पालना लाभदायक धन्धा हो सकता है

की अपेक्षा गरम देशों में सूअर का आहार सस्ता पड़ता है। इसलिए भारत जैसे देशों में सूअरों का पालना लाभदायक धन्धा होगा और हम ठण्डे देशों को सूअर के मांस प्राप्त होने वाले अन्य पदार्थ बड़ी मात्रा में निर्यात कर सकते हैं।

## प्रजनन

मोरोक्को में जंगली सूअर के प्राय: सरदियों में या वसन्त में पाँच से आठ बच्चे

पैदा होते हैं। इराक में अप्रैल से मई तक चार से पाँच बच्चे पैदा होते हैं। रूस में तरुणाई दूसरे साल में आ जाती है। अधिकतर प्रसवन नवम्बर से जनवरी तक होता है और एक ब्यात में बच्चों की सामान्य संख्या तीन से पाँच है। यह संख्या दस तक भी हो सकती है। गर्भावधि चार मास है। कप्तान कुक ने न्यूज़ीलैण्ड में पालतू सूअर छोड़े थे। उनके वंशज जंगली सूअरों से मिल गए। वे जंगल की परिस्थिति में पनप गए और सारे साल बच्चे देते रहे। एक ब्यात में इनके छह से दस बच्चे होते हैं। नर एक बरस की उम्र में और मादा दस महीने में सन्तानोत्पत्ति के योग्य हो जाते हैं।

न्यूज़ीलैण्ड में विशेष उद्देश्य से संप्रविष्ट किए गए प्राणियों में सबसे पहले नम्बर पर सूअर आता है। यह सफलता से देशीय बना लिया गया है। न्यूज़ीलैण्ड की यात्रा में कप्तान कुक ने ताज़े भोजन का अभाव अनुभव किया था। फलतः सूअर, मुर्गे और बहुत-से जीव वहाँ मुक्त करने का प्रयत्न किया गया। कहा जाता है कि वहाँ बाहर के पशु-पक्षियों और वनस्पतियों को संप्रविष्ट करने का यह पहला प्रयत्न था। जानवरों में केवल सूअर ही सफलतापूर्वक नैसर्गिक हो पाया। अन्गा ने 1847 में प्रतिपादित किया था कि इन द्वीपों में सबसे पहले स्पेनवासिओं ने सूअर छोड़े थे। विश्वास किया जाता है कि अठारहवीं शती के पिछले भाग से उन्नीसवीं शती के पूर्वार्द्ध तक कई लोगों द्वारा वहाँ सूअर ले जाए गए। न्यूज़ीलैण्ड के दक्षिण में अनेक द्वीपों में सूअर भोजन के लिए छोड़े गए थे। उदाहरणार्थ 1805 और 1807 में ओकलैण्ड द्वीपों पर, 1965 के कैम्पबेल्ल द्वीपों पर और एण्डर्बी द्वीपों में भी। शुरू के ह्वेल शिकारियों ने चाथम और पिट्ट द्वीपों पर सूअरों को मुक्त किया था।

## सूअरनियों के थनों को चूँघ लेती थी

कप्तान कुक, न्यू साउथ वेल्स के गवर्नर किंग ह्वेल और सील के शिकारियों द्वारा तो सूअरों को नैसर्गिक बनाने के प्रयत्न किए ही गए; इनके अलावा न्यूज़ीलैण्ड के दोनों द्वीपों में सूअरों के जंगल में आरम्भिक प्रसार और उनकी संख्या को बढ़ाने में दो अन्य बातों का भी प्रभाव पड़ा है। पहली बात मेओरी लोगों द्वारा अपने डेरों के नज़दीक अर्द्धवन्य अवस्था में सूअरों को रखना था। ये एक जगह से दूसरी जगह सूअरों को भी अपने साथ हाँक ले जाते थे। क़बीलों की आपसी लड़ाइयों में लगभग 1840 तक लूट की या विनिमय की यह बढ़िया सामग्री मानी थी। इस काल में मेओरी सूअर के कितने शौक़ीन थे यह इस तथ्य से सिद्ध होता है कि मेओरी औरतें अकसर

सूअरनियों को चूँघ लिया करती थीं।

इनके प्रसार में दूसरा सहायक कारण यह हुआ कि शुरू के बाशिंदों के पास सूकरशालाएँ नहीं थीं और न ही पर्याप्त बाड़े थे। इसलिए बहुत-से सूअर बच निकले और जंगली बन गए। यह स्वीकार किया जा सकता है कि 1840 तक जंगली सूअर उन सभी ज़िलों में भली भाँति बस गए थे जो उनके रहने के अनुकूल थे। न्यूज़ीलैण्ड के आदिवासी भी भारतीय कंजरों के समान कुत्तों की मदद से जंगली सूअर का शिकार करते थे।

यूरोप का सूअर भारतीय सूअर से आकार में कुछ बड़ा होता है। इसलिए सूअर के मांस का व्यापार करने वालों ने यूरोपियन सूअर को भी यहाँ मँगाया और देशी सूअर से संकर सन्तति प्राप्त की। आजकल जो भी पालतू सूअर नज़र आते हैं वे प्राय: सभी दोग़ली सन्तानें हैं।

भारत का जंगली सूअर, मलय पेनिन्सुला में प्रविष्ट हो गया है। सिंगापुर द्वीप में भी यह आम मिल जाता है। सुमात्रा, जावा और बोर्नियों में इसका स्थान *सूस वित्तातुस* एच. बोए (*Sus vittatus* H. Boie) ने ले लिया है। यह भी क़रीब-क़रीब भारतीय सूअर जैसा ही है और इसकी आहार सम्बन्धी आदतें भी वही हैं। पेनांग में पालतू सूअर भागकर जंगल में रहने लगते हैं। वहाँ इनका शेर द्वारा शिकार किया जाना साधारण बात है।

## सूअर की चरबी

किसी ज़माने में सारे मलेशिया में सूअर पाले जाते थे। फिर जिन लोगों ने इस्लाम की दीक्षा ले ली उन्होंने इसे पालना छोड़ दिया। पालतू सूअरों का जहाँ तक ताल्लुक है, सारा मलय पेनिन्सुला शूकरविहीन देश बन गया था। फिर चीनियों के आगमन पर यह पशु पाला जाने लगा। भारतीय सूअर से चीनियों ने दो तरह के सूअरों का उद्विकास किया। एक प्रकार के सूअर में तो चरबी अधिक होती थी और दूसरे में गोश्त। भोजन के स्रोत के लिए चीनियों के लिए मुर्ग़ी के बाद सूअर का नम्बर है। यूरोप में पालकों ने 420 किलोग्राम के सूअर प्रदर्शनियों में प्रस्तुत किए हैं। धीरे-धीरे भारी सूअरों का फ़ैशन ख़त्म हो गया और छोटी क़िस्मों का अभिजनन किया जाने लगा। वैसे, जंगली सूअर का मांस अधिक पसन्द किया जाता है, क्योंकि यह साफ़-सुथरा रहता है और मैला नहीं खाता। जंगली सूअरों को कोई बीमारी भी नहीं लगती। इसलिए इनका मांस तुलना में स्वस्थ और निरोग होता है।

## चमड़ा, बाल, दाँत, ख़ून

कमाने के बाद चमड़ा काठियों के काम आता है। पालतू सूअर से जंगली सूअर की खाल काफ़ी अधिक मोटी होती है। इसलिए इसे कमाने में भी दिक्क़त होती है। व्यापार में सूअर की खालों की जगह अधिकतर नकली खालें रहती हैं। दूसरे जानवरों की खालों को ऐसे बेलनों या प्लेटों के बीच में से दबाव के अन्दर गुज़ारते हैं जिन पर सूअर की खाल जैसे निशान पड़े रहते हैं। इससे वे बिलकुल सूअर की खाल जैसी बन जाती है। बटुए और जेबी किताबों के आवरण बनाने में यह खाल काम आती है।

इटली में क़रीब साढ़े तीन हज़ार साल पहले ज्वालामुखी के लावे में समा गए काँस्य युग के एक गाँव के उत्खनन में एक छोटी झोपड़ी में सूअर के दाँतों से सजाया एक टोप मिला है। पुरातत्त्ववेत्ताओं का ख़याल है कि यह किसी धार्मिक रस्म में पहना जाता होगा।

सूअर के बाल घरेलू काम-काज की सामग्री बनाने वाले व्यापारियों की चीज़ हैं। इसकी गरदन के बाल सबसे अच्छे होते हैं। बाक़ी शरीर के बाल नरम होते हैं। जंगली सूअर के बालों और उद्दन्तों में दैवी शक्ति का निवास माना जाता है। विन्ध्याटवी में राजा हर्षवर्द्धन को निर्घात नामक एक शबर सामन्त मिला था। उसने लाख का बना हुआ कड़ा पहन रखा था। उसके ऊपर सूअर के बालों का बटकर बनाए हुए डोरे में नाना प्रकार की सर्पविषहर जड़ी-बूटियाँ तथा सर्पमणियाँ पिरो रखी थीं :

**वराहबालवलितबन्धनाभिर्नागदमनजूटिकावाटिकाभिर्जटिली-**
**कृतपृष्ठे प्रकोष्ठे प्रतिष्ठां गतं गोदन्तमणिचित्रं त्रापुषं वलयं विभ्राणम्।**

हर्षचरित, उच्छ्वास 8.

बोर्नियो में सूअर के रद (tusks) आभूषणों के काम आते हैं। स्याम और चीन में इनसे कंगन बनाए जाते हैं। मेघालय (नेफ़ा) में इनकी बड़ी माँग है। सिर के परिधान के लिए तथा जादू-टोने के लिए यह मूल्यवान् पदार्थ माना जाता है। मलय में कुछ डकैत इन्हें पहनते हैं। उनका विश्वास है कि यह उन्हें मुसीबत में फँसने से बचाता है।

मिस्र के फ़ार्माकोपिया (एबेर्स पेपिरस) से पता चलता है कि ईसा से डेढ़ हज़ार साल पहले मिस्रवासी इसका दवाओं में प्रयोग करते थे। कम्बोडिया में सूअर का ख़ून दमे में दिया जाता है।

बारह

# भालू : अजीब आदतों वाला प्राणी

भालू परिवार के सदस्यों की मोटी पहचान है — बड़ा सिर, छोटी आँखें, गोल कान, भारी शरीर, मोटी टाँगें और छोटी पूँछ। बड़े बालों के लबादे में छिपी हुई होने से पूँछ मुश्किल से दिखाई देती है। पंजे छोटे और चौड़े तथा पाँच अंगुलियों से युक्त होते हैं। इनके सिरे पर लम्बे, मुड़े हुए नाख़ून लगे रहते हैं जो शेर के नाख़ूनों के समान आवरण के अन्दर नहीं जाते।

चित्र 27 भालू

पहाड़ों या वृक्षों पर चढ़ने से भालुओं को भोजन मिलता है। इस प्रयोजन के लिए भालू की टाँगें शक्तिशाली, पैर गद्दीदार और पंजे बड़े बनाए गए हैं। कुछ भालू पेड़ों पर चढ़ने के लिए अधिक फ़िट होते हैं। ध्रुव प्रदेश में वृक्ष होते ही नहीं जिन पर सफ़ेद भालू को चढ़ने की ज़रूरत पड़े। इनके पैर धरती पर भागने के उद्देश्य से

चित्र 28 पेड़ पर चढ़ता हुआ भालू

परिवर्तित हो गए होते हैं। इनके पैरों के तलवे में बाल उग आते हैं। फिसलनी बरफ़ और हिम को मज़बूती से पकड़ने के लिए तलवों पर उगे हुए बालों का घना नमदा

सहायता देता है। हिमालय के हमारे भूरे भालू वर्ष का अधिक समय ऊँचे पहाड़ों पर गुज़ारते हैं जहाँ वृक्षों की परिसीमा समाप्त हो जाती है। जब कभी वे जंगलों में आते भी हैं तब भोजन के लिए पेड़ पर कम ही चढ़ते हैं। इनके पैरों के तलवे भी बालों के नमदे से ढके होते हैं। हिमालय का काला भालू, मलयी भालू और मदारी भालू सदा पेड़ों पर चढ़ते रहते हैं। इन जातियों के पैर चौड़े तथा तलवे नंगे होते हैं। खुरदरी नंगी खाल से अधिक अच्छी तरह शाखाओं को पकड़ा जा सकता है। अगले पंजों के अन्दर की तरफ़ मुड़ने की विशेषता तनों तथा शाखाओं की पकड़ को और अधिक मज़बूत बनाती है। पेड़ों पर चढ़ने वाले भालुओं में यह विशेषता अधिक स्पष्ट होती है। जीवन-यापन की भिन्न-भिन्न आदतों के कारण पैर के तलवों और गद्दियों में इतना अन्तर हो गया है कि विभिन्न गणों (genus) में इनके श्रेणीकरण के लिए इन विशेषताओं को आधार मान लिया गया है। प्राणिशास्त्र के दृष्टिकोण से दुनिया के सब भालू एक ही गण में नहीं आते। इन्हें अलग-अलग गणों में श्रेणीकरण किया गया है।

## यहाँ रहते हैं

यद्यपि अब भालू अमेरिका, एशिया और यूरोप के कुछ दूरस्थ क्षेत्रों में सीमित हो गए हैं, लेकिन किसी समय ये सारे संसार में पाए जाते थे। चट्टानों के प्रमाण दिखाते हैं कि भालू कुल का आरम्भ एशिया में हुआ था। वहाँ से यह जमीन के रास्ते अमेरिका चला गया। ऑस्ट्रेलिया में भालू नहीं पाए जाते। विषुवन्मण्डल के दक्षिण में भालुओं की केवल एक जाति पाई जाती है। यह स्पैक्टेकल्ड (उपनेत्र चिह्नित) भालू है जो पेरुविअन एण्डीज़ का अधिवासी है। भालू परिवार का असल घर उत्तरीय गोलार्ध है जहाँ प्रत्येक प्रदेश में अलग-अलग जातियाँ रहती हैं। ध्रुवीय भालू का घर उत्तर ध्रुवीय वृत्त है। उत्तर ध्रुव से दक्षिण में कोष्ण कटिबन्ध भूरे भालू और काले भालू का निवास है। कोष्ण कटिबन्ध के दक्षिण में भारत तथा दक्षिण-पूर्वीय एशिया के वन भालू की दो उष्ण प्रदेशीय जातियों के घर हैं। ये भालू हैं: भारत का मदारी भालू (sloth bear) और म्याँमार तथा मलय देशों का मलयी भालू। एशिया में काले भालू ने अपनी शृंखला किसी तरह इस गरम प्रदेश में भी बढ़ा ली है। केवल यही भालू है जिसने अपने जीवन को शीत और उष्ण अवस्थाओं में ढाल लिया है। उत्तरी ध्रुव की बरफ़ से घिरी भूमियों में और तैरते हुए बरफ़ के तोदों पर रहने के कारण ध्रुवीय भालू ने अपना जीवन लगभग पानी में गुज़ारने के अनुकूल बना लिया है। भूरे भालू उजाड़ भूमियों और नंगे पर्वत शिखरों पर तथा जंगलों में समान रूप से

रहते हैं। काले भालू, मदारी भालू और मलयी भालू वनों के वासी हैं।

पशुवाटिकाओं में उन्हें सर्वथा भिन्न परिस्थितियों में रखना पड़ता है। राजधानी की पशुवाटिका में भालुओं के सभी बाड़े रुण्ड-मुण्ड, सूखे और उजड़े हुए दीखते हैं। उनमें ज़रा भी हरियाली नहीं है। पशुवाटिका के अधिकारी इसके लिए भालुओं को दोषी ठहराते हैं। उनका कहना है कि साफ़ करने के लिए वे नाख़ूनों को पेड़ों के साथ रगड़ते हैं जिससे छाल फटकर धज्जियों में उतर जाती है, परिणामत: पेड़ मर जाते हैं।

अधिकारियों का दृष्टिकोण ध्यान देने योग्य है। शेर, सिंह और गुलदार भी अपने पैने पंजों को दरख़्तों के साथ रगड़कर साफ़ करते हैं। इस प्रक्रिया में यदि ऐसी क्षति हो जाती हो कि दरख़्त उसकी पूर्ति न कर सकता हो तो इन जानवरों के बाड़ों के अन्दर उगे हुए सब पेड़ क्रमश: मर जाते हैं। लेकिन, इन सभी के बाड़ों के अन्दर पेड़ सामान्य रूप से उग रहे हैं। इसलिए मेरा सुझाव है कि बाड़ों का माहौल वैसा बनाने की कोशिश की जानी चाहिए जिस माहौल में ये जंगल में रहते हैं। कुदरत जैसी परिस्थितियों में ये अधिक खुश और स्वस्थ रहेंगे। शहतूत और जामुन जैसे फलदार और मोटे तने वाले पेड़ों को रोपना चाहिए। जब तक वे ख़ूब मोटे नहीं हो जाते, काँटेदार तारों से घेरकर उनकी हिफ़ाज़त की जानी चाहिए।

## भूरे भालू

**उपजातियाँ** : भूरे भालू की कई क़िस्में (forms) या नस्लें (races) पुरानी और नई दुनिया के ठण्डे प्रदेशों में पाई जाती हैं। इनके सात गण (genera) और लगभग एक सौ पैंतीस क़िस्में (forms) ज्ञात हैं। विश्वास किया जाता है कि इस प्राणी की अमेरिकन नस्ल सबसे बड़ी है। ग्रिज़ली भालू भी भूरे भालू की एक क़िस्म है। 455 किलोग्राम तक भारी हो सकता है। अलास्का के दैत्य भूरे भालू का वज़न 680 किलोग्राम तक पहुँच जाता है। इसलिए अलास्का का भूरा भालू न केवल भालू परिवार में सबसे बड़ा है अपितु दुनिया में सबसे बड़ा मांसाहारी जीव है।

## आहार

अलास्का पेनिन्सुला में 4,215 वर्गमील का कतमई राष्ट्रीय स्मारक है जो ज्वालामुखी की कच्ची चट्टानों से बना है। इसमें काफ़्लिआ की खाड़ी पर एम. रूपर्ट कट्लर 1953 की गरमियों में दो महीने रहे थे। उनका काम संघ द्वारा बनाए गए साल्मोन मछली

नियम लागू करना था।

उन गरमियों में वे अलास्का के भूरे भालुओं (Alaska brown bear) से भली भाँति परिचित हो गए थे। मछली मारने के नियमों का वे ख़याल नहीं करते थे और कट्लर की नाक के नीचे बहती हुई धाराओं में से अपना साल्मोन का लंच उड़ा लेते थे।

उनके कैम्प से साढ़े नौ किलोमीटर उत्तर में धारा के रक्षक का कैम्प था। उन्हें रोंगटे खड़े करने वाला एक अनुभव हुआ। रात में 405 किलोग्राम का एक भूरा भालू उनके टेण्ट के अन्दर घुस आया। उसने धारा-रक्षक को कुछ नहीं कहा। कोने में रखी हुई पेटी में थूथनी डालकर चीनी खाने लगा। सोया हुआ रक्षक स्लीपिंग बैग से बाहर निकला। उसने अँधेरे में ही किसी तरह अपनी बन्दूक तलाश कर ली और एक ही गोली में उसको ढेर कर दिया।

इस अनुभव ने कट्लर को परेशान कर दिया, क्योंकि उनके पास राइफ़ल नहीं थी। गरमियों में रात को वे अकसर अपने टेण्ट के इर्द-गिर्द भालुओं की आवाज़ सुना करते थे। अगली सुबह वे एक वर्ग फुट बड़ा एक गड्ढा देखते जिसमें से उन्होंने ज़मीन के नीचे रहने वाली गिलहरियों (ground squirrels) को खोदा होता था। कट्लर को इस बात की तसल्ली थी कि भालुओं ने उनकी प्राइवेसी की सदा क़द्र की और कभी उनके टेण्ट के अन्दर नहीं घुसे।

## विश्व के सबसे बड़े मांसाहारी से मुलाक़ात

पड़ोस के पहाड़ों पर यात्रा करने के समय भालू बहुत सहायक सिद्ध होते थे। कन्धे जितनी ऊँची घास और सिर जितने ऊँचे भूर्ज (alder) में से गुज़रने के लिए उन्होंने बाक़ायदा सुरंगें बना रखी थीं। कट्लर इनसे फ़ायदा उठाते थे और यात्राओं के दौरान इनके अन्दर ही चलते थे। भालू उन रास्तों से कई बार आते-जाते रहे थे, इसलिए नीचे की घास गद्दे की तरह बिछ गई थी। रास्ते में कोई बाधा नहीं थी। साफ़-सुथरे रास्तों पर वे ऐसे बढ़ते जाते थे जैसे खुले वायुमण्डल में चल रहे हों।

केवल एक कमी थी। सुरंग के अगले मोड़ पर कभी भी दुनिया के सबसे बड़े मांसाहारी से मुलाक़ात हो सकती थी। केप गुल में एक बार ऐसा हो भी गया। अचानक भूरा भालू वहाँ दिखाई दिया — कुल तीन मीटर की दूरी पर। वह खड़ा हो गया। कट्लर भी खड़ा हो गया। कुछ ही सेकण्डों में वह नीचे की तरफ़ लौट गया और भागता नज़र आया। कट्लर ने फिर अपना मार्ग बदल लिया।

## भूरे भालू की जातियाँ, उपजातियाँ

जन्तुओं का नामकरण करने वाले कुछ टैक्सोनोमिस्ट की राय में अलास्का के भूरे भालू की चौरासी जातियाँ, उपजातियाँ, भेद और नस्लें हैं। दूसरे जीवशास्त्री सबको उर्सुस गण के अन्तर्गत डाल देते हैं। ये अलास्का के कोहरे से व्याप्त दक्षिणी तट के साथ-साथ सभी जगह पाए जाते हैं। इनकी सबसे बड़ी रिहायश अलास्का पेनिन्सुला और कोडिअक द्वीप पर है। इनमें से कुछ 725 किलोग्राम वज़नी और 270 सेण्टीमीटर लम्बे हो जाते हैं।

भौंरे, चींटियाँ, कुतरने वाले जीव, छोटे चूहे तथा सड़े-गले मांस को भी ये खा जाते हैं। कभी-कभार एक-दूसरे को खा जाते हैं।

इनका प्राथमिक भोजन वनस्पतियों से प्राप्त होने वाले पदार्थ हैं — समुद्री पौधे, घास और फल। यदि पत्ते खाने के योग्य हों तो वे पेड़ के ऊपर चढ़ सकते हैं।

रीछनी तीन साल की उम्र में बच्चे देती है। सरदियों की माँद में एक से तीन तक बच्चे दिए जाते हैं। माँ के साथ बच्चे दो साल तक रहते हैं। दो या तीन साल में केवल एक बार रीछनी जोड़ा बनाती है। दो ब्यातों में पैदा हुए बच्चे कभी-कभी माँ के साथ दिख जाते हैं।

## मादा भालुओं की संख्या अधिक

जंगल की इस मूल्यवान् धरोहर को बढ़ती हुई सभ्यता से सामान्य रूप से और शिकारी से विशेष रूप से ख़तरा है। ट्रौफ़ी के लिए चुने हुए बड़े नर भालू मारे जाते हैं। मादाओं की संख्या नर की संख्या से कहीं बढ़ गई है। भालू अपनी बीवी के लिए वफ़ादार होता है। कम से कम एक साल तक तो दूसरी रीछनी से जोड़ा नहीं बनाता। इस कारण इनकी संख्या को बनाए रखना समस्या हो गई है। उत्तरीय अक्षांश के बहुत-से स्तनपोषितों के समान अलास्का क्षेत्र के अपेक्षाकृत दक्षिणीय भागों में रहने वाले भूरे भालू भी बनावट में छोटे होते हैं। धुर दक्षिणीय अक्षांश में रहने वाले पश्चिमी हिमालय के भूरे भालू के खोपड़े की तुलना करें तो यह यूरोप के भूरे भालू से छोटा है। दक्षिण की ओर जाएँ तो आकार में इसी प्रकार का अन्तर एशियाई काले भालू में और मदारी भालू में दीखता है। बिलोचिस्तान और मलयी वनों के काले भालू मध्य और उत्तरीय एशिया के भालुओं से छोटे हैं। इसी तरह श्रीलङ्का का मदारी भालू प्रायः इतना बड़ा नहीं होता जितना भारतीय मदारी भालू।

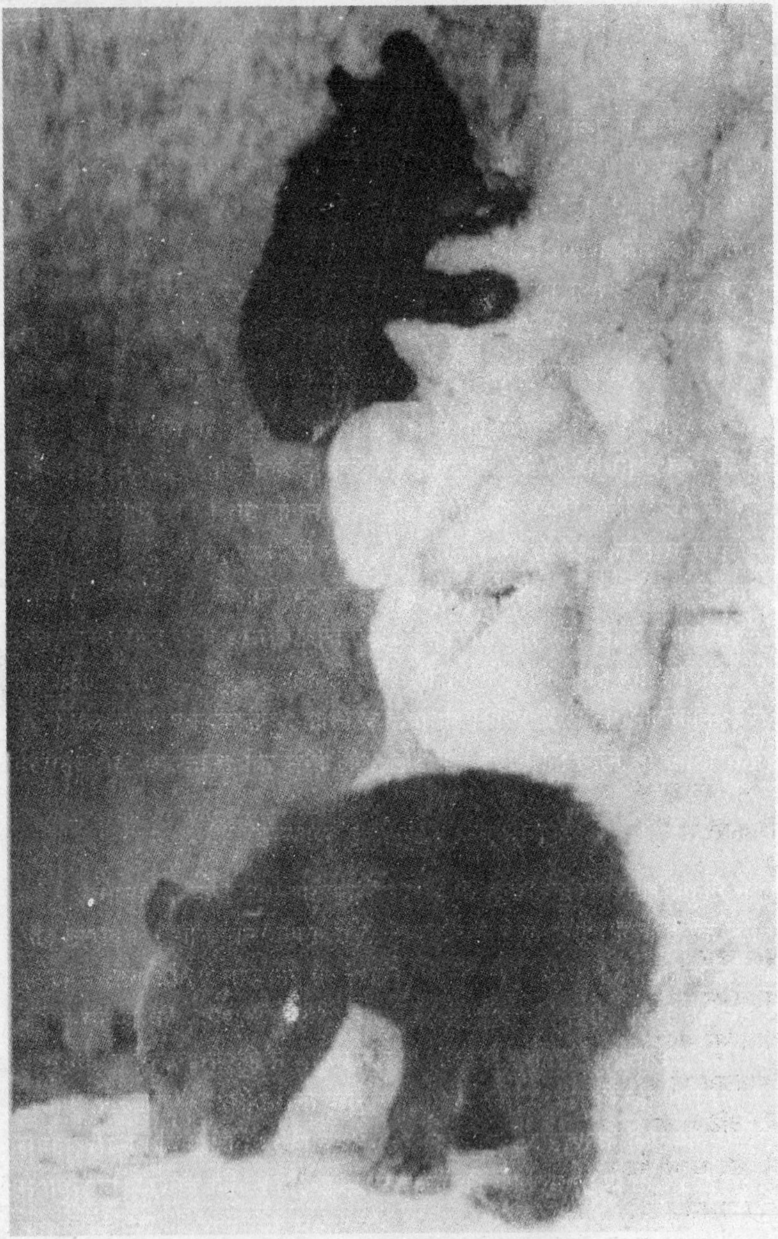

चित्र 29 भालू के बच्चे

## रंग

भूरे भालू के रंग में बहुत भिन्नताएँ होती हैं। सामान्यतया कहा जा सकता है कि यूरोपियन भूरे भालू की अपेक्षा पश्चिमी हिमालय के भालू ज़रा हलके रंग के होते हैं। यह बताया जाता है कि हिमालयी जाति में हलके रंग का चोला भी परिस्थितियों के अनुरूप इसका एक परिवर्तन है। साल के अधिक समय ये खुली नंगी चोटियों पर रहते हैं जहाँ चोले का हलका रंग दूर से चमकता नहीं। इससे प्राणी की उपस्थिति का ज्ञान नहीं होता।

इसी कारण दक्षिणीय बिलोचिस्तान के शुष्क पहाड़ों पर पाई जाने वाली काले भालू की नस्ल का चोला भी हलके भूरे रंग का बन जाता है। इस प्रकार का चोला इसे अर्द्ध-रेगिस्तानी परिस्थितियों में रहने के लिए एकरूपता प्रदान करता है। चोले के बालों की लम्बाई और घनता, विशेषत: सरदियों में, इस बात पर निर्भर करती है कि भालुओं को रहना कहाँ पड़ रहा है। स्थान के मुताबिक इसमें अन्तर पड़ जाता है। यह अन्तर एशियाई काले भालू में विशेष रूप से देखा जाता है, क्योंकि इसका अधिवास शीत वनों से उष्ण वनों तक चला गया है। म्याँमार या मलय देशों के काले भालुओं में केश-आवरण शीत वनों में रहने वाले भालुओं की अपेक्षा बहुत छोटा और पतला होता है। सरदियों में भी इनके केश-आवरण के नीचे वह मुलायम पशमीना बहुत कम उगता है जो हिमालय के या अधिक उत्तरीय अक्षांश में रहने वाले काले भालुओं में इतना घना उग जाता है।

## शीतनिद्रा

सरदियों में भालुओं के लिए जाड़े से रक्षा और आहार की कमी की समस्या आ जाती है। क्रियाशील जीवन को छोड़कर भालू इसका समाधान पा लेते हैं। वे किसी उडार या खुड्ड में अथवा एकान्त आश्रय में शरण ले लेते हैं और घोर निद्रा में चले जाते हैं। यह नींद क्योंकि सरदियों भर ज़ारी रहती है, इसलिए इसे शीतनिद्रा कहते हैं। इस नींद में प्राणी मृतप्राय रहता है। शरीर के क्रिया-कलाप लगभग स्थगित हो जाते हैं। हृदय का कार्य कम हो जाता है। शरीर का तापमान क्रियाशील जीवन के तापमान से काफ़ी नीचे गिर जाता है। इस नींद से ठीक पहले भालू खा-पीकर ख़ूब मोटा और पुष्ट बन गया होता है। इसके लिए वह गरमियों में और पतझड़ में ख़ूब खाता है।

सामान्यतया यह विश्वास किया जाता था कि इस तरह संचित वसा इन्हें लम्बे

उपवास में पोषण प्रदान करती है। कुछ प्रकृतिविद् मानते हैं कि ऐसी बात नहीं। शीतनिद्रा में क्योंकि देह के सभी व्यापार स्थगित हो जाते हैं इसलिए चरबी का मामूली-सा परिमाण ही काम में आ पाता है। घोर निद्रा में देह को बहुत कम पोषण की ज़रूरत पड़ती है। इन दिनों शक्ति का कोई ख़र्च नहीं होता इसलिए भोजन ग्रहण करके उसकी पूर्ति की ज़रूरत भी नहीं पड़ती। जाड़ों की नींद से निकलने पर भालू प्राय: वैसे ही मोटे दीखते हैं जैसे गुफा में घुसते समय थे। वसन्त में क्रियाशील जीवन शुरू होते ही यह चरबी तेज़ी से छँटने लगती है। यही समय है जब इन्हें चरबी की अत्यधिक आवश्यकता होती है क्योंकि तब पर्याप्त आहार प्राप्त करना कठिन होता है और इसकी तलाश में बहुत शक्ति व्यय करनी पड़ती है। शीतनिद्रा में जाने की आवश्यकता सम्भवत: जाड़े के कारण नहीं होती, परन्तु भोजन की कमी के कारण होती है जो जाड़ा बढ़ने के साथ-साथ अधिकाधिक कम होता जाता है। जमाने वाले तापमान से शरीर का साधारण कार्य स्थगित हो जाता है और अधिमूर्च्छाजन्य निद्रा आ सकती है। वायुमण्डल के तापमान में वृद्धि हो जाने पर वह कुछ समय के लिए जाग भी सकता है।

यूरोप के कुछ भागों में भूरे भालू जाड़ों में क्रियाशील रहते हैं, क्योंकि वे काफ़ी आहार जुटा लेते हैं। हिमालय में ये केवल उच्चतर और वीरान ऊँचाई में रहते हैं। वहाँ ये सदा शीतनिद्रा में चले जाते हैं, क्योंकि उन्हें आहार नहीं मिलता। इसी तरह ऊँचे स्थानों में जो काले भालू सरदी की पकड़ में आ जाते हैं वे किसी आश्रय में सुप्त या अर्द्ध-सुप्त अवस्था में जाड़ा गुज़ार देते हैं। परन्तु अधिकतर काले भालू सरदियाँ आने पर निचली सतहों में आ जाते हैं और सारे मौसम में क्रियाशील रहते हैं, क्योंकि इन निम्नतर घाटियों में उन्हें पर्याप्त भोजन मिल जाता है। अपेक्षाकृत गरम देशों में शीत काल का भोजन के परिमाण पर ख़ास प्रभाव नहीं पड़ता; इसलिए गरम वनों में रहने वाले भालू शीतनिद्रा में नहीं जाते।

## गुफा में शरण

गरम स्थानों के भालुओं को गरमी तथा बरसात से निपटना पड़ता है, इसलिए इन मौसमों में उन्हें अपनी आदतें बदलनी पड़ती हैं। शीत काल में मदारी भालू प्राय: खुले में ऊँची घास के अन्दर या पेड़ों की छाया में छिपकर सोता है। परन्तु गरम मौसम में और बरसात में ये गुफा के अन्दर घुसकर सोते हैं। बाहर वायु का चाहे जो तापमान हो, गुफा के अन्दर एक-सा तापमान रहता है। अत्यधिक गरमी और

मक्खियों से बचने का गुफा एक साधन है। मक्खियाँ इसे बेहद परेशान करती हैं। फिर भी मदारी भालू शेर के मुक़ाबले कहीं अधिक धूप बर्दाश्त कर लेता है। शेर के समान इसे भी बड़ी प्यास लगती है। गरमियों में ये भालू पानी तलाश करने दूर तक निकल जाते हैं। कभी-कभी नमी वाले नालों में गड्ढा खोदकर भी पानी निकाल लेते हैं।

## पशुधन का शिकार

मौसम और स्थान के अनुसार खाने की आदतें भी बदल जाती हैं। हिमालय में रहने वाले भूरे भालुओं की अपेक्षा यूरोप के भूरे भालू अधिक मांसाहारी हैं। हमारे काले भालू के समान मांसाहार की ओर प्रवृत्त भालू की जातियाँ अपने गोश्त खाने की लालसा को शान्त करने के लिए मानवीय बस्तियों के पास रहने लगती हैं। वहाँ उन्हें शिकार के लिए सदा पशुधन मिल जाता है। भालू अधिकतर शाकाहारी है। विभिन्न वृक्षों और झाड़ियों के मौसमी फूलों और फलों की भिन्नता के कारण ये अपने आहार में पर्याप्त परिवर्तन कर लेते हैं। भालू अपना कार्य रात्रि में सम्पादित करते हैं। रात्रि में भोजन खोदते हैं।

## डेढ़ किलोमीटर से सूँघ लेता है

भोजन को तलाश करने में भालुओं की नाक सहायक होती है। भालुओं में सूँघने की शक्ति सब अनुभूतियों की अपेक्षा अधिक उन्नत होती है। सुनने और देखने की सामर्थ्य निर्बल होती है। प्राणी के आकार के लिहाज़ से आँखें छोटी होती हैं।

किसी बात का सन्देह हो जाने पर यह पिछली टाँगों पर खड़ा हो जाता है और चारों ओर कुछ खोजता हुआ-सा देखता है। दृष्टि के सीमित क्षेत्र को बढ़ाने का यह एक तरीक़ा है। सूँघने, देखने और सुनने की शक्तियाँ भालुओं की भिन्न-भिन्न क़िस्मों में कमोबेश उन्नत हुई होती हैं। उदाहरण के लिए लाल भालू हवा के माध्यम से आती हुई मनुष्य की गन्ध को 1.6 किलोमीटर की दूरी से ग्रहण कर लेता है। इसके मुक़ाबले मदारी भालू गन्ध को ग्रहण करने में बहुत निर्बल है। हिमालय के काले भालू के लिए कहा जाता है कि वह लाल भालू और मदारी भालू दोनों की अपेक्षा अधिक अच्छा देख और सुन सकता है।

शिकार करने वाले प्राणियों में गलमूँछें बहुत उन्नत होती हैं जिनका स्पर्श करने

के अंग से सम्बन्ध है। भालुओं में ये अवशेष मात्र होती हैं और इनका कुछ काम नहीं होता।

## सूझबूझ का अभाव

इस तरह हमने देखा कि भालुओं में केवल गन्ध की शक्ति तो प्रबल होती है तथा अन्य सभी अनुभूतियाँ मन्द होती हैं। इस कारण यह देखकर अचरज नहीं होता कि उन प्राणियों की तुलना में भालू में चुस्ती और सूझ-बूझ का अभाव होता है जिनका जीवन इन सब संज्ञाओं के अधिक सन्तुलित प्रयोग द्वारा निर्दिष्ट किया जाता है। इसलिए अचानक कोई घटना हो जाए तो भालू क्या करेगा, यह कहना कठिन है। आदियुग में पाए जाने वाले स्तनपोषितों का दिमाग़ जितना अविकसित था, इसका भी वैसा ही है। तो भी, प्रशिक्षण से भालू बहुत समझदारी दिखाते हैं और सर्कसों व चिड़ियाघरों में तथा मदारी के पास बढ़िया करतब दिखाते हैं।

सर्कस के खेलों के लिए भालुओं को ख़ूब सधा लिया गया है। एक रशियन सर्कस फ़िल्म में मैंने देखा कि पाँच घोड़े एरिना में दाख़िल होते हैं। हरेक पर एक-एक भालू सवार है। घोड़े एरिना में चक्कर लगाते हैं। भालू उन पर खड़े हुए अपना सन्तुलन बनाए रखते हैं। भागते हुए घोड़ों पर से भी गिरते नहीं। मार्ग में रखी हुई बाधाओं को कूदकर घोड़े पार कर लेते हैं। भागते हुए घोड़े सहसा पिछली टाँगों पर सीधे खड़े हो जाते हैं, फिर भी भालू सधे हुए सवार के समान खड़े रहते हैं। एक खेल में एरिना में दो घोड़े आते हैं। केवल एक पर भालू सवार है। दोनों घोड़े एक-दूसरे के समानान्तर पास-पास दौड़ रहे हैं। भालू कभी इस घोड़े की पीठ पर कूद जाता है और कभी उस घोड़े की पीठ पर।

भालू की कुछ जातियाँ मछली, शहद और लज़ीज़ आहार को पाने के लिए ख़ूब सूझबूझ दिखाती हैं। जिसे देखकर लगता है कि इन कामों के लिए उनमें ऊँचे दरजे की बुद्धि होती है।

## चाल धीमी और डगमगाते क़दम

भोजन की खोज में भालुओं को कई किलोमीटर की थकाने वाली यात्राएँ करनी पड़ती हैं। इनकी चाल धीमी और ढीली-ढाली होती है। भालू के पैरों के निशान मनुष्य के निशानों से बहुत मिलते हैं और इन्हें मनुष्य की पद-पद्धति समझने की भूल हो जाती है।

परन्तु सभी भालुओं के पैर चपटे नहीं होते। जब चारों पैरों पर चल रहा हो तब भूरा भालू और ध्रुवीय भालू अपनी एड़ियाँ धरती से ज़रा-सी उठाए रख सकता है, जिससे उसके निशान नहीं पड़ते।

मुसीबत पड़ने पर यह तेज़ भी भाग लेता है। इसके भारी-भरकम शरीर को देखते हुए इससे ऐसी आशा नहीं होती। सब भालू अच्छे तैराक होते हैं।

## भोजन की प्राप्ति

अपना अधिकांश आहार भालू धरती पर या भूमि को खोदकर प्राप्त करते हैं। खोदने के लिए उनके अगले पैरों के पंजे भी अधिक लम्बे होते हैं। खोदने के ये अच्छे साधन हैं। पेड़ों की खोहों में और धरती के नीचे छिपे कीड़ों को प्राप्त करने के लिए वे एक अन्य उपाय का इस्तेमाल करते हैं। ऊपर की परत को तोड़कर भालू अपना मुँह एक सिरे पर रख देता है और मुख के अन्दर साँस खींचता है। इससे कीड़े खिंच आते हैं। इसके ओठ ऐसे काम के लिए उपयुक्त होते हैं। भालू अपनी थूथनी को सुअर की थूथनी के समान हिला सकते हैं। अपने ओठों को चिंपान्ज़ी के ओठों से अधिक फैला लेते हैं। भालू ओठों से एक पीक बना लेता है जिसे वह मधुमक्खियों तथा भूण्डों के छत्ते के अन्दर डालकर शहद और सुण्डियों को सुड़क लेता है।

## बामी में से दीमकें कैसे सुड़कता है

गतिशील और बहिःक्षेप्य ओठ वायु को खींचने और फेंकने के कार्य के लिए सम्यक् रूप से अपरिवर्तित होते हैं। मदारी भालू में यह विशेषता अधिक समुन्नत होती है। अपने पंजों से दीमक की बामी को तोड़कर फूँकें मारकर एक समझदार आदमी की तरह धूल और कूड़े-करकट को परे कर देता है। तब दीर्घाओं में से दीमकों को ऊपर चूस लेता है। इस प्रक्रिया में इसका ऊपरला लटकता हुआ गतिशील ओठ पीछे नथुनों के ऊपर आ जाता है जिससे नाक में धूल न घुसे। हवा के आचूषण द्वारा आहार को अन्दर ले जाने की सुविधा के लिए इसके ऊपरले जबड़े में कर्तन दन्तों का बिचला जोड़ा नहीं बना होता। दाँतों के बीच का ख़ाली स्थान वायु के मार्ग की इस बाधा को हटा देता है। मदारी भालू का तालू ख़ूब धँसा हुआ होता है जबकि भालू की दूसरी जातियों में यह चपटा होता है। आचूषण द्वारा खाने में सहायता के उद्देश्य से मुख में ये परिवर्तन हुए होते हैं। मदारी भालू क्योंकि धरती के नीचे गह्वरों

में छिपे या वृक्षों की खोहों में प्रविष्ट हुए दीमकों और कीड़ों के जातकों को खाने का अधिक आदी है इसलिए उसके मुख की रचना में ये परिवर्तन अधिक होना अभीष्ट ही है। भालू सर्वभक्षी कहा जाता है। ध्रुवी भालू को छोड़कर सभी जातियाँ मुख्यतया वनस्पतियाँ खाने वाली हैं।

भालुओं का स्वाभाविक झुकाव तो वनस्पतियों और कीड़ों को खाने की ओर है, परन्तु कभी-कभार वे दूसरे प्राणियों को भोजन के लिए मार भी लेते हैं। यह सामान्य विश्वास है कि भुजपाश में कसकर भालू प्राणियों को मारता है। लेकिन ऐसी बात नहीं, भालू पंजे की चोट से मारता है। चपेट में पंजे बड़े भयंकर घाव बना देते हैं।

सरदियों में हिमालय में भोजन की कमी हो जाती है। शीतनिद्रा भोजन की समस्या का समाधान भी करती है।

## पशुवाटिकाओं में आहार

पशुवाटिकाओं में सभी जाति के भालुओं को एक जैसी खुराक़ दी जाती है। दूध, डबलरोटी, फल और कन्दों को सभी भालू शौक़ से खाते हैं। मौसम के अनुसार केला, अमरूद, चीकू, बेर आदि फल, भुट्टे, गाजर, शकरकन्दी और आलू दिए जाते हैं। आलू कच्चे हों या उबाले हुए, दोनों को खा जाते हैं। शेष चीज़ें कच्ची दी जाती हैं।

दिल्ली की पशुवाटिका में भालुओं को प्रोटीन देने के उद्देश्य से गोश्त खिलाने के प्रशिक्षण किए गए। दो सौ ग्राम गोश्त उबालकर हरेक भालू को दिया, किसी ने नहीं खाया। कच्चा गोश्त भी नहीं खाया। फिर गोश्त की छोटी-छीटी बोटियाँ काट लीं और उसे उबालकर दिया। जापानी भूरे भालू ने पहले दिन ही खाना शुरू कर दिया। तब से उसकी आहार-तालिका में 260 ग्राम गोश्त शामिल कर लिया गया है। दिल्ली के चिड़ियाघर में काले और मदारी भालू गोश्त नहीं खाते जबकि विदेशों की पशुवाटिकाओं में ये भालू गोश्त खा जाते हैं।

## विभिन्न अंग उपयोगी

इन्सान ने भालुओं का उनके पुराने क्षेत्रों में सफ़ाया कर दिया है। भूरे भालू को अधिक ऊँचे निर्जन पहाड़ों पर धकेल दिया है। काले और मदारी भालू को दूर के घने जंगलों में खदेड़ दिया है। भारत में ट्रॉफ़ी के लिए शिकारी भालू का शिकार नहीं करता। बैठकों में हमें न तो भालू का मढ़ा हुआ सिर मिलता है और न इसकी

खाल टँगी हुई मिलती है। मुख्य रूप से खेती-बाड़ी की हिफ़ाज़त के लिए मारा जाता है। शिकार की भूख मिटाने के लिए भी शिकारी इसे मारते हैं। इसे मारकर वे उसे यों ही जंगल में सड़ने के लिए छोड़ देते हैं। इसका गोश्त भी इन्सान के खाने के काम नही आता। कंजरों के पास भालू की चरबी, सूखा पित्त (गौल ब्लैडर) और शिश्न मिल जाता है। सातवीं शताब्दी में जंगली जातियाँ इसकी खाल से घरेलू चीज़ें बना लिया करती थीं। अपनी बहन राज्यश्री की खोज में लगे हुए राजा हर्षवर्द्धन को विन्ध्याटवी में एक युवा शबर सामन्त मिला था जिसकी पीठ पर टँगा तरकस भालू के कमाए हुए चमड़े से बनाया गया था :

**अच्छभल्लचर्ममयेन भल्लीप्रायप्रभूतशरमृता।**

हर्षचरित्र, उच्छ्वास 8, पृष्ठ 232.

पुराने ढंग के कुछ शिकारी इसकी चर्बी निकाल लेते हैं। केदारघाटी के शिकारियों ने मुझे बताया कि रीछ के शिकार में सबसे क़ीमती चीज़ उसका पित्ता है। उसे ये रिख तीता कहते हैं। यही चीज़ प्राणी का पित्ताशय (gall bladder) है जो पतली झिल्ली से बनी थैली है। मारने के बाद जब भालू की खाल उतारते हैं तब पित्ताशय का मुँह बाँधकर काट लेते हैं। इसे घर के अन्दर टाँगकर सुखा लेते हैं।

पुंस्त्वहीन लोगों के लिए भालू का लिंग बेशक़ीमती वरदान माना जाता है। कच्ची दवाओं के व्यापारी सुखाया लिंग बेचते हैं। इसके चमत्कारिक गुणों को अतिरंजित करते हुए वे मायूस रोगियों को क़ायल करने की कोशिश करते हैं। वे कहते हैं कि इसे सेवन करने वाला भालू के समान अय्याश बन जाता है।

ग्वालियर के चिड़ियाघर में अप्रैल, 1958 में एक भालू अपने पिंजरे में मरा पाया गया । उसके नीचे का फ़र्श ख़ून से लाल रंगा हुआ था। चिड़ियाघर में पशु चिकित्सक ने उसका पोस्टमार्टम किया। इसमें एक चौंका देने वाला तथ्य उजागर हुआ। मरे हुए भालू का लिंग किसी तेज़ धार वाले हथियार से काटकर निकाल लिया गया था। अनाड़ी चोरों की जल्दबाज़ी में की गई कार्यवाही में मोटी रक्तवाहिनियाँ कट गई थीं। उनसे निरन्तर बहता हुआ ख़ून तभी रुका जब प्राणी ने दम तोड़ दिया। गन्दा धन्धा करने वाले हत्यारे चोर जानते थे कि रंगरलियों की मस्ती में डूबे अय्याश अमीरों से लिंग के मुँहमाँगे दाम मिल जाएँगें।

केस की छानबीन में लगे खोजियों ने प्रेस को रिपोर्ट दी थी कि उसका लिंग कोलकाता के एक अय्याश को पच्चीस हज़ार रुपए में बेच दिया गया था। जड़ी-बूटी वालों को मैंने भालू का सूखा हुआ लिंग बेचते हुए भी देखा है।

## प्रजनन

भालू की विभिन्न जातियों में सात से आठ महीने तक बच्चे गर्भ में रहते हैं। बच्चों की सामान्य संख्या दो या तीन होती है। *उर्सुस ओर्नातुस* कुविएर (*Ursus ornatus* Cuvier) जाति के भालू के आठ महीने के गर्भधारण काल के बाद जुलाई में दो बच्चे पैदा हुए थे। एक उदाहरण में *उर्सुस मिड्डेन्दोर्फ़ि* मेर्रिअम (*Ursus middendorfi* Merriam) के वृषण का भार बत्तीस ग्राम पाया गया था। नवजात बच्चे बहुत छोटे, केशविहीन और अन्धे पैदा होते हैं। तीन-चार सप्ताह बाद उनकी आँखें खुलती हैं। बाप क्योंकि जुदा रहता है इसलिए इनकी परवरिश माँ ही करती है। दो-तीन साल तक वे माँ के साथ रहते हैं। माँ के साथ कई बार विभिन्न उम्रों के कई बच्चे देखे जाते हैं। इस बड़े कुनबे में बाप नहीं रहता। रिकॉर्डों से पता चलता है कि बन्दी जीवन में भालू का जीवन-विस्तार चालीस से पचास बरस तक होता है।

## चार महीने माँद में

घटना दिल्ली पशुवाटिका की है। अपने चार्ज के भालुओं को पालक कोठरियों के अन्दर बारी-बारी से खाना दे रहा था। एक कोठरी में उसने देखा कि नूरी रीछनी तो है ही नहीं। खुले घेरे के कोने-कोने को उसने तलाश कर डाला। नूरी नहीं मिली। मन ही मन उसने बीती साँझ की याद की। दरवाज़े पर ताला उसने स्वयं लगाया था। स्टोर में चाबी उसने स्वयं जमा की थी। सुबह भी उसने स्वयं ताला खोला था। तो नूरी गई कहाँ ? ऐसा विशाल जानवर रहस्यपूर्ण ढंग से ग़ायब हो गया। उसने अधिकारियों को इसकी सूचना दे दी। सबने मिलकर छानबीन की। परिणाम कुछ न निकला।

गाभिन हुए जब छह-सात महीने हो जाते हैं तो रीछनी ज़मीन के नीचे माँद में चली जाती है। नूरी के गुम होने का भी यही रहस्य था। वह माँद में चली गई थी। कोई चार महीने यह वहीं रही। इस अवधि में उसने न तो खाना खाया, न पानी पिया। बच्चे माँ का दूध पीकर ही बढ़ते रहे। माँद से निकलने पर वे काफ़ी बड़े हो गए थे। माँ के साथ बाड़े में घूमते फिरते थे। तपिश बढ़ जाने पर वे माँ के साथ ही पानी में धुस जाते थे। बाड़े के पत्थरों में दस-बारह तीतर रहते थे। सुबह-शाम को सुहावने समय में वे उनका पीछा करके मन बहलाते थे।

जंगल में परिस्थितियाँ भिन्न होती हैं। वहाँ यह स्वयं खोदकर भट्ट नहीं बनाती। किसी गिरे हुए पेड़ की खोह में या पथरीली गुफ़ा में यह अधिकतर शीत ऋतु में

एक या दो बच्चे देती है। बच्चे जब तक आठ-दस महीने के न हो जाएँ, यह उन्हें अपनी पीठ पर बिठाकर घूमती है और इसी कारण शिकारी को ऐसा प्रतीत होता है कि मानो कोई बड़ा रीछ आ रहा है। वह इस आसाधारण आकार के रीछ को मारने का लोभ नहीं छोड़ पाता। परिणामतः ग़लत धारणावश बिचारी मादा की जान चली जाती है। शिकारी को यदि मालूम हो कि यह बच्चे वाली रीछनी है तो वह गोली न चलाए।

संस्कृत के ऋक्ष शब्द से रीछ निकला है। लेटिन में इसे *उर्सुस* कहते हैं। यह शब्द भी संस्कृत के ऋक्ष से मिलता है।

## अय्याश जानवर

कहा जाता है कि भालू बहुत अय्याश जानवर है और कामोद्दीप्त भालू जंगल से औरतों को अपनी वासना की तृप्ति के लिए उठा ले जा सकता है। मुझे बताया गया कि फलाँ गाँव में एक ऐसी औरत ज़िन्दा है जिसे 1969 में भालू उठा ले गया था। उसे भालू ने एक गुफ़ा में रखा था। द्वार को बड़ी चट्टान से बन्द करके भालू उसके लिए फल और शहद लेने जाया करता था। भालू ने उसे प्यार से रखा और उसकी ख़ूब सेवा की। जड़ी-बूटियाँ खोदने वालों की एक टोली एक बार उस घाटी में चली गई। उन लोगों को कन्दरा में बन्द औरत का पता चल गया। वे उसे निकालकर गाँव में ले आए।

1925 के अक्टूबर या नवम्बर महीने में बहादुर नाम का एक कश्मीरी गूजर गुरुकुल कांगड़ी, हरिद्वार के हॉस्पिटल में लाया गया। उसकी भैंसों का डेरा उन दिनों पीली गाँव में था। जंगल में भटक गई भैंसों को तलाश करते-करते उसे साँझ के अंधेरे ने आ घेरा। कन्धे पर कुल्हाड़ी रखे हुए वह बेरियों की वनवीथी में से गुज़र रहा था। पके लाल बेरों की मीठी-खट्टी खुशबू चारों ओर फैल रही थी जो रात को भालुओं और गीदड़ों को वहाँ खींच लाती थी। बटिया के दक्षिण में बेरी के ठूँठों के बीच उसे दो काली अस्पष्ट आकृतियाँ दिखाई दीं जो हिल-डुल रही थीं। अपनी भैंसें समझकर वह उन्हें हाँक ले चलने के लिए आगे बढ़ता गया।

वे भैंसें नहीं थीं, कामासक्त भालुओं का जोड़ा था जो काम-कलह में मग्न था। बहादुर सीमा रेखा को लाँघ चुका था। दोनों भालू उस पर टूट पड़े। बहादुर ने कुल्हाड़ी से चोट करनी शुरू की। रीछनी तो इतनी ज़ख़्मी हो गई कि मैदान से भाग गई। बहादुर था तो बहादुर, लेकिन कुदरत ने उसका साथ न दिया। लड़ाई के दौरान

उसकी कुल्हाड़ी का बेंटा टूट गया।

मैं उन दिनों प्राथमिक कक्षाओं का विद्यार्थी था। सिम्बल के नीचे धूप में पड़ी मेज़ के ऊपर बहादुर को लिटाकर हर रोज़ पट्टी की जाती थी। उस समय डॉक्टर की सहायता करने वाले आयुर्वेद कॉलेज के छात्रों में से एक अब एम. डी. डॉक्टर हैं। उन्होंने मुझे बताया कि ज़ख्मी होकर बहादुर जंगल में बेहोश पड़ा रहा। छत्तीस घण्टे के बाद वह हॉस्पिटल लाया गया था। लाइसोल के घोल से उसके ज़ख्मों को धोया गया। उसके ज़ख्मों पर सुण्डियाँ चिपटी हुई थीं। गुदा के ज़ख्म सबसे अधिक गन्दे और ख़तरनाक थे। चिमटी से पकड़कर सुण्डियाँ निकाली गईं। डॉक्टर का कहना था कि भालू ने उसके साथ गुदा मैथुन किया था और उसके बाद गुदा को ज़ख्मी किया था।

भालू की अय्याशी की बातें हर कोई सुनाता है। मुझे इसमें ज़रा भी सच्चाई प्रतीत नहीं होती। एक सज्जन ने मुझे बताया कि उसने एक पशुवाटिका में किसी भालू को हस्तमैथुन करते देखा था। पशुवाटिकाओं में भालू के कीपरों ने इस बात की तसदीक नहीं की।

## रोग और मृत्यु

बन्दी जीवन में भालुओं को मैंने अनेक बार बीमार पड़ते देखा है। पेचिश भालुओं का सामान्य रोग है। इनका मल सामान्यतया बँधा हुआ होना चाहिए। मल पतला आने लगे तो यह बीमारी की निशानी है। जनवरी, 1968 में जापानी भालू नूरे को पेचिश हो गई थी। रोग का ज़ोर इतना बढ़ा कि पानी भी नहीं पचता था। उस कद्दावर जानवर को बचाने के लिए पशु चिकित्सक ने सब सम्भव प्रयत्न किए। बड़ी क़ीमती दवाओं के इंजेक्शन भी उसे दिए जाते रहे। कोई एक महीने तक हॉस्पिटल में रहकर उसने दम तोड़ दिया। मृत्यु के बाद उसके शव की परीक्षा की गई। उसकी आँतें ज़ख्मों से छलनी बन गई थीं।

इस उदाहरण में मैंने देखा कि बीमारी के भयंकर कष्ट में भी नूरा चैतन्य था। उसके क्रोधी और तेज़ स्वभाव में ज़रा भी शिथिलता नहीं आई थी। इंजेक्शन लगाने का वह ज़बर्दस्त प्रतिरोध करता था। रूस से उपहार में मिले तीन सफ़ेद भालू भी दिल्ली की पशुवाटिका में अकाल में ही कालग्रसित हो गए थे। ध्रुव क्षेत्र में रहने वाले इन भालुओं को पशुवाटिका के अधिकारियों ने शाही ठाटबाट से रखा हुआ था। उनके घर के अन्दर ताज़े पानी का एक बड़ा हौज़ बना दिया था, जिसमें वे

अपनी मर्ज़ी से स्नान करते रहते थे और पानी के खेलों में लगे रहते थे। गरमियाँ शुरू होते ही बरफ़ की सिल्लियाँ उनके घर में डाल दी जाती थीं जिससे वायुमंडल का तापमान ऊँचा न जाए। लू के झोंकों से उन्हें बचाने के लिए ख़स की टट्टियों से उनके घर को घेर दिया जाता था। दिन-भर इन्हें तर रखा जाता था।

सफ़ेद भालू के जोड़े में नर का नाम रोपक और मादा का नाम क्लुत्का था। तीनों बरफ़ानी भालुओं में सबसे अन्त में रोपक की मृत्यु हुई 14 अप्रैल, 1962 की प्रातःकाल। पिछले साल उसकी संगिनी क्लुत्का के चल बसने के बाद यह बीमार रहने लगा था। कई महीने तक उसके पेट और अन्तड़ियों में गड़बड़ी चलती रही। उसके अन्दर से सैकड़ों कीड़े प्रतिदिन निकला करते थे। लम्बी बीमारी ने उसकी शक्ति को खींच लिया था। आँतों के कष्ट के अलावा उसे खाल की बीमारी भी लग गई थी। उसकी देह पर फोड़े-फुन्सियाँ निकल आए थे। अच्छे से अच्छा इलाज करने में कोई कसर नहीं छोड़ी गई, लेकिन ध्रुव प्रदेश के मूल्यवान् भालुओं को ज़िन्दा रखने में चिड़ियाघर के अधिकारियों को सफलता नहीं मिली।

## साधुओं का आदर करते हैं

भारत के जंगलों में सैकड़ों साधु घूमते फिरते है। वे किसी पेड़ के नीचे कुछ समय के लिए ठहर भी जाते हैं। कुछ साधु मामूली-सी झोपड़ी डालकर जंगल में ही रहने लगते हैं। मैंने कभी सुना नहीं कि इन वनवासी साधुओं से भालुओं ने कभी छेड़छाड़ की हो। इसके विपरीत मैंने एक घटना ऐसी पढ़ी है जिसमें भालुओं ने एक साधु की प्राण रक्षा की थी। महर्षि दयानन्द के जीवन के बारे में 5 मार्च, 1978 के हिन्दुस्तान में एक लेख छपा था। इसमें बताया गया था —योगियों की खोज में महर्षि गहन वनों में घूमते-फिरते थे। दो दिनों तक बिना अन्न-जल ग्रहण किए चलते रहे। अन्त में भूख और थकान से निढाल होकर एक पेड़ के नीचे आ लेटे। तभी चार-पाँच भालू आए। एक भालू उनके पास आया और सूँघकर चला गया। महर्षि ज़रा भी विचलित नहीं हुए। थोड़ी देर बाद ही वह मुँह में शहद से भरा छत्ता लेकर लौटा और उनके पास रखकर चला गया। महर्षि ने शहद को चाटकर नवजीवन पाया और अपनी यात्रा पर आगे बढ़ गए।

## शेर से झड़प

शेर और मदारी भालू की लड़ाई के विवरण भी मिलते हैं। मध्य प्रदेश के जंगलों

में एक लँगड़े भालू को शिकारी अकसर देखा करते थे। एक दिन नदी के पाट में उसी भालू की अंशतः खाई हुई लाश पड़ी मिली। रेत पर पड़े हुए निशान साबित करते थे कि उसमें और एक शेर में भयंकर लड़ाई हुई थी। अन्त में शेर जीत गया था और उसने अपने दुश्मन को खा लिया था। भालू ख़ासा बड़ा था, लेकिन क्योंकि वह लँगड़ा था इसलिए शेर के क़ाबू में आ गया था। (जर्नल, बॉम्बे नेचुरल हिस्ट्री सोसाइटी, 1910, पृष्ठ 969)। लेफ़्टिनेन्ट कर्नल एफ़. डब्ल्यू. कैटन जोन्स (जर्नल, बॉम्बे नेचुरल हिस्ट्री सोसाइटी, 1908, पृष्ठ 903) ने गरमियों में एक बड़ा नर शेर शूट किया। कुछ देर बाद एक बूढ़ी रीछनी उसी रास्ते से वहाँ आई जिस रास्ते से शेर आया था। मृत शेर के कुछ क़दम पास तक पहुँचने पर ही रीछनी ने शेर को देखा। वह अपनी पिछली टाँगों पर साश्चर्य खड़ी हो गई। चिल्लाती हुई शेर की तरफ़ दौड़ी। उसकी पीठ पर बुरी तरह काटने लगी और पंजों से प्रहार करने लगी। रीछनी को भी शूट कर लिया गया। इस उदाहरण से अन्दाज़ होता है कि रीछनी और शेर की कुछ देर पहले झड़प हुई होगी। शेर मैदान से भाग आया होगा। उसका पीछा करती हुई रीछनी इधर आई होगी।

## बोधिसत्त्व से अभयदान

शुंगकालीन (ईसा से दो सदी पूर्व) एक मूर्ति में शेर और भालू बनाए गए हैं। यह मूर्ति लखनऊ के राजकीय संग्रहालय में रखी हुई है। इस विशालकाय मूर्ति में बोधिसत्त्व का दाहिना हाथ अभयमुद्रा में है, और उनके बाएँ हाथ में अमृत से पूर्ण कलश थमा हुआ है। इस प्रतिमा के पीठ पर ताड़ासन में खड़ी यक्ष की मूर्ति खुदी हुई है। इस पत्थर के दाहिने और बाएँ पार्श्वों पर दो मानवीय सिर बने हैं जिनके नीचे एक शेर और दौड़ता हुआ एक भालू है। बोधिसत्त्व के साथ इन जानवरों की मूर्ति बनाने का उद्देश्य सम्भवतः इन्हें अभय प्रदान करना, इनके साथ मैत्री स्थापित करना और इन्हें स्वेच्छा से अपनी उम्र भोगने के संकेत हैं।

## ख़तरनाक तस्वीर

भालू परिवार के सभी सदस्य ख़तरनाक होते हैं। भारतीय भालुओं को अनेक बार मनुष्य पर अकारण हमला करते देखा गया है। हमला करने के लिए भालू पिछली टाँगों पर खड़ा हो जाता है। पंजे की चपेट में आदमी को गिरा लेता है और उसके चेहरे को चबाकर या नाख़ूनों से नोचकर विकृत कर देता है। इन्सान द्वारा हज़ारों बरसों से सताए जाने के कारण भालू मनुष्य को अपना सबसे बुरा और शायद एकमात्र

दुश्मन समझता है। उसके चेहरे से उसे सख़्त नफ़रत है।

इन्सान के प्रति भालू के इस ख़ौफ़नाक रवैये का ज़िक्र ईसा की चौथी सदी में कालिदास ने भी किया था। उसने 'अभिज्ञानशाकुन्तलम्' नाटक का हीरो राजा दुष्यन्त हस्तिनापुर से शिकार करने तराई के जंगलों में जाता है। शिवालक की घाटियों से उतरती हुई मालिन नदी कण्व ऋषि के आश्रम के पास से गुज़रती थी। दुष्यन्त अपने शिकारी अमले के साथ उसी जंगल में भटक रहे थे। गरमी, प्यास, दौड़-धूप और जंगल की बेआरामी से अमले के लोग परेशान हो गए थे। उन्होंने अपने मनोभाव विदूषक द्वारा राजा को पहुँचाए थे। विदूषक ने खीझते हुए सेनापति को कहा था कि व्यर्थ ही शिकार की डींग मारने वाले भद्रसेन! वन-वन भटकता हुआ तू किसी भी वक़्त आदमी की नाक के लोभी किसी बूढ़े रीछ के मुँह में जा पड़ेगा :

**अपेहि रे उत्साहहेतुक अत्रभवान्प्रकृतिमापन्नः। त्व तावदटवी-तोऽरवीमाहिण्डमानो नरनासिकालोलुपस्य जीर्णर्क्षस्य कस्यापि मुखे पतिष्यसि।**

अभिज्ञानशाकुन्तलम्, अंक 2.

सातवीं शताब्दी में बाणभट्ट ने भालुओं की इस आदत का उल्लेख करते हुए लिखा था — राजकुमार चन्द्रापीड कादम्बरी से मिलने के उपरान्त उज्जयिनी की ओर जाते हुए रात बिताने चण्डी देवी के वीरान मन्दिर में विश्राम के लिए ठहरते हैं। उसके द्रविड़ देशीय पुजारी के गालों को भालुओं ने अपने नाख़ूनों से नोचकर अनेक बार फाड़ डाला था, फिर भी उसका मन्दिर से लगाव नहीं छूटा था :

**असकृतदुत्सन्नदैव मातृगृहवास्पृक्षनखजर्जरितकपोलेन।**

कादम्बरी पूर्वभाग, पृष्ठ 400.

भालू की इन राक्षसी हरकतों के कारण उसे राक्षस सरीखा आततायी समझा जाता रहा है। बुद्धचरित (13;19) में भालू के मुख वाले एक राक्षस का वर्णन मिलता है।

मई, 1968 में हम लोग जंगली हाथियों के जीवन पर एक फ़िल्म बना रहे थे। मैं फ़ोटो यूनिट का निदेशन कर रहा था। चौड़ को छोड़कर हाथियों का झुण्ड जंगल में घुस गया था। जब तक यह क़बीले के वन में चरता रहा, हम फ़ोटो लेते रहे। धूप बढ़ने के साथ-साथ हाथी भी घने जंगल की ओर बढ़ने लगे। नौ बजे के लगभग सारा झुण्ड अँधेरे झुरमुटों के नीचे छोटी-छोटी टोलियों में बँटकर सो गया।

अब इनके फ़ोटो तो लिए नहीं जा सकते थे इसलिए हम लोग भी लौटने लगे।

उस दिन हम पैदल थे। मेरे साथ दो कैमरामैन, नरेश और राजेश थे। इनके अलावा एक बन्दूकची भी था जो उस जंगल के चप्पे-चप्पे से वाकिफ़ था। जंगली जानवरों के ख़तरे का इसने कई बार मुक़ाबला किया था। जंगल में जाते समय हम इसे अकसर साथ ले लिया करते थे। रास्ता काटने के लिए यह कोई न कोई दिलचस्प क़िस्सा छेड़ दिया करता था। वह बताने लगा :

'पिछले साल पटेरपानी वनखण्ड में छपान हो रहा था। रेंजर मौक़े पर मौजूद थे। अपने साथियों को काम करते हुए छोड़कर वे नदी पर पानी पीने चले गए। उथली नदी पर पहुँचकर उन्होंने कन्धे पर से बन्दूक उतारी और चट्टान पर रखकर पानी पीने झुके। अभी एक-दो बुक ही पिया होगा कि पीछे से एक भालू ने हमला कर दिया। बेचारे की नाक और चेहरे को चबा गया। भरी हुई बन्दूक धरी की धरी रह गई।'

बंदूकची की बात अभी पूरी भी नहीं हुई थी कि हमें सामने झाड़ियों में एक काली चीज़ बढ़ती हुई दिखाई दी। उसकी केवल पीठ दिखाई दे रही थी। पहली दृष्टि से हमने उसे बनैला सूअर समझा। हम सब चुपचाप खड़े हो गए और उसे ग़ौर करने लगे। हमसे वह कोई दो सौ क़दम की दूरी पर था। तिरछी रेखा में बढ़ता हुआ हमारे बाईं ओर पीछे आ गया। अब तक हम उसका चेहरा तो नहीं देख पाए थे, पर चाल-ढाल से जान गए थे कि सूअर नहीं, भालू है। वहाँ एक मोटा पीपल का पेड़ खड़ा था। उसकी आड़ लेकर वह घात लगाने लगा। वह हमारे से कुल तीस क़दम पर था। बन्दूकची ने निशाना साध लिया। मैं जानता था कि वह हमला करेगा। मुझे यह भी भरोसा था कि वइ इतने लोगों का कुछ बिगाड़ नहीं पाएगा। पीपल के तने के ठीक पीछे आकर वह हमारी तरफ़ लपका। झपाटे में तीन-चार क़दम तक तो घसीटता हुआ-सा आगे बढ़ा और फिर उछलकर पिछली टाँगों पर खड़ा हो गया। वह हमें घूर रहा था। उसका वश चलता तो हमें कच्चा चबा जाता।

यही समय था हमें अपना संख्याबल दिखाने का। हमने एक साथ शोर मचा दिया। भालू घबरा गया और उलटे पैर भाग खड़ा हुआ। उसने सोचा था कि कोई अकेला आदमी जा रहा है और उसे मैं यूँ ही दबोच लूँगा। इतने आदमियों को देखकर और उनके शोर को सुनकर वह भौचक रह गया।

यह घटनाचक्र इस तेज़ी से गुज़रा कि हमें उस ख़ौफ़नाक जानवर के फ़ोटो लेने का मौक़ा ही नहीं मिला। लेकिन इसमें शक नहीं कि इसने हमें जंगली भालू के एक ख़तरनाक पहलू की जीती-जागती तस्वीर दिखा दी थी।

## भालू ने बाँह चबा ली

दिल्ली चिड़ियाघर के हस्पताल में अठारह साल की एक बीमार रीछनी इलाज के लिए भर्ती थी। सहायक कीपर रामपाल वर्मा बीमार जानवरों की सेवा की ड्यूटी पर तैनात था। बयालीस वर्ष की उम्र का रामपाल बीस सालों से जानवरों की देखभाल कर रहा था। 28 नवम्बर, 2002 की सुबह उसने बीमार रीछनी को गोश्त खिलाने के लिए पिंजरे के अन्दर हाथ डाला ही था कि उसने मुँह में पकड़कर अपनी तरफ़ खींच लिया। कोहनी तक अगली दाहिनी बाँह झट काटकर अलग कर दी। गम्भीर हालत में उसे हस्पताल में भरती किया गया।

जिन क्षेत्रों में इनका आए दिन मनुष्यों से पाला पड़ता है वहाँ भूरे भालू और काले भालू ढोरों को भी बहुधा मार डालते हैं। मनुष्य पर सबसे अधिक हमला काला भालू करता है और उसके बाद मदारी भालू।

## घसियारिनों पर हमले

दो घसियारिनें श्यामपुर के पास जंगल में घास काट रही थीं। एक-दूसरे से लगभग 220 मीटर दूर बैठी होंगी। धूप की किरणों में जब कुछ तेज़ी आ गई तब एक ने दूसरे को खाना खा लेने के लिए पुकारा। पलाश के झुरमुट में आराम करती हुई रीछनी ने यह शोर सुना। उसने समझा कि उसके बच्चों को मारने के लिए कोई आ रहा है। ब्‍… ब्‍… ब्‍… करती हुई वह पास की घसियारिन पर लपकी। शोर सुनकर दूसरी घसियारिन चिल्ला उठी। रीछनी ने पहली घसियारिन को छोड़ा और दूसरी पर लपक पड़ी। ऐसा कई बार हुआ। दोनों औरतों ने दराँतियों और कुल्हाड़ियों से हमले भी ज़ारी रखे। आख़िर, रीछनी भाग गई। यह देखा गया है कि नर की अपेक्षा मादा अधिक साहसी होती है और ज़रूरत पड़ने पर अपने बच्चों की रक्षा के लिए जान पर भी खेल जाती है।

यहाँ मैंने जिन घटनाओं का उल्लेख किया है उन सब में भालू की वह जाति थी, जिसे मदारी भालू कहते हैं।

भालू की एक जाति हिमालय का काला भालू कहलाती है। हिमालय की घाटियों में मैंने इसके द्वारा ज़ख्मी किए हुए अनेक नर-नारी देखे हैं। केदारघाटी में और काली नदी की घाटी में मुझे ऐसे लोगों की संख्या अधिक दिखाई दी। मोटे अनुमान के अनुसार हर तीन गाँवों में कोई न कोई भालू द्वारा ज़ख्मी व्यक्ति मिल जाता है।

## सिर पर दस सेण्टीमीटर लम्बे ज़ख़्म

1960 के पूस महीने की बात है। मोल (जंगली नाशपाती) पकने शुरू हो गए थे। पैंतालीस साल की इन्द्रमती बिछाली और खाद के लिए जंगल में पैल्दा (गिरे हुए पत्ते) लेने गई थी। उसके कोठेड़ा गाँव से एक किलोमीटर दूर बाँझ और बुरांस का जंगल था। सुबह साढ़े दस बजे का समय होगा। झाड़ू से बुहारकर इन्द्रमती सूखे पत्ते इकट्ठे कर रही थी। उसकी निगाह नीचे पत्तों की ओर थी। हिमालय का काला भालू ऊपर से उतरकर नीचे मन्दाकिनी के पास जंगल में सोने जा रहा था। वह रात को यहाँ जंगली नाशपाती खाने आया था और किसी कारण उसे लौटने में देर हो गई थी। बुहारती हुई औरत का मुँह जिस दिशा में था उसी दिशा से भालू उतर रहा था। शोर के साथ उसने औरत के सिर पर चोट की, जिससे वह गिर पड़ी और अचेत हो गई। कुछ दूरी पर दूसरी औरतें पैल्दा बटोर रही थीं। भालू की आवाज़ को उन्होंने सुना और शोर मचा दिया। वे गाँव वालों को पुकारने लगीं। शोर को सुनकर भालू ने इन्द्रमती को छोड़ दिया। वह औरतों की ओर बढ़ा। जब उसने पाँच-छह औरतें देखीं तब डर गया और बटिया-बटिया नीचे की ओर चला गया।

गाँव वाले घायल इन्द्रमती को उठाकर कोठेड़ा ले आए। उसे चाय पिलाई और उसके ज़ख़्म साफ़ किए। वैद्य जी के प्राथमिक उपचार से वह होश में आ गई। उसे डांडी में लिटाकर बारह किलोमीटर दूर बड़े हस्पताल में ऊखीमठ ले गए। डॉक्टर ने टाँके लगाकर लटकते हुए लोथड़ों को सी दिया और हस्पताल से छुट्टी दे दी। एक-डेढ़ महीने में ज़ख़्म पूरे भर गए। मई, 1970 में मैं इन्द्रमती के घर गया था। सामान्य रूप से वह भली-चंगी थी, परन्तु उसके सिर में पहले जैसी ताक़त दुबारा नहीं आई थी। वह सिर पर बोझ नहीं उठा सकती थी। उसके माथे और ब्रह्मरन्ध्र के बीच ज़ख़्म का निशान दस सेण्टीमीटर लम्बा और 7.50 सेण्टीमीटर चौड़ा बना हुआ था।

## शुक्र है, भगवान् ने आँख बचा ली

काली नदी की घाटी में आख़िरी गाँव जाल है। 1970 में दशहरे के दिनों में मैं इस घाटी में पहली अक्टूबर से दस अक्टूबर तक रहा था। इन दिनों धान, मण्डुआ, खिरखिण्डा, कद्दू आदि की फ़सलें तैयार थीं। अँधेरा होते ही हिमालय के काले भालू फ़सलों पर धावे बोलने लगते थे। रात को मैं जब भी उठा, लोगों को शोर मचाकर भालुओं को भगाते हुए सुना। जाल गाँव से पाँच किलोमीटर ऊपर घाटी का आख़िरी खरक है जिसे ढाटा खरक कहते हैं। जंगल के बीच में खुले साफ़ ढलान को गढ़वाली

में खरक कहते हैं, इसमें भैंस-गायों के लिए छानी बना लिए जाते हैं। सरदियों में खरक को छोड़कर लोग मवेशियों को जाल में ले आते हैं। ढाटा खरक में मुझे एक लड़का दिखाई दिया, जिसे 1965 के दिसम्बर महीने में भालू ने फाड़ दिया था। इस लड़के का नाम मोहन सिंह था। दुर्घटना के समय वह सत्रह साल का स्वस्थ बालक था। जाल गाँव से पौन किलोमीटर नीचे वह काली नदी के तट पर उगे हुए गोला रिंगाल को काटने गया था। उसके पीछे उसका पिता बैरागी सिंह भी आ रहा था।

नदी से सौ मीटर ऊपर उन्हें गोला रिंगाल के भूड़ मिलने शुरू हो गए। मोहन सिंह आगे था। रिंगाल काटने के लिए भूड़ के अन्दर घुस गया। उसी भूड़ में एक रीछनी सो रही थी। सुबह दस बजे का वक़्त होगा। ऊँची आवाज़ में हउम्... हउम्... चिल्लाती हुई रीछनी उस पर झपटी। उसने मोहन सिंह के चेहरे को नोच लिया। रक्तरञ्जित ज़ख़्मी चेहरे के साथ ही उसने कुछ क़दम भागने की कोशिश की। रीछनी की आवाज़ को बैरागी सिंह ने सुन लिया था। उसे भगाने के लिए बैरागी सिंह ने शोर मचाया। वह भाग गई। इन लोगों का ख़याल था कि उसके साथ एक साल का एक बच्चा भी था। पीठ पर रखकर बैरागी सिंह अपने लड़के को घर ले आया। वह दो दिन बेहोश पड़ा रहा। घर में ही गाँव के वैद्य का दिया मरहम लगाते रहे। दो महीने में ठीक हो गया। वह शहर के किसी आधुनिक हस्पताल में नहीं गया। गाँव वाले कहते हैं कि काली मिर्च को तवे पर जलाकर उसकी राख को इक्कीस बार धोए हुए मक्खन में मिलाकर लगाने से पंजों और दाँतों द्वारा किए गए ज़ख़्म ठीक हो जाते हैं।

इस घटना के पाँच साल बाद मैंने मोहन सिंह को देखा था। उसकी मोहिनी मूरत को ज़ख़्मों की लकीरों ने कुरूप बना दिया था। उन डरावनी रेखाओं को दिखाते हुए मेरे मेज़बान ने सन्तोष की साँस भरते हुए टिप्पणी की थी : 'भगवान् का धन्यवाद है कि उसने भालू के क्रूर पंजे से इसकी आँख बचा ली।'

भालू द्वारा घायल किए गए रोगियों का अध्ययन करते समय मैंने महसूस किया है कि भालू मूल रूप से मांसाहारी नहीं है। यदि मांसाहारी होता तो प्रकृति उसे मनुष्य जैसे जीवों को मारने की टेकनीक भी सिखा देती। विडाल वंश के जीवों का आहार मांस ही है, इसलिए प्रकृति ने उन्हें दूसरे प्राणियों को मारने के प्रभावशाली तरीक़े भी सिखा दिए हैं। गरदन को भींचकर दम घोट देते हैं। तब उसे उठा ले जाते हैं और एकान्त में खाते हैं।

ऊपर मैंने जिन घायलों का विवरण दिया है उनमें से अधिक पर ऐसी परिस्थितियों

में हमला किया था कि इन्सान को जान से मारने का उसे पूरा मौका भी मिला था। उसने ऐसा नहीं किया, क्योंकि इन्सान उसका भोजन नहीं था। भालू इन्सान को अपना दुश्मन समझकर ही उस पर हमला करते हैं। इन्सान का चेहरा, सिर या जो भी हिस्सा सामने पड़ा उसे हबड़-दबड़ में नोचकर भाग जाते हैं।

पालतू भालू के एक उदाहरण में उसने चेहरे को छुआ तक नहीं। जापानी भूरे भालुओं के पिंजरों को साफ़ करने का काम रोशन के ज़िम्मे था। ख़तरे से बचने की व्यवस्था यह है कि साथ के कमरे में भालुओं को हटाने के बाद बीच के दरवाज़े में लोहे का मोटा सरिया फँसा दिया जाता है। यह न किया जाए तो भालू में इतनी अक्ल है कि दरवाज़े को ऊपर उठाकर दूसरे कमरे में चला जाए। उस दिन रोशन सरिया अड़ाना भूल गया। नर भालू नूरे ने निचली दरार में नाख़ूनों को फँसाकर दरवाज़ा उठा लिया और उस कमरे में दाख़िल हो गया जहाँ रोशन सफ़ाई करने में व्यस्त था। नूरे की तरफ़ उसकी पीठ थी। पंजे की चोट लगने पर ही उसे पता चला कि वह ख़तरे में घिर गया है। फिर भी वह घबराया नहीं। सम्हलकर उसने नूरे का मुक़ाबला करना शुरू किया और चिल्लाकर सहायता के लिए पुकारने लगा। छुड़ाने के लिए कोई पहुँचे, इससे पहले मादा भालू —नूरी— भी इस कमरे में आ गई। अपने पति के साथ मिलकर यह निहत्थे रोशन पर टूट पड़ी।

लॉन में गिरे हुए पत्तों को बीनते हुए माली ने यह हमला देखा और दौड़कर लोगों को बुला लाया। रोशन को गिराने में भालू कामयाब हो चुका था। नूरा और नूरी दोनों गरम-गरम लहू पीने में लगे थे। छुड़ाने के लिए लोगों ने पत्थरों की बौछार की, लाठियाँ बरसाईं, हवा में गोलियाँ दाग़ीं, पटाख़े छोड़े और ख़ूब शोर मचाया। परन्तु भालुओं ने लहू पीना नहीं छोड़ा। एक कर्मचारी ने लोहे के सरिए से उनकी नाक पर ज़ोर से वार करने शुरू किए। इनका नाज़ुक अंग होता है। यह तरकीब कारगर साबित हुई। भालुओं के जोड़े को साथ के कमरे में वापस खदेड़ दिया। उनकी थुथनियाँ और पंजे ख़ून से सने थे, इन्हें वे देर तक चाटते रहे ।

रोशन के नितम्बों, जाँघों, पैर के तलवों और बाँहों के गोश्त को वे खा गए थे। मुँह को उन्होंने छुआ तक न था। रोशन अब भी होश में था। थानेदार को उसने अपना बयान भी दिया। इलाज के बावजूद भी ज़ख़्मों से बहता हुआ ख़ून रुक नहीं रहा था। दो दिन में ही अभागे रोशन की रोशनी गुल हो गई, लेकिन नूरे और नूरी का नूर निखर गया था।

तेरह

# सफ़ेद हाथी : स्वर्ग के राजाओं का अवतार

महात्मा बुद्ध के पूर्वजन्म की कथाओं के संग्रह-ग्रन्थों को जातक कहते हैं। जातकों की कई कथाओं में सफ़ेद हाथी का वर्णन पाया जाता है। इन गज-कथानकों को अजन्ता की गुफ़ाओं में चित्रित किया गया है और भरहुत, साँची आदि में प्रस्तर फलकों पर छेनी से उकेरा गया है। अजन्ता में चित्रित एक कथा में सामान्य रंग की एक हथिनी के साथ उसके दो सफ़ेद बच्चे दिखाए गए हैं। सत्रह नम्बर की गुफ़ा में कलाकार ने षड्दन्त जातक को चित्रित किया है। इसमें छहदन्ते हाथी के गल्ले में बहुत छोटा एक बच्चा है, जिसका रंग सफ़ेद है।

## महामाया के गर्भ में

गौतम बुद्ध की माता महामाया ने स्वप्न में एक सफ़ेद हाथी को अपने गर्भ में प्रवेश करते हुए देखा। महल के ज्योतिषियों ने इस स्वप्न के आधार पर भविष्यवाणी की कि जन्म लेने वाला बच्चा या तो महान् सम्राट् बनेगा अथवा ऊँची कोटि का महात्मा। प्राचीन संस्कृत साहित्य, कला और संस्कृति में सफ़ेद हाथी को विशेष आदर से देखा जाता रहा है। वेदकालीन इन्द्र देवता सफ़ेद हाथी पर सवारी किया करते थे। इसका नाम ऐरावत था। वाल्मीकि ऋषि के एक वर्णन में यह कैलाश पर्वत के समान श्वेत और चार उद्दन्तों (tusks) वाला हाथी था। बाद के मनीषियों ने इसकी विलक्षणता में और भी अभिवृद्धि की। उन्नीसवीं सदी के शुरू में गुजरात में एक जैन मन्दिर बनाया गया था जो नक़्क़ाशी और काष्ठ की वास्तुकला के लिए सुविख्यात है। इसमें अंकित ऐरावत हाथी की सात सूँडें बनाई गई हैं। डाक-तार विभाग ने 27 जुलाई, 1978 को पच्चीस पैसे का एक रंगीन डाक-टिकट ज़ारी किया था। जिस पर भुज के कच्छ संग्रहालय में सुरक्षित इस कलाकृति का चित्रण है।

## स्वर्ग के राजाओं का अवतार

सफ़ेद हाथी प्रकृति का वैसा ही विलक्षण दुर्लभ जीव है जैसा कि सफ़ेद शेर, सफ़ेद अजगर या कोई सफ़ेद प्राणी। अन्य सफ़ेद जीवों की अपेक्षा हमें सफ़ेद हाथी

पाए जाने के अधिक उल्लेख मिलते हैं। रामायण के पाठक जानते हैं कि रावण के महलों में शुभ्र मेघों के समान श्वेत वर्ण के कुछ हाथी थे।

भारत के बाहर जिन देशों में भारतीय संस्कृति का प्रभाव नज़र आता है वहाँ के लोग भी सफ़ेद हाथी को आदर देते हैं। वियतनामी लोग सफ़ेद हाथी को स्वर्ग के राजाओं का अवतार मानते हैं। दक्षिण वियतनाम में केन्द्रीय तराई के जंगलों में बानगे थू ओट के पास कबायलियों ने 1961 के मार्च महीने में एक सफ़ेद हाथी पकड़ा था। नेपाल में काठमाण्डू के नज़दीक चूलाचूली जंगल में 1976 के अगस्त महीने में एक सफ़ेद हाथी देखा गया था। वह जिस छोटे गिरोह में विचर रहा था उसमें शेष पाँच हाथी सामान्य रंग के थे।

1945 के अप्रैल महीने में त्रावनकोर के जंगलों में सेण्ट्रल फ़ॉरेस्ट डिवीज़न के मुख्यालय कोनी से लगभग इक्कीस किलोमीटर दूर करिप्पान्थोडे में गड्ढे के अन्दर एक सफ़ेद हाथी पकड़ा गया था। भारत के प्राचीन साहित्य में भले ही सफ़ेद हाथी के काफ़ी वृत्तान्त मिलते हैं पर जंगलात के अफ़सरों के ख़याल में आधुनिक भारत में सफ़ेद हाथी मिलने की यह पहली घटना थी। इस हाथी के कन्धे पर ऊँचाई एक सौ अस्सी सेण्टीमीटर थी। यह स्याम में पाए जाने वाले सफ़ेद हाथियों जैसा ही था। इसे त्रिवेन्द्रम की पशुवाटिका में भेज दिया गया था। इसका नाम माहेश्वरी रखा था। इसकी खाल का रंग हलका गुलाबी था और बाल सफ़ेद रंग के थे। पूँछ के सिरे के बाल सफ़ेद नहीं थे। इसकी आँखें मोतिया रंग की थीं। सिर पर सफ़ेद बाल अधिक थे। हाथियों की खाल में जो काला रंग हुआ करता है वह इसके शरीर पर कहीं नहीं था। मुँह और तालू भी हलके गुलाबी रंग के थे। हाथियों में सामान्यतया अठारह नाख़ून होते हैं, इसमें सोलह थे --प्रत्येक पैर में चार-चार। नाख़ूनों का रंग हलका था जो लगभग सफ़ेद था। अन्य सभी बातों में यह साधारण हाथियों जैसा ही था।

## राजाओं द्वारा अगवानी

स्याम के उत्तरी जंगलों से पकड़े गए एक सफ़ेद हाथी को शाही गजशाला तक ले जाने की रस्म बड़ी दिलचस्प थी। जंगल में कोई सड़क नही थी। इसलिए पहला काम एक चौड़ा रास्ता बनाना था जिस पर सुखपूर्वक चलता हुआ समीप की नदी तक जा सके। वहाँ तैरता हुआ एक घर उसकी प्रतीक्षा में खड़ा था। इस घर की छत फूलों से बनाई गई थी और इसके चारों ओर सिन्दूरी परदे लटक रहे थे। यात्रा मन्द तथा कुछ थकाने वाली थी। हाथी को जब सुस्ताना होता था तब गायकों और

नर्तकों की मण्डलियाँ उसका मनोरंजन करती थीं। ये कलाकार इसी उद्देश्य से साथ लाए गए थे। तैरते हुए अस्थायी निवास से एक बार उसे उतारा गया तो उसकी शान के अनुकूल ही उसके सुख का ध्यान रखा गया। जिस फ़र्श पर उसे खड़ा किया गया उसके ऊपर सोने की चटाई बिछा दी गई थी। चमेली के फूलों से सुवासित जल से उसे स्नान कराया गया। चावल के आटे को गूँथकर बनाए टिक्कड़ और गन्ने की पोरियाँ उसे रजकर खिलाई गईं। उसकी बग़ल में बजने वाले मंगल वाद्यों के सुर दिशाओं को पवित्र और मंगलमय बनाते रहे।

उसका स्वागत करने के लिए स्वयं स्याम के राजा, उनके दरबारी और बहुत-से ब्राह्मण तथा पुरोहित लम्बी यात्राएँ करके नदी पर पहुँचे थे। बैंगकोक पहुँचने पर हाथी को ख़ूब सजाए हुए रंगीन भवन में रखा गया। एक समारोह में उसकी देह पर तेल चुपड़े गए। इन तेलों को कर्मकाण्ड में निष्णात ब्राह्मणों ने मन्त्र-पाठों से पवित्र कर दिया था। उसकी गरदन में सोने की ज़ंजीर पहनाई गई। उद्दन्तों पर सोने के पत्तरे चढ़ाए गए। नौ दिन तक जन-साधारण ने उसे उपहार दिए और उसकी पूजा की। इसके बाद बड़े समारोह के साथ उसे स्थायी गजशाला में भेज दिया गया।

## जल-समाधि

ऐसा बेशक़ीमती हाथी कहीं रास्ते में ही नदी में डूब जाता तो? और सचमुच 1966 की अगस्त में ऐसी दुर्घटना हो गई। थाईलैण्ड का एक सफ़ेद हाथी राष्ट्रपति जॉनसन को भेंट किए जाने के लिए जल-पोत पर चढ़ाया गया था। यात्रा के बीच में ही वह बिदक गया और पैर में बँधी ज़ंजीर तुड़ाकर भाग खड़ा हुआ। इस उत्पात से सारा जहाज़ ही डाँवाडोल हो गया और डूब गया। उसके साथ हाथी की भी जल-समाधि हो गई।

## सोने के बरतनों में भोजन

म्याँमार के जंगलों में भी कभी-कभी सफ़ेद हाथी मिल जाते हैं। स्याम के समान यहाँ भी शाही पीलख़ाने में उन्हें बड़े वैभव से रखा जाता था। राजकुमार और फुंगी उनकी सेवा में तत्पर रहते थे। लोहे की बेड़ियों और साँकलों की बजाय लाल रेशम के रस्सों से उनके पैर बाँधे जाते थे। सोने और चाँदी के बरतनों में उन्हें भोजन परोसा जाता था। पक्षियों के सुन्दर परों से बनाए गए, सोने के हत्थे वाले, बड़े-बड़े पंखों को डुलाकर उन पर से दिन में मक्खियाँ उड़ाई जाती थीं। शुद्ध हृदय वाले पुनीत

लोग और धर्मरत फुंगी इस काम को खुद करते थे। उनकी नींद सुखद बनाने के लिए रात को उनके ऊपर कामदार मसहरियाँ तान दी जाती थीं। 1926 में लन्दन के चिड़ियाघर में गुलाबी-लाल रंग का एक हाथी लाया गया था, जिसे सफ़ेद हाथी कहते थे। उस ज़माने में भी इसका दाम कई हज़ार पौण्ड था। म्याँमार के जंगलों में यह एक झुण्ड के साथ विचरता हुआ पाया गया था। म्याँमार में एक सफ़ेद बच्चा पैदा हुआ था। उम्र बढ़ने के साथ-साथ उसका रंग हलके से गूढ़ा होता गया था। उत्तरी स्याम में पैदा हुए हाथी के एक सफ़ेद बच्चे का विवरण मिलता है।

## करों में छूट

सफ़ेद हाथियों के शरीर के विभिन्न भागों पर हलके रंग के दाग़ पड़े रहते हैं। कानों पर और सूँड़ पर ये अधिक स्पष्ट होते हैं। इन दाग़ों के अन्दर त्वचा पारभासी लाल-गुलाबी रंग की होती है। ऐसे हाथी मैंने उत्तर प्रदेश के जंगलों में भी देखे हैं। कॉर्बेट नेशलन पार्क में अंशत: बदले हुए रंग का एक दतैल पिछले सालों में मशहूर हो गया था। इसे लाल कान वाला इक्कड़ कहते थे। यह हमारा रास्ता रोककर खड़ा हो जाया करता था। हमारी मेटाडोर का पीछा करता था। यह लागू बन गया था। इसने कई लोगों को जान से मार दिया था। फिर इसे हत्यारा घोषित करना पड़ा था और 1981 में मार दिया गया था।

असली सफ़ेद हाथी तो वह होता है जिसकी सारी देह का रंग ही बदला हुआ होता है। उसकी खाल हलके लाल रंग की होती है। शरीर और पूँछ पर सफ़ेद बाल उगे होते हैं। तालु बहुत हलके रंग का होता है। आँखें हलके नीलाभ गुलाबी रंग की और नाख़ून सफ़ेद रंग के होते हैं। सफ़ेद हाथी का रंग स्पष्टत: दूधिया सफ़ेद नहीं होता। यदि ऊपर बताए लक्षण किसी हाथी में विद्यमान हों तो उसे सफ़ेद हाथी कहते हैं। पहले ज़माने में सफ़ेद हाथी तलाश करने वाले को ऊँचा सम्मान और ओहदा दिया जाता था। उसे बड़ी धनराशि देकर पुरस्कृत किया जाता था और जीवन-भर करों से छूट दे दी जाती थी। सफ़ेद हाथी पवित्र माना जाता है, इसलिए उसे सवारी के काम नहीं लाया जाता। उसे पालने और उसके रख-रखाव में बड़ा भारी ख़र्च आता है। इस विवरण से पाठक 'सफ़ेद हाथी बाँधने' के मुहावरे का ठीक-ठाक अभिप्राय समझ गए होंगे। इसे हिन्दी में हाथी; संस्कृत में गज, अंग्रेज़ी में एलिफ़ेण्ट (elephant) और प्राणिशास्त्र में **एलेफ़ास इंदिकुस** लिनिअस (**Elephas indicus** Linnaeus) कहते हैं।

चौदह

# कामकेलि में जान गँवा देने वाले मजनू

नर हाथी पच्चीस बरस की उम्र में पूरा विकसित हो जाता है। पन्द्रह बरस की हथिनी के बच्चा पैदा होते देखा गया है। इस उम्र में हाथी और हथिनी जोड़ीदार ढूँढने लगते हैं। उत्तर भारत में पालतू हाथी कभी ही प्रणय-लीला में प्रवृत्त होते हैं। असम और दक्षिण भारत में पालतू हाथियों की रंगरेलियों की ख़बरें मिलती रहती हैं। हाथियों

चित्र 30 दन्तुर हाथी, दान से काले मद की धारा बह रही है

के एक शिविर में एक बार कई कुनकी एक हथिनी से सम्भोग करते हुए देखे गए थे। शिविर के लोग झोपड़ियों के साए में छिपे हुए उन्हें देख रहे थे। बड़े कुनकियों ने बारी-बारी से हथिनी के साथ जोड़ा बनाने की कोशिश की। एक असफल हो जाता तो दूसरा उसकी जगह ले लेता। इसमें न उतावलापन नज़र आया और न ही हथिनी

के लिए उनमें लड़ाई ठनी। सारा काम शान्तिपूर्वक हो गया।

## तीन दिन तक एक ग्रास नहीं खाया

मलाबार ज़िले से पालघाट के समीप काल्लेकुलंगड़ के श्री एमुरी भगवती मन्दिर में एक हथिनी थी। यह ओलवाक्कोट के जंगल से पकड़ी गई थी। एक जंगली हाथी इससे जोड़ा बनाने आ गया था। हाथी भी सम्भवत: ओलवाक्कोट से ही आया था। हथिनी के साथ दन्ती तीन दिन रहा था। स्थानीय लोग उनकी प्रेम-लीलाओं को तथा कामकेलियों को देखते रहे। वे कहते थे कि कामासक्त दन्ती ने तीन दिन तक भोजन का एक ग्रास तक नहीं खाया था। गजग्राहों ने नशीली दवाएँ खिलाकर उसे पकड़ने की योजना बनाई थी। वह बेहद चौकन्ना था, उसने किसी चीज़ को छुआ तक नहीं। उसे पकड़ने की सब कोशिशें निष्फल गई थीं। यह बात 1938 की है। 19 नवम्बर के आसपास यह हथिनी इस दन्ती के द्वारा संपृक्त हो गई थी। मन्दिर के मैनेजर ने बताया था कि छह साल नौ महीने के बाद 1945 के अगस्त महीने में यही जंगली दन्ती उसी जगह पर फिर इसी हथिनी से मिलने आया था। इस बार बड़ी मुश्किल से इसे भगाया जा सका था।

शिविर में हाथियों के प्रणय सम्बन्ध को सामान्यतया पसन्द नहीं किया जाता, क्योंकि इस अवसर पर मजनू हाथियों में संघर्ष पैदा हो सकता है और द्वन्द्व-युद्ध की नौबत आ सकती है, जिसमें मूल्यवान् हाथी ज़ख़्मी हो सकते हैं। उनके इलाज व आराम के लिए कई महीने लग सकते हैं। इसमें मालिकों को बड़ा आर्थिक नुकसान उठाना पड़ जाता है।

## मजनू ने दिमाग़ छेत दिया

भारत-भूटान सीमा के समीप जलदापाड़ा जंगल में हाथियों का एक शिविर था। शिविर की हथिनियों से मिलने के लिए एक जंगली दन्ती आ जाया करता था। महावतों को उसका यह प्रणय-व्यापार पसन्द नहीं था, इसलिए वे हो-हल्ला कर या ख़ाली कारतूस छोड़कर उसे भगा दिया करते थे। एक बार, जब वह मस्ती में था, मध्यरात्रि के ज़रा पहले शिविर में दाख़िल हुआ। उसने शिविर के सबसे बड़े हाथी को मार गिराया। उसके निचले जबड़े में मस्त गज ने अपने उद्दन्त गाड़ दिए जो सीधे उसके मस्तिष्क तक घुस गए। शिविर का हाथी मुक़ाबले में बड़ा तो ज़रूर था, परन्तु वह प्रौढ़ अवस्था में पहुँच चुका था। और साथ ही अपने खूँटे पर बँधा हुआ था। शोर सुनकर शिविर में सभी लोग जाग गए और बनैले दन्ती को भगा दिया।

## जानलेवा युद्ध

पातली दून वन शृंखला में हथिनी के कारण एक बार प्राणलेवा युद्ध होते देखा गया था। 8 मार्च, 1967 की घटना है। एक हथिनी के लिए तीन गजराजों में भिड़न्त हो गई। एक तो पहली टक्कर में ही भाग खड़ा हुआ, लेकिन दूसरा हार मानने वाला न था। पटेरपानी वनखण्ड में जंगल के महकमे के अधिकारी उस समय दौरा कर रहे थे। उन्होंने इन हाथियों की भिड़न्त देखी।

घाटी में सभी जगह शान्ति का साम्राज्य था। हाथियों के उद्दन्त आपस में इस तरह टकराते कि उनकी आवाज़ तंग घाटी को घेरकर खड़े पहाड़ों से टकराकर ज़ोर से गूँजती। ऐसा लगता जैसे बिजली कड़क रही हो। दोनों ही घातक दावँ-पेच लगा रहे थे। प्रहार इतने ज़ोर से किए जाते थे कि दर्द के मारे योद्धाओं की चीखें निकल जाती थीं। आक्रान्ता हाथी संभावित जीत की खुशी में तथा दुश्मन पर आतंक बिठाने के लिए जैसे विजय-दुंदुभि बजाता था।

पास के वनखण्डों में रहने वाले चालाक गुलदार, चौकन्ने शेर, भंगी गीदड़ और लकड़बग्घे इस युद्ध को दिलचस्पी से देख रहे थे। ऐसे शुभ दिन कम ही आते हैं जब किसी हाथी के मरने पर उन्हें भोज मिलता है। मांसाहारी पशुओं के लिए ऐसे मौक़े पर यह सूक्ति सही बैठती है — **'पश्वस्तत्र मोदन्ते महो वै नो भविष्यति।'**

बाजू की एक ज़ोरदार टक्कर से बलशाली हाथी लड़खड़ा गया। इस कमज़ोरी का दूसरे गजराज ने पूरा लाभ उठाया। अन्तिम दावँ के रूप में अपने संगमरमर जैसे दोनों उद्दन्तों से पूरी ताक़त से चोट की जो साठ सेण्टीमीटर अन्दर घुस गए; उन्होंने 7.50 सेण्टीमीटर चौड़े घाव बना दिए और फेफड़े फाड़ दिए। मर्मान्तक पीड़ा से हाथी ज़ोर से कराहा और धड़ाम से गिर पड़ा। रणभूमि में श्मशान की-सी चुप्पी छा गई। सहायक वन्य-जन्तु रक्षक नेगी तीसरे दिन रिपोर्ट तैयार करने घटनास्थल पर गए। लाश को खाने के लिए हज़ारों गिद्ध ऐसे टूट पड़े थे मानो टिड्डी दल ने हमला बोल दिया हो।

लाश एक करवट पड़ी थी। चारों टाँगें एक ही तरफ़ थीं। सूँड़ तनी हुई थी। चोर दोनों उद्दन्तों को कुल्हाड़े से काटकर उड़ा ले गए थे। आधार पर दाँतों का व्यास 7.50 सेण्टीमीटर था। लाश की परीक्षा से पता चला कि गजराज ने अपने उद्दन्तों के प्रहार से उसका शरीर छलनी कर दिया था। पूँछ के नीचे पच्चीस सेण्टीमीटर गहरा घाव था और अगली टाँगों के बीच में भी इतना ही गहरा घाव था। गरदन के दाहिनी

चित्र 31 स्थानीय चोर शिकारी दांत निकाल लेते हैं

ओर 7.50 व्यास का एक ज़ख़्म बन गया था। आमाशय के दाहिनी ओर लगभग पाँच सेण्टीमीटर चौड़ा एक ज़ख़्म था।

## मजनू को हथिनी दिखाते हैं

अबुल फ़ज़ल ने 'आईने अकबरी' में वर्णन किया है कि गरमी में आई हुई

किसी हथिनी को पाने के लिए एक हाथी दूसरे से भिड़ रहा है। उनके बीच में बच्चा आ जाता है तो वे उसे अपनी सूँड़ से बड़ी कोमलता से एक तरफ़ कर देते हैं और फिर भिड़ जाते हैं। अबुल फ़जल लिखते हैं कि कोई कामुक हाथी किसी तरह बन्धन से मुक्त हो जाए तो उसके पास जाने की किसी की हिम्मत नहीं होती। ऐसी अवस्था में हथिनी को उसके पास ले जाते हैं। उसे देखकर वह प्रतिरोध नहीं करता और तब उसे पकड़ लिया जाता है।

भारतीय चिकित्सा शास्त्र के आचार्य महर्षि चरक ने हाथी को सबसे अधिक वीर्यसम्पन्न पशु बताया है। अत्यधिक शुक्रप्रसेक करने वाले मुनष्यों की तुलना चरक ने हाथी के क्षरण से की है। घी, शहद, मिस्री और गेहूँ के आटे को मिलाकर चरक एक मिठाई तैयार करते थे। उसके गुणों के बारे में चरक ने बताया था कि उसे सेवन करने वाला मनुष्य प्रचुर क्षरण करता हुआ स्त्री को हाथी के समान तृप्त करता है।

## मजनुओं के साथ भाग जाती हैं

काम का आवेश होने पर पालतू हथिनियाँ बहुधा जंगली दन्तियों के साथ भाग जाती हैं और कुछ दिनों तक प्रणय-जीवन बिताकर शिविर में लौट आती हैं। एक बार पैट्रिक स्ट्रेसी की सुन्दरमाला हथिनी गुम हो गई। डिब्रू आरक्षित वन में उसकी कई सप्ताह तक तलाश की जाती रही। एक जगह उन्हें एक बड़ा मखना दिखाई दिया जिसके गालों से मद बह रहा था। उसके साथ बहुत छोटी एक हथिनी थी, जिसे वह पड़ोस के बग़ीचे से भगा लाया था। उसकी टाँगों में अब भी ज़ंजीर बँधी थी। जब वह चलती थी तब उसकी खनखनाहट साफ़ सुनाई देती थी। स्ट्रेसी लिखते हैं : 'मैं एक नर हाथी पर सवार था। जंगली मखने को निकल जाने के लिए हमने खुला रास्ता दे दिया। लेकिन उसने हमारा पीछा नहीं छोड़ा। छोटी हथिनी उसके पीछे चली आ रही थी।' मस्ती में आया हुआ यह हाथी कितना अड़ियल हो सकता है, इसका उन्हें अंदाज़ न था।

'हमारे चिल्लाने के बावजूद भी वह पास ही पास आता गया। मैं उसके इरादों को ठीक-ठीक तो नहीं जान पाया, परन्तु इतना स्पष्ट था कि वह हमारे नर हाथी की उपस्थिति का विरोध कर रहा था, क्योंकि उसने उसे एक प्रतिस्पर्द्धी समझा था। महावत इतना घबरा गया कि मुझे गोली चलानी पड़ी। चार नम्बर की गोली उसके सिर के ऊपर एक वृक्ष के.पत्तों में से फड़फड़ाती हुई निकल गई। आख़िर वह लौट

गया, परन्तु बड़े निडर और शानदार तरीक़े से।'

## लैला को मार दिया

अन्तिम फ़ैसला करने वाली मादा होती है। यदि वह गरमी में नहीं है तो हाथी द्वारा किए जाने वाले सभी प्रयत्नों को विफल कर देती है। एक बार देखा गया कि एक ख़ूनी मखना ज़बर्दस्ती एक हथिनी को वश में करने की कोशिश कर रहा था। मखने का मद नीचे गाल तक बह रहा था और वह पूरी मस्ती में था। हथिनी उसे स्वीकार नहीं कर रही थी और उससे बचने की कोशिश कर रही थी। डर के मारे वह अपने छाज जैसे कानों को सिर के साथ चिपका लेती थी। मदमस्त हाथी पागल-सा हो गया था। सहमी हुई हथिनी को वह पीछे से पकड़ लेता और संत्रस्त हथिनी अपना मुँह फाड़कर चीख़ मारती। मैसूर में मद की मस्ती में एक जंगली हाथी वन-विभाग की गर्भवती हथिनी के पीछे पड़ गया। जब हथिनी किसी तरह भी क़ाबू में नहीं आई तब उसे इतना गुस्सा आया कि अपने उद्दन्तों की चोटों से उसे मार डाला।

मादिन गरमी में आई हुई है या नहीं, इस बात के प्रकट रूप में कोई चिह्न दिखाई नहीं देते। यह माना जा सकता है कि गरमी में आई हुई हथिनी से एक आकर्षक गंध आती है। अन्यथा यह समझना असम्भव है कि हाथी क्यों उसके पीछे लग जाता है, और कभी-कभी तो बड़ी देर से वह ऐसी हथिनी की तलाश कर लेता है।

## बेतुकी मान्यताएँ

बहुत-से सयाने हाथियों को जोड़ा बनाते हुए देखना बड़ा अमंगल मानते हैं। उनका विश्वास है कि इसे देखने वाला किसी बड़ी मुसीबत में फँस सकता है। हरिद्वार के जंगलों में काम करने वाले बम्बूतराशों ने मुझे बताया था कि सम्भोग के बाद हाथी एकदम अशक्त हो जाता है और अचेतन होकर गिर पड़ता है। तब हथिनी अपनी सूँड़ में पानी भरकर लाती है और हाथी के ऊपर छिड़कती है। इससे वह होश में आ जाता है। सम्भोग के बाद पानी की ज़रूरत का ख़याल करते हुए हाथी हमेशा जलाशय के पास या नदी के किनारे सम्भोग करते हैं। बम्बूतराशों की यह भी मान्यता है कि सम्भोग के समय ये ऐसे घने जंगल के अन्दर चले जाते हैं जहाँ इन्हें कोई देख न सके। उस समय कोई देख ले तो ये उसे मार डालते हैं।

रोमन लेखक प्लीनी (23 से 79 ईस्वी) ने भी बताया था कि हाथी एकान्त में सम्भोग करते हैं। पीलवानों से भी मैंने इसी प्रकार की बातें सुनी हैं। वे जनसाधारण

की मान्यताओं की पुष्टि करते हैं। पुराने शिकारियों और गज-विशेषज्ञों की मान्यता है कि रतिकर्म में प्रवृत्त हाथी किसी दूसरे हाथी की उपस्थिति को बर्दाश्त नहीं करता।

इस विशालकाय प्राणियों के दाम्पत्य जीवन के बारे में एक बेहूदा लोक-विश्वास मैंने पाया है। लोग बताते हैं कि रतिकर्म में हथिनी स्त्री के समान सीधी लेट जाती

**चित्र** 32 जोड़ा बनाने के लिए हाथी घने जंगलों में चले जाते हैं

है और हाथी को ग्रहण करती है। ढोरों की तरह वह चारों टाँगों पर खड़ी रहे तो हाथी के भारी बोझ को उठा नहीं पाती।

मेरे एक बिहारी सहयोगी थे जो गज-विशेषज्ञों के ख़ानदान में पैदा हुए थे। बिहार के ख़ानदानी रईस हाथियों को ख़रीदते समय उनके दादा से मशवरा लिया

करते थे। हाथियों की प्रणय-लीला के बारे में मैंने जो देखा था वह मैं एक गोष्ठी में बयान कर रहा था। उसे सुनकर वे सज्जन आवेश में आ गए और मेरी बात काटते हुए बोले कि हमारे गाँव का अदना बच्चा भी जानता है कि हाथी पानी के अन्दर, जहाँ उन्हें कोई देख न सके, जोड़ा बनाते हैं। यह बात उन्होंने बड़े अधिकारपूर्ण ढंग से कही। इस प्रसिद्ध अनुश्रुति के स्पष्टीकरण में उन्होंने यह दलील भी दी कि पानी के अन्दर हाथी का भार हलका हो जाता है जिसे हथिनी आसानी से उठा लेती है।

## हथिनी शान्त द्रष्टा

1968 का मई महीना मैंने अपने बाल-बच्चों के साथ उत्तर प्रदेश के तराई जंगलों में हाथियों का अध्ययन करते हुए गुज़ारा था। उन दिनों हाथियों के जोड़ा बनाने का मौसम था। मद्दी हाथियों के लम्बे शिश्न नीचे लटके रहते थे। हथिनियों के लिए उनकी आपस में तकरारें होती रहती थीं। काम के वशीभूत पट्ठों को तो ज़रा चैन नहीं पड़ती थी। वे दिन-रात भिड़ते रहते थे, सूँड़ों में सूँड़ अड़ाकर ज़ोर आज़माई करते थे, माथे से माथा टकराकर एक-दूसरे को दूर तक धकेलते जाते थे। दोपहर को जब सारा गोल अँधेरी झाड़ियों की साया में पसर जाता था तब भी सूखे पत्तों पर इनके भागने की खड़-खड़ से शान्त जंगल क्षुब्ध होता रहता था।

19 मई की प्रातः पौने सात बजे मैंने एक हथिनी के पीछे दो दन्तुरों को लड़ते हुए देखा था। हथिनी शान्त द्रष्टा के रूप में खड़ी हुई थी। दन्तुर एक-दूसरे को दूर तक धकेल ले जाते थे। आठ बजकर पाँच मिनट पर चरते हुए हाथी शाल-कुंज में जमा होने लगे। लम्बे उद्दन्तों वाला एक हाथी भी वहाँ आ गया जहाँ पाँच हाथी पहले से खड़े थे। सोने की यह तैयारी थी। हाथियों के इधर-उधर हिलने से शाल के सूखे पत्तों की आवाज़ जंगल के सन्नाटे में सुनाई दे रही थी। ढाल के ऊपर बैठा हुआ मैं सब कुछ साफ़ देख रहा था।

हाथी सिमटकर पास-पास हो गए। दन्तुर ने अपनी सूँड़ एक छोटी हथिनी की पीठ पर रख दी। दो मिनट तक उसने यह बोझ उठाया। उसके बाद वह खिसकने लगी। लेकिन दन्तुर उसे जाने नहीं देना चाहता था। सूँड़ को टेककर सिर का भार हलका होने के सुख को वह नहीं छोड़ना चाहता था। कोई तेरह मिनट बाद वह धीरे-धीरे खिसक गई। दन्तुर ने दूसरे पट्ठे की पीठ के ऊपर आर-पार सूँड़ टिका दी। सूँड़ का सिरा पट्ठे के शरीर को पार कर गया था। वहाँ से वह हवा में से गन्ध पकड़ रहा था। यह पट्ठा कामातुर था। इसका पूरा शिश्न बाहर लटक रहा था। अभी कुछ मिनट

पहले यह दूसरे पट्ठे से भिड़ रहा था। बड़े दन्तुर ने उसे वश में कर रखा था। कभी तो वह अपनी सूँड़ की कुण्डली में उसके समूचे सिर को लपेट लेता था और कभी उसके मुख को अपने मुख-गह्वर में डाल लेता था। मदावस्था में होने से इस दन्तुर की हरकतें कुछ अजीब-सी हो गई थीं। कुछ देर बाद उसने अगले पैर से मिट्टी को सकेरकर सूँड़ के मोड़ में भर लिया और अपनी देह पर फेंक दिया। वह तब तक मिट्टी फेंकता रहा जब तक उसे सताने वाली मक्खियाँ वहाँ से चली नहीं गई। उद्दन्तों को पट्ठे के बदन में टिकाकर दन्तुर ने उसे परे धकेल दिया, क्योंकि वह उसकी बात मानने में आनाकानी कर रहा था। वह चाहता था कि पट्ठा चुपचाप उसकी सूँड़ के भारी बोझ को उठाए हुए स्थिर खड़ा रहे जिससे वह भी थोड़ी नींद ले ले।

## अंग-अंग में फूटती हुई जवानी

साढ़े आठ बजे गोल के दो अन्य दन्ती भी इसी तरह धींगामुश्ती कर रहे थे। दोनों के सिर आमने-सामने थे। बड़े दन्ती ने छोटे दन्ती का मुँह अपनी सूँड़ में पकड़ लिया। उसने छुड़ाया तो दोनों के माथे टकराने लगे। फिर सूँड़ें उठीं और आसमान में ज़ोर-आज़माई होने लगी। बड़े दन्ती ने छोटे को उद्दन्त से धकेलते हुए सूँड़ से एक मुक्का भी जड़ दिया। वह कि··· कि··· करके अलग हो गया। उसके अंग-अंग से फूटती हुई जवानी उसे सोने नहीं दे रही थी। उसने औरों की नींद भी हराम कर रखी थी।

## दिल दहलाने वाली चिंघाड़ें

21 मई की शाम साढ़े छह बजे शीशम-भोजी में से हाथियों का गोल निकला। एक दन्तुर एक धुई को सूँड़ से दबाकर उसके ऊपर चढ़ने की कोशिश कर रहा था। धुई रज़ामन्द नहीं थी, वह भागती थी। उसके साथ दो बच्चे भी थे। धुई के आकार से अनुमान होता था कि वह कम उम्र की थी और उन बच्चों में से एक को उसने इसी ब्यात में जन्म दिया था। बड़ा बच्चा शायद उसके पहले ब्यात का था। दन्तुर तीन-चार बार धुई पर कूदा, पर सफल सम्भोग नहीं कर पाया। गोल में कुल तैंतीस हाथी थे, जिनमें अधिकतर हथिनियाँ और छोटे-बड़े बच्चे थे। दो बच्चे तो एक-डेढ़ महीने के थे। हम इन्हें बिलकुल पास से नहीं देख सके। दूर से लगता था कि इनके ऊपर बाल उगे हुए हैं। इनका रंग अधिक काला था। ये बड़े आकार के सूअर से अधिक बड़े नहीं लगते थे।

अगले दिन भी धुई सम्भोग के लिए राज़ी नहीं हुई। सारा गोल चरता हुआ मोटा साल की तरफ़ चला गया था और धुई अपना पिण्ड छुड़ाने के लिए भागती हुई तीन किलोमीटर दूर निकल आई थी। शालवन में झड़े हुए सूखे पत्तों पर ये कभी इधर भागते और कभी उधर। इनकी चिंघाड़ें डेढ़ किलोमीटर दूर भी ऊँची सुनाई दे रही थीं। इस बार के दौरे में मैंने पन्द्रह दिन हाथियों के अध्ययन में गुज़ारे थे। किसी भी दिन दिशाओं के दिल को दहलाने वाली ऐसी ज़ोरदार चिंघाड़ें नहीं सुनी थीं।

## भ्रान्तियों का निराकरण

1967 का मई महीना भी इन्हीं जंगलों में बिताया था। मैं, मेरे फ़ोटोग्राफ़र बेटे नरेश और राजेश बेदी तथा एक ट्रेकर तड़के ही रेस्ट हाउस से पैदल निकल जाया करते थे। मेरी बीवी शीला बेदी दो थर्मसों में गरम कॉफ़ी भर देती थीं और ताज़ा खाना बनाकर बाँध देती थी। सादे पानी की दो बोतलें भी हम साथ में रख लेते थे। उन दिनों हाथियों का गोल पटेरपानी के जंगलों में चरा करता था। उन्हें लोकेट करने के लिए हमें हर तड़के दस से पन्द्रह किलोमीटर तक नालों, झुरमुटों और पहाड़ी रास्तों पर चलना पड़ता था। इतनी मेहनत के बाद जब हम हाथियों को खोज लेते थे तब हमारी थकान दूर हो जाती थी।

26 मई की सुबह पन्द्रह किलोमीटर चलने के बाद हमें साढ़े आठ बजे हाथी नज़र आए। पीपलसोती के सारे चौड़ में हाथी फैले थे और घास चर रहे थे। उभरती जवानी का एक पट्ठा एक सरीन से जोड़ा बना रहा था। दो-तीन बार पट्ठा रतिकर्म में प्रवृत्त हुआ। सम्भोग करने वाले हाथी सबसे आगे थे; मानो नए दूल्हे और दुलहन बरातियों के साथ धीरे-धीरे आगे बढ़ रहे थे। ऐसा लगता था कि यह भी उत्सव में समारोहपूर्वक सम्पन्न किया जाने वाला गर्भाधान संस्कार था जिसमें मिथुन को जुलूस की अगवानी करने का गौरव प्रदान किया गया था। मैं एक मिनट ही इस दृश्य को देख पाया था, इसलिए नहीं कह सकता कि मेरे पहुँचने से पहले ये कब से काम-चेष्टाओं में आसक्त रहे थे। इस घाटी में पहुँचने पर आज सबसे पहले इसी दृश्य ने मुझे आकृष्ट किया था। फ़ोटोग्राफ़िक दृष्टि से प्रकाश का स्रोत यद्यपि आदर्श नहीं था, परन्तु यह एक दुर्लभ दृश्य था। मन्द प्रकाश में ही नरेश ने झटपट कुछ फ़ोटो ले डाले। वन्य-जीवन की ऐसी घटनाओं के फ़ोटोग्राफ़िक रिकॉर्ड दुनिया में बिरले ही होंगे। नरेश बेदी द्वारा खींचे हुए फ़ोटो जनसाधारण में फैली हुई कितनी ही भ्रान्तियों का निराकरण करते हैं।

## रति–सुख के गहरे सागर में निमग्न

इस प्रसंग में मैं नवीं–दसवीं शताब्दी में एक प्रस्तरफलक पर उकेरे हुए मिथुन का ज़िक्र करना आवश्यक समझता हूँ। यह मूर्ति उड़ीसा के समुद्रतट पर बने हुए कोणार्क के सूर्य–मन्दिर की भित्तियों पर देखी जा सकती है। इसमें एक हथिनी से एक दन्ती को सम्भोग करते हुए दिखाया गया है। हथिनी को निश्चल रखने के लिए दन्ती ने उसकी कमर को उसी तरह अगले दो पैरों से जकड़ा हुआ है, जिस तरह कुत्ते या दूसरे ढोर करते हैं। दन्ती ने अपने बड़े उद्दन्त भी हथिनी की पीठ पर टिका रखे हैं। इसका एक लाभ हथिनी को निश्चल रखना है और दूसरा लाभ हाथी का सन्तुलन बनाए रखना है। रतिकर्म करते समय हाथी जैसे भरकम प्राणी को निस्सन्देह एक बेढंगी स्थिति में आना पड़ता है और अपने भारी शरीर को सम्हालने के लिए काफ़ी श्रम करना पड़ता है। सफल सम्भोग करने के लिए उसे अत्यधिक सचेष्ट होना पड़ता है। संगतराश ने मूर्ति में यह सब बड़ी कुशलता से दिखाया है। हाथी की पूँछ तनी हुई है और सूँड़ आगे की तरफ़ लम्बी बढ़ी हुई है। सूँड़ के दो

चित्र 33 कोणार्क मन्दिर में उकेरा गया चित्र। हाथी अन्य चौपायों की तरह ही जोड़ा बनाते हैं

घुमाव भीतरी मांसपेशियों की चेष्टाओं को दर्शाते हैं, जो हाथी का सन्तुलन बनाए रखने में सचेष्ट है। सूँड़ का सिरा खुला हुआ है जो ज़रा–सी भी विषम स्थिति होने पर हथिनी के मस्तक को पकड़ने के लिए तैयार है; ज़रूरत पड़ने पर वह सामने

के पेड़ की शाख को भी पकड़कर सम्हल सकता है। संगतराश ने सामने का पेड़ मिथुन की ओट के लिए भी बनाया होगा। इस झलक में एक बात और ग़ौर करने वाली है। हाथी के पिछले पैर एक ऊँची चट्टान पर टिके हुए हैं और उसके आगे हथिनी निचाई पर खड़ी है। यह इस बात का सूचक है कि उस समय के लोक-विश्वास के अनुसार हाथी किसी ऊँची जगह खड़े होकर सम्भोग किया करता है। संगतराश ने आँख, कान, सूँड़, कमर के झुकाव, टाँगों के घुमाव, पुट्ठों की मांसपेशियाँ आदि ऐसे सजीव बनाए हैं मानो दोनों प्राणी रति-सुख के गहरे सागर में डूबे हुए हों।

मैथुन करते हुए हाथियों का चित्रण शायद ही किसी दूसरे शिल्पकार या चित्रकार ने किया हो। इसका कारण सम्भवत: वही लोक-विश्वास था जिसका मैंने पिछली पंक्तियों में ज़िक्र किया है। यह अमंगल समझा जाता था। भ्रान्तियों के जाल में फँसा हुआ शंकाकुल मन सोच सकता है कि मैथुनरत हाथियों को चित्रित करने से ही कोणार्क के विशाल मन्दिर का निर्माण के साथ ही पतन हो गया, तक्षण के इस भव्य नमूने में कभी पूजा नहीं हुई।

## सन्तरी तैनात थे

पीपलसोती के जिस गोल में एक पट्ठा और सरीन काम-चेष्टाओं में लीन थे उस गोल को घेरे हुए गोल से दूर कुछ सन्तरी तैनात थे। रक्षा और हमला करने के लिए सन्तरी लम्बे उद्दन्तों से लैस थे। सबसे बड़ा सन्तरी पश्चिम में ज़रा दूरी पर था। घास चरता हुआ वह हमारी तरफ़ बढ़ता आ रहा था। उसने हमें देखा तो नहीं था, परन्तु इस दिशा की गश्त करना उसकी ड्यूटी थी। हम लोग जिस ढाँग पर छिपे थे, वह उसकी बीट में आती थी। दक्खिन की तरफ़ बड़े उद्दन्तों वाले दो सन्तरी गोल से अलग चर रहे थे। एक उद्दन्त वाला एक सन्तरी गोल से हटकर उत्तर में रक्षा-कार्यों के लिए तैनात था। सजग प्रहरियों ने ऐसी व्यूह रचना कर रखी थी कि गोल के सभी सदस्य बेखटके अपने कामों में जुटे थे।

पहला सन्तरी अब उस ढाँग पर चढ़ रहा था जिस पर हम खड़े थे। हमारे भागने का रास्ता इस तरह रुक गया था कि नीचे छलाँग मारकर भागने के अलावा कोई विकल्प नहीं था। हमने यही किया। उसके बाद घास में दुबककर बढ़ते हुए दो सौ क़दम का रास्ता तय किया और पूरब की पहाड़ी पर चढ़ गए। घूमकर एकदन्ते के सामने पहुँच गए।

## मट्टी गणेश

डीलडौल में एकदन्ता वैसा ही था जैसा कि पहला सन्तरी। गजानन गणेश का

क्योंकि एक ही दाँत होता है इसलिए एकदन्ते हाथी को गणेश कह देते हैं। आज यह मस्ती में आया हुआ था। दानों से बहते हुए मद से इसके कपोल भीगे हुए थे। इसका उद्दन्त पिचहत्तर सेण्टीमीटर लम्बा रहा होगा। इसका पिचहत्तर सेण्टीमीटर लम्बा शिश्न भी नीचे लटक रहा था जो क़रीब-क़रीब धरती को छू रहा था। अपने सिर को वह ऊपर उठाता था, मुँह खोलता था और सूँड़ को आधी ऊँचाई तक उठाकर मस्ती में दाएँ-बाएँ झूमता था। रुक-रुककर घास खाना, पैर की ठोकर से मिट्टी खोदकर देह पर बार-बार फेंकना, सूँड़ की नलिकाओं में मिट्टी भर फुकनाल की तरह देह पर धौंकना, अंगड़ाइयाँ और जम्भाइयाँ लेना, सूँड़ के सिरे को हवा में तैराते हुए गन्धों को पकड़ने की कोशिश करना, हमारी मौजूदगी का ज़रा-सा भान हो जाने पर फड़फड़ाते कानों को रोककर हमें देखने की चेष्टा करना — ये थीं कुछ हरकतें जो मैंने गणेश को डेढ़ घण्टे तक करते देखा। गोल में जो सरीन जोड़ा बना रही थी वह इतनी छोटी थी कि इसके भारी बोझ को सम्हाल सकने में समर्थ नहीं थी। इसलिए यह उससे जोड़ा नहीं बना रहा था। सरीन का यह पहला सम्भोग था।

## पेड़ टूटने लगे

दस बजने के साथ-साथ सूर्य की किरणों की तेज़ी ने हवा को गरम कर दिया था। शाल, पीपल और शीशम से बने एक झुरमुट में हाथी एक-एक करके जमा होने लगे। दोनों बड़े सन्तरी और गणेश वहाँ चले गए। गरमी में आई हुई एक हथिनी के साथ जोड़ा बनाने के इरादे से एक पट्ठा उसके पास गया। वहाँ पहले से एक दन्ती प्रेम के डोरे डाले हुए था। उसने नए मजनू को खदेड़ दिया। दोनों की लड़ाई ठन गई। वे ऊँची चिंघाड़ मारने लगे। एक-दूसरे को धकेलने लगे। उनसे टकराकर पेड़ टूटने लगे जिनकी आवाज़ें पीपलसोती में ज़ोर से गूँजने लगीं। अपने उद्दन्तों को दूसरे के मस्तक में गाड़कर वे उसे पहाड़ तक धकेल ले जाते थे।

## कामज्वर की छूत फैल गई थी

ये संवेशन के दिन थे, इसलिए गोल के अन्य बलिष्ठ हाथियों को भी मैंने शिश्न बाहर लटकाकर कामासक्त चलते देखा। लगता था कि सारे जंगल में कामज्वर किसी छूत की बीमारी की तरह फैल गया था। सुबह भिड़ने वाले दो पट्ठे एक-दूसरे के नितम्बों पर अपने उद्दन्त चुभो रहे थे, कभी मुख से काटते थे और कभी लटकते हुए शिश्न को सूँड़ के अग्रभाग से पकड़ लेते थे। जब एक पट्ठा भागने लगता तब दूसरा उसकी पूँछ को ही पकड़कर रोकने की कोशिश करता था।

पन्द्रह

# गेंडा : ताक़तवर बहादुर जानवर

**कुल बारह गेंडे बचे** : काज़ीरंगा नेशनल पार्क ब्रह्मपुत्र के दक्षिणी तट के साथ-साथ लगभग चालीस किलोमीटर तक मिकिर पर्वतों के ठीक उत्तर में असम के मध्य तक चला गया है। 1908 तक यह शिकारियों तथा चोर-आखेटकों का स्वर्ग था। उनकी कारस्तानी के परिणामस्वरूप तब वहाँ लगभग एक दर्जन गेंडे ही बचे थे। वन-अधिकारियों के लिए यह चिन्ता की बात थी।

चित्र 34 घास चरते हुए माँ बच्चे को दूर नहीं होने देती

बाद में इसे सुरक्षित वन घोषित कर दिया गया जिसमें शिकार करने की मनाही हो गई। 1926 में काज़ीरंगा एक गेम सेंक्चूरी बन गई। इस नाम पर कुछ प्रकृति प्रेमियों को आपत्ति हुई, क्योंकि गेम शब्द से उन प्राणियों और पक्षियों का बोध होता है जिन्हें मृगया में विजय-चिह्नों (ट्रॉफ़ियों) तथा मांस के लिए शूट किया जाता है।

यह आपत्ति वाजिब थी। इसलिए 1940 के आस-पास यह नाम बदल दिया गया। इसका नया नाम पड़ा — वाइल्ड लाइफ़ सेंक्चूरी (वन्य जीवन संश्रय)। वन्य जीवन में सभी जीव-जन्तुओं का समावेश हो जाता है और इस शब्द में उनके संरक्षण का भाव भी निहित है।

## अफ़सरों के रहम पर

1930 में भी काज़ीरंगा पूरी तरह जंगलात के अफ़सरों और कर्मचारियों के रहम पर था। इसके विकास की ओर कोई ध्यान नहीं दिया गया। पर्यटकों तथा गेंडों का अध्ययन करने वाले दर्शकों को आकृष्ट करने की कोई योजना नहीं थी। उलटे इन लोगों का वहाँ आना वन-अधिकारी सिरदर्द समझते थे और उन्हें हतोत्साहित करते थे। 1935 में एक प्रकृतिप्रेमी ने वहाँ जाने की अनुमति प्राप्त करने की कोशिश की। तत्कालीन ब्रिटिश डिविज़नल फ़ॉरेस्ट ऑफ़िसर ने यह बहाना बनाकर टाल दिया कि कोई भी व्यक्ति उस जगह नहीं घुस सकता। सारा इलाक़ा पंकिल है और जोंकों से पटा पड़ा है। हाथी भी वहाँ नहीं जा सकता। इसके कुछ ही समय बाद असम के मुख्य वनसंरक्षक (चीफ़ कन्ज़र्वेटर) ए. जे. डब्लू. मिलरौय ने दूसरी दिशा में सोचना शुरू किया। उन दिनों गेंडों का चोरी-छिपे मारा जाना फिर बढ़ गया था। उन्होंने इसे रोकने का निश्चय किया और दर्शकों के लिए अभयवन को खोलने का फ़ैसला भी।

## गेंडे की चालीस लाशें

1935 के लगभग पहली बार एक वन-अधिकारी को काज़ीरंगा का सर्वेक्षण करने के लिए नियुक्त किया गया। उसे प्रायः हर झील के पास चोर-आखेटकों के डेरे मिले। गेंडे की चालीस ऐसी लाशें मिलीं जिनके सींग निकाल लिए गए थे। चोर-आखेटकों में सीधे-सादे शान्तिप्रिय मिकिर लोगों की काफ़ी बड़ी तादाद थी। ये दिलचस्प कबायली लोग पार्क के ठीक दक्षिण सीमा पर मिकिर पहाड़ों पर रहते हैं। वन-कर्मचारियों के आने पर भाग खड़े होते थे।

1938 में काज़ीरंगा पार्क दर्शकों के लिए खोल दिया गया। पालतू हाथी की पीठ पर दर्शक जंगल में गेंडे को देखने जाते थे। शुरू में गेंडे मनुष्य को देखने के आदी नहीं थे। अपने निवासों में अनधिकृत प्रवेश पर हमला करते थे। हमले का मुक़ाबला करने के लिए हाथी भी सधे हुए नहीं थे। पीठ दिखाकर भाग खड़े होते थे। धीरे-धीरे ये अवस्थाएँ बदलती गईं। नवागन्तुकों को रोज़ देख-देखकर गेंडे आदी होते गए और

मादा गेंडे के साथ बच्चा होने पर भी हमला नहीं करते ।

वर्ष 2000 में काज़ीरगा नेशनल पार्क के अन्दर एक सींग वाले अड़तालीस गेंडे मारे गए थे। इस साल के दौरान वनरक्षकों ने छत्तीस सींग पकड़े। तीस पोचरों

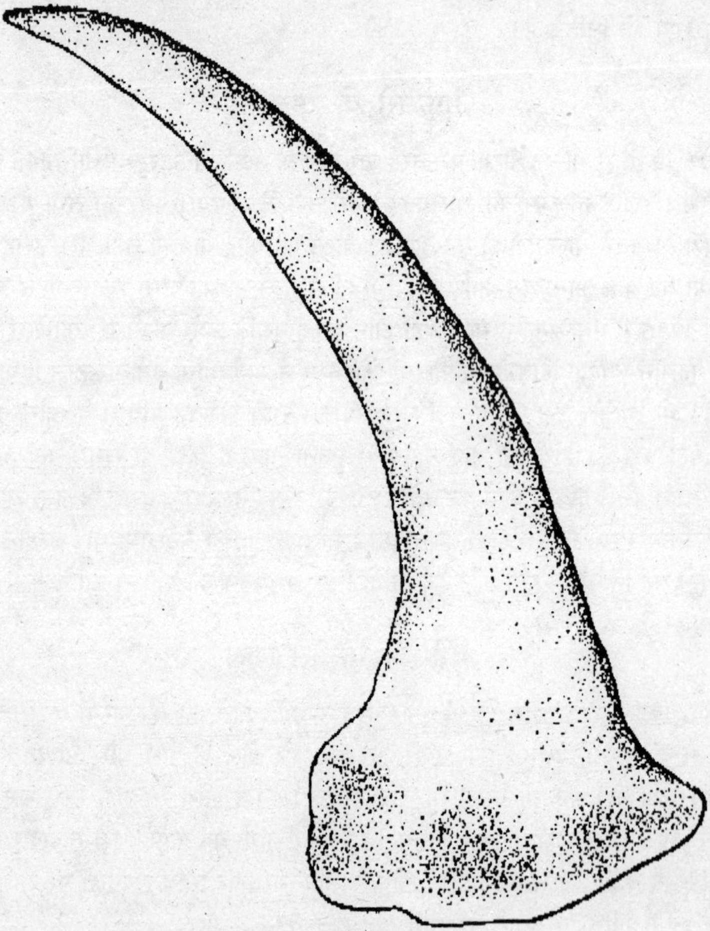

चित्र 35 गेंडे का सींग

को गिरफ़्तार किया। एक पोचर मारा गया जो भूटान का नागरिक था। एक वन-रक्षक नीरेन साकिआ भी मारा गया।

ओराङ् (राजीव गांधी) नेशनल पार्क में वर्ष 2000 में तेरह गेंडे मारे गए थे।

इनमें से आठ पोचरों ने मारे थे, बाक़ी पांच बाढ़ों में मर गए थे।

## अर्द्धपालतू गेंडे

काज़ीरंगा में बूढ़े गेंडों के बारे में एक बात देखी गई है। ये जब जीवन के अन्तिम वर्षों में पहुँचने लगते हैं तब जवान गेंडों द्वारा तिरस्कृत कर दिए जाते हैं। ऐसे बूढ़े गेंडे पार्क की सीमा के साथ रहने लगते हैं। बरसों वे एक ही जगह रहते हैं। युवा गेंडे आमतौर पर बाहर नहीं आते और पार्क के भीतरी भागों में रहते हैं। इन बूढ़े गेंडों से पार्क के अधिकारियों को बड़ा लाभ हुआ है। पर्यटकों को दिखाने के लिए जब वे गेंडे की तलाश में निकलते हैं तब सोचते हैं कि कुछ और न सही, बूढ़ा गेंडा तो मिल ही जाएगा। उन्हें देख लेने से काज़ीरंगा में पर्यटकों का आकर्षण बना रहता है।

इन अर्द्धपालतू गेंडों में शायद सबसे प्रसिद्ध बूढ़ा गुण्डा नामक गेंडा हुआ था जो पार्क के प्रवेशद्वार के ठीक बाहर रहता था। चौदह साल तक इसने हज़ारों दर्शकों से फ़ोटो खिंचवाए और अपने भले व्यवहार से पार्क के अधिकारियों को प्रशस्ति-पत्र दिलवाए। उसकी नाक से कुल तीन मीटर दूर खड़े होकर भी कैमरामैन उसके फ़ोटो खींचने की हिम्मत कर लेते थे। 1953 में बूढ़े गुण्डे ने बुढ़ापे के कारण शान्तिपूर्वक देह त्याग दी थी। उसकी जगह एक दूसरे बहिष्कृत कनकटे नर ने ले ली थी। यह भी कुछ सालों बाद एक दुर्घटना में मर गया था।

## मचान

जंगली पशुओं को अपने प्राकृतिक आवास में अध्ययन करने तथा उनके फ़ोटो लेने के इच्छुक व्यक्तियों के लिए वहाँ विशेष सुविधाएँ प्रदान की गईं। छह मीटर ऊँचे खम्भों पर मचान बनाया गया है। मचान क्या लकड़ी के तख़्तों से बनाया गया एक कमरा है जिसके बरामदे में खड़े होकर घास के मैदानों में चरते हुए गेंडों का अध्ययन किया जाता है। ये पशु क्योंकि रात में बाहर निकलते हैं, इसलिए चाँदनी रातों में इन्हें देखना अधिक अच्छा रहता है। पार्क में जाने पर गुस्से में भरे हुए या बिदके हुए किसी गेंडे को देखने का मौक़ा भी मिल सकता है। उसे देखकर चाहे हाथी भाग खड़ा हो या खड़ा होकर मुक़ाबला करने लगे, दोनों ही अनुभव मज़ेदार होते हैं। कुछ गेंडे बहुत ख़तरनाक हैं और हर साल कुछ आदमियों को मार डालते हैं। इस ख़तरे के कारण पार्क में पर्यटकों को हाथी पर से उतरना मना कर दिया जाता है।

काज़ीरंगा वन में घास बहुत घनी है और साढ़े चार मीटर तक ऊँची चली जाती है। इसमें छिपे हुए गेंडों को तलाश करना मुश्किल होता है। गेंडे जब इसके अन्दर भागते हैं तब घास उनके बदन से टकराती है जिससे उसके उपरले सिरे हिल उठते हैं। हिलती हुई घास से पता चल जाता है कि गेंडा किधर जा रहा है। हाथियों को उधर घुमा दिया जाता है। गेंडा काफ़ी तेज़ दौड़ सकता है, परन्तु इस तरह पीछा करने पर जल्दी ही थक जाता है। इसमें दिशा का ज्ञान करने की बुद्धि प्रायः बिलकुल नहीं होती, इसलिए इसके अन्दर लाचारी में ही घुसता है। जब कुछ विशिष्ट पर्यटक गेंडों के फ़ोटो खींचने के उद्देश्य से यहाँ आते हैं तब हाथियों का एक काफ़िला जंगलों में से गेंडों को घेरकर ऐसी जगह ला खड़ा करता है जहाँ से साफ़ और मनचाहे फ़ोटो लिए जा सकें।

## विदेशों में माँग

दुनिया के अनेक भागों में भारतीय गेंडे की माँग है। दूसरे महायुद्ध के बाद असम सरकार प्रायः हर साल एक-दो गेंडे पकड़कर संसार की विभिन्न पशुवाटिकाओं को भेजती रही है। 1947 और 1952 में मोहन और मोहिनी नाम के दो बच्चे काज़ीरंगा पार्क से व्हिप्स्नेड (ब्रिटेन) भेजे गए थे। 1960 में भारत सरकार ने तरुण नामक एक नर गेंडा अमेरिका की राजधानी वाशिंगटन की राष्ट्रीय जन्तुवाटिका के लिए दिया था। 1963 में दीपाली नामक एक मादा गेंडा भी इसी जन्तुवाटिका के लिए भारत से भेजी गई थी। 1961 के मध्य जून में कोलकाता से जापान भेजे जाने वाले मादा गेंडे ने समस्या पैदा कर दी थी। अलीपुर पशुवाटिका के कठघरे के अन्दर ही उसने एक बच्चे को जन्म दे दिया। अब प्रश्न यह उठा कि बच्चे को भी क्या माँ के साथ ही जापान भेज दिया जाए? बच्चे की यात्रा का किराया कौन दे? इसके अलावा नवजात-शिशु के लिए यात्रा थकाने वाली और कष्टकर भी हो सकती थी। इन सब बातों का विचार करते हुए उसे माँ से अलग कर दिया गया। उसकी माँ रानी को अकेले विदेश-यात्रा के लिए रवाना होना पड़ा।

असम सरकार को प्रत्येक जीवित गेंडे की निश्चित राशि रॉयल्टी के रूप में मिल जाती है। यदि गेंडा भारत से बाहर ले जाया जाना है तो रॉयल्टी की राशि पचास हज़ार रुपये थी। गेंडे को पकड़ने आदि के ख़र्चे इससे अलग होते थे। जो प्रति गेंडा लगभग दस हज़ार रुपए आ जाते थे। इस तरह एक गेंडा विदेशी और देशी ख़रीददार को क्रमशः साठ हज़ार रुपए और पैंतीस हज़ार रुपये का पड़ जाता था।

## 1531 में पहला जोड़ा निर्यात

भारतीय गेंडे को विदेशों में भेजे जाने के ऐतिहासिक अभिलेख उपलब्ध हैं। यूरोप में सबसे पहला भारतीय गेंडा सोलहवीं शताब्दी के शुरू में भेजा गया था। पश्चिम भारत में कैम्बे के शासक ने 1531 में पुर्तगाल के राजा को यह भेंटस्वरूप दिया था। गोवा से यह जहाज़ में चढ़ाया गया था। सोलहवीं शताब्दी के एक लेखक टॉप्सेल ने अपनी पुस्तक में इसका चित्र दिया है। लेकिन अजीब बात यह है कि चित्रकार ने अपनी कल्पना से इसके कन्धे में उगता हुआ दूसरा सींग दिखाया है। पाठकों को यह ज्ञात होगा कि भारतीय गेंडे का एक ही सींग होता है।

अनुमान है कि काज़ीरंगा नेशनल पार्क में एक सींग वाले गेंडों की संख्या 1550 है। इसके अतिरिक्त अन्य स्थानों में 500 गेंडे होंगे। इनकी कुल संख्या 2,000 के लगभग होगी।

## पंजाब में दस लाख साल पहले मिल जाते थे

इस समय भारतीय गेंडे का निवास यद्यपि सीमित हो गया है, परन्तु पुरातत्त्वीय तथा ऐतिहासिक तथ्यों से ज्ञात होता है कि एक ज़माने में यह दूर-दूर तक फैला हुआ था और भारत के बहुत-से स्थानों में पाया जाता था। यहाँ तक कि दक्षिण भारत में भी मिल जाता था। इस उपमहाद्वीप में वनों के कटने और जलवायु के बदलने के साथ-साथ गेंडे के निवास-स्थान भी बदलते गए। पंजाब और हरियाणा की राजधानी चण्डीगढ़ के उत्तर में छह किलोमीटर दूर पिंजौर नामक एक स्थान है। यहाँ की खुदाई में चट्टानों के अन्दर पुराने प्राणियों के फ़ॉसिल मिले हैं, उनसे मालूम होता है कि दस लाख साल पहले वहाँ गेंडे विचरते थे।

काज़ीरंगा पार्क में गेंडों को अपने प्राकृतिक जीवन में रोगों से आक्रान्त होते पाया गया है। पशु-जात रोगों के फूट पड़ने से पार्क को सैकड़ों दुर्लभ गेंडों से वंचित होना पड़ा है। वन्य जीवों की रक्षा के उद्देश्य से स्थापित वाइल्ड लाइफ़ प्रिज़र्वेशन बोर्ड ऐसे रोगों के आक्रमण से इन्हें बचाने में प्रयत्नशील रहता है।

## गेंडे का दो शेरों से युद्ध

हाथी और शेर दोनों ही गेंडे से डरते हैं। माँ से अलग हो गए गेंडे के बच्चे को शेर मार सकता है। काज़ीरंगा वनों में ऐसे बच्चे मिलते हैं जो शेर के हमले द्वारा ज़ख़्मी हो गए हों। उनकी माँ उन्हें शेर के चंगुल से बचा लेती है, उसके सामने शेर नहीं

ठहरता। वन-अधिकारियों के हाथ ज़ख़्मी बच्चा लग जाए तो वे उसे उठा लाते हैं, घेरे में रखकर उसका इलाज करते हैं।

वयस्क गेंडे पर कोई अकेला शेर हमला नहीं करता। इस प्रसंग में 1886 में घटी एक घटना का मैं यहाँ ज़िक्र करना चाहूँगा। हाथी की पीठ पर एक आखेटक काज़ीरंगा में गेंडे को शूट करने निकला। एक गेंडे से उसकी मुठभेड़ हो गई। समीप से उसने गेंडे पर लगभग एक दर्जन गोलियाँ दाग़ीं। फिर भी बुरी तरह घायल गेंडा भाग गया। शाम ढल रही थी। शिकारी अपने डेरे पर लौट आया। अगले दिन फिर गेंडे की तलाश में निकला। ज़ख़्मों से धरती पर टपके हुए ख़ून ने उसे बता दिया कि गेंडा किधर गया है।

उसे गेंडा तो मिल गया, लेकिन वह दो शेरों के साथ युद्ध करने में जुटा था। उसने दोनों शेरों को ज़ख़्मी कर दिया था। एक शेर की गरदन भयंकर रूप से फट्टड़ हो गई थी। स्पष्ट है कि गेंडे ने अपने दाँतों से काटकर उसकी यह गत बनाई थी। दूसरा शेर भी ख़ून से लथपथ था। शिकारी ने दोनों शेरों पर गोली चलाई लेकिन कोई मरा नहीं, दोनों भाग गए। तब उसने अभागे गेंडे को ही ख़त्म कर दिया। इस घटना से भारतीय गेंडे की बहादुरी, सहिष्णुता, ताक़त तथा फुर्ती का अन्दाज़ होता है।

चौमासे में कांज़ीरंगा में अकसर बाढ़ का पानी भर जाता है। वहाँ जाने का सबसे अच्छा समय बरसात की समाप्ति पर अक्टूबर-नवम्बर है। तब तपिश के दिनों की गरमी और उमस का स्थान सुहावनी ठण्डक लेती है। इसी समय कास और अनेक प्रकार की लम्बी घासों के सिरों पर चमकीले सफ़ेद फूल फूट पड़ते हैं, उत्तर में एक सौ साठ किलोमीटर से कुछ अधिक दूर पूर्वीय हिमालय की बरफ़ से ढकी चोटियों की धवल भृंखला स्पष्ट दीखने लगती है।

सोलह

# चँवरी : हिमालय की कामधेनु

**विविध नाम**—हिन्दी : चँवरी; संस्कृत : चँवर; अंग्रेज़ी : याक (yak), हौर्स-टेल्ड बफ़ेलो (horse tailed buffalo अश्व पुच्छी महिष), ग्रन्टिंग ऑक्स (grunting ox गुर्राने वाला बैल); लेटिन : **पेफ़ागुस ग्रुन्निएन्स ग्रुन्निएन्स** लिनिअस (**Poephagus grunniens grunniens** Linnaeus)।

## ऊँचे हिमालय में रहता है

विश्व में चँवरी चौपायों में सबसे अधिक ऊँचाई पर मिलने वाला जानवर है। 6,096 मीटर की ऊँचाई तक भी यह पहुँच जाता है। अपने प्राकृतिक आवास के बाहर चँवरियों को ले जाया गया है। कनाडा में इन्हें सम्प्रविष्ट किया गया है। यूरोप में बन्दीजीवन में ये भली भाँति रह जाती हैं। बहुत अधिक बदले हुए तापमान और कम ऊँचाई पर यह नहीं रह सकती। गरमियों में यह 2,438 मीटर पर भी मुश्किल से ज़िन्दा रहती है। कश्मीर की ऊँची घाटियों में भी 2,438 मीटर से ऊपर यह तेज़ी से क्षीण होने लगती है। गरमी और मक्खी-मच्छर इसके सबसे बड़े दुश्मन हैं। निचली सतह के पहाड़ों पर चाहे कितनी ही कोमल, रसीली, हरी-भरी वनस्पतियाँ और घास हों, यह उनकी ज़रा परवाह नहीं करती तथा अधिक ऊँचाई पर सख़्त और घटिया चारे को चरने चली जाती है।

## संस्कृत-कवियों की असंगत कल्पनाएँ

समुद्र की सतह से इतनी ऊँचाई पर भयंकर शीत में रहने वाले इस पशु का बाणभट्ट द्वारा विन्ध्याटवी में सातवीं ईस्वी पश्चात् में बड़ी संख्या में पाए जाने का उल्लेख कौतुकपूर्ण है। भारत के पश्चिमी तट पर सौराष्ट्र में द्वारिका जी के पास रैवतक पर्वत पर चँवरी गायों के झुण्डों का उल्लेख माघ (625 ईस्वी पश्चात्) ने शिशुपालवध में किया है :

**स्फुरति चानुवनं चमरीचयः।**

शिशुपालवध, सर्ग 4 ; 60.

इस प्रकार हिमालय के इस पशु का विस्तार क्षेत्र बड़ा व्यापक हो जाता है। दिल्ली की प्रदर्शनी में एक बार एक चँवरी लाई गई थी। यहाँ के जलवायु में वह नहीं चल पाई। इसलिए हिमालय से दूर गरम स्थानों पर संस्कृत के कवियों द्वारा

चित्र 36 चँवरी गाय

चँवरी गायों के पाए जाने का वर्णन कवि-कल्पना ही प्रतीत होता है। इस प्रसंग में यह द्रष्टव्य है कि कविकुल गुरु कालिदास ने भी ऐसी असंगत उड़ानें भरी थीं। उनका हिमालय में चँवरी गायों का वर्णन तो स्वाभाविक है, परन्तु तमसा नदी के

तटवर्ती जंगलों में दशरथ द्वारा चँवरी गायों का शिकार करना कवि-कल्पना ही है। कालिदास की तमसा नदी आजकल की टोंस या छोटी सरयू नदी है जो आजमगढ़ और बलिया ज़िले में से होती हुई बलिया के पास गंगा में मिल गई है। इस प्रदेश में चँवरी गाय कभी नहीं रह सकती।

## बरफ़ से पटी भूमि पर हल चलाता है

मैदानों में हम गाय-बैल से जो काम लेते हैं, वे सभी काम ऊँचे पहाड़ों में चँवरी गायें करती हैं। मध्य एशिया के उच्च पठार में, तुर्किस्तान के पूर्वी भाग में और रूसी अल्ताई में यह पशु मनुष्य की सेवा कर रहा है। अनेक जगहों पर स्थानीय लोगों की मुख्य सम्पत्ति चँवरी के झुण्ड ही हैं। ताक़त और मज़बूती के कारण यह पहाड़ी लोगों के लिए बेशक़ीमती जानवर है। ये क़ाफ़िलों में सफ़र करते हैं। इनकी पीठों पर नमक, ऊन, सत्तू आदि व्यापारिक सामान लदा रहता है। प्रत्येक याक (चँवरी

चित्र 37 याक का काफ़िला

गाय) की नाक में छेद करके रस्सी पिरोई होती है जो पिछले याक के साथ बँधी रहती है। यह बहुत बढ़िया पर्वतारोही है और भार ढोने का महत्त्वपूर्ण पशु है, जो सवारी के लिए समान रूप से उपयोगी है। बरफ़ से पटे खेतों में गज़ब के तरीके

से हल चला लेता है।

स्वेन हेडिन (1899 थ्रू एशिया) को बताया गया था कि कुछ शिकारियों की आजीविका केवल वनचँवर के शिकार पर चलती है। प्राय: दो शिकारी एक साथ रहते हैं जिससे ज़ख्मी चँवर के आक्रमण से एक-दूसरे की मदद कर सकें। शिकार में मारे हुए वनचँवर का मांस, खाल, बाल, पूंछ और सींग विविध प्रयोगों में काम आ जाते हैं। चँवरी की खाल असाधारण रूप से दृढ़ और टिकाऊ होने के कारण बहुत मूल्यवान् है। पीठ की खाल का चमड़ा सबसे अच्छा होता है। यह काठियाँ, लगाम, चाबुक, कोड़े और अच्छी क़िस्म के बूट बनाने के काम आता है। तिब्बत की दादियाँ वनचँवर के सींग को शादियों और दूसरी दावतों में प्याले के रूप में बरतती हैं। इनमें शराब उड़ेल दी जाती है और मेहमानों को पेश की जाती है।

## चँवर — राजकीय चिह्न

चँवरी की पूँछ से जो पंखा बनता है उसे चौरी या चँवर कहते हैं। संस्कृत के ग्रन्थों में इसके लिए चामर, चामरा या चामरी शब्द आए हैं। हरिद्वार में चँवरों की बिक्री होती है। धोकर साफ़ करने के बाद इनके बाल खिल जाते हैं और चमक उठते हैं। व्यापारी बताते हैं कि चँवरी की पूँछें तिब्बत से आती हैं। तिब्बत से हमारा सीधा व्यापार तो है नहीं, इसलिए सम्भवत: तिब्बत का माल नेपाल के ज़रिए आता है। मेरा ख़याल है कि भूटान और सिक्किम का माल भी यहाँ आता है। मुझे भूटान में पता चला था कि चँवरी की दुमें वहाँ से ले जाकर कालिम्पोंग में बेची जाती हैं।

चँवर राजकीय चिह्न समझा जाता था जो राजा की निजी सम्पत्ति न होकर राज्य की सम्पत्ति होती थी। अन्त:पुर के सेवक ने राजा दिलीप को जब पुत्र होने का समाचार सुनाया तब वे इतना प्रसन्न हुए कि छत्र और दोनों चँवरों के अलावा शेष सभी आभूषण उन्होंने अपने शरीर से उतारकर उसे दे दिए।

## टोंस नदी के जंगलों में चँवरी नहीं रहती

राजा दशरथ अयोध्या से शिकार खेलने निकले हैं। तमसा (वर्तमान टोंस या छोटी सरयू) नदी से सिंचित जंगलों में चँवरियाँ चर रही थीं। उनकी पूँछें सफ़ेद बालों के चँवरों से बनी हुई थीं। दशरथ घोड़े पर सवार थे और तीर-कमान से शिकार कर रहे थे। घोड़ा दौड़ाकर उन्होंने चँवरियों को घेर लिया। भाले जैसे फलक वाले तीरों को कान तक खींचकर दनादन बरसाना शुरू किया और चँवरियों की पूँछों को काट

लिया। इससे उन्हें ऐसा सन्तोष हुआ जैसा कि चँवरधारी राजाओं के चँवर छीनने से होता है :

**चमरान्परित: प्रवर्तिताश्व: क्वचिदाकर्णविकृष्टभल्लवर्षी।**
**नृपतीनिव तान्वियोज्य सद्य: सितबालव्यजनैर्जगाम शान्तिम्॥**

रघुवंश, सर्ग 9; 66.

रघु राजाओं के वंश में सुदर्शन को बाल्यावस्था में ही राजगद्दी पर बिठा दिया गया था। यद्यपि वे छोटे थे, परन्तु उन्हें राजाओं के योग्य सब सम्मान दिए गए थे। उन पर चँवर डुलाए जाते थे :

**पर्यन्तसंचारितचामरस्य कपोललोलोभयकाकपक्षात्।**

रघुवंश, सर्ग 18; 43.

तारकासुर के उपद्रवों से दुखी इन्द्र और दूसरे देवता शिव के पास गए थे। वे अपने कैलाश स्थित महल में भद्रासन पर विराजमान थे। उनके पैर सोने के पाँव-पीढ़े पर रखे हुए थे। दोनों ओर से दो गण उनके ऊपर चाँद की किरणों के समान उजले चँवर डुला रहे थे :

**भद्रासनं काञ्चनपादपीठं महार्हमाणिक्यविभङ्गिचित्रम्।**
**अधिष्ठितं चन्द्रमरीचिगौरैरुद्वीज्यमानं चमरैर्गणाभ्याम्॥**

कुमारसम्भव, सर्ग 12; 20.

शिव का बेटा कुमार कार्त्तिकेय तारकासुर से लड़ने चला था। कुमार के दोनों ओर शरद के चाँद की किरणों के समान उजले, सुन्दर चँवर डुलाए जा रहे थे :

**शरच्चरच्चन्द्रमरीचिपाण्डुरै: स वीज्यमानो वरचारुचामरै:।**

कुमारसम्भव, सर्ग 14; 4.

मातंग कुमारी ने वेत्रवती नदी से घिरी विदिशा नगरी के राजा शूद्रक को दरबार में जब देखा था तब उस पर सोने के दण्ड में जड़े हुए चँवरी के बालों के पंखे डुलाए जा रहे थे :

**उद्धूयमानसुवर्णदण्डचामरकलापम्।**

कादम्बरी, पूर्वभाग, पृष्ठ 17.

उसकी छाती पर पड़े हुए दुपट्टे के सिरे सुन्दर चँवरों से की जाने वाली हवा के कारण ऐसे हिल रहे थे मानो थिरक-थिरक नाच रहे हों :

**चारुचामरवायप्रनर्तितान्तदेशे दुकूले वसानम्।**

कादम्बरी, पूर्वभाग, पृष्ठ 18.

## हज़ारों चँवरों से दिशाएँ सफ़ेद हो गईं

उज्जयिनी के नृपति तारापीड जब प्रजा को दर्शन देने जाते थे तब हज़ारों चँवरों के डुलते रहने से दसों दिशाएँ सफ़ेद नज़र आने लगती थीं :

**प्रोद्धूयमानधवलचामरसहस्रसंछादिता ...।**

कादम्बरी, पूर्वभाग, पृष्ठ 119.

नरपति के घर में इतनी अधिक तादाद में चँवर और हाथीदाँत लटक रहे थे कि राजगृह सफ़ेद दीख रहे थे :

**शवरवसूतिरिवावलम्बितचामरनागदन्तधवलगृहाः।**

कादम्बरी, पूर्वभाग, पृष्ठ 103.

शिवजी के विवाह के समय गंगा तथा यमुना नदियाँ मूर्तरूप में प्रकट हुई थीं और शिवजी पर चँवर डुलाने लगी थीं। वे चँवर ऐसे दीखते थे मानो हंस उड़ रहे हों :

**मूर्ते च गङ्गायमुने तदानीं सचामरे देवमसेविषाताम्।**
**समुद्रगारूपविपर्ययेऽपि सहंसपाते इव लक्ष्यमाणे।**

कुमारसम्भव, सर्ग 7; 42.

चँवर डुलाने का काम सेविकाओं के ज़िम्मे हुआ करता था। भर्तृहरि ने इन्हें चामरग्राही नाम दिया है। चँवर डुलाते समय इनकी कलाई के कंगन बजते रहते थे:

**पृष्ठे लीलावलयरणितं चामरग्राहिणीनाम्।**

भृर्तहरि, वैराग्यशतक 61.

तारकासुर जब सोया करता था उस समय देवताओं की बन्दी स्त्रियाँ गरम-गरम उसाँसें लेती हुईं और आँसू बहाती हुईं उस पर चँवर डुलाया करती थीं :

**चामरैःसुरबन्दीनां वाष्पसीकरवर्षिभिः॥**

कुमारसम्भव, सर्ग 2; 42.

कालिदास ने विलासिता के वातावरण में चँवर का उल्लेख करते हुए मेघ को कहा है : 'सान्ध्य-नृत्य में पैरों पर थिरकती हुई जिन वेश्याओं की करधनी के घुँघरू मीठे-मीठे स्वर में बज रहे होंगे और जिनके हाथ कंगन के नगों की चमक से दमकते

हुए डंडों वाले चँवर डुलाते-डुलाते थक गए होंगे, उन वेश्याओं के नख-क्षतों पर जब तुम्हारी शीतल बूँदें पड़ेंगी तब वे बड़े प्रेम से भौरों की पंक्ति के समान अपनी चितवन तुम पर चलाएँगी :'

**पादन्यासैः क्वणितरशनास्तत्र लीलावधूतै**
**रत्नच्छायाखचितबलिभिश्चामरैः क्लान्तहस्ताः।**
**वेश्यास्त्वत्ते नखपदसुखान्प्राप्य वर्षाग्रबिन्दू -**
**नामोक्ष्यन्ते त्वयि मधुकरश्रेणिदीर्घान्कटाक्षान्॥**

मेघदूत, पूर्वमेघ 39.

## सन्तों की सेवा में

दूसरी ओर, विलासिता और वैभव के वातावरण से दूर हम चँवरी के बालों के गुच्छों को सन्तों की सेवा करते हुए पाते हैं। धर्मग्रन्थों पर इसे निरन्तर डुलाए जाते हुए पाठकों ने देखा होगा। दक्षिण भारत में हाथियों के ऊपर जब देव-प्रतिमा की सवारी निकलती है तब सेवक चँवर से लगातार प्रतिमा पर तथा हाथियों के मस्तकों पर व्यजन करते चलते हैं। उत्तरी तिब्बत में यात्रा करते समय पर्यटकों को सन्तों की समाधियों पर लटकती हुई चँवरी गाय की पूँछें दिखाई देती थीं जो धार्मिक भावनाओं के वशीभूत श्रद्धालु भक्तों ने चढ़ाई होती थीं। गढ़वाल-हिमालय में केदारनाथ जाते हुए गुप्तकाशी से क़रीब बारह किलोमीटर दूर कालीमठ में एक मन्दिर है। यहाँ से एक रास्ता तिब्बत को जाता है। जब तक तिब्बत के साथ भारत के व्यापारिक सम्बन्ध क़ायम थे तब तक इस रास्ते से तिब्बती व्यापारी भेड़ों के ऊपर सामान लादकर तिब्बत ले जाते थे और तिब्बत से लाते थे। जब वे लौटते थे तब रास्ते में एक ख़तरनाक दर्रा पार करना होता था जहाँ उन्हें भयंकर तूफ़ान का सामना करना पड़ता था, जिसमें उनकी भेड़ें उड़ जाया करती थीं, उनके जान-माल की हानि होती थी। प्रकृति के इस प्रकोप से बचने के लिए वे कालीमठ के मन्दिर में एक भेड़ चढ़ाते थे और चँवरी गाय की पूँछ मन्दिर की छत से लटका देते थे। 1970 में इस मन्दिर को मैं देखने गया था। वहाँ अब भी दर्जनों चँवरी की पूँछें लटक रही थीं। तिब्बत से हमारा व्यापार ख़त्म हुए बहुत साल हो चुके थे, इसलिए नए चँवर चढ़ाए नहीं जा रहे थे, पुराने चँवर जीर्ण-शीर्ण हो रहे थे।

## घोड़ों और पशुओं का श्रृंगार

'सिद्धान्तकौमुदी' में निमित्तात् कर्मयोगे के उदाहरण में लेखक ने बालों के

लिए चँवरी गाय का शिकार किया जाना लिखा है :

**केशेषु चमरीं हन्ति सीम्नि पुष्कलको हतः।**

सिद्धान्तकौमुदी, कारकप्रकरण.

बाणभट्ट (सातवीं ईस्वी पश्चात्) के विन्ध्याटवी वर्णन में पम्पा सरोवर के पास पहाड़ों पर चँवरी गायों की पंक्तियाँ जा रही हैं। भीलों का सेनापति मातंग कुछ शिकारियों के साथ उन्हें मारने गया है :

**चमरीपंक्तिरियमनुगम्यताम्।**

कादम्बरी, पूर्वभाग, पृष्ठ 55.

इन भीलों की बस्तियों में जगह-जगह चँवर और हाथियों के दाँत टँगे रहते थे जिससे बस्तियाँ सफ़ेद चमकती थीं। हिमालय-तिब्बत सीमा पर रहने वाली आदिवासी जातियाँ जब यात्रा पर निकलती हैं तब अपने घोड़ों तथा पशुओं को चँवरी के बालों से सजा लेती हैं। उनके गले में चँवर लटके रहते हैं और सिर पर चँवर की कलगी। शोभा के लिए घोड़ों के सिर पर चामर शिखाएँ और कानों पर चँवरी के बाल बाँधने का रिवाज़ मैदान के भूपतियों में था। कालिदास ने विक्रमोर्वशीय, कुमारसम्भव और अभिज्ञान शाकुन्तल में इनका वर्णन किया है:

**चित्रारम्भविनिश्चलं हरिशिरस्यायामवच्चामरम्।**

विक्रमोर्वशीय, अंक 1; 5.

गढ़वाल की पादगिरि में कोटद्वार के पास मालिनी-वनों में दुष्यन्त शिकार करने निकले हैं। एक वेगवान् घोड़े पर सवार होकर वे एक हिरण का पीछा कर रहे हैं। घोड़ा इतनी तेज़ी से दौड़ रहा था कि उसके सिर पर बँधी चामर शिखा निश्चल हो गई थी :

**··· निष्कम्पचामरशिखा निभृतोर्ध्वकर्णाः।**

अभिज्ञानशाकुन्तल, अंक 1; 8.

गन्धमादन पर्वत पर विहार करते हुए शिव और पार्वती डूबते हुए सूरज की सुन्दरता को देख रहे हैं। शिव कहते हैं —'सुन्दरी! दिन को समुद्र में डुबोकर सूर्य अपने घोड़ों को लिए हुए अस्ताचल की ओर चले जा रहे हैं। नीचे की तरफ़ उतरने के कारण घोड़ों के सिर झुके हुए हैं। उनके कानों की चौरियाँ रह-रहकर आँखों पर झूल जाती हैं। उनके अयाल कन्धे पर रखे हुए जुए से लग-लगकर छितरा जाते हैं' :

**सोऽयमानतशिरोधरैर्हयैः कर्णचामरविघट्टितेक्षणैः।**
**अस्तमेति युगभुग्नकेसरैः संनिधाय दिवसं महोदधौ॥**

कुमारसम्भव, सर्ग 8; 42.

## बढ़िया दूध और पनीर

चँवरी गाय बढ़िया दूध देती है। तिब्बती और भूटिया लोग इसे नियमित रूप से दुहते हैं। हमारी गायों के दूध से इसके दूध का रंग अधिक पीला होता है। यह गाढ़ा होता है और इसमें क्रीम तथा मक्खन प्रचुर परिमाण में पाए जाते हैं। यह दूध अधिक मात्रा में पिया जाए तो इससे पेट भारी हो जाता है, यह देर से पचता है। इससे दही, मक्खन और पनीर बनाते हैं। तिब्बतियों और भूटियों के सामान्य भोजन का अधिक अंश चँवरी गाय के दूध का दही और पनीर होता है। वे लोग सूखा पनीर भी खाते हैं। तिब्बती भाषा में पनीर को छुरपी कहते हैं। छुरपी की सब्ज़ी बनाई जाती है और कच्चा छुरपी पीसकर भी खाया जाता है।

## हर दो साल बाद सन्तान

चँवरी के बड़ी उम्र के नर एकाकी या तीन से पाँच के गिरोह में रहते हैं। इनकी अपेक्षा कुछ कम उम्र के, लेकिन पूर्ण वयस्क, नर दस-बारह के गिरोह में घूमते हैं। इनके साथ एक या दो अधिक उम्र के नर भी रहते हैं। सम्भवत: सयानों के समान बड़ा नर औरों की देखभाल करता है। रतिबन्ध के समय नर याक कुछ मादाओं को अपने साथ लेकर अलग विचरने लगता है। सरदियों में जोड़े बनते हैं।

रूसी एशिया में याक चौबीस से तीस महीनों की उम्र में तरुणाई को प्राप्त कर लेते हैं। मादा सामान्यत: नौ महीने गर्भ धारण करती है। एक पालतू चँवरी गाय के उदाहरण में 258 दिन बाद बच्चे ने जन्म लिया था। हर दो साल बाद उसके सन्तान पैदा होती है। एक बार के ब्यात में एक से अधिक बच्चे का जन्म होते नहीं देखा गया। हिमालय में चँवरी गाय का प्रसव प्राय: अप्रैल के महीने में होता है। लंदन के चिड़ियाघर में सारा साल बच्चे पैदा होते रहते हैं, परन्तु अधिकतर अप्रैल और अगस्त के बीच में होते हैं। रूसी एशिया में प्रसवन ऋतु जून से नवम्बर तक है।

## दोग़ली सन्तान कद्दावर, तगड़ी

हिमालय में वनचँवर जेबू (पालतू गाय) से जोड़ा बनाते हैं। फलस्वरूप प्राप्त दोग़ली सन्तान को जो कहते हैं। उत्तर पश्चिम हिमालय में ये दोग़ली चँवरी गायें

आम मिल जाती हैं। वहाँ इन्हें ध्ज़ो या ज़ोबो कहते हैं। स्थानीय लोग इसे याक की जगह इस्तेमाल करते हैं। यह संकर, बड़ा कद्दावर और तगड़ा निकलता है तथा ख़ूब बच्चे देता है। वनचँवर तगड़ा, वृषभों में सबसे बड़ा, छोटी टाँगों वाला प्राणी है जिसके शरीर पर घने और छोटे बाल होते हैं। पार्श्वों तथा शरीर के निचले भागों पर, छाती, जांघों और कन्धों पर ये बहुत लम्बे तथा झब्बेदार हो जाते हैं और शामियाने के नीचे लटकती हुई घनी झालर सरीखे दीखते हैं। ये बाल इतने लम्बे हो जाते हैं कि ज़मीन से ज़रा ही ऊपर रह जाते हैं।

बरफ़ पर विश्राम करते समय ये बाल इसे सरदी से बचाते हैं। हिमालय की तिब्बती सीमा पर विकट परिस्थितियों में रहने वाले भारतीय सैनिकों से मैं इनकी तुलना किया करता हूँ। सरदी से बचने के लिए सैनिक स्लीपिंग बैग में घुसकर बरफ़ पर ही लोट रहता है। आत्मरक्षा के लिए उसके हाथ में सदा किरच लगी राइफ़ल रहती है जो उसके सिर के ऊपर निकली रहती है। यह प्राणी भी सदा बालों के कोट में लिपटा रहता है और आत्मरक्षा के लिए सिर पर दो पैने सींग लिए फिरता है। पालतू बैल से जंगली नर चँवर लगभग दुगुना बड़ा होता है। याक का वज़न लगभग 525 किलोग्राम होता है।

वनचँवर पालतू चँवरी से काफ़ी बड़ा प्राणी होता है। तिब्बती लोग इसे इतना बड़ा बताते हैं कि इसका जिगर एक पालतू चँवरी का बोझ होगा। पूर्ण वयस्क नर 3.30 मीटर लम्बा होता है। पूँछ की नब्बे सेण्टीमीटर लम्बाई इसके अलावा है। नर कन्धे पर 150 से 180 सेण्टीमीटर तक ऊँचा होता है। मादा काफ़ी छोटी होती है — 142.5 सेण्टीमीटर। कान छोटे और बालों से आवृत होते हैं। मैदानी बैल जैसा ककुद इसमें नहीं होता। पूँछ ख़ूब झब्बेदार होती है। घोड़े की पूँछ से भी अधिक घनी और लम्बी होती है तथा पिछले पैरों तक पहुँची होती है। वनचँवर का सारा बदन घने काले बालों या कलछौंह भूरे बालों से ढका होता है। किसी-किसी के माथे पर एक सफ़ेद टिक्का रहता है। बूढ़े नरों में पीठ का तथा पार्श्वों के ऊपरले भागों का रंग चेस्टनट जैसा हो जाता है। पालतू चँवरी का रंग भी सामान्यतया काला होता है, परन्तु लाल तथा सफ़ेद रंग के और चितकबरे झब्बू भी मिल जाते हैं। मुँह का रंग अंशतः धूसर होता है।

## शिकारियों की छाती पर वार करता है

चँवरी के सींग लम्बे, लगभग बेलनाकार, चिकने और नोकदार होते हैं। बूढ़े

नरों के सींग आधार पर ज़रा पिचके हुए हो सकते हैं। सीगों में पहला मोड़ तो बाहर की तरफ़ होता है, फिर ये ऊपर की तरफ़, आगे की तरफ़ तथा अन्दर की तरफ़ और अन्त में ज़रा पीछे की तरफ़ घूमे होते हैं। पालतू झब्बुओं के सींग घटिया क़िस्म के होते हैं और कई बार तो इनमें उगते ही नहीं। इस बलिष्ठ प्राणी को जो शिकारी ट्रॉफ़ी (विजयोपहार) के लिए मारते हैं वे साठ सेण्टीमीटर से ऊपर सींग हों तो सन्तुष्ट हो जाते हैं। सींगों का रिकॉर्ड नाप एक सौ सेण्टीमीटर है, इसके आधार की परिधि लगभग 47.5 सेण्टीमीटर थी। मादा के सींगों के नाप तो निश्चित रूप से कम होते हैं। वनचँवर बहुत भयानक होता है। जब घेर लिया जाए तब शिकारियों की छाती पर सींगों का वार करता है और प्रायः बुरी तरह घायल कर देता है जिससे मौत भी हो जाती है। पालतू याक प्रायः निपट मूर्ख और अड़ियल होता है। कहा जाता है कि वनचँवर गुर्राता नहीं। पालतू याक गुर्राने के लिए विख्यात है, इसलिए अंग्रेज़ी में इसे ग्रन्टिंग ऑक्स (grunting ox) कहते हैं।

ये बड़े प्राणी मोटी घास की ख़ुराक पर निर्वाह कर सकते हैं। ये ऐसे कट्टर तृणभोजी हैं कि पालतू बना लिए जाने पर भी अनाज नहीं खाते। पीसे हुए अनाज को काटी हुई कुट्टी में मिलाकर देने से इनकी अनाज के प्रति विरक्ति दूर की जा सकती है। वनचँवर सुबह और शाम चरते हैं। ज़मीन पर फैले हुए सफ़ेद लवण को ख़ूब खाते हैं। सरदियों में जब नदी-नाले व स्रोत जम जाते हैं तब हिमपात से सभी जगह बरफ़ ही बरफ़ छा जाती है, ये हिम ही खा लेते हैं।

वनचँवर भीषण शीत, अत्यधिक रूक्ष या नितान्त उजाड़ परिस्थितियों में रहता है जहाँ एक ओर तो उत्तर-ध्रुवीय ठण्ड पड़ती है और दूसरी ओर रेगिस्तान की बेरौनकी फैली हुई है। प्रकृति के बेहद ख़ौफ़नाक तत्त्वों से यह निरन्तर जूझता रहता है। प्रकृति ने इसे विपुल शारीरिक शक्ति प्रदान की है। ये उन स्थानों से बहुत दूर रहते हैं जहाँ इन्सान का आना-जाना बना रहता है। मनुष्य के अलावा वहाँ इनका कोई ख़तरनाक दुश्मन नहीं है। इसलिए ये सामान्यतः अपनी उम्र भोगकर बुढ़ापे में मरते हैं।

उन्हें एक प्रकार की खाज हो जाती है जो सारे शरीर पर फैल जाती है। परिणामस्वरूप बाल झड़ जाते हैं। इस कष्ट से इनकी मौत भी हो जाती है। कालिदास (पाँचवीं शती) के एक विवरण से ज्ञात होता है कि जंगल की आग की लपेट में आकर भी इनकी जानें चली जाती हैं। अपने सन्देशवाहक मेघ से यक्ष कह रहा है कि अन्धड़ चलने पर चीड़ वृक्षों के आपस में रगड़ लगने से जब जंगल में आग लग जाए और उसकी उड़ती हुई चिंगारियाँ चँवरियों के लम्बे बालों को जलाने लगें, तब तुम धुआँधार

पानी बरसाकर उसे बुझा देना :

**तं चेद्वायौ सरति सरलस्कन्धसंघट्टजन्मा**
**बाधेतोल्काक्षपितचमरीबालभारो दवाग्निः।**

मेघदूत, पूर्वमेघ; 57.

## हज़ारों चँवरियाँ

गरमियों में वनचंवर 6,096 मीटर की ऊँचाई तक चले जाते हैं। उन दिनों चँवरियाँ, उनके बछड़े और छोटे नर इकट्ठे हो जाते हैं। कभी-कभी तो हमारे पालतू ढोरों से भी बड़ा झुण्ड बना लेते हैं जिसमें सैकड़ों पशु रहते हैं। ऐसे बड़े झुण्ड भी देखे गए हैं जिसमें इनकी संख्या एक हज़ार तक पहुँच जाती है। इतने बड़े झुण्ड को एक जगह पर्याप्त भोजन पाने में कठिनाई होती है, परन्तु एक साथ रहने में भेड़ियों के हमलों से बछड़ों की रक्षा हो जाती है।

तिब्बत के पठार, सिक्किम और लद्दाख में चाङ् छेन्मो की घाटी में और कराकुर्रम शृंखला के ढलानों पर, तिब्बत के साथ लगते चीन में जंगली याक पाए जाते हैं। ये लद्दाख के पूर्वी भाग में, चाङ् छेन्मो के पड़ोस में, कान-सू के पूरब तक और कुएन-लुन के उत्तर की ओर, 4,267 से 6,096 मीटर की ऊँचाई तक मिल जाते हैं। रौकहिल (1891) ने लामाओं का देश (लैण्ड औफ़ लामाज़) नामक पुस्तक में बताया था कि पूर्वी तिब्बत में पीली नदी के दक्षिण के मैदान के चारों ओर खड़े पहाड़ चँवरियों के चरने से काले दीखते थे। इन पहाड़ों पर मनुष्य का दख़ल नाममात्र का ही होता था। हज़ारों की तादाद में चँवरियाँ वहाँ देखी जा सकती थीं। इस बहुतायत की पुष्टि हैमिल्टन बावर (1894 डायरी ऑफ़ ए जर्नी एक्रॉस तिब्बत) ने भी तिब्बत को पार करते हुए की थी। उन्हें एक दिन में सौ चँवरियाँ मिल जाना साधारण बात थी। लगातार कई दिनों तक उन्हें ये जंगली पशु सारे चाङ् प्रदेश में मिलते रहे थे। चाङ् छेन्मो और कान-सू में अब इनका सफ़ाया कर दिया गया है। आधुनिक राइफ़लों द्वारा ख़ूब शिकार किए जाने के कारण जंगली चँवरियों की संख्या में अत्यधिक कमी आई है और इनके पाए जाने के क्षेत्र भी सीमित हो गए हैं। सीधे, उजाड़ पर्वतपार्श्वों में ये आराम करती हैं जहाँ शिकारी इनकी घात लगाता है। स्वेन हेडिन (1899) को पता चला था कि कश्मीर के महाराजा ने धार्मिक भावनाओं के वशीभूत होकर अपने राज्य में चँवरियों को मारने पर पाबन्दी लगा दी थी। हिन्दू धर्मावलम्बी होने से वे चँवरी को भी गाय के समान पवित्र और अवध्य मानते थे।

सत्रह

# देवयोनि का पूज्य पशु : जंगली भैंस

**महिषमुण्ड देवता :** मोहेंजो-दड़ो और हड़प्पा की खुदाई से प्राप्त बहुत-से अवशेषों पर जंगली भैंसों का चित्र मिलता है। क़रीब पाँच हज़ार साल पहले सिन्धुकालीन संस्कृति में यह पशु सर्वोपरि पूज्य पशुओं में था जो देवयोनि का जीव समझा जाता था। सिन्धु के काठे में अति प्राचीनकाल से देवताओं को इसके सींग धारण कराए जाते थे। सींगों का शानदार मुकुट बनाया जाता था जो बीच में से फ़ेल्ट कैप के समान ऊँचा उठा होता था। यह उनके बड़े देवता को पहनाया जाता था। आजकल के पुराविद् इसे महिषमुण्ड (भैंस के सिर वाला) देवता कहते हैं।

मोहेंजो-दड़ो की खुदाई से निकली एक मुद्रा पर महिषमुण्ड देवता को योगासन लगाए दिखाया गया है। इसके दाईं तरफ़ हाथी और बाघ तथा बाईं तरफ़ गेंडा और जंगली भैंसा खड़े हैं। इसकी चौकी के नीचे दो छोटे जानवर खड़े हैं। इन्हें हिरण या पहाड़ी बकरे समझा जाता है। तृणभोजी और मांसाहारी सभी पशु महिषमुण्ड के अधीन और संरक्षण में रहते थे। यह समस्त पशुओं का स्वामी था। पशुपति था। महिषमुण्ड के इस सिन्धुकालीन चित्र में देवता योग मुद्रा में ऊँची चौकी पर विराजमान है। उसके दाएँ-बाएँ बैठे आदमियों के हाथ में अंग्रेज़ी के U या V अक्षर सदृश एक चीज़ है, जिसे देवता को भेंट कर रहे हैं। उनके पीछे फन उठाकर नाग खड़े हैं जो देवता को ग़ौर से देख रहे हैं। देवता के कृपापात्र दो हिरण चौकी के नीचे खड़े हैं।

आदमियों के हाथ वाली चीज़ पीपल की लकड़ी से बनाया गया रक्षा-यंत्र है। पीपल के समान यह भी पवित्र है और उपदेवता है। वे आदमी पुरोहित हैं। देवता को रक्षा-यंत्र भेंट कर रहे हैं, मानो प्रार्थना कर रहे हों, 'हे पशुपति, परमदेव! जिस प्रकार ये हिरण आपके संरक्षण में सुख से रहते हैं उसी प्रकार हम विषैले नागों के मथ से मुक्त रहें।' महिषमुण्ड देवता सिन्धुकालीन लोगों के परमदेवता अश्वत्थ का प्रतीक भी था। जंगली भैंसे के अकेले सींग भी पवित्र और पूजार्ह माने जाते थे। चन्हुदड़ों की खुदाई में हड़प्पा संस्कृति की पकी मिट्टी की एक महत्त्वपूर्ण मुद्रा छाप मिली है। इस पर दो देव-पुरोहित आमने-सामने खड़े एक हाथ से भैंसे के सींग वाले एक यूप को थामे हुए हैं, जिसके ऊपर पीपल की पल्लवित शाखिका है।

चित्र 38 सिन्धुवासियों का महिषमुण्ड देवता

महिषमुण्ड देवता की अध्यक्षता में उत्सव मनाए जाते थे। धार्मिक समारोहों और उत्सवों में जंगली भैंसे की महत्त्वपूर्ण भूमिका होती थी। उसके साथ नट और कलाबाज़ अपने करतब दिखाते थे। मोहेंजो-दड़ो की एक मुद्रा पर जंगली भैंसे के शिकार का दृश्य अंकित है। मनुष्य और भैंसे के बीच द्वन्द्व युद्ध हो रहा है। मनुष्य का एक पैर भैंसे की थूथनी पर और दूसरा भूमि पर जमा है। एक हाथ से सींग पकड़कर दूसरे हाथ से पीठ में भाला घोंप रहा है।

एक मुद्रा पर एक विचित्र उत्सव का दृश्य अंकित है। यह महिषमुण्ड देवता से सम्बद्ध किसी उत्सव का अंग मालूम देता है। इसमें नकली चोटियाँ पहने हुए पाँच आदमी, जो सम्भवत: पुरोहित हैं, एक भैंसे पर से फाँदते हुए दिखलाए गए हैं। इनमें से दो आदमी सिर के बल भूमि पर गिर पड़े हैं। बाकी तीन अभी आकाश

में ही हैं। ऊपर के बाएँ कोने पर जो आदमी छलाँग भर रहा है उसका सिर नीचे की तरफ़ है और धड़ दोहरा हो गया है। उसने भैंसे को फाँद लिया है और अब भूमि

चित्र 39 महिषमुण्ड देवता को भेंट करते हुए

पर गिरने वाला है। भैंसे के सींगों में उलझे हुए नटिये की नकली चोटी पशु की पीठ पर पीछे की तरफ़ उड़ रही है और उस दिशा का संकेत करती है जिधर से नटिये ने छलाँग लगाई है। नटिये ने भैंसे के सामने से छलाँग नहीं लगाई, क्योंकि वह जानता था कि पशु अपने पैने सींगों से ज़बर्दस्त प्रहार कर सकता है।

चित्र 40 महिषमुण्ड देवता —देवद्रुम का संरक्षक

एक और मुद्रा पर भैंसे को फाँदने की धार्मिक क्रीड़ा का दृश्य है। मुद्रा के नीचे के बाएँ कोने पर एक भैंसा बनाया है। इसके सामने एक कलाबाज़ एक टाँग

के बल खड़ा भुजाओं को सामने सीधा ताने हुए है। आदमी की मुद्रा से प्रतीत होता है कि वह छलाँग लगाकर भैंसे को फाँदने ही वाला है। इसके अलावा तीन और कलाबाज़ पशु को फाँदने की कोशिश में आकाश में उड़ते दिखाई दे रहे हैं। मोहेंजो-दड़ो की एक मुद्रा पर यह दृश्य उकेरा हुआ है। चारदीवारी से घेरे हुए देवद्रुम के सामने स्थापित खम्भे के सिरे पर सींग वाला महिषमुण्ड प्रतिष्ठित है। सींगों के सिरों से उतरती हुई पीपल की शाखा देवत्व का चिह्न है। देवद्रुम का अधिष्ठातृ देवता होने के कारण महिषमुण्ड देवता उसका संरक्षक था। यह देवद्रुम जीवनतरु माना जाता था। जो भाग्यवान् इसकी शाखा सिर पर धारण करते थे वे अजय और अमर हो जाते थे। चारदीवारी के बाहर और महिषमुण्ड देवता की संरक्षकता में एक पुरोहित यज्ञ के बैल के ऊपर से फाँद रहा है।

जंगली भैंसे को अरना भैंसा भी कहते हैं। अरना शब्द संस्कृत के आरण्य शब्द का रूपान्तर है, जिसका अर्थ जंगली है। संस्कृत में इसे वन्य महिष और आरण्य महिष कहते हैं। आदिवासी नर को अरना और मादा को अरनी कहते हैं। इसका अंग्रेज़ी में वाइल्ड बफ़ेलो (wild buffalo) और लेटिन में **बूबालुस बूबालिस** (लिनिअस) [**Bubalus bubalis** (Linnaeus)] कहते हैं।

## निवास

मोहेंजो-दड़ो की खुदाई से प्राप्त साक्षियों के आधार पर माना जा सकता है कि पाँच हज़ार साल पहले सिन्धुकालीन संस्कृति के लोग जंगली भैंसों से अच्छी तरह परिचित थे। ये सिन्धु घाटी में मिलने वाला आम पशु था। बाद में यह वहाँ से लुप्त हो गया। इसकी मौजूदा स्थिति पर विचार करते हुए प्राणिशास्त्र के विद्वान् बताते हैं कि जंगली भैंसें किसी समय असम, बिहार, उड़ीसा, पश्चिम बंगाल और मध्य प्रदेश के नदियों वाले जंगलों में विचरती थीं। अब नेपाल की तराई के घास के जंगलों से लेकर पूर्व की ओर असम में ब्रह्मपुत्र के मैदानों में तथा अरुणाचल प्रदेश में पाई जाती हैं। मध्य प्रदेश के रायपुर तथा बस्तर ज़िलों में, पश्चिमी उड़ीसा में और पूर्वीय महाराष्ट्र में भी मिलती हैं।

असम के नदी वाले मैदानों में चरने को हमेशा मिलता रहता है, इसलिए इन्हें अन्यत्र जाने की ज़रूरत नहीं होती। पर उड़ीसा और मध्य प्रदेश के भागों में जंगल सूखे हैं, ग्रीष्म ऋतु में हरियाली मुरझा जाती है और बहुत-से जलकुण्डों तथा जोहड़ों का अस्तित्व ही नहीं रहता। जंगली भैंसें तब चरागाह की तलाश में खूब भटकती

हैं और बहुधा गाँव के जोहड़ों में पानी पीने और लोट लगाने आ जाती हैं। जहाँ दलदल और पानी बना रहता है वहाँ दिन का अधिक समय वे उसमें लेटी रहती हैं। जोहड़ों में लगभग पूरी डूबी रहती हैं, केवल सिर बाहर होता है। दलदली भूमियों के पास-पड़ोस में सरकण्डे के झुरमुट और ऊँची घास के जंगली अरनों के निवास के लिए आदर्श हैं। उन्हें वहाँ भोजन और आश्रय दोनों मिल जाते हैं। पानी के जोहड़ों में वे आराम करते हैं और कीचड़ में लोट-पोट जाते हैं। असम में नदी के मैदानों और तराई में वे ऐसी जगहों में ही रहते हैं। अपने निवास-स्थानों के दक्षिणी भागों में वे अपेक्षाकृत अधिक सूखी और कठोर भूमि में रहते हैं। इसके बीच में वृक्षों के जंगल और घास के खुले चौड़ फैले होते हैं और नाले बहते हैं।

बॉम्बे नेचुरल हिस्ट्री सोसाइटी के तत्त्वावधान में मध्य प्रदेश के बस्तर और रायपुर ज़िलों में इन्द्रावती नेशनल पार्क और उदयन्ती अभयवन तथा पामेड़ और भैरमगढ़ अभयवनों के अन्दर जंगली भैंसों का सर्वेक्षण किया गया था। दिसम्बर, 1988 में प्रकाशित रिपोर्ट के अनुसार वहाँ कुल सौ भैंसें बची थीं। उन्हें बचाने के लिए युद्धस्तर पर तुरन्त क़दम न उठाए गए तो वे लुप्त हो सकती हैं। ज़ुऑलोजिकल सर्वे ऑफ़ इण्डिया के डायरेक्टर वी. के. तिकदेर (1983) के अनुसार यह जानवर अब केवल नेशनल पार्कों तथा अभयवनों में ही सीमित रह गया है, जहाँ इनकी संख्या एक हज़ार से कम है। इन्सान के सभी पालतू जानवर किसी ज़माने में जंगली जीव थे। अपनी ज़रूरतें पूरी करने के लिए इन्सान ने इनको वश में कर लिया और आदेशपालक जानवर बना लिया। दक्षिण एशिया में अनुमानत: बारह करोड़ पचास लाख से अधिक पालतू भैंसें हैं।

## अर्द्धजंगली भैंसें

अनेक उदाहरणों में इसके विपरीत भी हुआ। सैकड़ों-हज़ारों बरसों से हम जिन जानवरों को पाल रहे थे, उनमें से कुछ ने फिर जंगल की ओर रुख़ कर लिया। इन्सान की दासता से मुक्त होकर वे स्वच्छन्द विचरने लगे। पालतू से जंगली बन गए ऐसे जानवरों के लिए हिन्दी, संस्कृत या स्थानीय बोलियों में कोई शब्द है या नहीं, इसका मुझे ज्ञान नहीं। अंग्रेज़ी में इन्हें फ़ेरल (feral) कहते हैं। फ़ेरल पशु वास्तव में जंगली नहीं हैं। पालतू से पूर्ण जंगली बनने के बीच की कड़ी है। इसे अर्द्धजंगली कह सकते हैं। भारत के जंगलों में पाई जाने वाली जंगली भैंसें वास्तव में जंगली हैं, फ़ेरल नहीं हैं। वे पालतू से जंगली नहीं बनीं। श्रीलङ्का, उत्तरी ऑस्ट्रेलिया और संसार के कुछ अन्य भागों में पालतू से जंगली बन गईं अर्द्धजंगली (फ़ेरल)

भैंसें पाई जाती हैं।

भैंसों का मूल स्थान भारत था। सम्भवत: सार्गान के समय (ईसा पूर्व 24वीं सदी में) अथवा उससे कुछ समय पूर्व पहली बार भैंसें भारत से मेसोपोटामिया गईं और वहाँ से स्थल मार्ग द्वारा साढ़े तीन हज़ार साल पहले 18वीं वंशावली काल में मिस्त्र पहुँची। बड़े नर की कन्धे पर ऊँचाई प्राय: 170 सेण्टीमीटर होती है। इससे भी कद्दावर नर 200 सेण्टीमीटर तक ऊँचे जा सकते हैं। उनका वज़न 900 किलोग्राम या अधिक हो सकता है।

जंगली भैंसों में सींग दो टाइप के होते हैं। एक टाइप के सींग अर्द्धवृत्त में ऊपर की तरफ़ बढ़ते हैं और इनके सिरों के बीच में बहुत कम दूरी बचती है। दूसरे टाइप के सींग सिर से ब़ाहर की तरफ़ लगभग दिगन्तसम फैलते हैं और सिरे के पास से ज़रा-सा ऊपर की तरफ़ तथा अन्दर की तरफ़ घूम जाते हैं। एक ही झुण्ड में दोनों टाइप वाली भैंसें मिल जाती हैं। इन दो टाइपों के बीच में भी सींगों के कमोबेश घुमाव वाले कई ग्रेड होते हैं। आड़े रुख़ में काटने पर सींग चपटे और त्रिभुजाकृति होते हैं। मादा के सींग अधिक लम्बे होते हैं पर भारी-भरकम और मोटे नहीं। नर के सींग अधिक मोटे होते हैं। नर के सींगों के समान मादा के सींगों में

**चित्र** 41 जंगली भैंस के सींग का बिगुल

अधिक विविधता नहीं होती। विजय-चिह्नों से महलों की दीवारों को सजाने के लिए टाँगी जाने वाली ट्रॉफ़ियों के लिए राजे-महराजे बढ़िया सींग वाले नर का शिकार

करते थे। ये शानदार ट्रॉफ़ियाँ सिन्धुकालीन लोगों के पूज्य देव महिषमुण्ड की याद ताज़ा कराती हैं, जिसका मुकुट जंगली भैंसे के सींगों से शोभायमान होता था। सिन्धुकालीन संस्कृत और परम्पराएँ जीवित होतीं तो उसे मानने वाले लोग गर्व अनुभव करते कि उनके पूज्य देव के शृंगार —जंगली भैंसे के सींग —की पाँच हज़ार साल बाद भी राजमहलों में प्रतिष्ठा है।

## यमराज का भैंसा

सींग का सिरा तेज़ नोक वाला होना चाहिए जिससे दुश्मन पर हमला करने के लिए कारगर हो। कालिदास (पाँचवीं सदी) ने यमराज के भैंसे के नोकीले सींगों की तारीफ़ इस प्रकार की है : कुमार कार्तिकेय के सेनापतित्व में सब देवता मिलकर तारक राक्षस को मारने चल पड़े थे। हाथ में दण्ड लेकर यमराज भी अपने नीलम के पहाड़ जैसे ऊँचे भैंसे पर चढ़कर कुमार के पीछे चल दिए। भैंसा अपने पैने सींगों से बड़े-बड़े बादलों को चीरता हुआ चलता था :

**अथेन्द्रनीलाचलचण्डविग्रहं विषाणविध्वस्तमहापयोधरम्।**
**अधिष्ठितः कासरमुद्धरं मुदा वैवस्वतो दण्डधरस्तमन्वगात्॥**

कुमारसम्भव, सर्ग 14 ; 7.

## अरना भैंसे के सींगों की ट्रॉफ़ी की चाह

अनुभवी शिकारी जंगल में चरते हुए भैंसों में से उस पर निशाना साधते थे जिसका सिर विशाल हो, सुन्दर हो, सुगठित हो, रोबीला हो और भव्य हो। मार गिराने के बाद माथे पर एक सिरे से दूसरे सिरे तक नापा जाता था। माथा जितना चौड़ा होता था, ट्रॉफ़ी उतनी ही क़ीमती होती थी। ब्रिटिशराज में गोरे अफ़सरों को अरना भैंसे की बढ़िया ट्रॉफ़ी बनाने की ख़्वाहिश रहती थी। क्लबों की गपशप में वे अरने के शिकार की चर्चा के साथ उसके सिर की ट्रॉफ़ी का ज़िक्र भी किया करते थे। दूर तक मार करने वाले आग्नेय-अस्त्रों के सुलभ हो जाने से अरनों का शिकार करना सुगम हो गया है। पत्थरों और तीरों की बौछार करने वाले आदिवासी इसे मुश्किल से मार पाते हैं।

## दशरथ ने बाण से शिकार किया

पाँचवीं सदी में लिखे 'रघुवंश' में कालिदास ने अरने के विलक्षण शिकार के बारे में लिखा है। शिकार खेलते समय राजा दशरथ का अयोध्या के पास जंगलों

में एक अरना भैंसे से सामना हुआ था। उन्होंने उसकी आँख में ऐसा बाण मारा था कि वह भैंसे के शरीर में से इतनी तेज़ी से पार हो गया है कि बाण के पंख में तनिक-सा

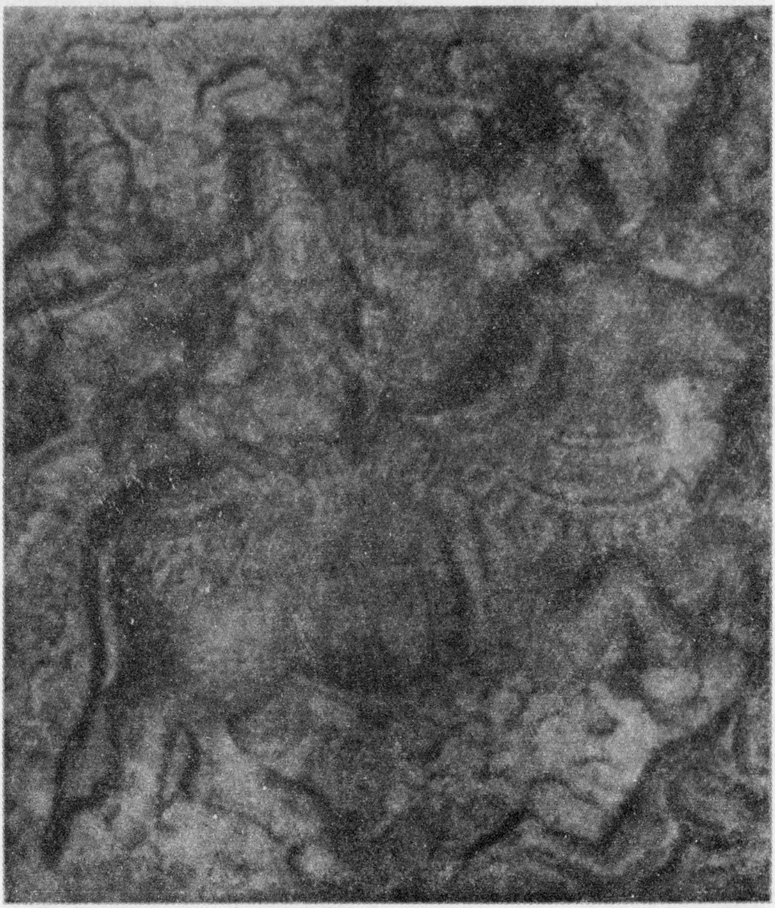

चित्र 42 अरना भैंसा : यम का वाहन

भी ख़ून नहीं लगा था। इस पर तुर्रा यह कि बाण तो देर से गिरा और भैंसा पहले ही ज़मीन पर लोट-पोट हो गया :

**तेनाभिघातरभसस्य विकृष्य पत्री वन्यस्य नेत्रविवरे महिषस्य मुक्तः।**
**निर्भिद्य विग्रहमशोणितलिप्तपुङ्खस्तं पातयां प्रथममास पपात पश्चात्॥**

रघुवंश, सर्ग 9; 61.

## आरारुचु

हिमालय में और हिमालय-पार के प्रदेशों में जहाँ भी बौद्ध संस्कृति पनपी वहाँ एक विशेष प्रकार की कला और दस्तकारी का विकास हुआ। विकट परिस्थितियों में अत्यन्त प्रतिकूल अवस्थाओं में रहते हुए बौद्ध लोगों ने मामूली-सी चीज़ों से अपने संघर्षमय जीवन को सुखी बनाने की चीज़ों का निर्माण किया। भूटान और लद्दाख की यात्राओं में मैंने जीव-जन्तुओं के विविध अंगों से बनाई गई अनेक विचित्र चीज़ें देखी थीं। ऐसी एक विलक्षण चीज़ थी — आरारुचु।

स्थानीय बोली में आरा का अर्थ शराब और रुचु का अर्थ सींग है। आरारुचु को सींग से बनाया गया एक बरतन कहा जा सकता है, जिसमें शराब रखी जाती थी। मैंने एक आरारुचु को नापा। यह छप्पन सेण्टीमीटर लम्बा था। इसके लम्बगोल-आधार की अधिकता चौड़ाई पन्द्रह सेण्टीमीटर थी। इसका मुख साढ़े पाँच सेण्टीमीटर चौड़ा था। इसमें तीन लिटर पानी समा जाता था। इसका आधार काठ के फट्टे से बन्द था। सामान्य सींगों जैसा यह गोल नहीं था। चपटा और तिकोना था जिसके ऊपर तीन किनारियाँ चली गई थी। इसके ऊपर चार जगह पीतल के नक़्क़ाशीदार पतरे चढ़ा रख थे, जिनमें कुण्डे लगे थे। कुण्डे में लगे चमड़े के पट्टे से यह कन्धे पर लटकाया जाता था।

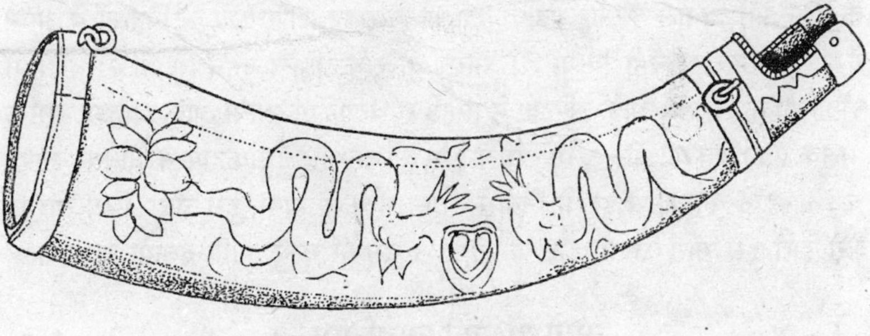

चित्र 43 सींग से बनाया आरारुचु

आरारुचु सफ़र के लिए उपयोगी पात्र है। इसमें चार-पाँच बोतलें शराब की समा जाती हैं। भूटान, तिब्बत और लद्दाख में जब तक काँच की बोतलें नहीं पहुँची थीं, आरारुचु शराब रखने के काम आता था। युद्ध के दिनों इसकी उपादेयता बढ़ जाती थी। युद्ध में जुझारू घुड़सवार इसे घोड़े की काठी के साथ बाँधे रखते थे।

एक तिब्बती व्यापारी ने दोनों हाथ फैलाकर मुझे बताया कि आरारुचु का बड़ा

सींग इससे भी अधिक लम्बा होता है। उसके अनुसार इसकी लम्बाई डेढ़-दो मीटर होनी चाहिए। वह नहीं जानता था कि भारतीय जंगली भैंसे के सींग से आरारुचु बनाया जाता है। टूरिस्टों को वह जोंगा जीप की तरफ़ इशारा करते हुए बताता था कि इससे भी बड़ा होता है वह जानवर जिसका यह सींग है। हाथी से भी बड़ा होता है। उसने जानवर का नाम ब्राङ बताया। दूसरे व्यापारी ने इस जानवर का नाम डोंगा बताया, जो याक से चार गुना बड़ा होता है। इन व्यापारियों के अनुसार यह तिब्बत में बर्फ़ के पास पहाड़ों पर चरता है। एक व्यापारी इस बरतन का नाम डोंगा राजु बताता था। 1972 में ये व्यापारी ढाई-तीन सौ रुपये में आरारुचु बेच रहे थे।

पुरानी दुर्लभ चीज़ों के नमूनों को सुरक्षित रखने के लिए भूटान की पारो घाटी में एक म्यूज़ियम बनाया गया है। इसमें मैंने बहुत बड़े-बड़े आरारुचु देखे थे। मैं उन्हें नाप तो नहीं पाया था, पर मेरा अनुमान है कि उनके अन्दर चार-पाँच लिटर शराब समा जाती होगी। इतने बड़े सींग वाले अरने अब नहीं मिलते।

समूचे हिमालय में और हिमालय-पार के प्रदेशों में आरारुचु का ख़ूब प्रचलन था। इसे बनाने के लिए चुन-चुनकर बड़े सींगों वाले जंगली भैंसों का शिकार किया जाता था। ऊँचे पहाड़ों पर दूरदराज़ में रहने वाले लोगों की ज़रूरत पूरा करने के लिए सदियों से इस बहादुर जानवर का बड़ी संख्या में संहार किया जाता रहा। जंगली भैंसे के ह्रास और विनाश का यह बड़ा कारण था जिसका प्राणिशास्त्र के विद्वानों ने अपने ग्रन्थों में उल्लेख नहीं किया है। भारत के संकटापन्न जानवरों के सम्बन्ध में ज़ुऔलोजिकल सर्वे ऑफ़ इण्डिया ने 1983 में थ्रेटण्ड एनिमल्स ऑफ़ इण्डिया नामक पुस्तक प्रकाशित की थी। उसमें जंगली भैंसे को अत्यधिक संकटापन्न जानवर बताया था। ह्रास के कारणों में इसके निवास-स्थान में कमी होना, इसे चोरी-छिपे मारना, शेरों द्वारा इसे मारा जाना, छूत के रोगों से इसकी मृत्यु आदि बताया गया था।

## अयोध्या की बावलियों में

अरने छोटे झुण्डों में रहते हैं। चरते हुए मिल जाते हैं तो बड़ा झुण्ड बन जाता है। ये मुख्यतया घास खाते हैं। सुबह-शाम और कभी-कभी रात को भी चरते हैं। दिन में ऊँची घास के अन्दर या घने तप्पड़ के अन्दर अथवा कीचड़ या जोहड़ में डूबे पड़े रहते हैं। पानी में इनके ऊधम मचाने का ज़िक्र करते हुए कालिदास ने लिखा है : प्रजा के साथ अयोध्या को छोड़कर राम स्वर्गलोक में रहने चले गए थे। नगर की बावलियों का पानी पहले जलक्रीड़ा करने वाली सुन्दरियों के हाथ के थपेड़ों

चित्र 44 जंगली भैंसों का झुण्ड

से मृदङ्ग के समान गम्भीर शब्द करता था। वही जल उजड़ी हुई अयोध्या में जंगली भैंसों के सींगों की चोटों से कान फाड़ डालता था :

**आस्फालितं यत्प्रमदाकराग्रैर्मृदङ्गधीरध्वनिमन्वगच्छत्।**
**वन्यैरिदानीं महिषैस्तदम्भः शृङ्गाहतं क्रोशति दीर्घिकाणाम्॥**

रघुवंश, सर्ग 16; 13.

गरमियों में पानी और घास दोनों की कमी हो जाती है। जंगली भैंसें नए चरागाहों की तलाश में निकल जाती हैं। बाज़ी दफ़ा छोटी पहाड़ियों को पार कर जाती हैं। कालिदास (पाँचवीं सदी) ने ऋतुसंहार में ग्रीष्म ऋतु के वर्णन में इन जानवरों के बारे में लिखा है : जुगाली करती हुई भैंसों के मुँह से झाग निकल रही है। लार बह रही है। खुले हुए मुँह से लाल जीभें बाहर निकल रही हैं। प्यास से वे व्याकुल हैं। मुँह ऊपर उठाए पहाड़ की गुफ़ा से निकलकर पानी की ओर लपकी चली जा रही हैं :

**सफेनलालावृतवक्त्रसंपुटं विनिःसृतालोहितजिह्वमुन्मुखम्।**
**तृषाकुलं निःसृतमद्रिगह्वराद्वेक्षमाणं महिषीकुलं जलम्**

ऋतुसंहार, सर्ग 1; 21.

अरने मनुष्य के इलाक़े में जाने से हिचकते नहीं। मौक़ा मिलने पर खेतों में घुस जाते हैं। बरसात में जब फ़सलें उग रही होती हैं तब ये उन पर टूट पड़ते हैं। खेतों से इन्हें खदेड़ना मुश्किल होता है।

जूट के पौधे शुरू बरसात में जब 1.2 मीटर से छोटे होते हैं तब अरने इन्हें खाते हैं। इक्कड़ अरने जूट के बड़े पौधों वाले खेतों में लेटकर आराम करते हैं और वहीं जुगाली करते हैं। चरने से जूट को अधिक नुकसान नहीं पहुँचता, क्योंकि वे पौधों की केवल फुंगलों को खाते हैं। उनके लेटने से अधिक नुकसान होता है। धान के खेतों को उनके द्वारा खाने और रौंदने दोनों से बहुत हानि पहुँचती है। फ़सल की रक्षा करने के लिए लोग इन्हें मार डालते हैं। सूखे मौसम में पानी की कमी हो जाने पर जंगली भैंसें गाँव के जोहड़ में प्यास बुझाने और लोट लगाने चली जाती हैं। गाँव के ढोरों से इन्हें बीमारियाँ लगने का अन्देशा रहता है।

## जंगली भैंसों की शुद्ध नस्ल नहीं बची

जंगली भैंसों में जोड़ा बनाने का मुख्य मौसम बरसात के अन्त में है। सामान्यतया मार्च, अप्रैल और मई में बच्चे पैदा होते हैं। दूसरे महीनों में भी बच्चों का जन्म देखा गया है। जंगली भैंसें दो-तीन बरस में सन्तान पैदा करने योग्य हो जाती हैं।

असम के जिन वनों में जंगली भैंसें रहती हैं वे गाँवों से घिरे हुए हैं। बड़ी संख्या में उनकी पालतू भैंसें उन जंगलों में चरने जाती हैं, जिनमें जंगली भैंसे रहती हैं। वे अपने को धीरे-धीरे जंगल के अनुरूप ढालने लगती हैं। अर्द्धजंगली (फ़ेरल) बन जाती हैं, कालान्तर में जंगली भैंसों के साथ जोड़ा बनाकर सन्तान पैदा करती हैं। फलस्वरूप असम में जंगली भैंसों की शुद्ध नस्ल नहीं बची। असम की पालतू भैंसें जंगली भैंसों के सदृश ही हैं, क्योंकि इनका जंगली भैंसों से मिश्रण होता रहता है। हाँ, क़द में ये जंगली भैंसों से ज़रा छोटी होती हैं। भारत के अन्य भागों की पालतू भैंसें जंगली भैंसों से शारीरिक गठन और आदतों से प्राय: बिलकुल भिन्न हैं। इसका कारण यह है कि अधिक दुधारू बनाने के लिए कई सदियों से इनकी नस्ल में निरन्तर सुधार किए जा रहे हैं।

सींगों का नाप एक सींग के सिरे से सिर के पार दूसरे सींग के सिरे तक लिया जाता है। 275 सेण्टीमीटर लम्बे सींग अच्छे माने जाते हैं। मादा के सींग छोटे होते हैं; सबसे लम्बे सींग 197.6 सेण्टीमीटर लम्बे मिले हैं। असम के बोड़थल गाँव में एक पालतू भैंस के सींगों की आर-पार लम्बाई 360 सेण्टीमीटर हो गई थी। जंगली

चित्र 45 सींगों की रिकॉर्ड लम्बाई

भैंसों के लिए मनास की ख्याति रही है। भारत के दूसरे भागों की जंगली भैंसों की अपेक्षा यहाँ ये अधिक बड़ी हो जाती हैं और इनके सींग भी बड़े हो जाते हैं।

## आठ पालतू झोटे मार दिए

जंगली भैंसों के झुण्ड में एक इक्कड़ साँड होता है। वह पालतू भैंसों के चरागाहों में चला जाता है और उनके साथ जोड़ा बनाता है। यह इतना बलवान् होता है कि पालतू साँड को पास नहीं फटकने देता। उसे खदेड़ देता है या देखते ही मार डालता है। तेज़ मिजाज़ वाला एक जंगली साँड था। अपने इलाक़े में वह किसी पालतू साँड को बर्दाश्त नहीं करता था। अपने इलाक़े में उसने आठ पालतू साँडों को मार डाला था। ऐसे गाँवों में चरवाहे अपनी भैंसों के साथ पालतू साँड को रख ही नहीं पाते।

इसका परिणाम यह है कि जहाँ कहीं भी जंगली साँड मौजूद हैं वे पालतू भैंसों का गर्भाधान करते हैं। इनके संकर से पैदा हुए बच्चे शुद्ध पालतू बच्चों की तुलना में अधिक बड़े और अधिक मज़बूत होते हैं। वर्ण संकर में ख़राबी यह है कि यदि वह कटरी है तो बड़ी भैंस बन जाने पर कम परिमाण में दूध देती है। कटरा है तो बड़ा भैंसा बन जाने पर उसे हल जोतने और गाड़ी खींचने के काम में लगाने में मुश्किल पड़ती है।

इक्कड़ साँड को चरवाहे मारते रहते हैं, इसलिए वह चिड़चिड़ा और बदमिजाज़ हो जाता है। इन्सान को दुश्मन समझने लगता है और उस पर हमला कर देता है। शिकारी द्वारा ज़ख़्मी किए गए अरने तो बहुत ही ख़ौफनाक होते हैं। वे शिकारी की

जान लेने के पूरे इरादे से हमला करते हैं। इसीलिए पुराने अनुभवी लोगों ने शिकारियों को अरना भैंसों से सावधान रहने की सलाह दी है।

## सवारी हाथी पर हमला

तकरार हो जाने पर ये हाथी पर भी वार कर देते हैं। ऐसे उदाहरणों से शिकारियों में यह सामान्य धारणा बन गई है कि सभी जंगली भैंसें ख़तरनाक होती हैं और अकारण हमला कर देती हैं। इक्कड़ साँड यदि सवारी के हाथी पर हमला कर दे तो महावत को चाहिए कि वह अंकुश मारकर अपने हाथी को स्थिर खड़ा कर ले। इससे वेग से झपटता हुआ इक्कड़ थोड़ी दूरी पर रुक जाता है या झटपट भाग जाता है।

इक्कड़ अरने से सामान्यतया सावधान रहने की ज़रूरत होती है। कभी-कभी पूरा झुण्ड भी लॉरियों पर हमला करते देखा गया है। इक्कड़ मनुष्य के पीछे पड़ जाए तो उसका हमला बहुत भयंकर होता है। जान लेने के बाद भी वह लाश को देर तक पैरों तले रौंदता रहता है, ठुड्ढे मारता है और सींग पर उठाकर इधर-उधर पटकता है। दरअसल सभी अरनों के मिजाज़ के लिए एक ही बात लागू नहीं होती। कोई अरना सुशील होता है। उसके पास जाएँ तो मारता नहीं। दूसरा गुस्सैल हो सकता है और तुरन्त हमला करता है। अरनी के साथ नवजात कटरा हो तो वह ख़तरनाक होती है। सामान्यतया जंगली भैंसों का स्वभाव बुरा नहीं होता। ये शान्तिप्रिय जीव होते हैं।

फ़ोटो खींचने के लिए इक्कड़ के नज़दीक पहुँचना हो तो चरवाहा मदद कर सकता है। पालतू भैंसों के छोटे-से झुण्ड के साथ वह इक्कड़ के पास पहुँचा देता है। भली मादाओं को अपने पास देखकर वह सुशील बन जाता है। जिन शिकारियों ने जंगली भैंसों का ख़ूब शिकार किया है वे बताते हैं कि बड़ी उम्र के अनुभवी इक्कड़ के साथ एक छोटा इक्कड़ रहता है। यह उसका चेला कहलाता है।

मनुष्य और शेर अरनों के दुश्मन हैं। काज़ीरंगा नेशनल पार्क में शेरों द्वारा अरने को खा जाने का उल्लेख मिलता है। केवल अवयस्क, बीमार या ज़ख़्मी अरने को शेर मार सकता है। स्वस्थ और जवान अरने पर हमला नहीं करता। अरना भैंसें अपने कटरों की रक्षा के लिए जो अतिशय साहस और बहादुरी दिखाती हैं वह पालतू भैंसों में भी देखी जाती हैं। झुण्ड की संगठित भैंसें शेर और सिंह के हमले को विफल करती हुई देखी गई हैं। वे बहादुरी से मुकाबला करती हैं, हमलावर को कभी-कभी ज़ख़्मी करके खदेड़ देती हैं।

चित्र 1 **आराम करता हुआ सिंह-परिवार**

चित्र 2 **शिकार पर सिंह**

चित्र 3 दिन निकलते ही हाथी चरने निकल जाते हैं

चित्र 4 **नवजात बच्चे को सुरक्षित स्थान पर ले जाती शेरनी**

चित्र 5 **वृक्ष की शाख पर दुर्लभ काले तेंदुए**

चित्र 6 **मादा लकड़बग्घा बच्चे के साथ**

चित्र 7 **हिमालय का काला भालू**

चित्र 8 **चंवरी गायों से हल चलाता हुआ लद्दाखी**

चित्र 9 **चंवरी की पूंछ से बनाए चंवर**

चित्र 10 **जिराफ़ - धरती पर सबसे ऊंचा जानवर**

चित्र 11 **जंगली गधे - कच्छ के रण के मस्त बादशाह**

चित्र 12 **गोह को खाते हुए शेषनाग**

अठारह

# दलदली रेगिस्तान का जंगली गधा

कच्छ का अर्थ दलदल वाली जगह और रण का अर्थ रेगिस्तान है। दलदली रेगिस्तान की बात कुछ अटपटी-सी लगती है। लेकिन, प्रकृति ऐसी अजीबोग़रीब चीज़ों से भरी पड़ी है।

## नमकीन भूमि का रेगिस्तान

कच्छ का रण गुजरात और पाकिस्तान की सीमा पर है। दरअसल, यहाँ दो रण हैं—एक कच्छ का बड़ा रण और दूसरा कच्छ का छोटा रण। बड़े रण में वसन्त ऋतु में हज़ारों फ़्लैमिंगों पक्षी अण्डे देते हैं। बड़े रण से थोड़ी दूर छोटा रण है। यह क़रीब ढाई हज़ार वर्ग किलोमीटर में फैला हुआ नमकीन भूमि का रेगिस्तान है।

कच्छ का छोटा रण किसी समय समुद्र था। कई नदियाँ इसमें आकर गिरती थीं। मुख्य नदियाँ बनास, सरस्वती और रूपेन हैं। उनकी गाद से समुद्र भरता गया। यह परिवर्तन इतना धीरे-धीरे हुआ कि इसमें हज़ारों बरस लग गए। कहा जाता है कि यहाँ कभी ज्वालामुखी भी मौजूद था। उसके फटने से भी भूमि की सतह ऊँची हुई। रण की भूमि क्योंकि समुद्र से निकली है इसलिए वह नमक से भरपूर है। इसमें न कोई घास उगती है और न पेड़-पौधा। मीलों तक रेगिस्तान फैला हुआ है। किसी ज़माने में इसकी यात्रा करना बड़ा कठिन था। अब यह काम जीप ने सहज कर दिया है।

## नमक की पहाड़ियाँ

रण में नमक बनाने के सैकड़ों केन्द्र हैं। इसलिए सारे रण में नमक बनाने वाले फैल गए हैं। नमक बनाने का तरीक़ा आसान है। फावड़े से धरती में गड्ढा खोदा जाता है। कुछ ही हाथ गहराई पर पानी निकल आता है। यह छोटा कुआँ बन जाता है। इसमें से पानी निकालकर धरती की सतह पर बनाई चौकोर क्यारियों में भर देते हैं। पानी में नमक घुला होता है। सूरज की किरणों से पानी सूखकर उड़ जाता

है और सफ़ेद नमक की परत नीचे जम जाती है। उसे इकट्ठा करके एक जगह ढेर कर देते हैं। नमक के ये ढेर इतने बड़े हो जाते हैं कि नमक की पहाड़ियाँ लगती हैं।

चित्र 46 कच्छ के रण का तेज़ धावक

मैंने कई जगह नमक की ये पहाड़ियाँ देखीं। इनमें से ट्रकों में नमक लादा जा रहा था। ये ट्रक इसे कारख़ानों में और पास के रेलवे स्टेशन पर ले जा रहे थे।

रण के एक तरफ़ समुद्र लगता है। मई के क़रीब शुरू में दक्षिण-पश्चिम से चलने वाली तेज़ बरसाती हवाएँ कच्छ की खाड़ी का पानी रण में धकेल देती हैं। बरसात में नदियों का पानी भी इसमें आने लगता है। रण के सूखे रेगिस्तान में कहीं घुटनों तक और कहीं कमर तक पानी भर जाता है। उन दिनों यह समुद्र जैसा दीखता है। बरसात ख़त्म होने पर अधिकतर पानी समुद्र के पानी में मिल जाता है, कुछ पानी धरती में जज़्ब हो जाता है। इससे धरती में नमक की मात्रा बढ़ जाती है। धरती की सतह से पानी जब तक पूरी तरह नहीं सूखता वहाँ दलदल बनी रहती है। पानी सूख जाने पर फिर पहले जैसा सूखा रेगिस्तान हो जाता है। इसीलिए तो इसे कच्छ का रण यानी दलदल का रेगिस्तान कहते हैं।

रण की सीमाओं पर लगती हुई भूमि में नमक नहीं है। वहाँ छोटी कँटीली झाड़ियाँ उगती हैं। पेड़-पौधों के बारे में मैंने वहाँ एक ख़ास बात ग़ौर की। जो पेड़ दूसरी जगह बड़ा आकार धारण कर लेते हैं वे यहाँ मामूली झाड़ियों के रूप में ही रहते हैं। इसका कारण यह है कि यहाँ फर्राटे की हवाएँ बहती हैं जो पेड़ों को ऊँचा नहीं जाने देतीं। तेज़ हवाओं से ऊँचे पेड़ टूट जाते हैं। छोटी झाड़ियाँ होने से उनमें रहने वाले जानवर दूर से नज़र आ जाते हैं।

इन जंगलों के साथ कई गाँव बसे हैं। गाँव वालों का मुख्य धन्धा खेती है। ऊन के लिए वे भेड़ें पालते हैं। ये लोग अधिकतर वैष्णव हिन्दू हैं। धर्म-कर्म में बड़ी आस्था रखते हैं। हर गाँव में पूजा के लिए तथा धार्मिक अनुष्ठानों के लिए मन्दिर बने हैं। सभी गाँव निरामिष भोजी हैं। मन, वचन और कर्म से अहिंसा को परम धर्म मानते हैं। वे किसी परिन्दे को भी नहीं सताते; हत्या करना तो दरकिनार। मैंने देखा कि उनके घरों के अन्दर मोर वैसे ही घूम-फिर रहे थे जैसे हमारे घरों में गौरय्या घूमती है। घर-घर में उन्हें दाना डाला जाता है जिसे मोर, कबूतर और कौए सब एक साथ चुगते हैं।

## ख़ूबसूरत तगड़ा जानवर

इस प्रदेश का सबसे मुख्य आकर्षण जंगली गधे हैं, जिन्हें घोड़खर कहते हैं। संस्कृत में इसे गौरखर कहते हैं। गौर का अर्थ सफ़ेद और खर का अर्थ गधा है। इसे अंग्रेज़ी में इण्डियन वाइल्ड ऐस (Indian wild ass) और प्राणिशास्त्र में **एक्यूस हेमिओनुस कुर** लेसन (**Equus hemionus khur** Lesson) कहते हैं। जंगली गधे दूर से सफ़ेद उजली चट्टान के समान चमकते हैं, इसीलिए इन्हें गौरखर या

घोड़खर कहते हैं। यह ख़ूबसूरत और तगड़ा जानवर है। इसके बारे में दुनिया को बहुत कम ज्ञान है। हम लोग विशेष रूप से इसी का अधिक गहराई से अध्ययन करने यहाँ आए थे। हम इसके ऐसे फ़ोटो खींचना चाहते थे जिनमें इसकी विशेषताओं का सही मायनों में चित्रण हो। घोड़खर के फ़ोटो खींचने की कोशिशें कई प्रकृति-प्रेमियों ने पहले भी की थीं। उन्हें इसमें अच्छी कामयाबी नहीं मिली थी। एक अंग्रेज़ फ़ोटोग्राफ़र यहाँ आए। वे झाड़ियों में छिपकर बैठ गए। वे चरते हुए एकल जंगली गधे के फ़ोटो खींचना चाहते थे। चरते-चरते जब वह फ़ोटोग्राफ़र की रेंज में आने वाला होता और वे फ़ोटो खींचने के लिए तैयार होते तब वह झट भाग खड़ा होता। फ़ोटोग्राफ़र ने महसूस किया कि यह जंगली गधा तो बहुत ही चतुर, चुस्त और चौकन्ना है और उन्हें ही गधा बना रहा है।

## रण का मस्त बादशाह

कच्छ के छोटे रण में कुल 800 जंगली गधे बचे होंगे। किसी ज़माने में इनकी संख्या बहुत अधिक थी। जिस रफ़्तार से इनकी संख्या में कमी आ रही थी उससे आशंका हो गई थी कि कहीं ये धीरे-धीरे ख़त्म ही न हो जाएँ। सरकार ने इसे संरक्षित प्राणी घोषित कर दिया है। इसके निवास के पाँच हज़ार वर्ग किलोमीटर क्षेत्र को अभयवन बना दिया है।

रण की सीमा की झाड़ियों में जंगली गधे चरते हैं और रात को खेतों में भी घुस जाते हैं। गाँव वाले इन्हें मारते नहीं। खेतों में से भगा देते हैं। वे जंगली गधे को रण का मस्त बादशाह कहते हैं। मैंने इन्हें मीलों तक फैली मरुभूमि में मस्त खड़े हुए देखा है। जब ख़तरा होता है तब ये रेगिस्तान में भाग जाते हैं। वहाँ ये छोटी-छोटी टोलियों में दिन-भर चुपचाप खड़े रहते हैं। दिन-भर न खाते हैं, न पीते हैं। रेगिस्तान में खड़ा होने का लाभ यह है कि वहाँ से मीलों दूर से आता हुआ दुश्मन दिखाई दे जाता है। ये ऐसा तेज़ दौड़ते हैं कि तेज़ घोड़े भी इसकी बराबरी नहीं कर सकते।

## साठ किलोमीटर प्रतिघण्टा रफ़्तार

यह इलाक़ा 1947 तक ध्रांगध्रा रियासत के अन्तर्गत था। ध्रांगध्रा के राजकुमार को अब भी प्रकृति से प्रेम है। उन्होंने हमारे ठहरने की व्यवस्था अपने महल में ही की थी। वहाँ से हम जीप पर तड़के ही घूमने के लिए रण में निकल जाते थे। पौ

फटने तक खेतों के पास पहुँच जाते थे। वहाँ जंगली गधे खेतों से बाहर निकल रहे होते थे। रात को ये अधिक साहसी, ढीठ और निडर हो जाते हैं। रखवालों को अपने नज़दीक देखकर कभी-कभी काट भी खाते हैं या दुलत्ती मारकर भगा देते हैं। इनकी मार बड़ी ज़बर्दस्त होती है। जीप पर दुलत्ती लग जाए तो उसमें गड्ढा पड़ जाता है।

जीप से पीछा करने पर जंगली गधे साठ किलोमीटर की रफ़्तार से दौड़ लेते हैं। पशुवाटिकाओं में रखने के लिए छोटे बच्चे पकड़े जाते हैं। ये बच्चे झुण्ड में अपने माँ-बाप के साथ रहते हैं। जीप से जब पीछा करते हैं तब झुण्ड तितर-बितर हो जाता है। बच्चा क्योंकि सबके बराबर तेज़ी से नहीं दौड़ पाता, वह पिछड़ जाता है। जीप में स्पीडोमीटर से मैंने देखा कि छह-सात महीने का बच्चा भी क़रीब चालीस किलोमीटर की रफ़्तार से कुछ देर के लिए दौड़ लेता है। लेकिन वह जल्दी ही थक जाता है और दस किलोमीटर की रफ़्तार पर आ जाता है। अधिक दौड़ने से बच्चा दम तोड़ देता है।

## शिकार की हवस

ध्रांगध्रा राजवंश के लोगों का एक शौक़ इस दमदार प्राणी को पकड़ना था। यह दिलचस्प और जोशीला खेल था। जीप से पीछा करके वे बड़े कद्दावर जंगली गधे को रस्सी का फन्दा डालकर पकड़ लेते थे। उसके गले में घण्टी बाँधकर छोड़ देते थे। ढोरों के गले की घण्टी के समान यह घण्टी बजती रहती थी। इसका लाभ किसानों को होता था। झुण्ड के साथ चरता हुआ घण्टी वाला जंगली गधा जब रात के अँधेरे में खेत में घुसता था तब रखवाले को पता चल जाता था। वह झुण्ड को भगा देता था। सौभाग्यवश रण में जंगली गधों के प्राकृतिक दुश्मन प्राय: नहीं हैं। उनका एकमात्र दुश्मन मनुष्य है। शिकार की हवस पूरा करने के लिए लोग चोरी-छिपे उसे मार लेते हैं; हालाँकि उसका न तो गोश्त खाया जाता है और न ही चमड़ा काम आता है। रण में मनुष्य के क्रियाकलाप बढ़ जाने से यह परेशान रहता है। नमक बनाने के सैकड़ों केन्द्रों में हज़ारों आदमी काम कर रहे हैं। उनकी ज़रूरतें पूरी करने के लिए और नमक ढोने के लिए वाहनों की गतिविधियाँ बढ़ गई हैं। ईंधन की ज़रूरत पूरा करने के लिए लोगों ने पेड़ और झाड़ियाँ काट डाली हैं। बेचारे गधे मारे-मारे फिरते हैं। वैष्णव जनों की जीव-दया की भावना से ये बचे हुए हैं, वरना कभी के ख़त्म हो चुके होते।

## भेड़िए भी गधों को मार लेते हैं

रणकच्छ के जंगलों में मैंने नीलगाय के झुण्ड चरते देखे थे। एक बड़े झुण्ड में तो चौदह नीलगायें थीं। ये जंगली गधों से भी तेज़ दौड़ती हैं। जीप को देखते ही सत्तर किलोमीटर की रफ़्तार से दौड़ने लगती हैं। यह बड़ा मज़बूत और वेगवान् जानवर है। सौराष्ट्र में कुछ रजवाड़ों ने इन्हें पकड़कर बग्घी में जोत लिया था।

रणकच्छ में मैंने छिंकारा हिरण देखे हैं। छोटे क़द के इन हिरणों की चौकड़ी दर्शनीय होती है। ये आसमान में ही उछलकर भागते हुए नज़र आते हैं। ज़मीन पर इनके पैर नाममात्र को ही टिकते हैं। गोश्त के लिए इनका बहुत शिकार किया गया है। अब इनकी संख्या बहुत कम बची है।

गीदड़, लोमड़ी, ख़रगोश और जंगली बिल्लियों के अलावा मैंने रणकच्छ के जंगलों में भेड़िए भी देखे। अन्धेरा होने पर ये अपनी माँदों में से बाहर निकलते हैं। छोटे जानवरों को आसानी से मार लेते हैं। कुछ साल पहले जब इनकी संख्या अधिक थी, ये टोलियों में मिलकर शिकार करते थे। ये जंगली गधों को भी मार लेते थे। भेड़-बकरियों को ये नहीं छोड़ते। भेड़-पालक अपनी भेड़ों को रात को कँटीली झाड़ियों की बाड़ के घेरे के अन्दर रखते हैं। भेड़िए कँटीली बाड़ से भी अन्दर घुस जाते हैं। एक दिन हमें रणकच्छ में रात पड़ गई। जब लौट रहे थे तब एक गाँव के साथ जंगलाती सड़क पर हमें दो भेड़िए बैठे दिखाई दिए। पास ही भेड़ों का बाड़ा था। ये भेड़िए उसके अन्दर घुसकर भेड़ को उठाने की योजना बना रहे थे। उन्हें देखते ही राणा साहिब ने बन्दूक उठा ली। एक ही फ़ायर में नर भेड़िए को ढेर कर दिया। गोली उसके दिमाग़ को बींध गई थी। उसे देखकर गाँव वाले बहुत ख़ुश हुए। उस इलाक़े में रिवाज़ है कि भेड़िया मारने वाले शिकारी को भेड़-पालक ख़ुशी से एक-एक भेड़ भेंट कर देते हैं। वे कहते हैं कि यह भेड़िया ज़िन्दा रहता तो न जाने कितनी ही भेड़ें खा जाता।

उन्नीस

# दरियाई घोड़ा : आबादी पर नियन्त्रण

दरियाई घोड़ा अफ़्रीका की बड़ी नदियों और झीलों में रहता है। पानी में रहने के कारण इसे संस्कृत में जल अश्व; हिन्दी में दरियाई घोड़ा; अंग्रेज़ी में हिप्पोपोटामस (hippopotamus) या हिप्पो (hippo) और प्राणिशास्त्र में **हिप्पोपोतामुस आंफ़ीबिउस (Hippopotamus amphibius)** कहते हैं। वैसे, अंग्रेज़ी नाम हिप्पो का हिन्दी में भी प्रचलन है।

अश्मीभूत जन्तुओं के अभिलेखों से पता चलता है कि हिप्पो के पूर्वज भी शरीर में आजकल के हिप्पो जैसे ही थे और वे किसी समय यूरोप में आम मिल जाते थे। इंग्लैंड में यॉर्क के उत्तर तक पाए जाते थे। एशिया और यूरोप के चिड़ियाघरों में यह मज़े में पल जाता है और अपनी वंशवृद्धि करता रहता है। ठण्डे देशों में इसके कमरे को गरम रखने का प्रबन्ध किया जाता है।

## प्रजनन

दिल्ली के चिड़ियाघर में दो दरियाई घोड़े थे। नर का जन्म त्रिवेन्द्रम के चिड़ियाघर में हुआ था और मादा का टोकियो में। प्रधानमन्त्री को मार्च, 1966 में यह उपहार–स्वरूप मिली थी। पशुवाटिका में दोनों के लिए साथ–साथ दो बाड़े बनाए गए थे। दोनों के बीच में तालाबों के अन्दर सदा पानी भरा रहता था। तालाबों की अधिकतम गहराई 180 सेण्टीमीटर थी। हिप्पो सारा दिन इनके अन्दर लेटे रहते थे। उनकी केवल थूथनी और आँखें ही कभी–कभी दीखती थी। अकसर वे गहरा साँस भरकर पानी की सतह के नीचे डूब जाते थे। जब ऊपर आते थे। तब वेग से निःश्वास छोड़ते थे।

भोजन के अलावा इनका अधिकांश समय पानी के भीतर गुज़रता था। इनकी कामक्रीड़ाएँ और कामकलह भी पानी के अन्दर ही होते थे। ये जोड़ा भी पानी के अन्दर बनाते थे। गरमी में आए हुए हिप्पो ख़तरनाक होते हैं। चार से सात सप्ताह तक दरियाई घोड़े काम के आवेग में रहते हैं। यदि गर्भाधान न हुआ तो हर एक महीने के बाद ये फिर गरमी में आ जाते हैं। राजधानी की पशुवाटिका में दरियाई

घोड़े का जोड़ा 1967 की सत्रह जनवरी से दो फ़रवरी तक गरमी में देखा गया था। प्राय: रात के शुरू में ये मैथुन करते हैं। कम से कम दो रात तो अवश्य जोड़े बनाते हैं।

बच्चे देने का कोई निश्चित मौसम नहीं है। लंदन के चिड़ियाघर में सारे साल बच्चे देते रहे हैं। प्राकृतिक अवस्थाओं में अफ़्रीका के क्वीन एलिज़ाबेथ पार्क में जनवरी से अप्रैल तक के महीनों में सबसे अधिक गर्भाधान होता है। वहाँ छिहत्तर प्रतिशत जन्म सितम्बर और नवम्बर में होते हैं। सामान्यतया एक बच्चा पैदा होता है, परन्तु दो बार दो-दो बच्चों का जन्म भी रिकॉर्ड किया गया है।

चित्र 47 मादा बच्चे से दूर नहीं होती

इनकी सन्तान पानी के अन्दर ही होती है और बच्चे वहीं पलते रहते हैं। कुछ दिनों बाद ही ये पानी से बाहर निकलते हैं। दक्षिण अफ़्रीका में दरियाई घोड़ों की आबादी कम करने के लिए जब शूटिंग का कार्यक्रम चल रहा था तब एक मादा ने बूचड़खाने से 300 मीटर दूर एक उथले जोहड़ में बच्चे को जन्म दिया था। पैंतालीस मिनट के भीतर ही बच्चा एडवर्ड झील में तैरने लगा था।

दक्षिण अफ़्रीका में शूट की गई 179 मादाओं में से बाईस प्रतिशत गर्भवती थीं, इकतालीस दूध पिलाने वाली थीं और पांच प्रतिशत दोनों प्रकार की थीं। यह

बात स्पष्ट थी कि क्वीन एलिज़ाबेथ पार्क के हिप्पो में प्रजनन की दर बहुत ऊँची थी। मृत मादा के गर्भाशय से निकाले गए सबसे बड़े भ्रूण का भार बासठ किलोग्राम था।

दिल्ली के चिड़ियाघर में रात को बच्चा पैदा हुआ था। प्रसव होने से एक-डेढ़ महीना पहले मादा को नर से अलग कर दिया गया था। गर्भस्थ शिशु के बढ़ने के साथ-साथ मां का पेट भारी हो गया था और झुक गया था। तालाब में पानी कम करके कुल साठ सेण्टीमीटर गहरा रहने दिया गया था जिससे बच्चा उसमें डूबे नहीं। बच्चा इसी में पैदा हुआ। पानी के अन्दर ही माँ का दूध चूँघता रहा।

पैदा होते समय बच्चे का औसत भार लगभग पचपन किलोग्राम होता है। शुरू के आठ साल यह तेज़ी से बढ़ता है। पाँच साल में नर तरुणाई पर पहुँच जाता है। मादा चार बरस में। क्लीवलैण्ड चिड़ियाघर में नर और मादा दोनों ही तीन बरस में सन्तानोत्पत्ति के योग्य पाए गए हैं। पहले साल बीस प्रतिशत बच्चे मर जाते हैं। उसके बाद बत्तीस बरस की आयु तक मौतें बहुत कम — छह प्रतिशत — होती हैं। चालीस के आस-पास फिर मृत्यु-दर बढ़कर चालीस प्रतिशत पहुँच जाती है। हिप्पो का औसत जीवन-विस्तार इकतालीस बरस है।

यूरोप में बन्दी अवस्था में सबसे पहला हिप्पो 1859 में लंदन में प्रदर्शित किया गया था। 1850 में उसके आगमन पर बड़ी सरगर्मी पैदा हो गई थी। 1872 में वह एक बच्चे का बाप बन गया था जो बन्दीगृह में पैदा होने के बाद सफलतापूर्वक पाला जा सका था। यह मादा थी और 1909 तक चिड़ियाघर में रही। बन्दीजीवन में हिप्पो के इतनी लम्बी उम्र भोगने के रिकॉर्ड कम ही होंगे।

## भार, उम्र

युवा नर हिप्पो का औसत भार 1,623 किलोग्राम और मादा का 1,375 किलोग्राम होता है। सबसे बड़ा जो नर मारा गया था उसका वज़न 1,883 किलोग्राम था। सबसे बड़ी मादा 2,104 किलोग्राम की थी। इतना भार इसे कुल 115 सेण्टीमीटर ऊँची तथा 420 सेण्टीमीटर लम्बी देह में अपनी छोटी टाँगों पर उठाना पड़ता है। इससे यह बौना पशु दीखता है। इसके कान छोटे लचीले और गतिशील होते हैं। ऊपर का ओठ मोटा और बढ़ा हुआ रहता है। यह मन्द दृष्टि जानवर है।

जबड़ों को देखकर हिप्पो की उम्र प्राय: बिलकुल ठीक पता चल जाती है। जीवनकाल में एक हिप्पो का पश्चहानव्य (molar) दाँतों के तीन सेटों की ज़रूरत

पड़ती है। इन दाँतों की अवस्था से उम्र का अन्दाज़ लगाना आसान होता है। दाँतों का तिर्यक्छेदन करें तो उसमें चक्र मिलते हैं जो दाँत की वार्षिक वृद्धि को बताते हैं। दरियाई घोड़े का हस्तिदन्त (ivory) अत्यन्त कैड़ा होता है और मुश्किल से कटता है। विषुवन्मण्डल की जलवायु इतनी अधिक एक समान है कि वार्षिक चक्रों के बीच में गूढ़े रंग के चक्र अलग नहीं दिखाई देते जिससे बीते हुए सालों का ज्ञान हो सके।

दरियाई घोड़े के उद्दन्त (tusks) भी यद्यपि हाथी-दाँत (ivory) हैं परन्तु हाथी के उद्दन्तों की तुलना में इनकी कोई क़ीमत नहीं। इसकी क़ीमत दस से चौदह शिलिंग तक ही प्रति किलोग्राम होती है। फिर एक प्राणी में ये निकलते भी बहुत कम मात्रा में हैं।

पानी के बाहर हिप्पो की खाल में से एक प्रकार का द्रव रिसता है। यह गाढ़ा, क्षारीय, चिपचिपा और भूरे-से रंग का होता है। बाज़ी दफ़ा इसके रिसने की रफ़्तार इतनी अधिक होती है मानो कि पम्प के ज़रिए बाहर फेंका जा रहा हो। अनुसन्धान के निमित्त क्वीन एलिज़ाबेथ पार्क में दवा संप्रविष्ट किए गए हिप्पो की खाल में से यह गाढ़ा पसीना चौबीस घण्टों मे पैंतालीस से छियालीस लिटर की रफ़्तार से निकल रहा था। हिप्पो के बारे में कितनी ही अज्ञात बातों के समान यह विचित्र बात भी रहस्य बनी हुई है।

## अकारण हमले

मुर्चिसन फ़ॉल्स नेशनल पार्क, उगाण्डा में उसारी का काम हो रहा था। रात को एक हिप्पो रेंजर की रसोई में घुस गया था। एक रात वर्क्स सुपरवाइज़र लैम्प के प्रकाश में अपने तम्बू में पढ़ रहा था। उसे महसूस हुआ कि उसके कन्धे के पीछे कोई देख रहा है। उसने सिर घुमाया तो हिप्पो का चेहरा नज़र आया। हिप्पो का सिर और कन्धे तम्बू के अन्दर थे और शेष देह बाहर अँधेरे में।

ऐसी घटनाओं के आधार पर और भारी भरकम देह के कारण इसे सीधा-सादा और बुद्धू जीव समझ लिया जाता है। क्वीन एलिज़ाबेथ पार्क में दो किशोर जा रहे थे। उन्हें एक हिप्पो दिखाई दिया। सामान्य धारणा के अनुकूल वे समझते थे कि यह भी पालतू ढोरों के समान विनम्र प्राणी होगा। हिप्पो को भागने का मौक़ा देने की बजाय उन्होंने उसकी सवारी करने की सोची। उसने एक लड़के को साइकिल के ऊपर से गिरा लिया और काटकर क़रीब-क़रीब दो टुकड़े कर दिए।

इसके अनिश्चित स्वभाव के बारे में कितनी ही वारदातें रिकॉर्ड की गई हैं। ख़ूनी हाथियों के समान दरियाई घोड़े भी कई बार बड़ी उम्र में लागू और ख़ूनी बन जाया करते हैं। और बिना बात के हमला कर देते हैं।

एक उदाहरण में, पारा के समीप नील के मैदान में फ़्रैंक प्रोपेल्टन और उनकी पत्नी जा रहे थे। उनके साथ जोहन साविजे भी थे। वे पानी के नज़दीक थे। उनसे कुछ सौ क़दम दूर घास के परदे के पीछे एक हिप्पो जा रहा था। वास्तव में वह पानी में घुसने के लिए बढ़ रहा था जबकि बीच में इनसे सामना हो गया। वह सीधा इन्हें मारने दौड़ा। इन लोगों ने शोर मचाया, पर वह पलटा नहीं। जब वह बिलकुल पास आ गया तब प्रोपेल्टन ने अपनी लाठी से उसकी थूथनी पर ज़ोर से चोट की। वह पलट गया और नदी की ओर चल दिया।

एक बार नायसिका नदी के पाट में से प्रोपेल्टन गुज़र रहे थे। वार्डन की हैसियत से काम करते हुए उगाण्डा के वन्य जीवों का इन्हें अच्छा अनुभव था। सूखी हुई धारा की रेत पर एक हिप्पो लेटा हुआ था। निकट से उसने जब इन्हें देखा तब घबरा गया। हड़बड़ाकर वह उठा और इस दल पर लपका। लेकिन अगले ही क्षण वह मुड़ा और झाड़ियों की ओर चला गया। दूसरा हिप्पो एक जोहड़ में लेटा था। पैंतालीस मीटर की दूरी से वह मारने दौड़ा और इनकी ओर लगातार बढ़ता ही गया। जब वह कुल दो क़दम दूर रह गया तब प्रोपेल्टन ने गोली दाग़ दी। लड़खड़ाता हुआ वह धड़ाम से गिर पड़ा। यह तो निश्चित है कि बच्चे की रक्षा करता हुआ तथा घायल दरियाई घोड़ा बेहद भयंकर बन जाया करता है।

क्वीन एलिज़ाबेथ पार्क में हिप्पो की ठीक-ठीक संख्या पता लगाने के लिए उन्हें दागना आवश्यक था। एक बार दागने के बाद इन प्राणियों की जीवन-पद्धति के बारे में अध्ययन करने की सुविधा हो जाती है। अन्वेषक दलों ने दागने के लिए कई उपाय बरते। यह पाया गया कि ये अन्वेषकों के साथ ज़रा भी सहयोग नहीं करते, उलटे इनका रवैया आक्रामक होता है।

अफ़्रीका में शिकार में मारे जाने वाले पशुओं में दरियाई घोड़ा सबसे ख़तरनाक और हमलावर जानवर है। इसका पीछा करना ख़तरे से ख़ाली नहीं होता।

हिप्पो के पैरों की अंगुलियों के बीच में झिल्ली नहीं होती। इससे पता चलता है कि यह जानवर तैरने की बजाय धरती पर अधिक अच्छी तरह दौड़ सकता है। सूखी धरती और पानी दोनों में ही हिप्पो घातक हो सकता है। आबादी अधिक होने

से क्वीन एलिज़ाबेथ पार्क के हिप्पो बेहद हमलावर बन गए थे।

झाड़ियों के बीच में सँकरे रास्तों पर भागती हुई लैण्ड रोवर का जब इस 1,564 किलोग्राम वज़नी जीवित ट्रक से टक्कर हो जाए तो मुश्किल पड़ जाती है। यह भी लगभग लैण्ड रोवर की गति से भाग लेता है। चपटे मुँह को फाड़कर नुकीले दाँतों से यह तुरन्त लैण्ड रोवर के बाजु में हमला करता है। अन्दर बैठे लोगों की रगों में एक बार तो सहसा एड्रिनलीन का बहाव बढ़ जाता है। वाहन पर यह अपने उद्दन्तों से चोट करता है और उसे धकेल देता है।

एक बार तो बिना किसी बात के यह वाहन पर कूदा। इसने गाड़ी के शीशे तोड़ दिए और उसके ढाँचे को भारी नुकसान पहुँचाया। लपककर इसने अपना सारा सिर गाड़ी के बाजुओं में लगे तार के जाल में घुसेड़ दिया। भीतर दुबके हुए भयभीत रेंजरों को यह अपने राक्षसी दाँतों से चबा डालना चाहता था। लेकिन बेहद भारी सिर और भरकम टाँगों के कारण यह ऊपर चढ़ने में सफल नहीं हुआ, जिससे उन लोगों की जान बच गई। हाँ, एक उदाहरण तो ऐसा मिलता है जिसमें यह पीछे से खुले हुए ट्रक के ऊपर चढ़ने में कामयाब भी हो गया था।

अफ़्रीका के आदिवासी बरछियों से हिप्पो का शिकार करते थे। जब वह भाग रहा होता था तब उसकी बक्खी में बरछी घुसेड़ देते थे।

दिल्ली के चिड़ियाघर में दरियाई घोड़ा अपने पालक के आदेशों का प्रेम से पालन करता था। उसका स्वभाव इतना विश्वसनीय था कि पालक में उस पर सवारी करने की हिम्मत भी थी। वह उसके मुँह को पकड़कर खोल लेता था। हाँ, अजनबी के पीछे यह मुँह फाड़कर भागता था। एक बार स्थानीय दैनिकों के दो फ़ोटोग्राफ़र उसके बाड़े के अन्दर बच्चे के फ़ोटो लेने उतरे। उसकी माँ ने पीछा करके फ़ोटोग्राफ़रों को बाहर खदेड़ दिया। हिप्पो के हाथ एक फ़ोटोग्राफ़र की चप्पल पड़ गई जिसे उसने गुस्से में चबा लिया।

कोलकाता के अलीपुर चिड़ियाघर में हिप्पो के बाड़े की दीवार पर बैठकर दर्शक उसे मूँगफली और चने खिलाया करते थे। दीवार के पास खड़े हुए हिप्पो को दर्शक जब मुँह फाड़ने के लिए कहते, तब वह कुछ मिलने की आशा से ऐसा कर देता। एक बार एक दर्शक ने जलती हुई सिगरेट उसके मुँह में फेंक दी। अगले दिन जब एक युवती उसके मुँह के अन्दर मूँगफली देने के लिए दीवार पर झुकी तब उसने लटके हुए हाथ को पकड़कर उसे नीचे गिरा लिया। कीचड़ में रोंधकर उसकी जान

निकाल दी।

लंदन के चिड़ियाघर में दो साल तक तो एक दरियाई घोड़ा सबका दोस्त बनकर रहा, परन्तु उसके बाद वह अत्यन्त भयानक बन गया। परिणामत: केवल उसी के पालक उसके बाड़े में घुसने की हिम्मत करते थे। वहाँ के कुछ कर्मचारियों के प्रति उसमें अतिशय प्रचण्ड विद्वेष पैदा हो गया था। जब वे सामने आते थे तब वह बौखला उठता था। एक बार उसने एक कर्मचारी पर हमला किया और इस गुस्से में उसने लोहे के सरिये को इस ज़ोर से काटा कि उसका एक बड़ा दाँत जबड़े के पास से पूर्णतया टूट गया।

इसके कुछ समय बाद उसने अपना दूसरा बड़ा कर्त्तन दाँत (canine tooth) तोड़ लिया। लेकिन यह जड़ से नहीं उखड़ा और लटकता हुआ उसे कष्ट देता रहा। चिड़ियाघर के अध्यक्ष अब्राहम डी. बार्डलेट्ट को तुरन्त उसका ऑपरेशन करना पड़ा। उस समय शायद यह दाँतों का सबसे बड़ा ऑपरेशन किया गया होगा। इसे सम्पन्न करने में हिप्पो के साथ ज़बर्दस्त कशमकश करनी पड़ी थी। साठ सेण्टीमीटर से बड़ी एक मज़बूत संडासी (forceps) बनाई गई। भीषण युद्ध के बाद कहीं उसका ढीला दाँत निकाला जा सका।

1860 में लन्दन के चिड़ियाघर में एक दरियाई घोड़ा अपने बाड़े से बाहर निकल गया। चिड़ियाघर में उसका भला रिकॉर्ड नहीं था। वह बग़ीचे में घूम रहा था और किसी पर भी हमला कर सकता था। यह बात सभी जानते थे कि चिड़ियाघर के एक पालक स्कॉट से वह बहुत ख़ार खाता था और उसे देखते ही मारने दौड़ता था। इसकी यह दुश्मनी इसे फँसाने की तरकीब बन गई। स्कौट ने दूर से ही इसे आवाज़ दी तो यह उस पर लपका। पूर्व योजना के अनुसार स्कॉट हिप्पो के बाड़े की ओर दौड़ा। हिप्पो भी उसका पीछा करता हुआ बाड़े में घुस गया। तब दरवाज़ा बन्द कर दिया गया।

## भोजन

दरियाई घोड़े के आमाशय में क़रीब 180 किलोग्राम चारा मिल जाता है। अनुसन्धान के लिए मारे गए दरियाई घोड़ों के आमाशय में विद्यमान पदार्थों का औसत वज़न 155 किलोग्राम निकला था। मादाएँ कुछ लालची प्रतीत होती हैं, क्योंकि एक सर्वेक्षण में उनके आमाशय में सत्ताईस प्रकार की 208 किलोग्राम घास निकली थी, जबकि नर के आमाशय में 188 किलोग्राम। आमाशय में पाए गए आहार की छानबीन से यह भी पता चला था कि इन पशुओं ने केवल बढ़िया घास को ही चरा था। झाड़ियों

के कोंपल या जलीय वनस्पतियाँ नहीं खाई थीं।

आमाशय के मुक़ाबले आँतों में बहुत कम चारा मिलता है। इसका मतलब है कि हिप्पो का अधिकतर पाचन आमाशय में होता है, हाथी के समान आँतों में नहीं। एक हथिनी के आमाशय में मिली-जुली वनस्पतियाँ कुल उनहत्तर किलोग्राम निकलीं और उसकी अन्तड़ियों में 578 किलोग्राम भोजन। इसके पेट में पूरा बना एक भ्रूण भी था जो शीघ्र ही जन्म लेने वाला था।

क़रीब दोपहर तक हिप्पो के भोजन का पाचन शुरू नहीं होता। उस समय पहली रात को खाए हुए भोजन का कुछ अंश भी उसके आमाशय में पड़ा होता है। तीसरे पहर तक इस भोजन का अधिक भाग हज़म हो चुका होता है।

दिल्ली के चिड़ियाघर में हिप्पो को प्रतिदिन निम्नलिखित आहार देते हैं — फल : चार किलोग्राम चीकू और पन्द्रह केले। कन्दमूल : तीन किलोग्राम शकरकन्दी और नौ किलोग्राम गाजर। हरी सब्ज़ी : नौ किलोग्राम पालक और पत्ते वाली गोभी। मेश : खल, चने की दाल, चोकर और शीरा पन्द्रह किलोग्राम। सूखी चेरी उनहत्तर किलोग्राम।

छह महीने का हो जाने पर भी दिल्ली वाले बच्चे ने स्वयं राशन खाना शुरू नहीं किया। पालक अपने हाथ से उसे कुछ चीकू और केले खिला देता था। फिर वह अपने-आप मुँह मारने लगता था।

क्वीन एलिज़ाबेथ पार्क के कुछ तडागों में हिप्पो इतनी अधिक संख्या में रहते थे, मानो किसी डिब्बे में भुने हुए काजू भरे हुए हों। बढ़ी हुई इस संख्या के कारण यूगाण्डा के कुछ क्षेत्रों के चरागाहों में घास-पत्ती ख़त्म हो गई थी। अधिक चरने से हिप्पो की भूमियाँ बंजर मैदान ही रह गए थे। वहाँ भूक्षरण की समस्या पैदा हो गई थी। भूखे दरियाई घोड़े बहुधा फ़सलों को खाने भी चल पड़ते थे और खेतों का बहुत नुकसान करते थे। बीस से चालीस का झुण्ड जिधर निकल जाता था सब कुछ चौपट कर डालता था।

अनुमान है कि एडवर्ड और जॉर्ज झीलों में बारह हज़ार हिप्पो हैं। इनका वज़न लगभग 11,684 मीट्रिक टन है। पड़ोस के कांगो में कोई तीस हज़ार हिप्पो होंगे जिनका भार 28,500 मीट्रिक टन होगा। प्रति ढाई वर्ग मीटर में अड़सठ मीट्रिक टन वज़नी हलके क़िस्म के ये टैंक वनस्पतियों को रोंदते फिरते हैं और घास को चरते जाते हैं। यदि वनस्पतियों को नाश से बचाए रखना है तो प्रकृतिविदों का विचार है कि प्रति 1.6 किलोमीटर पर 20.32 मीट्रिक टन से अधिक भार नहीं होना चाहिए। इन

बातों को ध्यान में रखते हुए यूगाण्डा के शिकार-विभाग ने इन्हें मारकर संख्या को सीमित करने की योजना बनाई। पहले साल लगभग पाँच सौ हिप्पो मारे गए थे। कुछ दिन में और कुछ रात में।

रात की शूटिंग में यह लाभ है कि हिप्पो पानी के बाहर सूखी धरती पर चरने के लिए निकल आता है। अपनी 180 किलोग्राम घास की दैनिक आवश्यकता की पूर्ति के लिए वह अँधेरा होने पर जंगल में चला आता है। जंगल की ऊबड़-खाबड़ भूमियों पर चौंसठ किलोमीटर प्रति घण्टे की चाल से दौड़ने वाली लैण्ड रोवर पर शिकारी दल निकलता था। हेड लैम्पों के प्रकाश के सीमित दायरे से बच निकलने से पहले ही प्राणी को गोली मारनी होती थी।

तट से दूर निकला हुआ हिप्पो जब शिकारी दल को या लैण्ड रोवर को देखता था तब उसके मन में सबसे पहली बात यह आती थी कि किस तरह भागकर पानी के अन्दर शरण ली जाए। मुद्दत से किए जाने वाले हमलों से यह प्राणी जान गया है कि पानी के अन्दर वह अधिक सुरक्षित है, ख़ासकर दिन के समय। इसलिए सूर्यास्त होने तक यह प्राय: वहीं रहता है।

## शिकार

गोली लगने से मर जाए तो यह सीधा तल में डूब जाता है। इसकी आँतों में विद्यमान अधपची और पची हुई घास झट सड़ने लगती है। जिससे पैदा हुई गैस इसकी आँतों को गुब्बारे की तरह फुला देती है। तब लाश पानी के ऊपर तैरने लगती है। आँतों में आहार की अवस्था तथा पानी के तापमान के अनुसार ऊपर आने में एक से तीन घण्टे लग जाते हैं यदि यह किसी जोहड़ में मारा गया है तो कोई गम्भीर हानि नहीं है। फूलकर कुप्पा बनी हुई लाश एक बार ऊपर आ जाए तो उसे थोड़ी कोशिश के बाद हस्तगत करने में अड़चन नहीं होती। पानी का क्षेत्र ख़ूब फैला हुआ हो, जैसे बड़ी झीलों में होता है या पानी बहता हो तो समस्या टेढ़ी हो जाती है।

लाश के पानी पर उछलते ही एक मोटर लॉन्च उसकी ओर दौड़ता है। बाँधकर उसे उथले पानी तक घसीट लाता है। वहाँ से उसे तट पर खड़ा ट्रैक्टर खींचता है और रेत के ऊपर घसीट लाता है। सबसे पहले उसके नाप लिए जाते हैं और उसे तोला जाता है। उसके शरीर पर चिपटे हुए पराश्रियों की संख्या और उनकी क़िस्मों का ब्योरा लिखा जाता है।

इसके बाद प्राणी के शरीर पर पड़े लड़ाई के निशानों का विवरण तैयार किया

जाता है। आबादी जितनी घनी होती है निशान उतने ही अधिक पाए जाते हैं। क्वीन एलिज़ाबेथ पार्क के हिप्पो सदा लड़ते रहते हैं, क्योंकि जगह कम है और वहाँ रहने वालों की संख्या बहुत अधिक है। इन अवस्थाओं में राज्यों के लिए भयंकर द्वन्द्व युद्धों का छिड़ना सामान्य बात है। इनमें कई बार मौतें भी हो जाती हैं।

अन्वेषक दल तब स्लाइड पर ख़ून लेता है और दाँतों में फँसी घास के अवशेषों के नमूने इकट्ठा करता है। इससे पता चलता था कि गोली लगने से पहले उसने कौन-सी घास खाई है। ऑपरेशन की कैंचियों से तब आँख को चीरकर लेन्स निकाल लिया जाता है। इतना करने के बाद बूचड़ों की बारी आती है। वे भी एक निर्धारित योजना में काम करते हैं।

हिप्पो की खाल किसी-किसी जगह पर पाँच सेण्टीमीटर तक मोटी होती है। लेकिन यह मज़बूत नहीं होती। हाथी की खाल की दृढ़ता से इसका कोई मुक़ाबला नहीं। कुल्हाड़ी के वारों से टाँगें अलग कर ली जाती हैं। फिर छाती खोली जाती है और इसके बाद क्रमश: आमाशय, सिर और पीठ। बीच-बीच में अन्वेषक दल के लोग बूचड़ों को रोककर अपने काम की चीज़ें —भ्रूण आदि इकट्ठा करते जाते हैं। आमाशय और आँतों में भरे पदार्थों को तोला जाता है और उनके नाम लिखे जाते हैं। अन्त में निचला जबड़ा काटकर अलग किया जाता है और साफ़ करके बोतल में रख लिया जाता है।

लाशों की संख्या बढ़ जाने पर तट एक सुसंगठित और भयंकर संहार का दृश्य उपस्थित करता है। कहीं दरियाई घोड़े का सिर पड़ा है तो कहीं टाँगें। शरीर के टुकड़े जगह-जगह बिखरे पड़े होते हैं, इनके भीतर से ग्रन्थियों को निकाला जाना है। ख़ून उदारता से बह रहा है और चारों ओर के पेड़ों पर गिद्ध जमा हो गए हैं। विनाश की इस लीला के बीच में अचानक मांस भूनने की गन्ध का झोंका आ जाता है। काम में लगे मज़दूरों, कारीगरों और बूचड़ों के लिए हिप्पो के ताज़े मांस का क़बाब तैयार किया जा रहा है। एक उथली खाई खोदकर उसमें घास-फूस और शाखाओं से अग्नि प्रज्वलित की गई है। मांस-भरी शलाकाओं को इसके ऊपर रख दिया जाता है। इस तरह से भूना हुआ मांस यद्यपि धुआँ खा जाता है और जल भी जाता है, लेकिन भूख में सब चल जाता है।

सींकों पर भली भाँति भूना हुआ हिप्पो मांस स्वादु होता है, और दिल तो ख़ासकर। स्वाद और बनावट में यह सूअर के मांस से मिलता है। भारत में कुछ जातियों में जैसे सूअर के मांस को पसन्द किया जाता है, उसी तरह अफ़्रीका में हिप्पो के माँस

के लिए सदा चाव रहा है। एक गाय के मुक़ाबले एक हिप्पो से 12 गुना मांस मिल जाता है। अनुसंधान के लिए मारे गए हिप्पो के शवों का मांस देखते ही देखते बिक जाता है।

दरियाई घोड़े का मांस आदिवासियों द्वारा खाया जाता है। इसीलिए कोशिश यह होती है कि मारने के बाद बिक्री के लिए उसे तुरन्त काट लिया जाए और सड़ने से बचाने के लिए शीघ्र ही उपभोक्ता के पास पहुँचा दिया जाए। अनुसंधान के उद्देश्य से भी आवश्यक होता है कि मारने के बाद जितना सम्भव हो, जल्दी अन्दर के अंगों को निकाल लिया जाए, वरना वे सड़ जाते हैं। इसलिए दिन की प्रथम किरणों के आगमन के साथ ही रात्रि के शिकार में मारे गए दस दरियाई घोड़ों को बूचड़ काटना शुरू कर देते हैं।

जिस व्यक्ति ने बूचड़ख़ाने में जानवरों को कटते देखा है वही हिप्पो के अंगों को अलग करने के इस दृश्य को देख सकता है, वरना सुकुमार हृदय तो विचलित हो उठेगा।

हिप्पो जिन झीलों में रहते हैं उनमें उनका हज़ारों मीट्रिक टन मल गिरते रहने से वह पानी वनस्पतियों के लिए अच्छा खाद बन जाता है। काई भी ख़ूब पैदा होती है, जिसके ऊपर मछलियाँ पलती हैं।

बीस

# जिराफ़

इसे अंग्रेज़ी में जिराफ़ (giraffe) और लेटिन में **गिराफ़्फ़ा कामेलोपार्दालिस Giraffa camelopardalis** कहते हैं।

धरती पर यह सबसे ऊँचा जानवर है। आमतौर पर जिराफ़ साढ़े चार मीटर से पाँच मीटर तक लम्बे होते हैं, लेकिन छह मीटर तक लम्बे भी मिल जाते हैं। इन्सान की लम्बाई से तीन गुना होते हैं। पूँछ दो मीटर लम्बी होती है।

इसकी टाँगें मज़बूत, लचीली गरदन असाधारण रूप से लम्बी होती है। मनुष्य तथा अधिकतर जानवरों की गरदन में सात हड्डियाँ होती हैं, जिन्हें कशेरुका (vertebra) कहते हैं। लेकिन जिराफ़ की हड्डियाँ ट्यूब सदृश लम्बी होती हैं। इनकी वजह से चरते हुए तथा देह की सफ़ाई करते समय यह गरदन को तान सकता है, घुमा सकता है और लपेट सकता है।

इसकी खाल का रंग लाल-सा भूरा होता है जिस पर भिन्न-भिन्न आकार-प्रकार के काले चकत्ते पड़े रहते हैं। सींग चमड़े से मढ़े रहते हैं, कभी गिरते नहीं। गरदन लम्बी होने के कारण पेड़ के ऊपरी भागों से ही पत्ते, टहनियाँ और छाल खा पाता है। जीभ लम्बी होती है जिससे पेड़ों से पत्ते लपेट लेता है। पानी पीने के समय यह अगली टाँगों को फैलाकर झुक जाता है। दौड़ते समय यह पहले दोनों दाईं टाँगें आगे ले जाता है, फिर बाईं। मादा जिराफ़ एक बारी में एक बच्चे को जन्म देती है। यह अड़तालीस किलोमीटर प्रतिघण्टा के हिसाब से दौड़ लेता है। इसकी औसत उम्र बीस साल होती है। अफ़्रीका और सहारा मरुस्थल के दक्षिणी भाग में पाया जाता है।

लखनऊ प्राणि उद्यान में दो वर्षीय अनुभव (जिराफ़) को आए अभी कुछ दिन ही हुए थे कि एक चाहने वाले ने उसे गोद लेने की पेशकश की। उसने खाने-पीने तथा बाड़े की साफ़-सफ़ाई का ख़र्च देने की पेशकश भी की थी। इससे पहले भी प्राणि उद्यान में जानवरों को गोद लेने की प्रथा रही है। एक प्रसिद्ध कम्पनी ने पक्षियों को गोद ले रखा है। 13 फुट के अनुभव का लालन-पालन महँगा पड़ता है। उसके ऊपर प्रतिदिन 200 रुपये का खर्च पड़ता है।

चित्र 48 जिराफ़

इस हिसाब से सालाना उस पर 72,000 रुपये का ख़र्च आता है, जो कि लगभग शेर या बाघ के ख़र्च से कुछ ही कम है।

इक्कीस

# कंगारू : लम्बी कूद का चैम्पियन

**खोज** : अठारहवीं शताब्दी में एक प्रसिद्ध अन्वेषक हुए हैं जिनका नाम जेम्स कुक था। वे ऑस्ट्रेलिया का दौरा कर रहे थे। एण्डेवर नदी के पास उन्होंने एक नया जानवर देखा। अपने साथ चलने वाले अधिवासी से उसका नाम पूछा। अधिवासी उनकी बात को तो समझा नहीं और अपनी बोली में बोला — 'कंगारू' अर्थात् मैं नहीं जानता। कुक ने समझा कि इसने जानवर का नाम बताया है और अपनी नोट बुक में यह

**चित्र** 49 दूध पीते हुए कगारू का बच्चा

लिख लिया। तब से इस प्राणी को कंगारू ही कहा जाने लगा। वे जब भी इसे ध्यान से देखना चाहते तो यह ज़रा-सी झाँकी देकर ऊँची घास में ग़ायब हो जाता था। 7 जुलाई, 1770 को कुक के साथियों ने इसका शिकार करने की योजना बनाई। शिकारी कुत्तों के साथ वे उसका पीछा करने निकले, लेकिन उसे पकड़ने में ग्रेहाउण्ड बेकार साबित हुए। सात दिन की निरन्तर कोशिशों के बाद आख़िर एक कंगारू शूट कर

लिया गया। इन लोगों के लिए इस नए जानवर की मुख्य विशेषता पिछली टाँगों पर उछलना था। इन्हें इस बात का देर से पता चला कि मादा के पेट में एक थैली भी होती है और वह उसमें बच्चे को लिए फिरती है।

कंगारू की खोज का श्रेय यद्यपि कैप्टेन कुक को दिया जाता है, परन्तु कुछ प्रकृतिविद् मानते हैं कि इससे बहुत पहले पाश्चात्य जगत् में कंगारू को जानते थे। 1629 में कैप्टन फ्रैंकोइस पेल्साएर्ट डच आप्रवासियों को मोलक्कास ले जा रहे थे। दुर्भाग्यवश उनका बेड़ा ऑस्ट्रेलिया के तट से टकराकर टूट गया। उन्होंने कंगारू को देखा था। ये पहले यूरोपियन थे जिन्होंने इस जानवर का परिचय दिया था।

## पारिवारिक जीवन

1793 में इंगलैण्ड में पहले पालतू कंगारू के बच्चे देने का उल्लेख है। उसके मालिक से इसका इतना स्नेह था कि मालिक एक हाथ से माँ की गरदन को थपथपा लेता था और दूसरे हाथ से थैली में बैठे बच्चे को। कंगारू झुण्ड में रहने वाला प्राणी है। ये कभी पचास या साठ भी इकट्ठे होकर खेलते रहते हैं या घास चरते हैं। शुरू के दिनों में 1000 कंगारूओं के झुण्ड देखना कोई अजीब बात नहीं थी। परन्तु अब 100 का झुण्ड मिलने में भी सन्देह है। कंगारू दूर-दूर तक सफ़र करते हैं। इनका कोई स्थिर घर नहीं होता। बच्चा देते समय भी इन्हें घर बनाने की ज़रूरत नहीं पड़ती, क्योंकि उसे ये अपने पेट के साथ चिपकाए फिरते हैं। ढोरों के समान ये धरती पर ही लेटकर सो रहते हैं।

## नौ मीटर की छलाँग

कंगारू की मुख्य विशेषता पिछले अंगों का अत्यन्त लम्बा तथा शक्तिशाली होना है, जिनके ऊपर यह जीव फुदकता है। इसकी लम्बी, मज़बूत तथा बलवान् पूँछ टेक और सन्तुलन का काम करती है। छलाँग लगाने में यह गति को बढ़ाने में सहायक होती है। साधारण चाल से जा रहा हो तो कंगारू एक बारी में डेढ़ से तीन मीटर तक कूद जाता है। यदि भागने के लिए मजबूर किया जाए तो साढ़े चार से छह मीटर तक फाँद जाता है। क्वीन्सलैण्ड में कंगारू के पीछे एक बार कुत्ते पड़ गए। जान बचाने के लिए भागता हुआ वह लकड़ी के साढ़े तीन मीटर ऊँचे ढेर को एक ही छलाँग में साफ़ पार कर गया। इस छलाँग की लम्बाई नौ मीटर थी। कंगारू चालीस किलोमीटर प्रति घण्टा की चाल से दौड़ लेते हैं। मुसीबत में यह रफ़्तार अड़तालीस

किलोमीटर प्रति घण्टा तक हो जाती है। ग्रेहाउण्ड इसे तेज़ दौड़ में भले ही पकड़ ले, लेकिन इसे क़ाबू में नहीं रख सकता। कंगारू आश्चर्यजनक शक्ति का प्रदर्शन करके छूट जाता है।

तेज़ी से भागते हुए कंगारू की निगाह उसके कन्धों से ऊपर रहती है। वह नीचे की चीज़ को नहीं देख रहा होता। रास्ते में यदि कोई बाधा आ जाए तो वह उससे टकराकर दुर्घटनाग्रस्त हो सकता है। भागने के लिए मजबूर किया जाए तो मादा अपने बच्चे को किसी निकुंज में छोड़ देती है। इससे उसका फ़ालतू वज़न कम हो जाता है और वह आसानी से भाग सकती है। बाद में आकर वह बच्चे को उठा ले जाती है।

पूर्ण युवा नर 150 से 210 सेण्टीमीटर तक ऊँचा हो जाता है। इसका वज़न नब्बे किलोग्राम तक हो जाता है। मादा छोटी होती है। कंगारू का औसत जीवन-विस्तार पन्द्रह बरस है। भेड़, हिरण और ढोरों के समान इसके पैर खुरदार नहीं होते। बल्कि पंजे होते हैं जिसमें लम्बे नाख़ून होते हैं। अगले पंजे चीज़ों को पकड़ने के काम आते हैं। पिछले पैर लम्बे और गद्दीदार होते हैं।

कंगारू सीधा-सादा और शर्मीला जानवर है। इसका आहार केवल घास है। घास चरते समय ये अन्य चौपायों के समान चारों टाँगों पर धीरे-धीरे आगे बढ़ते हैं। ज़रा-सी भी आहट से पिछली टाँगों पर कूद जाते हैं। छलाँग मारते समय अगली टाँगें छाती के साथ लगी रहती हैं। पूँछ बाहर तनी होती है जो 'रडार' का काम करती है।

स्टालवर्ट उच्चभूमि का एक गड़रिया शाम को अपने कुत्ते के साथ वापस आ रहा था। अपने सामने उसने यकायक कोई बड़ी चीज़ देखी। वह ऑस्ट्रेलिया में नया ही आया था। उसने ऐसा जानवर पहले नहीं देखा था। वह भ्रम में पड़ गया कि यह कहीं दैत्य तो नहीं। इस बीच कुत्ते ने दानव पर हमला कर दिया। भाग खड़े होने के बजाय वह गड़रिये पर लपका। अपनी भुजाओं में उसे आबद्ध कर लिया और छलाँगें भरता हुआ दूर निकल गया। कुत्ते ने साहसी लुटेरे का पीछा नहीं छोड़ा और किसी तरह मालिक को छुड़ा लिया। यह दानव, और कुछ नहीं, एक बड़ा कंगारू ही था।

## हिरण के साथ युद्ध

दिल्ली के चिड़ियाघर में कंगारू के बाड़े में लम्बी टाँगों वाले इमू नामक ऑस्ट्रेलियन पक्षियों को रखा गया है। ये एक-दूसरे का सम्मान करते हैं और आपस में लड़ते नहीं। कंगारू को दिए गए भोजन को गिलहरियाँ और नेवले खाते रहते हैं। एक परीक्षण

में एक ही बाड़े में कंगारू और हिरण को एक साथ रख दिया गया। दोनों एक-दूसरे की आदतों से अपरिचित थे। कंगारू जब अपनी पिछली टाँगों पर खड़ा हुआ और कूदकर चलने लगा तब हिरण चौंक गया, क्योंकि हिरणों की बिरादरी में कोई पिछली टाँगों पर तभी खड़ा होता है जब उसे दूसरे से युद्ध करना हो। कंगारू की सीधी-सादी चाल को हिरण ने युद्ध का निमन्त्रण समझ लिया। अपने तीखे सींगों से वह कंगारू पर चोट करने बढ़ा।

## प्रजनन

नर कंगारू दो साल में तरुण हो जाता है। ऑस्ट्रेलिया में ग्रे कंगारू (*Macropus major* Shaw) के प्रजनन का समय शुरू सितम्बर से शुरू जनवरी तक है। लंदन के चिड़ियाघर में ये सारे साल ही बच्चे देते रहते हैं। एक बारी में इनके एक ही बच्चा पैदा होता है। जोड़े का जन्म कम ही होता है। माँ के गर्भाशय में बच्चा पाँच सप्ताह रहता है।

6 मई, 1966 को मैंने दिल्ली के चिड़ियाघर में कंगारूओं को जोड़े बनाते देखा था। सफ़ेद झाईं लिए हुए काले-से रंग की मादा तो अभी तरुणाई में आई थी, परन्तु नर कंगारू प्रौढ़ उम्र का था। विलायती कीकर के कुंज में चरती हुई मादा को उसने मैथुन के समय क़ाबू कर लिया था। सुबह साढ़े आठ बजे जोड़ा बनना शुरू हुआ। मादा की इसमें पूरी दिलचस्पी नहीं थी। नर यद्यपि चार मिनट ऊपर रहा, परन्तु इस अवधि में मादा थोड़ा-बहुत चलती रही और कभी-कभार घास में मुँह मारती रही। नर के उतरते ही मादा अलग चली गई। दो मिनट बाद ये फिर इकट्ठे हो गए और रतिकर्म में प्रवृत्त हो गए। इस बार मादा एक ही जगह स्थिर रही। साढ़े चार मिनट तक मिले रहने के बाद ये अलग हो गए। मैथुन के स्थान पर नर और मादा दोनों ने अपने अगले पैरों से मिट्टी खोदकर फेंकी। फिर अलग-अलग लेट गए। सम्भोग में परितृप्ति के बाद मादाएँ जैसे किया करती हैं, मादा अपने शरीर की सफ़ाई में लग गई।

कंगारू द्विज है अर्थात् दो बार जन्म लेने वाला प्राणी है। पहले जन्म के समय बच्चा बिलकुल अपरिपक्व और असहाय अवस्था में अन्धा पैदा होता है। इसके ऊपर गर्भवेष्ट (placenta) नहीं होता। कुछ अन्वेषकों के अनुसार यह ढाई सेण्टीमीटर से छोटा और लगभग डेढ़ ग्राम भारी होता है। एक लेखक ने नए जातक का आकार सेम के दाने के बराबर लिखा है। वास्तव में यह पूरा बना ही नहीं होता। खाल पर

बाल नहीं उगे होते। अगली टाँगें बन गई होती हैं, पर पैरों में अंगुलियाँ नहीं बनी होतीं।

मादा कंगारू के पेट के निचले भाग में एक थैली होती है जिसके अन्दर एक बार जन्मे हुए निस्सहाय बच्चे का पुन: विकास होता है। यह थैली एक प्रकार से बाहरी गर्भाशय का काम देती है। बच्चा क्योंकि बहुत ही नन्हा होता है इसलिए अपने आप थैली में घुस नहीं सकता। कुछ कंगारू माताएँ बच्चे को अपने ओठों के बीच में कोमलता से उठाती हैं और थैली में रख देती हैं। कुछ माताएँ धरती पर लेटे-लेटे थैली के आगे चाटकर बालों में एक मार्ग बना देती हैं। इस पर अन्धा जातक घोंघे की तरह धीरे-धीरे रेंगता हुआ थैली में दाख़िल होता है। कुछ माताएँ कोई सहायता नहीं देतीं, बच्चा खुद अपनी सहज बुद्धि से थैली की ओर बढ़ता है और रेंगता हुआ अन्दर चला जाता है।

क्योंकि कंगारू माताओं में शिशु के प्रति इस व्यवहार में भिन्नता देखी गई है, इसलिए प्रतीत होता है कि शिशु की योग्यता के ऊपर यह निर्भर करता है। होशियार शिशु को माँ की सहायता की आवश्यकता नहीं पड़ती, लेकिन बुद्धू तथा निर्बल शिशु को ओठ में उठाकर थैली के अन्दर डालना पड़ता है। वहाँ यह चारों थनों में से किसी एक पर तब तक चिपका रहता है जब तक कि उस आकार का न हो जाए जिस आकार में अन्य प्राणियों के नवजात बच्चे होते हैं। स्तन से अलग होने पर भी यह अपना अधिक समय थैली में गुज़ारता है। थैली में बैठे-बैठे बाहर की दुनिया की झाँकी लेता है। चार महीने बाद घास खाना शुरू करता है। माँ जब घास खा रही होती है तब थैली में बैठे-बैठे ही घास तोड़ लेता है। धीरे-धीरे बाहर निकलने लगता है। ख़तरा होने पर झट थैली में घुस जाता है। ज्यों-ज्यों बढ़ता जाता है, बाहरी दुनिया में इसकी दिलचस्पी बढ़ती जाती है। छह महीने तक थैली में रहने के बाद यह क्योंकि दोबारा जन्म लेता है, इसलिए द्विजन्मा प्राणी है।

ऑस्ट्रेलिया में भोजन के लिए शूट किए गए मादा कंगारूओं की थैली में विभिन्न अवस्था के बच्चे पाए गए। कुछ बच्चे अख़रोट से बड़े नहीं थे। वे स्तनों से चिपटे हुए थे। कुछ बच्चे चूहे जितने थे।

संस्कृत में कंगारू को शिशुधानी कुरंग या धानी कुरंग कहते हैं। धानी का अर्थ थैली होता है। इसलिए संस्कृत नाम का अर्थ हुआ — ऐसा प्राणी जो अपने बच्चे को थैली में पाले।

एक समय ऑस्ट्रेलिया के आदिवासी मांस के लिए कंगारू का बहुत शिकार

चित्र 50 थैली में से बच्चा नई दुनिया की झाँकी ले रहा है

करते थे। इंग्लैण्ड के जो लोग ऑस्ट्रेलिया में जाकर बसने लगे। उन्हें अधिकतर कंगारू का ताज़ा गोश्त खाने को मिलता था। वे लोग इसको इतना स्वादिष्ट तो

नहीं पाते थे, पर इससे गुज़ारा चला लेते थे। अब इसका शिकार कम हो गया है। इसकी खाल दस्तानों और बूटों के लिए बढ़िया चमड़ा देती है।

*माक्रोपुस (Macropus)* गण (genus) में कंगारूओं की तेईस जातियाँ (species) हैं। इनमें बीस ऑस्ट्रेलिया में मिलती हैं। एक — तास्मानिया कंगारू **माक्रोपुस आगिलिस (Macropus agilis)** ऑस्ट्रेलिया तथा क्वीन्सलैण्ड दोनों में पाया जाता है। दो — अन्य **माक्रोपुस ब्रुइज्नि (Macropus bruijni)** और **माक्रोपुस ब्राउनि** (**Macropus browni**) न्यू गिनी या आसपास के द्वीपों में सीमित हैं।

कंगारू ज़मीन पर विचरने वाले जीव हैं। इनकी एक जाति पेड़ की निवासी बन गई है। रैट कंगारू (rat kangaroo) मोटे तौर पर ख़रगोश के बराबर होता है, परन्तु ज़्यादातर चूहे से मिलता-जुलता है। दूसरे कंगारूओं के समान कुछ रैट कंगारू कूदकर चलने वाले हैं, जबकि दूसरे चारों टाँगों पर तेज़ी से भागते हैं।

चिड़ियाघरों में हम सामान्यतया जिस कंगारू को देखते हैं, उसे अंग्रेज़ी में ग्रेट कंगारू (great kangaroo) और फ़ॉरेस्टर (forester) कहते हैं। यह न्यू साउथ वेल्स के भीतरी मैदानों में और क्वीन्सलैण्ड के खुले जंगलों में तथा झाड़ी वाले प्रदेशों में दक्षिण पश्चिम ऑस्ट्रेलिया और तास्मानिया में रहता है। भारत में यह नहीं पाया जाता। हमारे चिड़ियाघरों में यह आसानी से पल जाता है और अपनी वंशवृद्धि करता रहता है। इसे देखते हुए मेरा सुझाव है कि हमारे कुछ राष्ट्रीय पार्कों में और अभयारण्यों में कंगारूओं के कुछ जोड़ों को मुक्त किया जाना चाहिए। कॉर्बेट नेशनल पार्क से इस प्रयोग की शुरुआत की जा सकती है।

बाईस

# ख़तरनाक मगरों का शिकार

मोहेंजो-दड़ों की एक मुद्राछाप पर सात पशु हैं। सबके मध्य में एक मगर और उसके दोनों तरफ़ तीन-तीन पशु हैं। उसके दाईं तरफ बैल, बाघ और एक शृंग हैं; बाईं

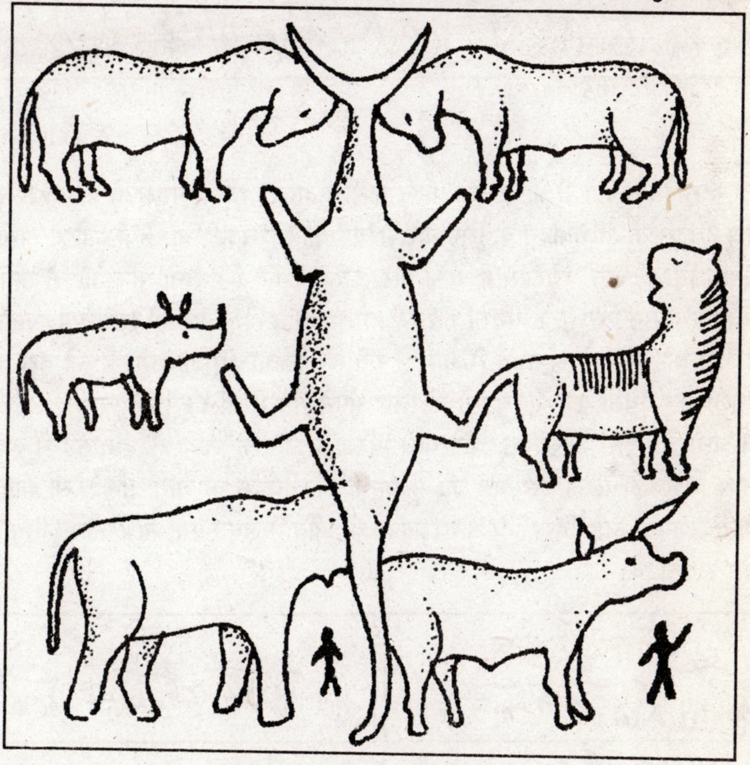

चित्र 51 मुद्राछाप में अंकित मगर

तरफ़ बैल, गेंडा और हाथी इस पशु-समुदाय में मध्यवर्ती मगर के कुछ अंग दोनों तरफ़ वाले पशुओं के भिन्न-भिन्न अंगों का काम देते हैं।

मुख में मछली पकड़े हुए मगर का चित्र सिन्धु मुद्राओं पर मिलता है। मोहेंज-दड़ों

की एक मुद्रा पर पशुओं के बीच लम्बे पत्ते वाले दो वृक्ष और तीन पक्षिमुख मगर हैं जो अपनी चोंचों में एक-एक मछली पकड़े हुए हैं। ऊपर के ख़ाली स्थान में तीन पक्षी उड़ रहे हैं। उनमें से एक पक्षी चोंच खोले चिल्लाता-सा प्रतीत होता है, मानो किसी आगन्तुक के भय से सचेत कर रहा हो।

चित्र 52 मगर के मुँह में मछली

मोहेंजो-दड़ो से प्राप्त तीन पहलू वाली मुद्राछाप के दो पहलुओं पर बहुत-से पशु देवद्रुम के अभिवादन के लिए बाएँ से दाएँ को पंक्तिबद्ध जा रहे हैं। इनमें हाथी, गेंडा, तेंदुआ, बाघ, छोटे सींग वाला बैल, बकरा आदि हैं। दोनों पहलुओं के ऊपर रिक्त स्थान में एक-एक मगर चित्रित है। ऐसा प्रतीत होता है मानो समस्त पशुजाति देवद्रुम की पूजा के समारोह में भाग ले रही है। इनका अगुआ मगर है जो वृक्ष के अधिष्ठातृ देवता को भेंट चढ़ाने के लिए अपने मुँह में बलि रूप में एक मछली भी ले चला है। माँस और घास खाने वाले विरूद्ध प्रकृति के जीवों के समारोह में एक साथ मिलकर चलना इस बात का सूचक है कि देवद्रुम के चारों ओर कैसा शान्त वातावरण था, जहां हिंस्र और सौम्य प्रकृति के जीव मिलकर एक साथ जीवन निर्वाह कर सकते थे।

चित्र 53 मोहेंजो-दड़ो की मुद्राछाप में मगर

मोहेंजो-दड़ो की एक मुद्रा पर एक तरफ़ स्वस्तिक, जीवनतरु और लेख चित्रित हैं, और दूसरी तरफ़ मुँह में मछली पकड़े हुए मगर है। यह शलाका मुद्रा तावीज़ (रक्षाकारण्ड) था, जिसमें स्वस्तिक और जीवनतरु को लक्ष्य करके उनमें मगरों से उत्पन्न संकट का निवारण करने की प्रार्थना की गई है।

इसके मुँह में जो मछली है वह सम्भवतः उसे बलिरूप से दी गई है, जिससे वह अपने स्वाभाविक आहार से सन्तुष्ट होकर मनुष्य और उसके पालतू पशुओं पर हमला न करे। हड़प्पा की बहुत-सी शलाकाकृति मुद्राछापों पर एक तरफ़ मगर और

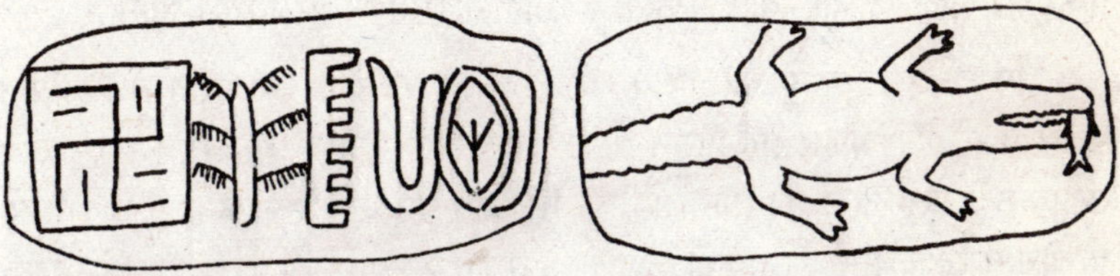

चित्र 54 हड़प्पा की शलाकाकृति मुद्राछाप पर मगर

दूसरी तरफ़ ग्यारह चित्राक्षरों का लेख खुदा है जो सम्भवतः मगर को शान्त करने का मंत्र है। हड़प्पा में इस प्रकार की मुद्राछापों की प्रचुरता का कारण सम्भवतः इस प्रान्त में मगरजनित उपद्रवों का आधिक्य था।

## आहार

मगरों का सामान्य भोजन मछलियाँ, कछुए पानी के पक्षी और स्तनपायी जानवर हैं। पानी पर उतराता हुआ मगर सम्भावित शिकार की पानी के किनारे आने की प्रतीक्षा करता है। यह जंगल का कोई छोटा स्तनपायी जानवर हो सकता है। उसे देखकर वह गोता लगा लेता है। इतना आहिस्ता डूबता है कि पानी पर एक लहर तक नहीं उठती। पानी पीते हुए जानवर की दिशा में पानी के नीचे ही सावधानी से बढ़ता है और उसके पास क़रीब छह मीटर तक पहुँच जाता है। तब एकदम झपटता है और घबराए हुए शिकार पर पूँछ से एक-दो ज़बर्दस्त चोटें मारता है। वह गिर पड़ता है और होश-हवास खो बैठता है। उसे जबड़ों में पकड़कर पानी के अन्दर खींच ले जाता है। छोटा शिकार तो जबड़ों की पकड़ में भींचकर मर जाता है। बड़ा शिकार डूबने से मर जाता है। पानी में तैरते हुए जानवरों और आदमियों को यह उनकी टाँग पकड़कर नीचे ले जाता है और डुबोकर मार डालता है। ऐसा शिकार मारने में पूँछ की ज़रूरत नहीं पड़ती।

छोटे शिकार को मगर आसानी से सटक जाते हैं। बड़े शिकार को एकान्त स्थान में ले जाकर धीरे-धीरे निगलते हैं। मगर का हलक अपेक्षाकृत बड़ा नहीं होता। शिकार बहुत बड़ा है तो यह उसे निगल नहीं सकता। नोकीले दाँतों से यह दुश्मन

को पकड़ तो सकता है, पर काटकर या चबाकर उसके छोटे टुकड़े नहीं कर सकता है। लोग बताते हैं कि ऐसे शिकार को यह पानी के नीचे पेड़ की जड़ों के साथ या चट्टानों के नीचे अटका देता है और उसे सड़ने देता है। सड़े हुए अंग को मुँह में पकड़कर लाश के दाएँ-बाएँ मरोड़ता है और अलग होने पर निगल जाता है।

निगले हुए लुकमों को पीसकर छोटा करने का काम आमाशय में विद्यमान पत्थर करते हैं। आहार को पीसने के उद्देश्य से यह नदी के तल से कंकर-पत्थर उठाकर निगल जाता है। आमाशय की सिकुड़ने की ज़बर्दस्त क्रियाओं से लुकमों के बीच में पत्थर घूमते हैं। चक्की के पाटों के समान ये लुकमों को पीसकर टुकड़े-टुकड़े कर देते हैं।

## 4.77 किलोग्राम भारी पत्थर निगल जाता है

एक प्रामाणिक उल्लेख के अनुसार मगर 4.77 किलोग्राम तक भारी पत्थर निगल जाता है। इस उल्लेख के अनुसार इतने भार का उसे लाभ यह है कि ध ाराओं के तेज़ प्रवाह में अडिग पड़े रहने में सहायता मिलती है। बड़े आक़ार के खाए हुए भोजन को बड़े पत्थर बख़ूबी पीस लेते हैं। पत्थरों का दूसरा लाभ यह है कि उनके बोझ से मगरमच्छ नदी के तल में डूबा रहता है। पत्थर उसे एक जगह स्थिर बने रहने में मदद करते हैं। नदी का प्रवाह उन्हें बहा नहीं ले जाता। मगर के बच्चे प्राय: कीड़ों और बिना रीढ़ वाले छोटे जीवों को खाते हैं। उम्र बढ़ने के साथ इनकी ख़ुराक बदलती जाती है। धीरे-धीरे ये रीढ़दार जानवरों पर आ जाते हैं और बड़े शिकार को मारने लगते हैं।

## आदमख़ोर मगर

भारत में श्मशान भूमियाँ अकसर नदियों के किनारे हुआ करती हैं। बच्चों, साधु-सन्तों की लाशें, लावारिस मुर्दे और कई बार अधजली लाशें पानी में फेंक दी जाती हैं। इन्हें खाकर मगरों का अच्छा गुज़ारा हो जाता है।

इन्सान को इससे यह लाभ है कि जलप्रदूषण की समस्या कुछ हद तक हल हो जाती है। यही कारण है कि श्मशान घाटों के पास नदियों के अन्दर मगर स्थायी रूप से रहने लगते हैं। जब इन्हें लाशें नहीं मिलतीं तब ज़िन्दा आदमियों और जानवरों को पकड़ लेते हैं। मगर मनुष्य को अपना सबसे बुरा दुश्मन समझता है। इसलिए उसे देखते ही या उसका खटका सुनते ही डरकर भाग जाता है और पकड़ में नहीं

आता, परन्तु नरभक्षी बन जाने पर वह साहसी बन जाता है। नदी पर कपड़े धोने या पानी भरने के लिए आदमी की अपेक्षा औरतें अधिक जाती हैं, इसलिए वे मगर का अधिक शिकार बनती हैं।

चम्बल के बूढ़े लोग सुनाते हैं कि एक बार चेचक की बीमारी फैली। बड़ी संख्या में बच्चे मरने लगे। उन्हें चम्बल में फेंक देते थे। मगर उन्हें खा लेते थे। मगरों को आदमी के गोश्त का चस्का लग गया था। चेचक की महामारी ख़त्म होने पर उन्हें

चित्र 55 मगर की चपेट में लड़का

नर मांस मिलना बन्द हो गया। एक दिन झीरी गाँव के लोग घाट से नाव में पार जा रहे थे। बीच धार में एक लड़का तैरने के लिए पानी में कूदा। मगर झपटा और उसकी कमर पकड़कर पानी के अन्दर ले गया। वहाँ कुछ बुलबुले उठे, उसके बाद उसका कोई चिह्न नहीं मिला।

चिनोनी से सत्रह किलोमीटर दूर मल्लाहों का एक गाँव है—नरेगाढ़े। गाँव की एक बकरी चम्बल में पानी पीने गई थी। मगर ने उसे पकड़ लिया और खा लिया। यह 1963 की बात होगी। गड़रिए ने बकरी को छुड़ाने की कोशिश नहीं की। वह हतप्रभ देखता रहा। गाँव में इस घटना की ख़बर फैल गई। गड़रिए और ग्वाले चौकन्ने हो गए। पानी पीते हुए पशु-धन के पास खड़े चौकसी करने लगे।

कुछ दिन बाद मगर ने कपड़े धोती हुई गाँव की बहू को पानी में खींच लिया।

बहू तीन-चार हज़ार रुपये के गहनों से लदी थी जिसमें अधिकतर चाँदी के थे और कुछ सोने के थे। मल्लाहों ने उसे हस्तगत करने की बहुत कोशिश की थी, पर सब निष्फल हुई। मगर को आदमी के गोश्त का चस्का लग गया था। चम्बल में अकेले नहाते हुए बच्चे पर हमला करता था। धीरे-धीरे उसने चार बच्चे खा लिए । यह नरभक्षी

चित्र 56 कपड़े धोती महिला को खींच लिया

दूसरे मगरों से अधिक दिलेर हो गया था। तट के पास पानी में अकसर दीख जाता था। सयानों ने बच्चों को चम्बल में तैरने से रोक दिया। गाँव की औरतें चम्बल पर कपड़े धोने और पानी भरने से डरने लगीं। किनारे की चट्टान पर बैठकर लोग लोटे से पानी पलटकर नहा लेते थे।

गाँव के शिकारी नरभक्षी के पीछे पड़ गए। एक दिन उन्होंने उसे धूप सेंकते हुए तलाश कर लिया। महीपत मल्लाह और उसके साथियों ने निशाना साधा। दनादन गोलियों की बौछार कर दी। नदी के पार से भी शिकारियों ने गोलियाँ दागीं। जान बचाने के लिए पानी में कूदने से पहले वह भयंकर रूप से ज़ख्मी हो गया था। मगर दह का पानी लाल हो गया था। शिकारियों को विश्वास था कि वह मर जाएगा। तलाश करने पर कुछ पता नहीं चला। सात दिन बाद लाश उतराती हुई नज़र आई, पेट फूला हुआ था। रस्सों से खींचकर उसे बाहर निकाला। उसके कन्धे और बाज़ुओं पर चौदह गोलियाँ लगी थीं। पेट में बहू के सब गहने मिल गए थे। एक बार चरती

गाय को मगर नदी के अन्दर घसीट ले गया था। ऐसी घटनाओं की स्मृतियाँ अभी चम्बल के लोगों में बची हैं।

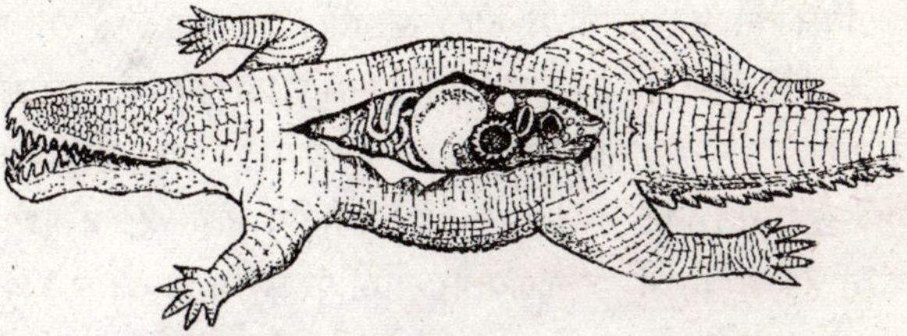

चित्र 57 पेट चीरने पर गहने निकाल लिए

आद्य शंकराचार्य ने अल्प आयु में गुरुकुल में रहकर वैदिक शास्त्रों का अध्ययन कर लिया था। आठ साल की उम्र में उन्हें संसार से विरक्ति हो गई थी। वे संन्यास लेना चाहते थे, पर उनकी माँ आर्यांबा ने इसकी स्वीकृति नहीं दी। एक दिन वे अपनी माँ के साथ नदी में स्नान करने गए। जल में उतरते ही मगर ने उनका पैर पकड़ लिया। माँ रोने लगी। तब बालक शंकर ने कहा कि अगर आप मुझे संन्यास लेने की आज्ञा दें तो यह जलचर मेरा पैर अवश्य छोड़ देगा। माँ ने और कोई उपाय न देखकर अनुमति दे दी, और मगर ने भी उनका पैर छोड़ दिया।

किसी दैवीय चमत्कार के कारण शंकर तो मगर की पकड़ से छूटकर बच गए, परन्तु सामान्यतया यह इतना ज़ोर से हमला करता है कि प्राणी बचता नहीं। इस हमले में वह अपनी पूँछ का भी इस्तेमाल करता है। इसके दाँत और पूँछ बड़े शक्तिशाली होते हैं। मुर्चिसन पार्क में नील के अन्दर एक घसियारा नहा रहा था। यहाँ मगरों *(क्रोकोदिलुस निलोतिकुस)* का निवास था, परन्तु आज तक किसी आदमी को उन्होंने नुकसान नहीं पहुँचाया था। प्राय: शाम को मगर शिकार पर निकलते हैं। मगर ने घसियारे की टाँग पकड़ ली। बीस मिनट तक वह मौत से जूझता रहा। मगर दरम्याने साइज़ का था, आदमी ने किसी तरह टाँग छुड़ा ली। मांस के बीच में से हड्डियाँ दीख रही थीं। मगर की पूँछ की चोट से आदमी का शरीर लहूलुहान हो गया था। रात पड़ गई थी। अँधेरे में छिपे हुए मयों से घबराकर उसके साथी उसे रात को हस्पताल नहीं ले गए; अगली सुबह वह मर गया। पचमढ़ी की एक गुफ़ा में निर्मित प्रागैतिहासिक चित्रों में मगर के मुख के अन्दर एक आदमी दिखाया गया है।

जुलाई, 1978 में बुढ़ाना में हिंडन नदी में स्नान करते हुए युवक पर मगरमच्छ ने हमला किया। आस-पास के लोगों ने यह देखा और हिम्मत करके उसे छुड़ाने

लपके। मगर ने उसकी टाँग पकड़ी हुई थी। लोगों ने युवक का सिर पकड़ खींचने की कोशिश की। पर ताक़तवर मगर के आगे उनकी एक न चली। कुछ दिन बाद एक अन्य व्यक्ति को मगर पानी में खींच ले गया। यह कपड़े धो रहा था। काफ़ी खोजबीन के बाद भी दोनों का कुछ पता नहीं चला। नेय्यर बाँध के जलाशय में केरल सरकार द्वारा मगर प्रजनन केन्द्र चलाया जा रहा है। यहाँ इनकी संख्या तेज़ी से बढ़ रही है। 1987 में क़रीब 140 मगर हो गए थे। स्थानीय लोग इस जलाशय का पानी इस्तेमाल करते हैं। भूखे मगर जलाशय पर लोगों पर हमला करने लगे थे। मगर के हमले में एक औरत की बाजू चली गई। हमले की कम से कम बीस रिपोर्टें तो दर्ज कराई जा चुकी थीं।

जकार्ता की मलीली नदी में बड़ी संख्या में मगर रहते हैं। दिसम्बर, 1975 में उसमें एक नौका पलट गई जिसमें एक सौ लोग सवार थे। इनमें से बयालीस को

चित्र 58 नरभक्षी मगर से आदमी को छुड़ाने की कोशिश कर रहे हैं

मगर सटक गए। कोलम्बो से क़रीब बीस किलोमीटर दूर जा-एला में 1988 में एक मगर नरभक्षी बन गया था। उसने पन्द्रह से अधिक आदमी मार डाले थे। उसका आख़िरी शिकार एक गर्भवती स्त्री थी, जिसे उसने 14 जुलाई को मारा था। कई महीनों से उसके आतंक से परेशान गाँव वालों ने एक पेशेवर शिकारी एन्थोनी पेरेरा को उसे मारने का ठेका दिया। एक नहर में अड़तालीस घण्टे तक वे उसका पीछा

करते रहे। उसे मारने में दो घण्टे लग गए थे। पैंतालीस वर्षीय पेरेरा ने उसे लगभग पाँच मीटर लम्बा बताया था।

जनवरी, 1963 में खार्तूम में एक शिकारी ने मगर का शिकार किया था। कहा जाता है कि उसके पेट में से इक्कीस साल की एक लड़की की लाश निकली थी। पहले प्राप्त ख़बरों के अनुसार वह लड़की डूब गई थी। मध्य प्रदेश की वेन गंगा में 28 अप्रैल, 1913 की सुबह सी. आर. पिटमैन ने 2.70 मीटर लम्बे एक मगर (*Crocodylus palustris* Lesson) को गोली से मारा था। उसके पेट में ख़ासा बड़ा एक अनपचा सूअर, धातु के कंगनों का एक जोड़ा और लगभग डेढ़ सेण्टीमीटर व्यास की शीशे की एक गोली निकली थी। वार्ड्रोप की मॉडर्न पिगस्टिकिंग पुस्तक में लिखा है कि एक आखेटक का अरबी घोड़ा जब उथले जल में पानी पी रहा था तब एक मगर ने उसका सिर पकड़ लिया और गहरे पानी में घसीट ले गया। उसके बाद वह कभी नहीं दीखा। पण्डित विष्णु शर्मा के अनुसार पानी के अन्दर नाकू में इतनी ताक़त आ जाती है कि वह बड़े हाथी को भी खींच लेता है, पर पानी के बाहर कुत्ते से भी हार जाता है :

**नक्रः स्वस्थानमासाद्य गजेन्द्रमपि कर्षति।**
**स एव प्रच्युतः स्थानात् शुनापि परिभूयते॥**

पञ्चतंत्र, 3; 46.

पानी के अन्दर मगर में अपरिमेय ताक़त आ जाती है। पानी के अन्दर कोई मगर से तकरार कर बैठे तो उसकी ख़ैर नहीं। इसलिए कहावत मशहूर है; जल में रहकर मगर से वैर कैसा! 1982 में इस्राइल ने फ़िलिस्तीनी आतंकवादी गतिविधियों को रोकने के लिए जोर्डन नदी में मगरमच्छ छोड़ने की योजना बनाई थी। युद्ध के इस नए हथियार के बारे में मगर-पालकों ने इस्राइली टेलीविज़न पर विस्तृत जानकारी दी थी।

## मगर का शिकार

**धरती पर क्षीणबल** : धरती पर मगरों के चलने की क्षमता को तुच्छ नहीं समझा जा सकता। साधारण चाल में वे रेंगते हुए-से धीरे-धीरे आगे बढ़ते हैं। ऐसा लगता है कि शरीर और पूँछ घसीटते हुए जा रहे हैं। परन्तु उन्हें छेड़ दिया जाए तो वे शरीर को धरती से ऊपर उठाकर काफ़ी तेज़ दौड़ लेते हैं। धरती पर वे दुश्मन का पीछा आश्चर्यजनक तेज़ी से करते हैं और उसे अपनी पूँछ के कोड़े की चोट से गिरा लेते

हैं। गंगा की बाढ़ की लपेट में आया हुआ एक मगर पानी कम होने पर एक टापू पर फँस गया। टापू की सतह गोल पत्थरों से पटी हुई थी। इसके ऊपर से रेंगकर 122 मीटर तक दूर जलकुण्ड में जाकर शरण लेना आसान नहीं था। सूखे टापू पर बहती के कितने ही लट्ठा और ठूँठ जगह-जगह बिखरे पड़े थे। यह मगर भी दूर से बहती का एक लट्ठ दिखाई देता था। गुरुकुल कांगड़ी के छात्रों की एक टोली वन भ्रमण के लिए जाती हुई इस टापू पर से गुज़र रही थी। ज़रा सुस्ताने के लिए छात्र मगर के पास पहुँचे तो उसने अपनी पूँछ को ज़ोर से मारा। सूखा बेजान समझा जाने वाला लट्ठ भयंकर मगर बन गया था।

छात्र बाल-बाल बच गए। उनके कुतूहल का ठिकाना नहीं था। दो छात्र आश्रम की तरफ़ भागे। उन्होंने रस्साकशी वाले मोटे-मोटे दो रस्से लिए, उनके साथ कितनी ही छात्र मगर को बाँधने के लिए दौड़े। अजीब दृश्य था। छात्र रस्से के फन्दे फेंकते और मगर ज़ोर से वार कर उन्हें भयभीत कर देता। अनियन्त्रित छात्र कभी पत्थरों की बौछार करते, शोर करते और रस्से में बाँधने की कोशिशें करते। किसी तरह उसकी कमर में फन्दा पड़ गया। उसे घसीटकर वे एक किलोमीटर दूर अपने आश्रम में ले आए। वह बहुत ज़ख्मी हो गया था, मर गया। उसकी खाल बरसों गुरुकुल कांगड़ी के म्यूज़ियम में टँगी रही।

धरती पर मगर अपनी पूरी ताक़त नहीं आज़मा पाता, ऐसा लगता है कि धरती उसके बल को खींच लेती है। धरती पर मगर का अजगर से टकराव हो जाए तो साँप अपनी कुण्डलियों में भींचकर मगर को मार देता है और निगल जाता है।

## पत्थर की चक्कियाँ

अनेक शिकारियों ने लिखा है कि मारने के बाद मगर के पेट में अनेक रंगों और आकार-प्रकार के पत्थर निकलते हैं। इनमें क़ीमती पत्थर भी रहते हैं। धर्म कुमार सिंह (1952) ने जसदान में एक मगर को शूट किया था, जिसके ख़ाली आमाशय में 4.50 किलोग्राम का एक पत्थर निकला था। उन्होंने सौ मगरों के आमाशयों की परीक्षा की थी, परन्तु इतना बड़ा पत्थर कभी नहीं मिला।

मगर के पेट में से औरतों के जो गहने निकलते हैं वे ख़ूनी बवासीर का बेहतरीन इलाज माना जाता है। ख़ूनी बवासीर के रोगी ऐसे गहने का एक टुकड़ा पाने के लिए लालायित रहते हैं। इसे कूट-पीटकर अँगूठी बना लेते हैं। उनका विश्वास है कि इसे पहनने से वे इस रोग के कष्टों से बचे रहेंगे।

## शिकार

कालिदास (पाँचवीं सदी) ने नाकुओं के रहने की जगह झीलें भी बताई हैं
:

**लिङ्गैर्मुदः संवृतविक्रियास्ते ह्रदाः प्रसन्ना इव गूढनक्रा।**

रघुवंश, सर्ग 7; 30.

अजमेर के पास पुष्कर की झील मगरों के लिए प्रसिद्ध हो गई थी। पुष्कर के मगर पवित्र माने जाते थे, इसलिए उन्हें मारना अधर्म था। राजस्थान की दूसरी झीलों में मगर का शिकार किया जाता था। ये कई तरीक़ों से मारे जाते थे। महाराजा रात को एक नाव में शिकार के लिए निकलते थे। नाव में गैस का हण्डा जलता रहता था। तेज़ प्रकाश देने वाले टॉर्च की रोशनी से मगर ढूँढे जाते थे। जैसे ही उनकी आँखों पर रोशनी पड़ती थी, वे तारों की तरह चमकने लगती थीं। नाव धीरे-धीरे और बिना आवाज़ किए मगर की तरफ़ खेई जाती थी और नज़दीक पहुँचकर रस्सों में बँधे छोटे भाले उन पर फेंककर मारे जाते थे। फिर मगर को रस्सों में बाँधकर नाव पर चढ़ा लिया जाता था।

## काँटे पर मारना

इन भयंकर सरीसृपों को मारने का एक और तरीक़ा था। एक मज़बूत रस्सी के एक सिरे पर मछली मारने का एक बड़ा काँटा बाँध दिया जाता था और उसके दूसरे सिरे पर सूखी घास का गट्ठर। काँटे पर मांस का एक लोथड़ा बाँध दिया जाता था। इसे घास के तैरते हुए गट्ठर पर रखकर शाम को ही उन स्थानों पर छोड़ दिया जाता था जहाँ मगरों के आने की सम्भावना होती थी।

मगरों की सूँघने की शक्ति तेज़ होती है और वे पूरे लोथड़े को काँटे सहित निगल जाते थे। गट्ठर ऊपर तैरते रहते थे। सुबह गट्ठरों को पकड़कर खींचा जाता था। काँटे में फँसा हुआ मगर छूटने की चेष्टाएँ करता था। झील के किनारे पहुँचने पर वास्तविक लड़ाई शुरू हो जाती थी। वह छटपटाता था और ज़बर्दस्त हमला करता था। तब गरदन पर गोली मारकर उसे ठण्डा कर दिया जाता था।

## अनबुझे चूने से मारना

एक और तरीक़ा था। किसी जानवर की पेट की थैली में अनबुझा चूना भरकर

तैरा दिया जाता था। मगर इसे गोश्त समझकर सटक जाता था। पेट में जाकर थैली फट जाती थी। इससे तेज़ गरमी पैदा होती थी। मगर घबराकर तट पर निकल आता था। वहाँ उसे गोली मार दी जाती थी। मगर धूप सेंकने नदी के बाहर निकलते हैं और घण्टों बालू तट पर लोट लगाते हैं। नदियों के किनारे चक्कर लगाने से मालूम पड़ जाता है कि मगर कहाँ और कब आकर बैठता है। उस जगह के पास शिकारी छिपकर बैठ जाता है। मौक़ा देखकर गोली दाग देता है। मगर की खाल इतनी कड़ी होती है कि पैनी और बड़ी गोली इस्तेमाल की जाती है। इन जलदस्युओं से निपटने का सबसे पुराना तरीक़ा इन्हें जाल में पकड़ना था। रघुवंश के राजा कुश एक बार गरमियों में सुख देने वाली सरयू नदी में अपनी रानियों के साथ जल विहार के लिए गए। उनकी सुरक्षा के लिए मछुओं ने जाल से सब नाकू पकड़कर बाहर निकाल दिए थे :

**स तीरभूमौ विहितोपकार्यामानायिभिस्तामपकृष्टनक्राम्।**

रघुवंश, सर्ग 16; 55.

अब भी मछियारों के जाल में कभी-कभी मगर फँस जाता है। तब वे इसे नदी के किनारे रेत पर प्रदर्शन के लिए रख छोड़ते हैं। क्वीन्सलैण्ड और उत्तरी ऑस्ट्रेलिया में इन विनाशकारी दैत्यों को पकड़ने के लिए इनके रात्रि-मार्गों पर स्प्रिंगदार फन्दा लगाते हैं। मगर को आकृष्ट करने के लिए कोई लाश रख देते हैं या किसी ज़िन्दा प्राणी का चारा बाँध देते हैं। उसकी तरफ़ बढ़ता हुआ मगर उसमें फँस जाता है और बिना चोट लगे ज़िन्दा पकड़ लिया जाता है। (दि लिविंग एनिमल्स ऑफ़ दि वर्ल्ड, डब्ल्यू. एफ. किर्बी)।

## उपयोग

**मगरों के फ़ार्म** : गंगा में मगर बड़ी संख्या में रहते हैं। इन दोनों का चिरन्तन नाता है, इसलिए गंगा की स्त्री रूपिणी प्रतिमा के साथ मगर बनाया जाता है। पहले ज़माने में पानी गिरने के द्वार मगर की मुखाकृति की तराशी हुई शिलाएँ हुआ करती थीं। बौद्ध साहित्य में हमें इसके दाँतों के प्रयोग भी मिल जाते हैं। विनय पिटक (चुल्ल 5,6,2) में ऐसे बरतनों का ज़िक्र है जिनके गोल पेन्दों को टिकाने के लिए उनके नीचे मगर के दाँत फ़िट कर दिए जाते थे। बुद्ध घोष के अनुसार मकरदन्त की सहायता से शरीर को रगड़ने तथा खुजलाने के लिए मल्लक नाम का एक उपकरण बनाया जाता था। खलियाते समय मगर में से बड़ी बू आती है। मछुए तथा कुछ अन्य

जातियाँ मगर के मांस को खाती हैं।

मगर निश्चित रूप से व्यापारिक महत्त्व के प्राणी हैं। मगर के पार्श्वों पर और नीचे मज़बूत तथा मोटी खाल होती है। इस खाल से मूल्यवान् फ़ैन्सी चमड़ा तैयार किया जाता है जिससे जूते, बटुए तथा फ़ैशनेबल पोशाकों की अनेक सामग्रियाँ बनाई जाती हैं। मगर की पीठ और गरदन पर एक-दूसरे को ढकती हुई अस्थिमय प्लेटें पास-पास लगी होती हैं। यह चमड़ा सूटकेस आदि मोटी चीज़ें बनाने के काम आता है। मनुष्य चमड़े के लिए मगर को मारता है। इससे मगर की बहुत-सी जातियों का बहुत वध किया गया है और इनकी संख्या में कमी आ गई है। नील मगर किसी समय सारे मिस्र में नील नदी के मुहाने तक पाए जाते थे।

खाल की चाह से शिकारियों ने निचली नील में इसका लगभग सफ़ाया कर दिया है। अब ये नदी के केवल ऊपरले भाग में सीमित हो गए हैं। भारतीय मगर की खालों की भी विदेशों में माँग है। हर साल हम भारत से प्रतिवर्ष दो करोड़ रुपये की मगर की खालें निर्यात करते रहे हैं। पैसा कमाने के लालच से मगरों को अन्धा-धुन्ध मार डाला गया है। इस जाति के महाविनाश को देखते हुए मगर को संरक्षित जीवों की सूची में रख लिया गया है। इसकी नस्ल को बढ़ाने के लिए नदियों के कुण्डों में, झीलों में, तालाबों में और दलदली भूमियों में मगरों के फ़ार्म स्थापित किए गए हैं। यह जीव एक बारी में बीस से साठ तक अण्डे देता है। इनकी संख्या को तेज़ी से बढ़ाया जा सकता है। अनुकूल परिस्थितियों में वैज्ञानिक तरीक़े से पालने पर इन फ़ार्मों से नियमित रूप से मगर की खालें प्राप्त की जा सकती हैं, जिनसे हमारा निर्यात व्यापार बढ़ाया जा सकता है और देश में चमड़ा उद्योग का विकास किया जा सकता है। लुप्त होती हुई जातियों के अन्तर्राष्ट्रीय व्यापार के संयुक्त राष्ट्र के समागम में लिए गए निर्णयों के अनुसार भारत भी एक हज़ार लुप्तप्राय जीवों को बचाने के लिए वचनबद्ध है। इन जीवों में मगर भी हैं, लेकिन पोचर इसका शिकार कर रहे हैं। मगर की लगभग बीस लाख खालें सारे विश्व में बेची जाती हैं।

थाइलैण्ड तथा कुछ अन्य देशों में स्थापित फ़ार्मों में मगर पाले जा रहे हैं। उत्तर अमेरिका में एलिगेटर फ़ार्म स्थापित कर लिए गए हैं। फ़सल काटने योग्य एलिगेटर चार साल में तैयार हो पाते हैं। चार साल से छोटे एलिगेटर के चमड़े की उद्योगों में माँग नहीं है। इन फ़ार्मों से अभी बहुत बड़े पैमाने पर खालें प्राप्त नहीं की जा रहीं। इनके स्वल्प परिमाण को देखते हुए फ़िलहाल इनका फ़ैन्सी चीज़ों के निर्माण में ही सीमित प्रयोग किया जा सकता है। मगर की मुष्क ग्रन्थियों (musk glands)

की पर्फ़्यूमरी में काम लाया जाता है। फ़ार्म से हमें मगर की यह महत्त्वपूर्ण उपज भी प्राप्त होती रहेगी।

## मगरों की पूजा

मध्य प्रदेश की नदियों की रेत से सोना निकालने वाले आदिवासी सोनझर कहलाते हैं। वे मगर को ज़िन्दा पकड़ते हैं, उसकी पूजा करते हैं और विधान पूरा हो जाने पर फिर नदी में छोड़ देते हैं। उनका विश्वास है कि इससे जल-दैत्य प्रसन्न रहेगा और उन पर हमला नहीं करेगा। बड़ौदा के कुछ जंगली क़बीले मगर की काष्ठ प्रतिमा की पूजा करते हैं। बेचुआनालैण्ड के प्रत्येक क़बीले का जुदा-जुदा मकर-देवता होता था। इस पवित्र मगर की पूजा करने के लिए वे उसे भेंटें दिया करते थे। उनकी पुकार पर वह पानी से बाहर निकल आया करता था। पुष्कर झील के मगर स्थानीय पण्डों के पुकारने पर चले आते थे और भक्तों द्वारा दिए गए प्रसाद को ग्रहण करके चले जाते थे।

कराची (पाकिस्तान) से बारह किलोमीटर दूर मघा पीर में एक तालाब है जिसमें पन्द्रह-बीस मगर रहते थे। एक फ़कीर उन्हें हाथ से गोश्त खिलाया करता था। उसने हरेक मगर का नाम रखा हुआ था। खाने के समय वह उनका नाम लेकर पुकारता था। गोश्त के लिए वे धक्कमधक्का करते थे। फ़कीर बारी-बारी से हरेक के मुँह में गोश्त पकड़ाता जाता था। उसके बाएँ हाथ में दो-फुटी छड़ी रहती थी। स्कूल मास्टर की तरह वह शरारती मगरों को परे हटाता था। वे उसका कहना मानते थे और अनुशासन में रहते थे। सिन्धी बोली में मगर को बाघू कहते हैं। प्राचीन मिस्रवासी मगर को पवित्र मानते थे और उसकी देह को दवाओं से लेपकर ममी के रूप में सुरक्षित रखते थे।

## अश्वमेध यज्ञ में

नाकू और मगर उन 609 जीवों की सूची में गिनाए गए हैं जिन्हें अश्वमेध यज्ञ के समय प्रदर्शित किया जाता था :

**... ... नाक्रो मकर: कुलीपयस्ते ... ... ।**

यजुर्वेद, अध्याय 24 ; 35.

यजुर्वेद के इस प्रसंग में नक्र और मकर दोनों नाम एक साथ आए हैं। वैदिक ऋषि जलचरों की दो जातियों को जानते ही थे। मकर से हम मगरमच्छ का ग्रहण कर सकते हैं और नक्र से घड़ियाल का।

तेईस

# मगर और घड़ियाल का पुनर्वास

मगर को संस्कृत में मकर; अंग्रेज़ी में मगर (mugger), मार्श क्रोकोडाइल (marsh crocodile); प्राणिशास्त्र में **क्रोकोदीलुस पलुस्त्रिस** लेसन **(Crocodylus palustris** Lesson) और घड़ियाल को अंग्रेज़ी में घड़ियाल (gharial), लौंग-स्नाउटेड क्रोकोडाइल (long-snouted crocodile); लेटिन में **गाविआलिस गांजेतिकुस** (ग्मेलिन) [**Gavialis gangeticus** (Gmelin)] तथा संस्कृत में नक्र कहते हैं।

मगर और घड़ियाल पानी में रहने वाले जीव हैं जो पानी के बाहर कुछ समय के लिए ज़िन्दा रह सकते हैं। पानी के अन्दर मगर अधिक फुर्तीला होता है। पानी में यह ताक़तवर दुश्मनों को भी आसानी से परास्त कर लेता है। इसलिए मगर को पानी का राजा कहते हैं।

## सैंतीस जातियाँ

सारे संसार में मगरों की सैंतीस जातियाँ पाई जाती हैं। भारत में इनकी दो जातियाँ मिलती हैं। एक जाति के मगर मीठे पानी में और दूसरी जाति के मगर समुद्र के खारे पानी में रहते हैं। चिड़ियाघर में आप जो मगर देखते हैं वह मीठे पानी में रहने वाला मगर है। इसकी लम्बाई चार मीटर से भी अधिक हो जाती है। बड़े मगरों को शिकारियों ने चुन-चुनकर मार डाला है। इसलिए आजकल तीन मीटर से लम्बे मगर कम ही मिलते हैं।

## थूथनी पर घड़ा

घड़ियाल भी मगर की बिरादरी का जीव है। यह सात मीटर से भी अधिक लम्बा हो जाता है। इन दोनों जीवों में मुख्य अन्तर थूथनी का है। मगर की थूथनी चौड़ी होती है। घड़ियाल की थूथनी पतली और लम्बी होती है। वयस्क होने पर घड़ियाल की थूथनी के ऊपरले सिरे पर एक उभार उठ जाता है। ऐसा लगता है कि एक छोटा-सा घड़ा थूथनी पर उलटा रखा है। घड़े जैसे उभार के कारण ही इस जीव

का नाम घड़ियाल पड़ा है। चम्बल घाटी के लोग घड़े सदृश उभार की तुलना तुम्बी से करते हैं। इसलिए वे उभार वाले नर घड़ियाल को तुमड़ैल कहते हैं। कहा जाता

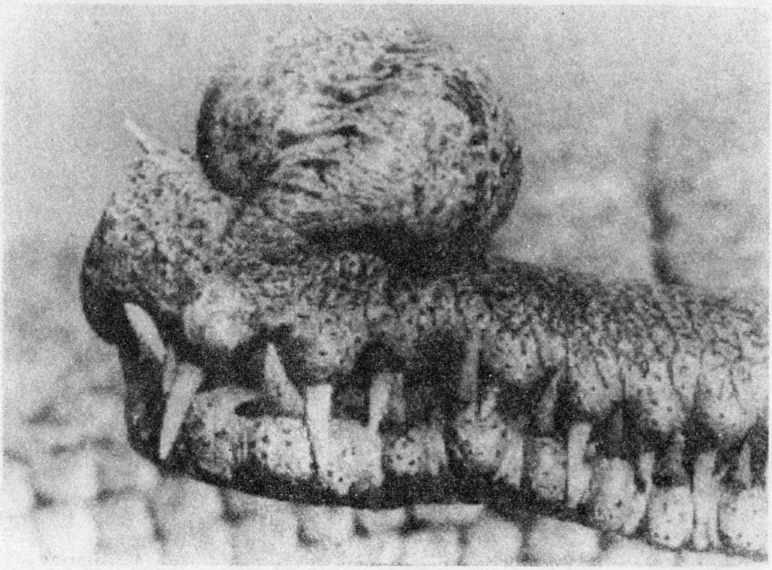

चित्र 59 घड़ियाल का अग्रभाग

है कि घड़ियाल पिछले छह-सात करोड़ साल में अधिक नहीं बदला है। अन्य जीव-जन्तुओं में परिवर्तन होते रहे हैं।

घड़ियाल नदियों में रहते हैं। मगर बहते पानी के अलावा खड़े पानी में भी रहते हैं। इसलिए झीलों, तालाबों और दलदल वाली जगहों में भी मिल जाते हैं। मगरों की तुलना में घड़ियाल का पानी से अधिक लगाव है। भोजन की तलाश में मगर भूमि पर कई किलोमीटर चले जाते हैं। इनकी टाँगें मज़बूत होती हैं। चलते समय इनका पेट ज़मीन से उठा रहता है। घड़ियाल की पूँछ का आधार बड़ा होता है। टाँगें छोटी होती हैं जो भारी पेट को उठाकर तेज़ी से नहीं चल सकतीं। घड़ियाल शरीर को घसीटकर आगे धकेलता हुआ चलता है। इसलिए यह नदी में पन्द्रह-बीस मीटर से अधिक दूर नहीं जाता।

## धूप सेंकना ज़रूरी

धूप सेंकने, आराम करने और सोने के लिए मगर और घड़ियाल पानी से बाहर

चित्र 60 मगर भूमि पर काफ़ी दूर चलने में सक्षम होते हैं

निकलते हैं। धूप इनकी सेहत को ठीक रखती है। हर रोज़ ये कई घण्टे धूप सेंकते हैं। फ़रवरी–मार्च में तो ये सारा दिन धूप में पड़े रहते हैं। कड़ाके की सर्दियों में जब नदियों की घाटियों में शीत लहरें चलने लगती हैं तब ये जीव पानी के अन्दर रहना पसन्द करते हैं। उन दिनों वायुमण्डल बहुत अधिक सूखा होता है। ऐसे मौसम में वे पानी से बाहर निकलेंगे तो उनकी देह के ऊपर का पानी झटपट उड़ जाएगा।

तेज़ी से उड़ता हुआ पानी उनके तापमान को भी सहसा नीचे गिरा देगा। कम तापमान से होने वाले आघात से ये बचना चाहते हैं।

चित्र 61 धूप सेंकता रेत पर घड़ियाल

धूप सेंकते समय ही ये नींद ले लेते हैं। नींद में इनकी पलकें बन्द होती हैं, टाँगें सिमटी हुई या पसरी हुई रहती हैं। इनके कान बहुत चौकन्ने होते हैं। ज़रा-से खटके को भी सुन लेते हैं। फिर पलक खोलते हैं, पल-भर निहारते हैं, ख़तरा न हो तो दुबारा आँखें मूँद लेते हैं।

धूप सेंकने के लिए ये प्राय: नदी के बीच में रेतीले टापुओं पर चट्टानी भूमियों पर निकलते हैं। नदी के तटों पर उन्हीं जगहों पर निकलते हैं, जहाँ दूर से आदमी को देख सकें और झट नदी में कूद जाएँ।

## आहार

मगर और घड़ियाल अधिकतर रात को शिकार करते हैं। घड़ियाल का मुख्य भोजन मछली है। अपनी लंबी पतली थूथनी को ज़रा-सा खोलकर पानी के अन्दर अचल पड़ा रहता है। पास से गुज़रती हुई मछली को लपककर पकड़ लेता है। तेज़ भागती हुई मछली पर यह तलवार जैसी थूथनी से ज़बर्दस्त वार करता है। इसके जबड़ों में पतले, नोकीले एक सौ आठ दाँत लगे रहते हैं। इनकी पकड़ से शिकार छूट नहीं पाता। मछली अधिक बड़ी हो या काँटेदार हो तो यह उसके अगले आधे भाग को सिर से झटककर काट देता है। शेष भाग को निगल जाता है। निगलने की सुविधा के लिए यह मछली को हवा में उछालकर थूथनी की लम्बाई के रुख़ में ले आता है। छोटी मछलियों को साबुत निगल जाता है। पहले मछली का सिर गले में जाता है। इसका लाभ यह है कि मछली के छिलके और दूसरे अवयव गले में अटकते नहीं; मछली आसानी से गले के अन्दर फिसल जाती है। घड़ियाल छोटे कछुओं को भी खा जाता है। पतली थूथनी के कारण यह बड़े जानवरों और मनुष्यों को नहीं खा सकता। इसलिए मनुष्यों को और ढोरों को इससे कोई ख़तरा नहीं होता।

मगर और घड़ियाल के बच्चे शुरू के तीन-चार साल तक कीड़ों, छोटे जीवों और छोटी मछलियों को खाते हैं। बड़े मगर बड़ी मछलियों और पानी के जीवों को तो खाते ही हैं, मौक़ा मिलने पर भेड़, बकरी, ढोर और जंगली जीवों को भी खा जाते हैं। नदियों में फेंके गए मुरदों को मगर खा जाते हैं। इस तरह ये पानी की सफ़ाई का काम करते हैं। कभी-कभी इन्हें आदमी का मांस खाने का चस्का पड़ जाता है तो ये नरभक्षी बन जाते हैं।

आमतौर पर मगर और घड़ियाल भले जीव हैं। रामगंगा में, चम्बल में और हिरण नदी में मैंने देखा है कि इनके रहने के स्थानों में आदमी, औरतें और बच्चे भी नहाते-धोते हैं। उन्हें ये कुछ नहीं कहते। गिर-वन में हिरण नदी के कमलेश्वर डैम के जलाशय में क़रीब दो सौ मगर रहते हैं। ये जलाशय की बढ़िया मछली पर पलते हैं। 1976 तक यहाँ मछली पकड़ने का ठेका दिया जाता था। जालों द्वारा मछली पकड़ी जाती थी और दिल्ली जैसे महानगरों में भेजी जाती थी। मछेरों का डेरा जलाशय के किनारे

चित्र 62 घड़ियाल, मछली खाते हुए

था। उनके जालों में मगर टकराते थे। वे जाल को तोड़ डालते थे। कई बार तो छोटे जाल को घसीटकर ले जाते थे। जालों को निकालने के लिए मछेरे रोज़ ही गोते लगाते थे। उन्हें मगरों ने कभी नहीं मारा।

## एक ब्यात में सौ अण्डे तक

मगरों और घड़ियालों का जन्म अण्डों से होता है। मगरी और घड़ियालनी मार्च के महीने में अण्डे देने की तैयारी करती हैं। नदी के ऊँचे किनारों पर और धारा के बीच में बने छोटे टापुओं पर अण्डे देती हैं। इस स्थान को प्रजनन-स्थल कहते हैं। यह पानी से दस-पन्द्रह मीटर दूर और पानी की सतह से कम से कम दो मीटर ऊँचाई पर होता है। चम्बल नदी में एक टापू पर मैंने जल-स्तर से पन्द्रह मीटर ऊँचाई पर प्रजनन-स्थल देखा था। नदी में बेमौसमी बाढ़ आ जाए और जल-स्तर अचानक बढ़ जाए तब भी प्रजनन-स्थल तक पानी नहीं पहुँचता।

रात को वह अण्डे देने के लिए गड्ढा खोदती है। गड्ढा क़रीब आधा मीटर गहरा होता है। यह देखा गया है कि वह प्रजनन-स्थल पर कई गड्ढे खोदती है। एक महीने तक हर रात खुदाई का काम चलता है। गड्ढों को फिर वह रेत से पाटती है। ऊपर की ज़मीन की सतह बराबर कर देती है। एक महीने बाद —अप्रैल में —वह किसी एक गड्ढे में अण्डे रखती है। कई गड्ढे खोदने का कारण सम्भवत: यह है कि वह निचली सतह की नमी और गरमी की जाँच करती है और उपयुक्त गड्ढे में अण्डे रखती है। सभी गड्ढों को रेत से पाट देने का कारण यह है कि किसी को शक न हो कि यह अण्डे देने की जगह है। एक ब्यात में मादा औसतन चालीस अण्डे देती है। एक गड्ढे में मैंने केवल पाँच अण्डे देखे थे। ऐसा मालूम पड़ता है कि छोटी उम्र की मादाएँ कम अण्डे देती हैं। उम्र बढ़ने के साथ-साथ अण्डों की संख्या बढ़ती जाती है। यह संख्या एक सौ भी हो सकती है। घड़ियालनी के अण्डों की औसत लम्बाई साढ़े आठ सेण्टीमीटर होती है। मगरी के अण्डे इससे छोटे होते हैं।

## मादा अण्डों को सेती नहीं

मगरी और घड़ियालनी अण्डों को तहों में रखती हैं। प्रत्येक अण्डा दूसरे से अलग रहता है। एक तह पूरी हो जाने पर उसके ऊपर रेत डाल देती हैं। अण्डों के बीच के ख़ाली स्थान में रेत भर जाती है। दो तहों के बीच में रेत की तह आ जाती है। इस व्यवस्था से अण्डे एक-दूसरे से टकराते नहीं। गड्ढे के अन्दर अण्डे तीस-चालीस सेण्टीमीटर गहरे रेत से ढके रहते हैं।

अधिक नमी और अधिक गरमी से अण्डे ख़राब हो जाते हैं। अण्डे सेने के लिए सत्ताईस से पैंतीस अंश शतांश तापमान की ज़रूरत होती है, जो ज़मीन से मिलता रहता है। मादा अण्डों को नहीं सेती। वह प्रजनन-स्थल से दूर नहीं जाती। पास ही

नदी में रहती है और प्रजनन-स्थल पर निगाह रखती है। गीदड़ या कोई जानवर अण्डे खाने के लिए उधर आता है तो उसे भगा देती है। वह रात को पानी से बाहर निकलती है। किनारे से ऊपर चढ़कर अण्डे वाले गड्ढे को देखने जाती है।

आठ से दस सप्ताह में अण्डे सेए जाते हैं। अण्डों के अन्दर बच्चों का पूर्ण विकास हो जाता है। बच्चे एक बारीक-सी आवाज़ सर्… सर्… करने लगते हैं जो गड्ढे की रेत के ऊपर सुनाई देती है। इस आवाज़ को सुनकर माँ को पता चल जाता है कि बच्चों को रेत से निकालने का समय हो गया है। चम्बल में एक बार हम लोगों ने बच्चों की आवाज़ टेप कर ली। मेरे बेटे नरेश और राजेश रात को प्रजनन-स्थल

चित्र 63 घड़ियाल का जन्म

में झाड़ियों के पीछे छिपकर बैठ गए। उन्होंने टेप बजाया। तब माँ नदी में उतरा रही थी। टेप सुनकर माँ उनके पास चली आई।

माँ रात को गड्ढे खोदती है। बच्चे अभी अण्डों के अन्दर बन्द होते हैं। अण्डे के छिलके पर दरारें पड़ी रहती हैं, जो भ्रूण की परिपक्वता को बताती हैं। उसे फोड़कर कशमकश करता हुआ बच्चा निकल आता है। गिरता-पड़ता हुआ कुछ ही क्षणों

में सम्हल जाता है और माँ के पास लेट जाता है। धीरे-धीरे जब कुछ बच्चे जमा हो जाते हैं तब माँ उन्हें पानी की तरफ़ ले जाती है।

नवजात बच्चे किनारे के नज़दीक ही उथले पानी में छोटे-बड़े झुण्डों में छिपे रहते हैं। माँ उनके पास ही रहती है। ख़तरा होने पर वे माँ की पीठ पर और सिर पर सवार हो जाते हैं। वह उन्हें पानी में सुरक्षित जगह पर ले जाती है।

## दुश्मन

कुछ ही दिन बाद बच्चे किनारे के समीप उथले पानी में शिकार मारना शुरू करते हैं। छोटी मछलियों और कीड़ों को खाने लगते हैं। एक साल तक माँ बच्चों के साथ रहती है। उसके बाद उनकी देखभाल छोड़ देती है। छोटे बच्चों के कई दुश्मन हैं। इन्हें ज़मीन से भी ख़तरा है और पानी के अन्दर से भी। गीदड़, नेवले और शिकारी पक्षी इन्हें उथले पानी में से उठा लेते हैं। ज़रा गहरे पानी में जाने लगें तो बड़ी मछलियाँ और बड़े घड़ियाल इन्हें नहीं छोड़ते। अनुमान है कि अण्डों में से निकले हुए कुल बच्चों में से एक प्रतिशत से भी कम बच्चे दो मीटर लम्बे हो पाते हैं। हाँ, इसके बाद वे सामान्यतया सब बाधाओं को पार करते हुए वयस्क हो जाते हैं। वनेचर मगर और घड़ियाल के प्रजनन-स्थलों की टोह में रहते हैं। वे अण्डों को खा जाते हैं। कहते हैं कि अण्डमान के होटलों में मगर के अण्डों का आमलेट परोसा जाता है। भारत में और यूरोप में मगर और घड़ियाल का मांस पसन्द नहीं किया जाता। मुझे चम्बल में मछेरों ने बताया था कि वे इनका मांस और चरबी भी खा जाते हैं। म्याँमार और दक्षिण अमेरिका के कुछ भागों में मगर का मांस खाया जाता है। जापान में इसकी बहुत माँग है।

## खाल मज़बूत और टिकाऊ

मगरों और घड़ियालों की खाल मज़बूत और टिकाऊ होती है। इसके ऊपर कई प्रकार के डिज़ाइन बने होते हैं, जिससे यह दूसरे जीवों की खालों से अधिक सुन्दर होती है। अटैची, सूटकेस, हैण्डबैग, जूते और तरह-तरह की फ़ैन्सी चीज़ों के लिए इसकी बहुत माँग है। प्रकृति में ये जीव अब कम संख्या में मिलते हैं। राज्य सरकारों द्वारा इनका संरक्षण किया जा रहा है। इन्हें खाल के लिए नहीं मारा जा सकता। इनकी संख्या बढ़ाने के लिए देश में अनेक स्थानों पर मगर और घड़ियाल प्रजनन केन्द्र खोल दिए गए हैं। उत्तर प्रदेश, आन्ध्र प्रदेश, राजस्थान, उड़ीसा, पश्चिम

बंगाल और तमिलनाडु में इनका सफलतापूर्वक प्रजनन हो रहा है। प्रकृति में नदी के किनारे इनके अण्डे तलाश किए जाते हैं। उनके अन्दर भ्रूण जब लगभग पूरे विकसित हो जाते हैं तब उन्हें प्रजनन केन्द्र में ले जाते हैं। वहाँ अण्डों में से बच्चे पैदा होते हैं।

जन्म के समय बच्चे तीस से चालीस सेण्टीमीटर लम्बे होते हैं। इनका औसत भार सत्तानबे ग्राम होता है। पहले डेढ़ बरस में ये साढ़े छह सेण्टीमीटर प्रति मास के हिसाब से बढ़ते हैं। बच्चों को पाल-पोसकर बड़ा किया जाता है। क़रीब तीन साल में ये दो मीटर लम्बे हो जाते हैं। इतने बड़े बच्चे प्राकृतिक अवस्थाओं में अपनी सार-सम्हाल कर सकते हैं। इनको प्राकृतिक जलाशयों और नदियों में छोड़ दिया जाता है। तीन वर्ष तक नर और मादा की पहचान नहीं होती। घड़ियाल की अपेक्षा मगर अधिक व्यापक रूप से पाए जाते हैं। पश्चिम में ईरान से लेकर पूर्व में असम तक और श्रीलङ्का में मिल जाते हैं। क़रीब 1920-30 तक मगर और घड़ियाल हमारे देश की छोटी-बड़ी अनेक नदियों में बड़ी संख्या में पाए जाते थे।

गजेटियरों और पुराने साहित्य के पढ़ने से पता चलता है कि उत्तर प्रदेश की समस्त नदियों में घड़ियाल और अधिकांश गाँवों के तालाबों में मगर बड़ी संख्या में रहा करते थे। दूसरे प्रदेशों में भी कमोबेश यही हालत थी। बरसात में जब नदियाँ अपने तटों की सीमा लाँघ जाती थीं तब उनका फालतू पानी बहुत बड़े क्षेत्र में फैल जाता था। उस भूमि में हमेशा दलदल बनी रहती थी। मगर उनमें रहते थे। विकास कार्यों में नदियों पर बड़े बाँध बना दिए गए। उनका फालतू पानी जलाशयों में रुक गया। बड़े भूभाग में दलदलें ख़त्म हो गईं। वहाँ के मगर या तो मर गए या दूसरी जगहों पर चले गए।

## मगरों और घड़ियालों के लिए वरदान

कॉर्बेट नेशनल पार्क में रामगंगा पर बनाए गए बाँध के अन्दर जून, 1974 में पानी भरना शुरू हुआ था। इससे अस्सी वर्ग किलोमीटर क्षेत्र की झील बन गई थी। मार्च, 1998 के दौरे में मैंने देखा कि दस साल में यहाँ के पर्यावरण में विलक्षण परिवर्तन हो गए हैं। सारा पर्यावरण प्रकृति के समरूप बन गया है। मगरों और घड़ियालों के लिए झील वरदान बन गई है। झील के किनारों पर और झील में मिलने वाले नदी-नालों के किनारों पर ये अण्डे दे रहे हैं। पूर्ण वयस्क मगरों और घड़ियालों को रेतीले तटों और टापुओं पर निःशंक धूप सेंकते देखना साधारण बात हो गई है।

## ह्रास के कारण

नए बैराजों से निकलने वाली नहरों के तटबन्ध जहाँ चिनाई से पक्के बना दिए गए हैं, वहाँ इन सरीसृपों के रहने और वंशवृद्धि करने के लिए अनुकूल पर्यावरण नहीं रहा। मनुष्य की बढ़ती हुई आबादी भी मगरों और घड़ियालों के ह्रास का कारण है। मनुष्य के भोजन की समस्या का हल करने के लिए जंगलों को काटकर खेती के लिए भूमि निकाली गई। नदियों में लोगों का दख़ल अधिक होने लगा। मछलियाँ बड़े पैमाने पर पकड़ी जाने लगीं। मूल्यवान् खाल के कारण इनका शिकार बढ़ गया। कुछ शिकारी तो केवल मज़े के लिए इन्हें अन्धाधुन्ध मारने लगे। इनकी संख्या बहुत कम हो गई। इनके अस्तित्व को ख़तरा पैदा हो गया।

क्रोकोडाइल बैंक के डायरेक्टर रोमुलस व्हिटेकर ने उन स्थानों का सर्वेक्षण किया था जहाँ पहले घड़ियाल रहा करते थे। प्रमुख नदियों के साथ पाँच हज़ार किलोमीटर में उन्होंने खोज की थी। उन्हें कुल छह घड़ियाल मिले थे। विशेषज्ञों के एक सर्वेक्षण के अनुसार 1975 में भारत में साठ-सत्तर से अधिक घड़ियाल नहीं थे। यह जीव विनाश के कगार पर पहुँच गया था। मगरों की अवस्था भी शोचनीय थी। सरकार ने इन जीवों की रक्षा के लिए क़दम उठाए। 1972 में बनाए गए वाइल्ड लाइफ़ (प्रोटेक्शन) एक्ट के अधीन मगर और घड़ियाल संरक्षित जीव हैं। इन्हें मारने, जाल में फँसाने और इनके व्यापार करने पर पूर्णतंया प्रतिबंध है। इन जीवों को देश से बाहर भेजने पर और इनकी खाल आदि से बनाई गई सभी चीज़ों का व्यापार करना भी मना है।

## प्रजनन केन्द्र

घड़ियाल और मगर के संरक्षण, प्रजनन, संवर्द्धन और पुनर्वास के लिए भारत सरकार ने संयुक्त राष्ट्र विकास कार्यक्रम (यूनाइटेड नेशन्स डेवलपमेण्ट प्रोग्राम) से भी तकनीकी सहायता माँगी। दोनों के बीच पाँच साल का एक समझौता हुआ जिसके अन्तर्गत 1975 में कृषि मन्त्रालय के अधीन मगरों और घड़ियालों के प्रजनन फ़ार्म स्थापित करने की योजना शुरू की गई। इस योजना को अमली जामा देने का भार संयुक्त राष्ट्र के खाद्य और कृषि संगठन (फ़ूड एण्ड एग्रिकल्चरल ऑर्गेनाइज़ेशन) को सौंपा गया।

इस योजना के दूसरे चरण में संयुक्त राष्ट्र विकास कार्यक्रम ने तकनीकी सहायता के लिए भारत को साढ़े छह लाख डॉलर (लगभग पचपन लाख रुपये) दिए। इस

योजना में भारत का योगदान लगभग साढ़े उन्नीस लाख रुपये था। इस योजना का मुख्यालय हैदराबाद में रखा गया। सरीसृपों के विशेषज्ञ डॉक्टर एच. आर. बस्टर्ड इस परियोजना में मुख्य तकनीकी सलाहकार नियुक्त किए गए। इस परियोजना के अन्तर्गत भारत में पाए जाने वाले दोनों जाति के मगरों और घड़ियालों के संरक्षण और संवर्द्धन का काम हाथ में लिया गया।

परियोजना के शुरू में ही प्रकृति से इन जीवों के अण्डे इकट्ठे किए जाने लगे। प्रजनन केन्द्रों में उन्हें सेया जाने लगा। पहले साल ही लगभग साढ़े चार सौ घड़ियाल के बच्चे हो गए। घड़ियालों की संख्या सात गुनी बढ़ गई। अगस्त, 1977 की रिपोर्ट में बताया गया था कि परियोजना के प्रजनन केन्द्रों में घड़ियाल के 1,400 बच्चे पल रहे थे।

## पुनर्वास

उड़ीसा सरकार सतकोर्सिआ में महानदी के किनारे प्रजनन केन्द्र में मगर और घड़ियाल पाल रही है। 1979 तक केन्द्र में पैदा हुए अस्सी घड़ियालों को नदी में छोड़ा जा चुका था। उत्तर प्रदेश में 1979 में घड़ियाल के छह सौ अण्डे नदी-तट से लाए गए थे। इनमें से सत्तानबे प्रतिशत में से बच्चे निकल आए थे। 1979 में उत्तर प्रदेश के कुकरेल और कटरनिया घाट के प्रजनन केन्द्रों में 1,500 घड़ियाल के बच्चे पल रहे थे। जुलाई, 1979 में उत्तर प्रदेश वन्य प्राणी संगठन ने गिरवा और चम्बल प्रत्येक में पन्द्रह बच्चे छोड़ दिए थे। ये तीन से चार साल की उम्र के थे और डेढ़ से दो मीटर लम्बे थे।

भारत में अब घड़ियाल मुख्यतया चम्बल नदी में, उड़ीसा के सतकोशिया गॉर्ज में और उत्तर प्रदेश के बहराइच ज़िले के कटरनिया घाट में पाए जाते हैं। 1977 में कटरनिया घाट में भारत-नेपाल सीमा के पाँच-छह किलोमीटर क्षेत्र में ही अट्ठाईस घड़ियाल थे। एक ही स्थान पर घड़ियाल की यह सबसे घनी आबादी थी। छह सौ किलोमीटर लम्बी चम्बल नदी में हज़ारों घड़ियाल थे। चम्बल के निचले भाग में इनका पूरी तरह सफ़ाया कर दिया गया है। एक सर्वेक्षण दल का अनुमान था कि 1978 में भारत में प्राकृतिक अवस्था में कुल तीन सौ घड़ियाल ज़िन्दा थे। इनमें से डेढ़ सौ चम्बल नदी में थे। चम्बल नदी घड़ियाल और मगर पालने के लिए सबसे अधिक उपयुक्त है। यह राजस्थान और मध्य प्रदेश के बीच में बहती है।

चौबीस

# सियार को समूचा सटक गया अजगर

4 दिसम्बर, 1998 को हम दिल्ली से बेदी कृषि फ़ार्म हरिद्वार जा रहे थे। रास्ते में खुले मैदानों में एक ग्रैण्ड चीतल नाम का बड़ा रेस्टोरेंट है। इसका भव्य बग़ीचा रंग-बिरंगे फूलों के खिलते रहने से सारे साल आकर्षक बना रहता है। हम दस बजे यहाँ पहुँच गए और खुले में ही नाश्ते के लिए बैठ गए। मोर का एक बच्चा हमारे पास आ गया। एक साल का होगा। उसकी पूँछ के चंदेवे वाले लम्बे पंख नहीं उगे थे। फिर भी वह अपने छोटे पंखों को वृत्ताकृति फैलाकर नाचने लगा। खाना माँगने के लिए यह मोहक प्रदर्शन था।

मैं उसे रोटी के नन्हे-नन्हे टुकड़े खिलाने लगा। चोंच की नोक से वह कोमलता से मेरी अंगुलियों के बीच में पकड़े टुकड़े पकड़ता था और सफ़ाई से निगल जाता था। चोंच मेरी अंगुलियों पर छूती तक नहीं थी। आसपास के खेतों और झाड़-झंखाड़ों में मोरनियाँ अण्डे-बच्चे देती रहती हैं। आत्मनिर्भर हो जाने पर वे आहार की तलाश में इधर-उधर बिखर जाते हैं। कोई बच्चा ग्रैण्ड चीतल के परिसर में आ जाता है। टूरिस्टों से मिले पकाए हुए आहार को खाने का आदी हो जाता है। प्राकृतिक आहार पर निर्भर नहीं करता।

एक बच्चा शैतान बन गया था। कोई बच्चा उसे छेड़ता था तो डरकर भागने की बजाय उस पर हमला कर देता था। चोंच मारता था और उछलकर पंजों के नाख़ूनों से वार करता था। उद्दण्ड लड़कों ने पत्थर मार-मारकर उसकी जान निकाल दी। शाम सात बजे हम बेदी कृषि फ़ार्म पर पहुँचे। दिल्ली से हरिद्वार दो सौ किलोमीटर और हरिद्वार से गंगा पार उत्तर में चालीस किलोमीटर का रास्ता हमने अपने वाहनों से तय किया। इस बार के ट्रिप में नरेश और राजेश के परिवार के सभी सदस्य थे। टोरोण्टो (कनाडा) से आई मेरी बेटी शशि बधवार भी साथ थी। कृष्ण पक्ष की प्रथमा का फीकी आभा वाला चाँद निकल रहा था। कल पूर्णमासी थी।

## अलाव का सहारा

फ़ार्म हाउस के सामने खुले मैदान में जंगल से लाई लकड़ियों से आग जला

चित्र 64 मोर को रोटी खिलाते हुए लेखक

ली। ठण्ड बढ़ गई थी। आग सेंकने से शरीर में उर्जा का संचार होने लगा। बचपन में भोज प्रबन्ध का एक श्लोक पढ़ा था।

अपनी लाचारी का ज़िक्र करते हुए प्रजा के साधनहीन एक नागरिक ने धार के राजा भोज को सरदियाँ गुज़ारने का अपना सहज तरीक़ा इस श्लोक में इस प्रकार बताया था : 'रात को घुटने छाती के साथ समेटकर, दिन में सूरज की धूप तापकर और दोनों सन्ध्या काल में अलाव सेंककर सरदियाँ काट लेता हूँ :

**रात्रौ जानुर्दिवा भानुः कृशानुः सन्ध्ययोर्द्वयोः।**
**इत्थं नीतं मया शीतं जानुभानुकृशानुभिः॥**

भोजप्रबन्ध, 233.

दिन की दूसरी संध्या में शीत निसारण के लिए हमें भी कृशानु (अलाव) का सहारा लेना पड़ा। अलाव के गिर्द सरकण्डों से बने मूढ़ों पर बैठे हम घण्टों देह को गरमाते रहे।

चाँद क्षितिज से ऊपर चढ़ गया था। उसकी म्लान ज्योति में चमक आ गई थी। छिटकती हुई चाँदनी से खेतों में खड़े गन्नों का स्वरूप स्पष्ट दीखने लगा था। कालिमा पुती शिवालक राजि की श्रृंखला उजली हो गई थी।

## फ़सलों पर जन्मसिद्ध अधिकार

फ़ार्म हाउस से सटे जंगलों में हाथी, चीतल, नीलगाय, तेंदुए, शेर, लकड़बग्घे, बनैले सूअर, भालू, सियार, लोमड़ी, अनेक प्रकार के साँप और तरह-तरह के पक्षी रहते हैं। ये फ़ार्म की फ़सलों पर अपना जन्मसिद्ध अधिकार समझते हैं। रखवालों की नज़र बचाकर खड़ी फ़सलों में घुस जाते हैं। अदने ख़रगोश से लेकर भीमकाय हाथी तक फ़ार्म की स्वादु फ़सलों से तृप्त होने की फ़िराक में रहते हैं।

## नीलगाय — अवध्य है

हमारे कृषि फ़ार्म में गन्ना, गेहूँ, धान, सरसों आदि की फ़सलें पैदा होती हैं। 1993 में हमने यह ज़मीन ख़रीदी थी। इसमें दोमंज़िला रिहायशी मकान बनाया, ट्यूबवेल खुदवाया। और ऊर्जा से मिले प्रकाश से फ़ार्म हाउस में रोशनी होती है। सिंचाई के लिए पाइप का जाल सारे फ़ार्म में बिछा दिया है।

झाड़ियों के नीचे सोए हुए ख़रगोश सूरज ढलते ही फ़ार्म में आहार के लिए आ जाते हैं। सींची हुई भूमि में उगी नरम घास उन्हें मिल जाती है। सब्ज़ियों के पौधे खाने नीलगायें फ़ार्म में घुस जाती हैं। मूली, गोभी के बिरवों को भी नहीं छोड़तीं। दाल की फ़सलें उन्हें विशेष प्रिय हैं। अदरक और हल्दी की फ़सल को नहीं खातीं।

नीलगायों के साथ उनके छोटे बच्चे भी आ ज़ाते हैं। यह घोड़े के समान बहुत तगड़ा पशु है। घोड़े के वेग से ही दौड़ता है। इसका रंग नीला-काला-सा होता है, इसलिए इसे नीलगाय कहते हैं। इसके नाम के साथ गाय शब्द जुड़ा होने से इसके प्रति गाय जैसी धार्मिक भावना जुड़ी हुई है। यह खेती का कितना ही नुकसान करे, इसे कोई मारता नहीं। खेत से बाहर खदेड़ देते हैं।

छोटा बच्चा पाल लिया जाए तो उसे बैल की जगह हल जोतने और घोड़े की जगह सवारी-गाड़ियों और बोझा-गाड़ियों में जोतने के लिए सधाया जा सकता है। चीतल की टोलियाँ फ़ार्म हाउस में हरी घास और सब्ज़ियाँ खाने आती हैं। सियार, जंगली सूअर और हाथी गन्ने की फ़सल को खाते हैं और ख़ूब बरबाद करते हैं। फ़ार्म के साथ जंगली बेर के पेड़ों का जंगल है। झड़े हुए पके बेरों को सियार, सूअर, चीतल, सांभर आदि जानवर खाते हैं। बेरों को खाने के लिए रीछ पेड़ के ऊपर चढ़ जाता है। सियार भट में रहते हैं। गीदड़ी कुतिया की तरह बच्चे देती है। मरी हुई गाय, भैंस, चीतल, सूअर को गीदड़ खा जाते हैं। भैंस पालक कश्मीरी गूजरों के डेरे पर इक्कड़ हाथी आता है। खल, आटा, गुड़, धान, मक्का वग़ैरह खाने की चीज़ें खा जाता है। चूल्हे को तोड़कर पकी मिट्टी भी खा जाता है।

## सियारों का कोरस

सुबह और रात हमें सियारों का कोरस सुनाई देता है। पहले एक सियार बोलता है। एक-दो अन्य सियार उसका अनुसरण करते हैं। फिर बाक़ी सियार शामिल हो जाते हैं। फ़ार्म हाउस की चुप्पी को भंग करने वाला केवल सियारों का कोरस ही सुनाई देता है।

जंगल में सियार का एक परिवार कहीं रहता है। दूसरे परिवार की माँद उससे दूर हो सकती है। एक-दूसरे की आवाज़ सुनकर वे एक जगह जमा हो जाते हैं। फिर रात की कार्यवाही की योजना की रूपरेखा बना लेते हैं। कभी तो ये चार-पाँच की टोलियों में खेतों में आहार की तलाश में निकल जाते हैं, कभी जोड़ों में।

## सियारों की टोह में अजगर

उनका शिकार करने अजगर खेतों में आ जाते हैं। खेतों के किनारे झाड़-झंखाड़ उगे हैं और छोटे जंगल बने हुए हैं। हमारे किसानों ने इनके अन्दर भी अजगरों को घूमते देखा है। एक किसान ने क़रीब एक मीटर लम्बा अजगर का बच्चा बाड़

की झाड़ियों में मारा था। फ़ार्म की फ़सलों के अन्दर अजगरों को ख़रगोश, चूहे, गीदड़ लोमड़ी, चीतल के बच्चे खाने को मिल जाते हैं।

1998 के अगस्त का महीना था। खेतों में गन्ने आदमी के बराबर ऊँचे हो गए थे। उनमें ख़ूब पत्ते निकल आए थे। इतना ऊँचा हो जाने पर वे पत्तों का बोझ सँभाल नहीं पाते, सीधे खड़े नहीं रहते, टेढ़े-मेढ़े होकर ज़मीन पर लेट जाते हैं। इससे गन्ने की फ़सल को नुकसान पहुँचता है।

## थिरकती हुई जीभ

बड़े गन्नों के सूखे पत्ते दराँती से काटकर निकाले जाते हैं और गन्ने के झुण्डों को बाँधकर उन्हें सीधा खड़ा रहने के लिए सधाया जाता है। इस काम के लिए फ़ार्म मैनेजर ने चार मज़दूर लगा रखे थे। एक सुबह वे गन्ने के खेत के अन्दर घुसे। उन्हें वहाँ एक अजगर लेटा दिखाई दिया। उसके बीच का शरीर बहुत मोटा था, गरदन और पूँछ वाले सिरे पतले थे। मज़दूरों को देखकर वह भागा नहीं। निर्जीव जानवर के समान उसी जगह अचल पड़ा रहा। उसके मुँह से कभी-कभी जीभ निकलती थी और हवा में थिरकती हुई फिर अन्दर चली जाती थी। यह उसके ज़िन्दा होने का सबूत था।

इस इलाक़े के लोग सभी साँपों को ख़तरनाक समझते हैं, चाहे वह धामन और अजगर जैसा विषहीन साँप हो या फनियर जैसा घातक विष वाला हो। उन्हें यह एहसास नहीं है कि फ़सल को बरबाद करने वाले चूहे, सियार, ख़रगोश, जंगली सूअरों का शिकार कर अजगर किसानों का भला करता है। मज़दूरों ने अजगर को मारने का उपक्रम शुरू किया। अजगर की जगह से हमारा फ़ार्म हाउस पाँच सौ मीटर दूर होगा। वहाँ चूल्हे के लिए युकलिप्टस की लकड़ियाँ जमा थीं। उनमें से हाथ की कलाई जैसे मोटे दो डण्डे उन्होंने उठा लिए और अजगर पर अपना पराक्रम प्रदर्शन करने लपके।

## तीन महीने कुछ नहीं खाता

पेट तना होने से अजगर चलने में अशक्त था। पन्द्रह-बीस दिन वह इसी तरह यहाँ पड़ा रहता। निगला हुआ जानवर तब अंशतः हज़म हो जाता। उसका पेट हलका हो जाता, वह घूमने-फिरने योग्य हो जाता, धीरे-धीरे रेंगता हुआ कहीं भी चला जाता। निगला हुआ भारी-भरकम जानवर दो-तीन महीने में पचता है। इस

अवधि में वह कुछ नहीं खाता। पूरे तने हुए पेट वाले अजगर को चलना पड़ जाए तो भीतर के जानवर के दबाव से पेट फट जाता है और जानवर का कोई अंग बाहर निकल आता है। भयंकर क्षति से उसे अपनी जान भी गँवानी पड़ सकती है।

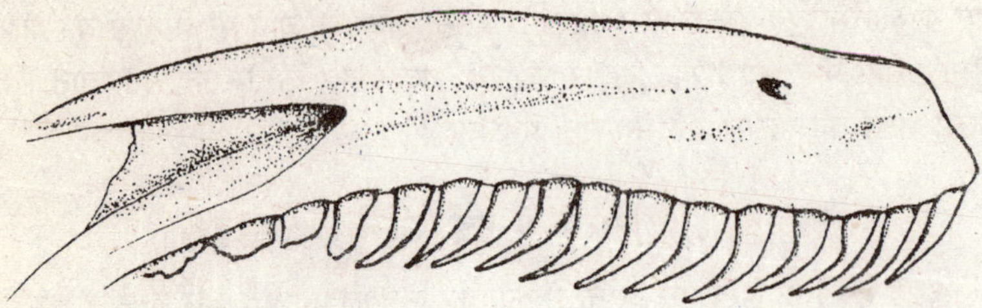

चित्र 65 अजगर का जबड़ा

बड़े शिकार को काटकर छोटा करने वाले और उसे चबाकर खाने वाले दाँत अजगर के जबड़े में नहीं होते। केवल नोकीले दाँत पंक्तिबद्ध लगे होते हैं। ये शिकार में गड़कर उसे वश में रखते हैं। अजगर को समूचा जानवर निगलना पड़ता है।

## लाठियों के पचास तगड़े वार झेल गया

लठैत मज़दूर घटना स्थल पर लौटे। फूले हुए पेट वाला अजगर मुश्किल से अपनी जगह से दस क़दम दूर खिसक गया था। थूथनी से आगे साठ सेण्टीमीटर तक गरदन की मोटाई सामान्य थी। इसे वह भली भाँति घुमा-फिरा सकता था। गरदन को आगे फेंककर जीभ लपलपाता हुआ मज़दूरों पर चोट करने की कोशिश करता था।

लठैतों ने आव देखा न ताव, दनादन लाठियाँ बरसानी शुरू कीं। जवानों की लाठियों के कोई पचास तगड़े वार तो उसने झेल लिए; इसके बाद वह निश्चेष्ट हो गया, न जीभ लपलपाता था, न गरदन से झपटता था। कोई आदमी होता तो उसका मलीदा बन जाता। हड्डियाँ चूर-चूर हो जातीं। हमलावरों ने मान लिया कि वह मर गया है। उन्होंने चैन की साँस ली। वे जानना चाहते थे कि अजगर ने खाया क़्या है ?

## पेट में दस किलोग्राम भारी सियार

जिज्ञासु मज़दूर ने उसके पेट पर दराँती से दस सेण्टीमीटर लम्बा चीरा लगाया।

उसमें से एक टाँग का बिलांद भर सिरा बाहर निकल आया। जंगल में जन्मे-पले मज़दूरों ने उसे सियार की टाँग बताया। सत्तर सेण्टीमीटर लम्बे और दस किलोग्राम

चित्र 66 अजगर को लठैतों ने मार दिया

भारी सियार को घात लगाकर झपटने, लपेटा मारकर पकड़ने, क़ाबू किए रहने और कुण्डलियों में भींचकर मारने में अजगर ने बेहद जद्दोजेहद की थी। युद्धस्थली में बिखरे टूटे-फूटे गन्ने इसकी साक्षी दे रहे थे।

सियार जैसे बड़े शिकार को निगलने की प्रक्रिया बहुत जटिल और श्रमसाध्य होती है। यह बहुत मन्द गति से एक-एक सेण्टीमीटर भर अन्दर धकेला जाता है।

इस सियार को समूचा निगलने में चौबीस घण्टे का लम्बा समय लग गया होगा।

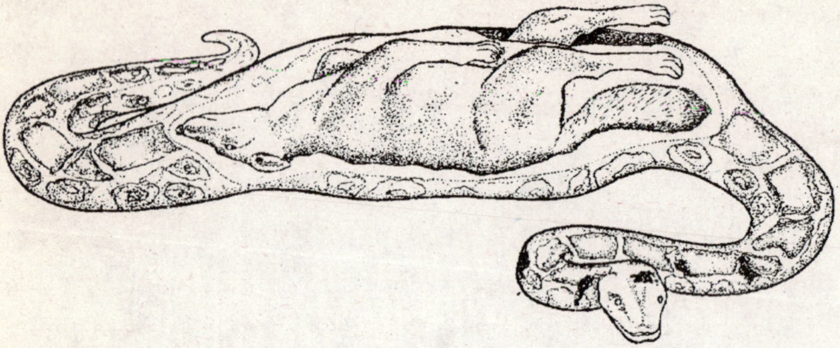

चित्र 67 अजगर के पेट में सियार

## महाप्राण ने लट्ठमार शूरों का दर्प चूर कर दिया

मज़दूरों की दुपहर की छुट्टी का समय हो गया था। अजगर को उसी तरह छोड़ वे खाने के लिए फ़ार्म हाउस चले गए। खाने के बाद उसका अन्तिम क्रिया-कर्म करना था। एक घण्टे के लंच ब्रेक के बाद वे लौटे। हैरानी से देखा कि अजगर अपनी जगह से रेंगकर ज़रा आगे चला गया था। मानो लट्ठमार शूरों के दर्प को उस महाप्राण ने चूर कर दिया था। लाठियों की चोट से आहत, चीरे हुए पेट वाले, क्षीण बल अजगर पर शूरों ने लाठियों से फिर ताबड़तोड़ वार करना शुरू किया। इस बार सचमुच मारकर ही दम लिया। फ़ार्म के साथ लगे गाँव के लोग हमारे खेतों में काम करने आते हैं। इस विलक्षण अजगर की ख़बर गाँव में झट फैल गई। गाँव वालों ने ऐसी दिलचस्प घटना कभी नहीं देखी थी। वे दौड़े आए, बच्चों को अधिक कुतूहल था। दर्शकों में उनकी संख्या अधिक थी।

## राम नाम सत है

गन्ने के हरे पत्तों को बटकर रस्सियाँ बनाई गईं। एक रस्सीं गरदन पर और दूसरी पूँछ से ज़रा आगे बाँधकर उसे उठा लिया। पेट के नीचे आरपार लाठियाँ डालीं। लाठियों की अर्थी पर साढ़े चार मीटर लम्बे शव को उठा लिया। शवयात्रा में एक मनचाहा बोलने लगा : 'राम नाम सत है, ' राम नाम '। बच्चों ने भी बोलना शुरू किया : 'राम नाम सत है' शवयात्रा उस शहीद का जूलूस बन गई थी जिसने क्रूर इन्सान द्वारा की गई निर्मम हत्या का मुक़ाबला करते हुए वीरगति प्राप्त की थी।

वे उसे खेत से बाहर ले गए। दफ़नाने के लिए कमर तक गहरा गड्ढा खोदा। अजगर को उसमें डाल दिया, सियार उसके पेट के अन्दर ही रहा। लाश को जंगल में फेंक देते तो तेंदुए, गीदड़, नेवले — जंगल के छोटे-बड़े जीवों की बढ़िया दावत हो जाती। बची हुई हड्डियाँ बिखर जातीं।

## अग्नि को समर्पित

गाँव वालों का विश्वास है कि अजगर के काँटे पैर में चुभ जाएँ तो पैर पक जाता है, सूज जाता है, उसका ज़हर सारी देह में फैल जाता है। अजगर की हड्डियों को ये लोग काँटे कहते हैं। देहातियों की यह मान्यता निराधार है। अजगर निर्विष साँप है, उसकी हड्डियाँ भी ज़हरीली नहीं होतीं।

गड्ढे में डाली लाश को उन्होंने मिट्टी से पूरा भी नहीं। क्योंकि उसे खोदकर लकड़बग्घे, गीदड़ और बिज्जू खा जाते। लाश पर लकड़ियों का ढेर लगाकर चिता बनाई और उसे अग्नि को समर्पित कर दिया। लाश जल जाने पर मिट्टी से पूर दिया।

दिसम्बर, 1998 के दूसरे सप्ताह मैं फ़ार्म हाउस गया था। अजगर को मारने वालों, फ़ार्म के कर्मचारियों और मैनेजर की मीटिंग की। उन्हें समझाया कि यह भला साँप है। फ़सल को बरबाद करने वाले जानवरों को खाकर हमें फ़ायदा पहुँचाता है। फ़ार्म में इसे आज़ादी से रहने दीजिए। जंगल के दूसरे जीवों के लिए भी फ़ार्म अभयस्थल है।

पच्चीस

# विषैले साँपों पर पलने वाला : शेषनाग

**अण्डमान में शेषनाग का घोंसला** : 1977 की जून-जुलाई में वन्य जीवों के फ़ोटोग्राफ़र राजेश बेदी तथा मद्रास स्नेक पार्क के डायरेक्टर रॉमुलस विटेकर वहाँ गए थे। एक करेन किसान ने इन्हें सूचित किया था कि उन्होंने जंगल में शेषनाग का घोंसला देखा है, जिसमें नागिन अण्डे सेय रही है। शेषनाग के अण्डे-बच्चों का अब तक सन्तोषजनक फ़ोटोग्राफ़िक रिकॉर्ड नहीं किया जा सका था। इस अत्यन्त घातक नाग की फ़ोटोग्राफ़ी करना ख़तरे से भरपूर है। इस बात को भली भाँति जानते हुए भी राजेश इस साहसिक कार्य के लिए उद्यत हो गए। वे इस सुनहरे अवसर को गँवाना नहीं चाहते थे। अण्डों में से बच्चे निकलकर घोंसला छोड़ जाएँ तो घने जंगल में तलाश करना असम्भव होगा। उनकी अण्डमान की यात्रा निरर्थक हो जाएगी।

समय की बचत करने के लिए वे दिल्ली से हवाई जहाज़ द्वारा चेन्नई चले गए। उन दिनों अण्डमान के लिए सीधी हवाई-सेवा नहीं थी। इसलिए अगली यात्रा उन्होंने समुद्री जहाज़ से की। तीन दिन बाद वे पोर्ट ब्लेयर पहुँचे। 2 अगस्त, 1977 से पोर्ट ब्लेयर के लिए कोलकाता से साप्ताहिक हवाई-सेवा शुरू हो गई थी।

शेषनाग का घोंसला करमटाँग जंगल में था। यहाँ जाने के लिए पोर्ट ब्लेयर से जलपोत द्वारा मायाबन्दर गए। यहाँ सप्ताह में दो बार पोत जाता है। मायाबन्दर बड़ी जगह है। वहाँ बिजली लगी है। एसिस्टेण्ट कमिश्नर वहाँ रहते हैं। डिविज़नल फ़ॉरेस्ट ऑफ़िसर का वहाँ दफ़्तर है। वहाँ से रेस्ट कैम्प के लिए बस सर्विस है। इसके बीच में आठ किलोमीटर की दूरी पर करेन लोगों की एक बस्ती है जिसे पानीघाट कहते हैं। इस छोटी-सी बस्ती में दो चर्च हैं।

यहाँ केवड़ा, बाँस और बेंत के जंगल हैं। पानी के ख़ूब स्रोत हैं। नारियल, पपीता, सुपारी के पेड़ बहुतायत से रोपे हुए हैं।

1976 में यहाँ के जंगल में शेषनाग का घोंसला देखा गया था। राजेश ने पानीघाट में ही अपना हेडक्वार्टर बनाया। कैप्टन बील के मकान में उन्होंने डेरा डाला। राजेश पिछले साल के घोंसले का स्थान देखने गए। वह बस की पक्की सड़क से तीन-चार

किलोमीटर से अधिक दूर नहीं था। बांस के घने जंगल में था। एक साल गुज़र जाने पर भी घोंसला ख़राब नहीं हुआ था। इसका कारण घने झुरमुट से सुरक्षा मिलना था।

म्याँमार में एक बार शेषनाग के दो घोंसले क़रीब दो किलोमीटर दूरी पर देखे गए थे। दोनों में नागिनें बैठी अण्डे सेय रही थीं।

करमटाँग में शेषनाग का घोंसला देखने के लिए पानीघाट से राजेश पैदल ही गए। करमटाँग में भी खेतिहर करेनों की मामूली-सी बस्ती है। यहाँ के निवासियों में दक्षिण भारतीयों की भी अच्छी संख्या है। खेत की बाड़ के लिए लोग जंगल में बाँस और बेंत काटने गए थे। सोते के पास उन्होंने एक जंगली सूअरी को जाते हुए देखा। उसके थनों में दूध भरा था। करेनों की आहार-तालिका में जंगली सूअर का ऊँचा स्थान है। उन्होंने सोचा कि दावत के लिए आज यह सूअरी ही मारी जाए। वे उसके पीछे गए। वह जल्दी ही ओझल हो गई। उसकी तलाश करते हुए करेनों को शक हुआ कि वह बाँस के निकुञ्ज में घुसी है और मुमकिन है कि वहाँ उसके बच्चे भी हैं। घने निकुञ्ज के अन्दर अँधेरा था। अँधेरे में कुछ दिखाई नहीं दे रहा था। एक करेन ने लम्बे बाँस का एक सिरा निकुञ्ज के अन्दर डालकर टटोलने की कोशिश की। सूअरी की बजाय वहाँ एक नागिन प्रकट हो गई। वह फन उठाकर ललकार रही थी। उसका मुँह आदमी की छाती तक ऊँचा उठा था। गुस्से में उसकी ओजस्वी आँखें चमक रही थीं। वह ज़ोर से फुंकार रही थी। ऐसा लग रहा था कि वह करेनों को भस्म करके शान्त होगी। करेन बेतहाशा अपने गाँव की तरफ़ भागे। हबड़ादबड़ी में उनकी कुल्हाड़ियाँ वहीं छूट गईं। करेन लोग शेषनाग से बहुत डरते हैं और उसे देखते ही भाग जाते हैं। हाँ, उनके साथ बन्दूक वाला शिकारी हो तो वे उसे मार डालते हैं।

## सारी टोली को ख़त्म कर देगा

शिकार-पार्टी के साथ अकसर सधे हुए कुत्तों की टोली रहती है। वे झाड़ियों को सूँघते हुए शिकार की तलाश करते हैं। झाड़ियों में छिपे हुए शेषनाग ने कई बार इन कुत्तों को मार डाला है। कुछ उदाहरणों में तो टोली के दो-तीन कुत्तों को एक ही शेषनाग ने मौत के घाट उतार दिया। ऐसा तब हुआ जब एक कुत्ते को शेषनाग डस रहा था तब दूसरा कुत्ता भागने की बजाय नाग पर हमला कर रहा था। पहले कुत्ते से निपटने के बाद वह दूसरे हमलावर पर लपका। उसके बाद तीसरे कुत्ते की

बारी आ गई। शिकारी कुत्तों को न हटाते तो शेषनाग सारी टोली को ही ख़त्म कर देता। डसे जाने के बाद कुत्ता झट मर जाता है। शेषनाग का विष वातसंस्थान पर कार्य करता है और इसलिए मौत तेज़ी से आती है। मनुष्य बीस-पच्चीस मिनट में मरते देखे गए हैं।

## एण्टिविनीन सीरम ले गए थे

फ़ोटो खींचते समय राजेश इतना लीन हो जाते हैं कि उन्हें अपनी सुध नहीं रहती। कहीं वे शेषनाग के चंगुल में आ जाएँ तो! इस कल्पना से ही सिहरन दौड़ जाती है। ऐसी विपदा का सामना करने के लिए विटकर ने शेषनाग के प्रतिविष मस्तु (एण्टिविनीन सीरम) की तीन शीशियाँ मँगा ली थीं। अण्डमान के दौरे पर उन्हें अपने बैग में रखते थे। इंजेक्शन के ज़रिए एण्टिविनीन सीरम अन्दर पहुँचाने के लिए पिचकारी भी साथ रख ली थी।

एक करेन गाइड के साथ राजेश आठ जून को एक बजे घोंसले की जगह पहुँचे। गाइड का नाम गोडाल था। वह वहाँ के जंगलों और जंगली जीवों से ख़ूब परिचित था। उससे बहुत-सी काम की बातें मालूम हुईं।

## स्थानीय बोली में नाम

स्थानीय बोली में साँप को थो कहते हैं। शेषनाग को घुई थो और गर्त मण्डली (pit viper) को ग्वी थो। इस साँप के सिर पर एक गड्ढा होता है। ये लोग जंगली सूअर को ठो, दतैल सूअर को ठो टी, चीतल हिरण को तमो, हाथी को कसो, कुत्ते को ठ्वी, समुद्री कछुए को किला, गोह को त्री, केकड़े को स्वे, गिरगिट को फाला, हरी गिरगिट को डोली फाला, अण्डे को अड़ी, साँप के अण्डे को घुईपे अड़ी, ढोर के गले की घण्टी को खो लो, डोंगी को कली, पानी को ठी, कैमरे को टाडो घो, फ़ोटो को टाडो, कछुए के कवच से बनी कंघी को क्लीफ़ कहते हैं।

## तीस सेण्टीमीटर ऊँचा घोंसला

कुटिया के सामने जिस तरह ज़मीन बुहारकर साफ़ की जाती है उसी तरह घोंसले के सामने की ज़मीन साफ़ थी। यहाँ झड़े हुए बाँस के पत्तों को बुहारकर शेषनाग अपने घोंसले के लिए निकुञ्ज के अन्दर ही ले गए थे। ख़याल है कि नर और मादा दोनों ने मिलकर घोंसले की सामग्री जुटाई थी।

शेषनाग और पक्षियों में यह साम्य है कि दोनों घोंसले बनाते हैं, दोनों अण्डे देते हैं और दोनों अण्डों को सेते हैं। पक्षियों के अण्डे के ऊपर भंगुर छिलका होता है, लेकिन शेषनाग के अण्डे के ऊपर पतले चमड़े जैसी दृढ़ झिल्ली का आवरण होता है। सपोला जब बाहर निकलता है तब अण्डा एक सिरे से फट जाता है। पक्षियों के अण्डे के समान टूटता नहीं। शेषनाग का घोंसला क़रीब तीस सेण्टीमीटर ऊँचा होता है।

## पन्द्रह अण्डों में से पन्द्रह सपोले

उस समय घोंसले पर नाग और नागिन में से कोई नहीं था। गोडाल का ख़याल था कि आठ मई को किसानों द्वारा छेड़े जाने के बाद शेषनाग अण्डों को छोड़कर चले गए थे। उसके बाद वे नज़र नहीं आए। जितने दिन वे अण्डों पर बैठे थे, उतने दिनों में अण्डों के अन्दर सपोलों का काफ़ी विकास हो गया था। घोंसले के पत्तों

**चित्र** 68 अण्डों से सपोले निकलते हुए

की ढेरी में स्वाभाविक रूप से गरमी पैदा हो रही थी। उससे भी अण्डों के सेए जाने में मदद मिल रही थी। एक महीना माँ-बाप से अलग रहने पर भी अण्डों में सपोले निकल आए।

नई दुनिया से परिचित होने के लिए सद्य:जात सपोले ने घोंसले में से फन निकालकर बाहर झाँका। राजेश इसी मौक़े की तलाश में थे। उनके कैमरे ने काम करना शुरू कर दिया। घोंसले में से पन्द्रह सपोले बाहर निकल आए। इस ब्यात में नागिन ने पन्द्रह अण्डे दिए थे। सभी में से सपोले निकल आए थे।

इन्हें अपने प्राकृतिक दुश्मनों से डर था। सहज बुद्धि से इनमें सुरक्षा की भावना विकसित हो गई थी। सर्पाहारी गरुड़ (सर्पेण्ट ईगल) और शायद जंगली सूअर तथा गोह इन्हें खा जाते हैं।

## सपोले फन उठाकर चोट करते थे

अण्डे से निकलते ही सपोले चुस्त और चौकन्ने थे। उनके सामने कोई जाता था अथवा कोई चीज़ उनके आगे ले जाई जाती थी तो वे फन उठा लेते थे और चोट करते थे।

अपनी हिफ़ाज़त के लिए उन्होंने बाँस की झाड़ियों पर चढ़ना शुरू किया। सरकते हुए वे तीन-चार मीटर तक ऊपर चढ़ गए। सम्भवत: रात को ये फिर नीचे उतर आते हैं और आहार की तलाश में इधर-उधर बिखर जाते हैं।

शेषनाग मुख्यतया साँप खाया करते हैं। सपोलों को अपने आकार के अनुसार छोटे साँपों की ज़रूरत होती है। राजेश और विटेकर ने शेषनाग के सपोलों को खिलाने के कुछ परीक्षण किए हैं।

## गर्व से खड़ा हो गया

एक बार जन्म के सात दिन बाद सपोलों को पनियाला का सपोला दिया गया। शेषनाग का सपोला तीस सेण्टीमीटर लम्बा और पनियाला का सपोला बारह सेण्टीमीटर लम्बा था। पूर्ण वयस्क पनियाला 90 से 120 सेण्टीमीटर लम्बा होता है।

सपोले को अपने आगे देखते ही शेषनाग का सपोला लपका। पनियाला भागा, शेषनाग ने पीछा किया और झट पकड़ लिया। उसके मुँह में पनियाला की पूँछ आई। बारह सेण्टीमीटर नन्हा सपोला कायरों के समान शिकस्त मानने वाला नहीं था। उसने पलटकर वार किया। लेकिन शेषनाग के अपेक्षाकृत बड़े शरीर के मुक़ाबले उसका मुँह छोटा था। उसकी पकड़ में शेषनाग नहीं आया। सावधानी के लिए शेषनाग ने अपनी देह भी पीछे हटा ली। शेषनाग ने पैंतरा बदला। सपोले को छोड़ दिया। वह

भागा। शेषनाग ने उसका पीछा किया और उसकी गर्दन दबोच ली। यशस्वी विजेता के समान वह उसे लेकर गर्व से खड़ा हो गया। इन सर्प विशेषज्ञों ने अपने परीक्षणों

चित्र 69 शेषनाग ने सपोले को पकड़ लिया

के सिलसिले में ग़ौर किया कि शेषनाग का सपोला दूसरे सपोलों को सदा गरदन से दबोचने की कोशिश करता है। गरदन पकड़ में न आए और सपोले के बीच से

निकल जाने के आसार हों तो वह पूँछ पकड़ लेता है।

शेषनाग के नवजात सपोलों में भी विषयन्त्र बन चुका होता है। नन्हे सपोले को जब वह आहार के लिए पकड़ता है तब उसके दाँतों से सपोले में विष इंजेक्ट हो जाता है। विष सीधा उसके नर्वस सिस्टम को सुन्न कर देता है। इससे सपोले की चेष्टाएँ ख़त्म हो जाती हैं, जीन के लिए संघर्ष समाप्त हो जाता है और देह शिथिल पड़ जाती है। इस अवस्था में आहार को निगलना आसान होता है। सपोला संघर्ष करता रहे तो उसे निगलना कठिन होता है।

एक बार शेषनाग के सपोले ने जब वार किया तब पनियाला तो बच गया और शेषनाग का खुला हुआ मुख ज़मीन पर टकराया। उसके मुँह में कचरा भर गया। उसे नाग ने मुश्किल से बाहर निकाला। मुँह के अन्दर कचरा रहने तक वह बेचैन रहा।

दुश्मन को डराने के लिए या दुश्मन पर वार करते समय वयस्क शेषनाग फुंकार मारते हैं। सपोलों को फुंकार मारते हुए नहीं देखा गया। सपोले पानी ख़ूब पीते थे। तेरह-चौदह दिन बाद उन्होंने पहली बार केंचुली उतारी। उसके बाद वे अधिक चुस्त हो गए थे। उनकी पूँछ को छूने से वे पलटकर वार करते थे।

## फनियर जैसे ज़हरीले साँप को भी खा जाता है

एक परीक्षण में जन्म के सात दिन बाद सपोलों को पहली बार पनियाला के सपोलों को आहार दिया गया। उनके आगे ज़िन्दा पनियाला छोड़ दिए जाते थे। पनियाला को पकड़ने में, मारने में और समूचा निगलने में दस से पन्द्रह मिनट लग जाते थे। नाग जब पनियाला को दाँतों में पकड़ लेता था तब अपने विषैले दाँत उसकी देह में गाड़कर विष डाल देता था। इससे औसत दो मिनट के अन्दर मौत हो जाती थी। शेषनाग का सामान्य आहार साँप है। यह प्राय: सभी जातियों के साँपों को खा जाता है। फनियर जैसे विषैले साँपों को भी नहीं छोड़ता। साँपों के एक वर्ग में विषैले दाँत जबड़े के अगले सिरे पर होते हैं और ये होते भी अधिक लम्बे हैं। ऐसे साँप अधिक आसानी से और अधिक कारगर ढंग से डसकर अधिक मात्रा में विष डाल सकते हैं। ऐसे साँप वाइपर (दबोइया) आदि हैं। वाइपर को जब शेषनाग के आगे डाला जाता था तब वह उसे मारने में संकोच करता था। एक उदाहरण में अण्डमानी शेषनाग के एक साल के बच्चे को पिंजरे से बाहर निकाला गया। उसके आगे पन्द्रह दिन का शेषनाग का सपोला छोड़ा गया। छोटे ने वार किया। बड़ा पकड़ने के लिए सावधान

चित्र 70 साँप को आसानी से निगल जाता है

हुआ। लेकिन यह जानकर कि वह मेरा सजातीय है, बड़े ने उसे नहीं पकड़ा। वह पीछे हटने लगा। छोटा तब भी उसकी तरफ़ बढ़ता रहा।

## शेषनाग के फ़ार्म

शेषनाग दुर्लभ साँप है। किसी विरले सपेरे के पास ही यह होता है। उत्तर भारत और पश्चिम भारत के जंगलों में मैंने यह नहीं देखा। कॉर्बेट नेशनल पार्क में यह

कभी-कभी दिखाई दे जाता है। 1976 की बरसात में एक जगह दो शेषनाग देखे गए थे। हाइबैंक में शेषनाग कभी-कभी दिखाई दे जाता है। सर्यादूली के पास एक शेषनाग गोह निगलते देखा गया था। पार्क के अधिकारियों के देखने पर भी उसने शिकार को नहीं छोड़ा। चिड़ियाघरों और सर्पशालाओं में यह कम ही दिखाई देता है। इसमें शक नहीं कि शेषनाग की मौजूदगी से चिड़ियाघर का आकर्षण बढ़ जाता है। जीव-जन्तुओं की सप्लाई करने वाले कोलकाता के एक व्यापारी के पास शेषनाग का एक जोड़ा बिक्री के लिए था। 1977 के शुरू में वह जोड़ी की क़ीमत एक हज़ार रुपए माँग रहा था। अवस्था के अनुसार शेषनाग की क़ीमत तीन सौ से पाँच सौ रुपये तक थी। दुनिया की सर्पशालाओं में इसकी निरन्तर माँग बनी रहती है। उसे पूरा करने के लिए शेषनाग के फ़ार्म स्थापित किए जाने चाहिए। एक ब्यात में यह क़रीब पन्द्रह अण्डे देता है। इसलिए आशा की जा सकती है कि शेषनाग के फ़ार्मों से अच्छा लाभ कमाया जा सकता है।

शेषनाग के विष के गुणों, कार्यों और उपयोगों के बारे में बहुत कम ज्ञान प्राप्त किया जा सका है। फ़ार्मों में पाले गए शेषनाग का विष दुहकर वैज्ञानिक अनुसन्धानों के लिए तथा सम्भावित चिकित्सा-प्रयोगों के लिए बेचा जा सकेगा।

अण्डमान में शेषनाग को घुई; अंग्रेज़ी में किंग कोबरा (king cobra); प्राणिशास्त्र में **ऑफ़िओफ़ागुस हन्ना** (कैण्टन) [**Ophiophagus hannah** (Canton)] कहते हैं। ये मई-जून में अण्डे-बच्चे देते हैं।

छब्बीस

# दो सिर वाला हरवा साँप

हिमाचल प्रदेश के पहाड़ों की उपत्यका में ऊना ज़िले में एक छोटा-सा गाँव रायपुर मैदान है। इसके बीचोबीच मोटर रोड चल गई है जो थाना कलान से भाखड़ा डैम को जाती है।

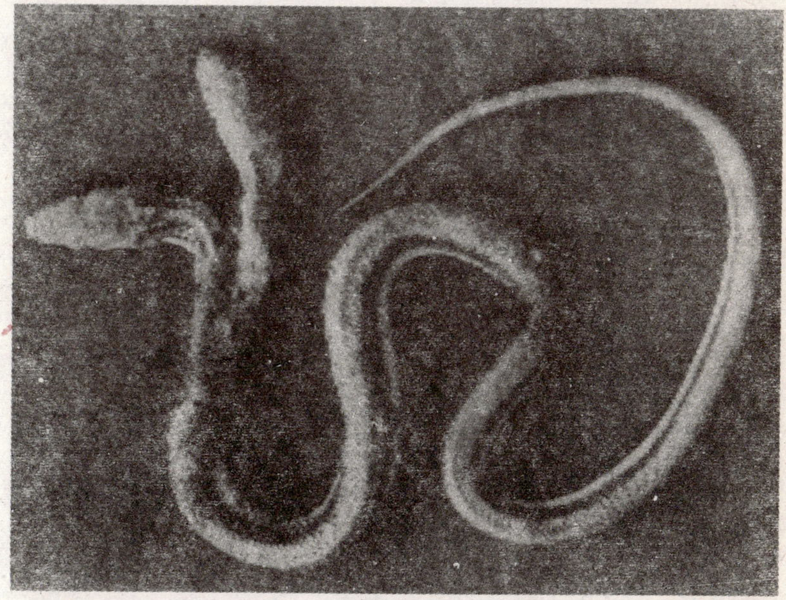

चित्र 71 दो सिर वाला हरवा साँप

दोपहर बाद दो बजे के लगभग सड़क के किनारे बच्चों ने डेढ़ बिलांद लम्बा पतला साँप देखा। उसे देखते ही बच्चे जमा हो गए। एक शरारती बच्चे ने उसे कंकर मारे। साँप धीरे-धीरे चल रहा था। एक बच्चा आश्चर्य से चिल्लाया —'अरे! इसके तो दो सिर हैं।'

जुलाई का महीना ख़त्म हो रहा था। बारिशें होती रहती थीं। उस दिन अच्छी

धूप निकली थी। धूपैली उमस में यह साँप अपने घर से बाहर निकलकर किसी ठण्डी जगह में आश्रय लेने जा रहा था।

## गाँव को कील दिया

रायपुर मैदान में साँप निकलते रहते हैं। साँपों के बारे में गाँव वालों के अनेक अन्धविश्वास जुड़े हुए हैं। किंवदन्ती के अनुसार कोई दो सौ साल पहले वहाँ चेतन महर्षि नामक काली कमली वाले सन्त रहते थे। वे शिवजी के उपासक थे। गाँव के बाहर जिस बरगद के नीचे उनका डेरा था उसके पास दीमक की बामियों के कई टीले खड़े थे। उनके अन्दर से निकलकर साँप आहार की तलाश में बाहर जाते थे। चेतन महर्षि के पास उपदेश सुनने आने वाले भक्त डेरे में निर्भय विचरते हुए साँपों को देखते। चेतन ने उन्हें अभयदान दे रखा था।

गाँव में साँप काटने की इक्का-दुक्का घटना हो जाती तो लोग चेतन महर्षि की शरण में दौड़े जाते। साँपों के ख़तरे से मुक्त करने के लिए चेतन ने एक दिन गाँव को कील दिया। बरगद के नीचे उसने नाग शान्ति का होम किया। उसके बाद झोले में चावल लेकर गाँव की परिक्रमा करने निकल पड़ा। वह सर्प-भीति के निवारण का और नाग-शमन का मन्त्र बोलता जाता और अभिमन्त्रित चावल के कण छिटकाता जाता।

महाभारत में जनमेजय के नागयज्ञ के प्रसंग में साँप भगाने का एक मन्त्र आया है। चौदहवीं शताब्दी के चिकित्सक शार्ङ्गधर भी उसी मन्त्र को प्रभावी मानते थे। अठारहवीं शताब्दी के उत्तरार्ध में चेतन महर्षि भी उसी मन्त्र को साँप के ख़तरे से बचने का रक्षक कवच मानते थे। वह मन्त्र था :

**ओऽम सर्पापसर्प भद्रं ते दूरं गच्छ महाविषः।**
**जनमेजयस्य यज्ञान्ते आस्तीक वचनं स्मर॥**

इसका अर्थ है : 'ओ साँप, दूर रेंग जा, तेरा कल्याण हो। भयंकर विष धारण करने वाले ओ साँप, दूर चला जा।' इस मन्त्र से अभिमन्त्रित तण्डुल कणों को बिखेरते हुए चेतन ने गाँव की परिक्रमा पूरी कर ली। इस प्रक्रिया को सपेरों की बोली में गाँव को कीलना कहते हैं।

गाँव वालों का विश्वास है कि चेतन महर्षि द्वारा कीलने के बाद रायपुर मैदान के लोग साँप के भय से मुक्त हो गए। तब से गाँव की सीमा के अन्दर किसी आदमी

को साँप नहीं काटता, काट भी खाए तो आदमी मरता नहीं। यह सब चेतन के प्रताप से हुआ था। इसलिए गाँव के लोग उसे श्रद्धा से याद करते हैं। गाँव वाले सामान्यतया साँप को मारते नहीं। बस्ती में साँप निकल आए तो चेतन देवता का नाम लेकर उससे चले जाने की प्रार्थना करते हैं।

## शेषनाग का अवतार

दो मुँह साँप के अजूबे को देखने के लिए लोग घरों से निकलने लगे। इनमें एक नेवी से रिटायर्ड नर्सिंग इंस्पेक्टर राम कुमार शर्मा थे। नौकरी के दिनों उन्हें देश के प्रसिद्ध चिड़ियाघरों और चेन्नई के स्नेक पार्क को देखने का मौक़ा मिला था। उन्होंने वहाँ अनेक प्रकार के साँप देखे थे। ऐसा दो मुँह वाला साँप नहीं देखा था। धार्मिक कथाओं में हज़ार मुख वाले शेषनाग की कहानियाँ बहुत बार सुनी थीं। शर्मा ने सोचा : 'यह शेषनाग का ही कोई लघु रूप हो सकता है।' सयानों की धारणा थी कि यह धरणीधर शेषनाग का अवतार है। अभी बच्चा है, इसलिए दो सिर हैं, ज्यों-ज्यों बड़ा होगा, सिरों की संख्या बढ़ती जाएगी।

साँप के ज़ख्मों पर चींटियाँ चिपटनी शुरू हो गई थीं। उनके काटने से वह बार-बार तिलमिला उठता था। रीढ़ की हड्डी की चोट से वह चल नहीं सकता था। उसकी एक गरदन कुछ हिलती-डुलती थी। साँप सुस्त पड़ा था। शर्मा उसे अपने घर उठा ले गए। आधा गिलास पानी में चुटकी भर नमक घोलकर उन्होंने नॉर्मल सलाइन बना लिया। ज़ख्मों को उससे धोकर धूल-मिट्टी साफ़ कर दी। उसे देखने के लिए आने वालों का सिलसिला ज़ारी था। उसे शीशे के मर्तबान में रख दिया। शाम सात बजे वह मर गया। ग्यारह सौ की आबादी वाले रायपुर गाँव के अधिकतर लोग अब तक उस अनोखे साँप को देख चुके थे। शेषनाग का अवतार लेने की ख़बर भी गाँव में कुछ हद तक फैल चुकी थी। आगन्तुकों के हाथ में फूल और छोटे सिक्के भी होते थे जिन्हें वे साँप के आगे भेंट कर जाते थे।

शर्मा की माता जी और गाँव के लोगों की राय थी कि मरे हुए साँप को बामी के अन्दर गाड़ दिया जाए। बामी न मिले तो धरती में गाड़ दिया जाए। इससे उसकी सद्गति हो जाएगी। शर्मा साँप की अहमियत समझते थे। उन्होंने उसे फ़ॉर्मलीन के दस प्रतिशत जलीय घोल में परिरक्षित कर लिया। 16 सितम्बर को शर्मा मुझे मिले और अध्ययन करने के लिए अपना साँप मेरे पास छोड़ गए।

1985 के शुरू में 'साँपों का संसार' नामक मेरी पुस्तक छपी थी। उसमें छपे

फ़ोटो से मैंने इस साँप का मिलान करना शुरू किया। उसमें इस जाति के साँपों के पाँच फ़ोटो छपे थे। इसका प्राणिशास्त्रीय नाम **आंफीऐस्मा स्तोलाता** (लिनिअस) [**Amphiesma stolata** (Linnaeus)] है। अंग्रेज़ी में इसे बफ़स्ट्राइप्ड कीलबैक (buffstriped keelback) और संस्कृत में पाण्डुराजिल कीलपृष्ठ कहते हैं। यह नाम इसलिए रखा गया क्योंकि इस साँप के सिरे से पूँछ की नोक तक पीठ के दोनों बाज़ुओं पर पाण्डु वर्ण की दो धारियाँ पड़ी रहती हैं जो साँप के पिछले भाग पर अधिक स्पष्ट होती है।

इस छोटे, छरहरे, पतले, सीधे, कमनीय साँप को हिन्दी में हरवा, भला साँप और मिठाई कीड़ा; बंगाली में हेले साँप; मराठी में नानेटी; तेलुगु में वन्नपम और तमिल में नीरकतन पम्बू कहते हैं। इसकी आँखें बड़ी और पुतली गोल होती है। मैले नारंगी रंग की जीभ का सिरा काला होता है। इसकी ठोड़ी और गले का रंग सफ़ेद, पीला या नारंगी होता है।

दो सिर वाले इस भले साँप की थूथनी के सिरे से पूँछ के छोर तक कुल लम्बाई सत्ताईस सेण्टीमीटर थी। पूँछ पाँच सेण्टीमीटर लम्बी थी। दोनों मुख और उनके नीचे गरदनें सवा दो सेण्टीमीटर तक अलग-अलग थीं। दोनों सिरों के आधार से दो मेरुदण्ड निकले थे। प्रकट रूप में दोनों गरदनें सवा दो सेण्टीमीटर लम्बाई के आगे एक बन गई थीं। लेकिन खाल के नीचे सवा दो सेण्टीमीटर लम्बाई तक दो मेरुदण्ड थे। एक्स-रे चित्र के अध्ययन से पता चलता था कि सिर के आधार से चौंतीस कशेरुका तक दो मेरुदण्ड अलग-अलग थे। खाल के बाहर की गरदनों में तेरह-तेरह कशेरुका थे।

जहाँ खाल के अन्दर दो मेरुदण्ड थे वहाँ खाल की चौड़ाई पीठ की खाल से डेढ़ गुना थी। बीच में एक खाई थी जो खाल के नीचे दो मेरुदण्डों के अस्तित्व को बताती थी। निचले पृष्ठ पर खाल के बीचोबीच सीवन-जैसे सवा दो सेण्टीमीटर लम्बे निशान से दो मेरुदण्डों का अस्तित्व अधिक स्पष्ट हो जाता था। दोनों मेरुदण्ड जिस पौयण्ट पर मिल गए थे उसके आगे एक-एक सेण्टीमीटर तक सीवन चली गई थी।

साँप के पेट पर छिलके की प्लेटें चौड़ाई में आर-पार पूरी चली गई थीं। जहाँ दो रीढ़ें थीं। उनके ऊपर प्लेटें दो भागों में विभक्त थीं। दोनों रीढ़ें जहाँ जुड़ती थीं उसके ऊपर प्लेट के दोनों खण्ड उठे हुए और अन्य प्लेटों से बड़े तथा मोटे दिखाई देते थे।

थूथनी से बारह सेण्टीमीटर नीचे शरीर पर चोट लगी थी, जिससे डेढ़ सेण्टीमीटर मांस कुचल गया था। फ़ॉर्मलीन के घोल में यह भूरा-काला दिखाई देता था। साँप के ऊपर केंचुली चढ़ी थी। केंचुली के टुकड़े फ़ॉर्मलीन के घोल में तैर रहे थे।

यह निर्विष साँप पश्चिम में सिन्ध से लेकर पूर्व में दक्षिण चीन तक और इण्डोचीन में पाया जाता है। भारत के मैदानों में सभी जगह पाया जाने वाला यह सामान्य साँप है। पहाड़ों पर अपेक्षाकृत कम मिलता है : दो हज़ार मीटर की ऊँचाई तक दिखाई दे जाता है। ग्रीष्म ऋतु में यह निष्क्रिय रहता है। बरसात के महीनों में ख़ूब निकलता है। उत्तर भारत में सरदियों के महीनों में घास की जड़ों के बीच में मिट्टी के अन्दर तेईस से छियालीस सेण्टीमीटर नीचे शीतनिद्रा में चला जाता है।

## निर्दोष साँपों का भरता बना दिया

छेड़े जाने पर कोई-कोई हरवा अपनी गरदन और अगला शरीर चपटा कर लेता है और गहरा साँस भरकर शरीर को फुला लेता है, जिससे छिलकों के बीच सुन्दर नीले, लाल या सफ़ेद रंग चमक उठते हैं। देखने वाला समझता है कि छोटा साँप अपने नन्हे-से फन को फैलाकर डरा रहा है। उसके इस रूप को देखकर इसे ख़तरनाक दुश्मन मान लिया जाता है।

बग़ीचे में एक बार यह निरापद साँप देखा गया। उसे एक जवान ने मार दिया। लोग समझते हैं कि साँप अपनी आँखों की पुतली में मारने वाले का फ़ोटो उतार लेता है। साँप का कोई रिश्तेदार उस फ़ोटो से आदमी की पहचान कर उसे डस लेता है। इसलिए साँप को मारना ही काफ़ी नहीं समझा जाता, उसका सिर कुचलकर आँख अवश्य नष्ट कर दी जाती है।

यह जवान पहले हरवा को कुचलकर निपटा ही था कि सड़ते हुए पत्तों के ढेर में से दूसरा साँप निकलता दिखाई दे गया। वहाँ से गुज़रते हुए मैंने उसका भुरता बनाते हुए जवान को समझाया कि इस साँप में ज़हर तो होता नहीं, इसे क्यों मारते हो? जवान का जवाब वही था जो अनजान लोगों से अकसर सुना जाता है : 'साँप आख़िर साँप ही है, उसे ज़िन्दा छोड़ना समझदारी नहीं हो सकती।' ढूँढ़-ढूँढ़कर उसने दस हरवा और मारे। फिर शेख़ी बघारता हुआ बग़ीचे से चला गया।

सृष्टि के इन बारह सुन्दर सरीसृपों की मूक हत्या मेरे मन में देर तक खटकती रही। ये निर्दोष हत्याएँ अवश्य रोकी जानी चाहिए।

## सीता की लट

यह पानी के पास रहना पसन्द करता है। पोखरों के किनारे, धान के खेत, घनी घास और झाड़ियाँ इसके प्रिय निवास हैं। यह दिन में निकलने वाला साँप है। रात को चट्टानों के नीचे, विवरों में, पेड़ों और झाड़ियों की शाखाओं पर सोता रहता है।

सपेरे की पिटारी में यह साँप नहीं रहता। मजमें में भीड़ को आकृष्ट करने के लिए उसे बड़े आकार के साँपों को प्रदर्शित करने की ज़रूरत होती है। इसलिए वह इस मामूली-से साँप को नहीं रखता। इसलिए बड़े शहरों के लोगों ने यह साँप नहीं देखा होगा।

सपेरे इसे मिठाई कीड़ा कहते हैं, जिसका मतलब है —रेंगने वाला भला जीव। वास्तव में यह सबसे भले साँपों में से एक है। घास में से पहली बार पकड़े जाने पर भी प्रायः नहीं काटता। बच्चे इसे उठाए फिरते हैं। जो लोग साँप पालने का शौक़ शुरू करना चाहते हैं उन्हें इस साँप को पालना चाहिए। इसके सीधेपन व सरल स्वभाव के कारण तथा इसकी पतली लचीली नाजुक देह के कारण रामभक्त साधु इसे सीता की लट कहते हैं। वे इसे मारने नहीं देते। उनके डेरों में यह अभय रेंगता फिरता है।

देश के अधिक भागों में नर और मादा हरवा साँपों की संख्या बराबर-बराबर होती है। असम में मादाओं की संख्या दुगनी प्रतीत होती है। ग्रीष्मकालीन निष्क्रिय दिनों में ये जोड़े बनाते हैं। प्रजनन काल में एक साँपिन के साथ छह या अधिक नर रहने लगते हैं। गरमियाँ शुरू होते ही ये बग़ीचों की ठण्डी छायाओं में गिरे हुए पत्तों की ढेरियों के अन्दर छिपे रहते हैं। एक बार आम के बग़ीचे में सिंचाई की नालियाँ बनाने के लिए सफ़ाई की जा रही थी। सूखे पत्तों की ढेरी के नीचे माली को हरवा दिखाई दिए। माली मुझे बुला ले गया। मुझे याद पड़ता है कि वहाँ कोई दस-बारह हरवा छिपे थे। सड़ते हुए पत्तों की ढेरी के नीचे उन्हें खाने के लिए काफ़ी कीड़े और अन्य आहार मिल जाता था। साँपों को पकड़कर मैंने राजेश (आयु चार साल) को पकड़ाना शुरू किया। वह एक को क़ाबू करता तो दूसरा खिसक जाता। उसने दोनों हाथों में पाँच-छह हरवा पकड़े हुए थे। मुट्ठी में दबने से एक हरवा ने हाथ पर काट लिया। ज़ख़्म से ख़ून निकल आया, जिसे देखकर उसने साँप पटक दिए और रोने लगा। घर आकर स्पिरिट के फाहे से मैंने ज़ख़्म साफ़ कर दिया। हरवा जैसे विषहीन साँप के दंश के लिए यह उपचार काफ़ी था। लेकिन पड़ोस वाले चिन्तित थे कि उसे इंजेक्शन क्यों नहीं लगवाया गया।

इसका मुख्य भोजन विविध प्रकार के मेढक (frogs) और भेक (toads) हैं। अधिकतर यह फुदकी मेढक (skipper frog, *Rana cyanophlyctis*), चितरे मेढक (bull frog, *Rana tigerina*) और प्रभेक (common toads, *Bufo melanostictus*) खाता है। पाले हुए हरवा साँपों ने एक साल में 131 भेक खा लिए थे। यह छोटी गिरगिटों को भी खा जाता है। इसकी जबड़े की हड्डी के पिछले भाग में इक्कीस से चौबीस दाँत (maxillary teeth) होते हैं, जिनमें से आख़िरी दो लम्बे होते हैं और शिकार को पकड़ने में महत्त्वपूर्ण भूमिका अदा करते हैं। इन दाँतों से यह मेढक को कसकर पकड़ लेता है और ज़िन्दा ही निगल जाता है। हरवा के सपोले कीड़े, छुछ मछली (tadpoles), भेक के बच्चे और पतले मुँह वाले मेढक (Microphyla) खाते हैं।

## भाई-बहन एक-दूसरे को खाने लगे

सितम्बर, 1954 में मैं हरवा के एक शावक कुल को पाल रहा था। अण्डों में से निकले हुए इन्हें एक सप्ताह ही हुआ होगा। भाई-बहन सब मिलकर नौ सपोले थे। मैंने इन्हें शीशे के मर्तबान में रखा था। तल में रेतीली मिट्टी की तीन अंगुल मोटी तह बिछा दी थी। ये सपोले जिन अण्डों में से निकले थे उनके नौ खोल साथ-साथ चिपके हुए एक जगह पड़े थे। पानी का छींटा देकर मैं मिट्टी में थोड़ी नमी बनाए रखता था।

9 सितम्बर को एक अध्यापक मुझे यह तोहफ़ा भेंट कर गया था। उसी दिन दो सपोले मर गए थे। दो दिन बाद उनमें दुर्गन्ध आने लगी थी। गुरुकुल कांगड़ी के म्यूज़ियम में मैंने उन्हें फ़ॉर्मलीन के घोल में सुरक्षित रखवा दिया था। इनके ऊपर केंचुली का खोल चढ़ा हुआ था। चार सपोले केंचुली उतार चुके थे। उनकी केंचुलियाँ मिट्टी पर पड़ी थीं। बाक़ी सपोलों की केंचुलियाँ उतरने लगी थीं, थूथनी से आँख तक उतर चुकी थी।

दोपहर दो बजे सात सपोले मिट्टी के ऊपर रेंग रहे थे। एक के पास मैंने पानी गिराया, वह पीने लगा, दूसरा भी पीने आ गया। फिर छोटी-सी प्याली में पानी रख दिया, सबने ख़ूब पिया।

सपोलों की भोजन की समस्या को हल करना ज़रा कठिन था। बड़े हरवा साँपों को मैंने मेढक खाते देखा था। सपोलों के आहार के बारे में मैं नहीं जानता था। उन्हें बचाने की कोशिश में मैंने अपने किचन गार्डन में पत्तों को पलटकर मृदुल

रसीले कीड़े तलाश किए और मर्तबान के अन्दर छोड़ दिए।

अगले दिन सुबह सात बजे भी कुछ कीड़े मर्तबान के अन्दर रेंग रहे थे। सपोले चुस्त नज़र आते थे और भाग रहे थे। उनके आगे छड़ी ले जाते थे तो चौंकते थे। मर्तबान की दीवार के साथ-साथ अपनी दो-तिहाई ऊँचाई तक उठ जाते थे। उन्होंने इसी मर्तबान के अन्दर नौ दिन पहले जन्म लिया था। वे बाहर की दुनिया की झाँकी लेना चाहते थे। उस प्रकृति का अंग बनना चाहते थे जहाँ उनके माँ-बाप और बिरादरी के लाखों सदस्य आज़ादी से विचर रहे हैं।

सपोले सीधे थे और शांत स्वभाव थे। मेरे बेटे नरेश (आयु सात साल) और राजेश (आयु पाँच साल) सीता की लटों के समान मुलायम इन सपोलों को हाथ में उठा लेते थे। वे न चोट करते थे और न काटते थे।

प्रकट रूप में सपोले जन्म से ही निराहार थे। एक सुबह आठ बजे शीला जी (मेरी पत्नी) ने फ़ोन पर मुझे सूचित किया कि सपोलों ने एक-दूसरे को निगलना शुरू कर दिया है। जंगल के जीवों की कहानियाँ लिखने वाले बताते हैं कि भूख से सताई साँपिन अपने अण्डों को ही खा जाया करती है :

**खादेत् क्षुधार्त्ता भुजगी स्वमण्डम्**

भूख ने हरवा के सपोलों को अपने सहोदरों को निगलने के लिए बाध्य कर दिया था। सभी सपोले लगभग बराबर लम्बाई के थे। इनमें से जो अपेक्षाकृत तगड़े थे वे कमज़ोर को निगल रहे थे। मैं ऐसे उदाहरण को जानता हूँ जब साँपों ने अपने से अधिक लम्बे साँपों को निगल लिया था। अन्दर पहुँचकर वह दुहरा हो गया था जिससे अपने से छोटे साँप के अन्दर समा गया था।

मेरे पालतू हरवा के उदाहरण में सपोले बहुत छोटे, दुर्बल और नाज़ुक थे। वे अपनी सामर्थ्य का ठीक अंदाज़ न कर सके थे। उन्होंने सहोदरों को निगलने का उपक्रम तो कर लिया था पर लम्बे लुकमे मुश्किल से अभी ढाई सेण्टीमीटर गले से नीचे उतरे होंगे कि दावत का मज़ा लेने वाले वीरों का साँस रुक गया। उसी हालत में उन्होंने दम तोड़ दिया।

25 मई, 1960 को एक लड़का मुझे एक हरवा दे गया। अंदर के अंगों में चोट लगने से उसके मुख से ख़ून निकल रहा था। साँप के ऊपर केंचुली आई हुई थी। उसे मैंने शीशे के मर्तबान में रख दिया। अगले दिन एक और हरवा मेरे पास लाया गया। उसे भी पहले साँप के साथ रख दिया गया। चोट खाए हुए साँप ने केंचुली

उतार दी थी जो एक ढेरी में पड़ी थी। केंचुली उतारने में सहायता लेने के लिए एक खुरदरे पत्थर का टुकड़ा मर्तबान में रख दिया गया था। केंचुली आठ सेण्टीमीटर लम्बी थी।

28 मई की शाम पाँच बजे मैंने इन साँपों को सम्भोग में प्रवृत्त देखा। कूड़े-कचरे में ज़मीन के नीचे मई से सितम्बर तक ये साँप अपने अण्डे रखते हैं। चेन्नई में ये सारे साल अण्डे देते रहते हैं। साँपिन प्रायः अण्डों के साथ रहती है। तापमान के अनुसार अण्डों में बच्चे बनने का समय अलग-अलग होता है। पहाड़ों में अधिक समय लगता है। सबसे कम समय एक महीना रिकॉर्ड किया गया है। 22x16 से 35x18 मिलीमीटर के बिलकुल सफ़ेद अण्डे तबं रखे जाते हैं जब एक-दूसरे से चिपके रहते हैं, जिससे उनका एक गुच्छा बन जाता है। गुच्छे में अण्डों की संख्या एक से सोलह तक हो सकती है, प्रायः यह संख्या पाँच से दस के बीच रहती है।

नवजात सपोले तेरह से अठारह सेण्टीमीटर तक लम्बे होते हैं। मादाएँ ज़रा-सी अधिक लम्बी होती हैं। यह अन्तर बाद में भी बना रहता है और उम्र बढ़ने के साथ अधिक स्पष्ट होने लगता है। दूसरे साल तक मादा साढ़े पाँच सेण्टीमीटर या इससे भी अधिक लम्बी हो जाती है। विश्वास किया जाता है कि सपोले अपने जीवन के पहले बरस में दुगने लम्बे हो जाते हैं और दूसरे बरस में तिगुने।

हरवा साँपिनें अप्रैल से अगस्त तक गर्भित देखी गई हैं। सबसे छोटी गर्भित हरवा चवालीस सेण्टीमीटर नापी गई है। छियालीस-सैंतालीस सेण्टीमीटर लम्बी गर्भित तो बहुत-सी नापी गई हैं। जीवन के दूसरे साल के अन्त तक वे इतनी लम्बी हो जाती हैं। हरवा की औसत लम्बाई चालीस सेण्टीमीटर मानी जा सकती है। नब्बे सेण्टीमीटर से अधिक लम्बे हरवा नहीं होते।

रायपुर मैदान वाला दोमुखा हरवा जब पकड़ा गया था तब उसकी सत्ताईस सेण्टीमीटर लम्बाई से अनुमान होता है कि अण्डे से निकले हुए उसे लगभग बारह महीने हो चुके थे। दारुण शीत, छोटे जीवों को भून डालने वाली गरम मौसम और बरसात की झाड़ियों को इस साँप ने सफलतापूर्वक झेल लिया था। दोनों कपालों के अन्दर दो मस्तिष्क स्वतन्त्र रूप से अलग-अलग सोचते होंगे। यह भी हो सकता है कि एक ही शिकार को दोनों मुख खाना चाहते हों। ऐसे अवसरों पर दोनों मस्तिष्कों ने तालमेल रखा होगा। तभी वे संघर्षमय जीवन की बेशुमार कठिनाइयों को बख़ूबी पार करते रहे थे। अनजान बच्चे उन्हें न मारते तो हो सकता है कि वे पूरी उम्र भोग लेते।

सत्ताईस

# इच्छाधारी कलगी वाला नाग

**सपेरे के मजमे में बच्चे** : दिल्ली के पास मोल्हड़बन्द और पलवल में सपेरों की कुछ बस्तियाँ हैं। त्योहारों के अवसर पर वे दिल्ली की हर बस्ती में साँपों का प्रदर्शन करने निकल जाते थे और पैसा, कपड़ा-लत्ता माँगते थे। दिवाली पर 10 नवम्बर, 1977 की सुबह सपेरा मेरे घर के सामने सड़क पर बैठ गया। उसकी बीन सुनकर

चित्र 72 इच्छाधारी कलगी वाला नाग

बच्चे जमा होने शुरू हो गए। मैं नाश्ता छोड़कर अपनी पोती (नरेश बेदी की बेटी) रंजना बेदी और पोते राजीव बेदी को साँप दिखाने ले गया। मैं बचपन से सपेरों के मजमे देखता आ रहा हूँ, इसलिए मुझे इस तमाशे में कोई ख़ास आकर्षण नहीं था। लेकिन इसे देखने से बच्चों को सांपों के बारे में ज़रूर नई बातें पता चलती थीं।

सपेरे का नाम जोगी कृपाल नाथ था। वह दिलचस्प आदमी था। पिटारी में

खड़े काले नाग को नचा रहा था। मैंने रंजना को बताया कि इस साँप को फनियर साँप कहते हैं। यह अपने अगले सिरे को ज़मीन से तीस सेण्टीमीटर ऊपर उठा लेता है और इसका अगला सिरा फैलकर फन बन जाता है।

## दो साल के राजीव ने दुमुँही उठा लिया

कृपाल नाथ के पास दो साँप और थे। एक था दुमुँही, जो पिटारी के पास धीरे-धीरे रेंग रहा था। बच्चों को आकृष्ट करने के लिए कृपाल ने दुमुँही को उठाया और उसे हाथ लगाने को कहा। मेरे दो साल के पोते राजीव ने भी उसे उठा लिया। मैं जानता था कि साठ सेण्टीमीटर लम्बा यह निर्विष साँप बच्चों के लिए बिलकुल निरापद है। परन्तु कृपाल इसे अपनी घोणसी विद्या (सर्प विद्या) का चमत्कार बता रहा था जिसे सिद्ध करके उसने साँप को वश में कर रखा था।

## कलगी वाला इच्छाधारी

कृपाल का तीसरा साँप चुस्त था। इसका गठा बदन 2.10 मीटर लम्बे हण्टर सरीखा था। सपेरे ने इसे गले में लपेट रखा था। मैंने रंजना को बताया कि यह धामन साँप है, इसे घोड़ापछाड़ भी कहते हैं। शिवालिक की घाटियों में मैंने कई बार इन साँपों को पकड़ा है। यह ख़ूब तेज़ दौड़ता है और मुश्किल से पकड़ में आता है। पहाड़ी धरती पर जब मैं इसके पीछे भागता था तब यह मुझे बहुत पीछे छोड़ देता था। कहते हैं कि दौड़ में यह घोड़े को भी पछाड़ देता है।

अपने लम्बे जीवन में मैंने सैकड़ों धामन देखे हैं। इन साँपों को पकड़कर पाला भी है। कृपाल के धामन जैसा विलक्षण साँप मैंने दो-एक बार पहले भी देखा था। इस धामन के सिर पर आँख के पीछे दोनों तरफ़ बालों के गुच्छे उगे थे। प्रत्येक गुच्छे में पाँच सेण्टीमीटर लम्बे दस-बारह बाल थे। ये गुच्छे लगभग पैंतालीस अंश का कोण बनाते हुए पीछे की तरफ़ चले गए थे। दूर से देखने पर विशिष्ट रचना को पतले सींग समझने की ग़लती की जा सकती थी। पक्षियों की कलगी के समान इस रचना के कारण कृपाल इसे कलगी वाला इच्छाधारी नाग बताता था। उसने इसके बारे में मुझे बहुत ही अजीबोग़रीब बातें बताईं।

## उम्र पाँच सौ साल

यह इच्छाधारी कुली का उड्रिया खुर्रैट जाति का साँप है। इसकी उम्र पाँच

सौ साल से ऊपर है। यह अपनी इच्छा के अनुसार आकाश में विचरण कर सकता है और जब चाहे अपने शरीर को त्याग सकता है। नौ साल से यह कृपाल नाथ के पास रह रहा है। उसकी इच्छाओं को पूरा करने में निमित्त बना हुआ है, उसकी आजीविका चला रहा है। हरिद्वार के पहाड़ों से कृपाल ने जब उसे पकड़ा था तब कुल बारह साल अपने क़ब्ज़े में रखने का वायदा किया था। तीन साल बाद शिवरात्रि के पर्व पर वह इसे फिर वहीं पर छोड़ आएगा। कृपाल नाथ जोगी की कहानी अधिक दिलचस्प होती जा रही थी।

## खोजी दल में पाँच जोगी

इच्छाधारी को पकड़ने वाले खोजी दल में पाँच जोगी थे। इन्होंने कई महीने गंगा के तट पर एक ऊँचे पहाड़ पर डेरा जमाया। जंगल की छानबीन में इन्हें कुछ केंचुलियाँ मिलीं। फिर पोली धरती पर साँप के रेंगने के निशान दिखाई दिए। इन्होंने एक निशान का अनुसरण किया। बीहड़ जंगल की खोज ख़तरनाक थी। किसी भी झाड़ी के पीछे से भालू का हमला हो सकता था। उस जंगल में दतैल हाथी कई लकड़हारों को मार चुके थे।

जोगी एक लम्बी गुफ़ा के मुँह पर पहुँच गए, जिसके अन्दर इच्छाधारी रहता था। सब जोगियों ने मिलकर अपनी बीनें बजानी शुरू कीं। मादक संगीत घाटी में गूँजने लगा। उसे सुनकर बिगड़ैल दन्तुर भी शान्त हो गए। बीन के लहरों पर जोगियों ने पहले वन देवता की स्तुति बजाई। फिर शंकर की आराधना की। उसके बाद फिर लहरा बदला, जिसमें इच्छाधारी के कुल का बखान किया जा रहा था। कोरस सशक्त था। लगातार बीन फूँकते रहने से जोगियों के लम्बे चोगे पसीने से तर हो गए थे। मोहक संगीत में अपने कुल की स्तुति सुनकर इच्छाधारी मुग्ध हो गया। उसे इस बात पर गुस्सा भी आ रहा था कि जोगियों ने नागलोक में घुसने की जुर्रत कैसे की। फन फटकारता हुआ वह गुफ़ा से बाहर निकला और जोगियों की तरफ़ बढ़ने लगा। एक जोगी ने उसे निर्विषी बूटी सुँघा दी। उसे निर्विष और निस्तेज कर दिया। तब दबोच लिया।

## हड्डी से मांस अलग हो जाता है

जोगी कृपाल के अनुसार इच्छाधारी नागों में भी अनेक स्वभाव के साँप होते हैं। कृपाल अपने इच्छाधारी को महात्मा ब्रह्मचारी के समान बताता था। उसने आज

तक किसी को न काटा था, न सताया था। वश में करने से पहले अगर यह डस लेता तो पाँच मिनट के अन्दर ही डसे हुए आदमी की हड्डी से मांस अलग होने लगता। इसके घोर विष से छुटकारा पाने के उपाय तुरन्त न किए जाएँ तो तत्काल मौत हो जाती है। अपनी पिटारी में से टटोलकर जोगी ने टेढ़ी-मेढ़ी मैले रंग की जड़ियाँ निकालकर मुझे दिखाईं। इन्हें वह साँप के डसे का अचूक इलाज बता रहा था। इससे भी अधिक कारगर इलाज उसने मुझे मेढक का मनका दिखाया जो गात में से ज़हर को खींच लेता है।

## जोगी का करिश्मा

हम लोगों ने इच्छाधारी के फ़ोटो खींचे और कृपाल जोगी को वस्त्र और धन भेंट कर विदा किया। मेरे परिवार के सभी लोग जीव-जन्तुओं में गहरी दिलचस्पी रखते हैं, लेकिन किसी ने भी कलगी वाला साँप नहीं देखा था। जोगी की जो बातें मैंने ऊपर लिखी हैं उन्हें पढ़कर पाठकों के मन में भी अनेक सवाल उठे होंगे। क्या सचमुच कलगी वाला साँप होता है? कलगी प्रकृति की विलक्षणता है अथवा जोगी का करिश्मा? जोगी की बातों की गहराई में उतरने पर मैंने उनमें लेशमात्र भी सच्चाई नहीं पाई। अपने गप्पों के पिटारे में से वह एक के बाद दूसरी चटपटी गप्प निकालता जा रहा था। मैं सुनिश्चित रूप से कह सकता हूँ कि दुनिया में पाए जाने वाले साँपों में से किसी में भी कलगी नहीं होती। यह कलगी कृपाल का करिश्मा था। झटींगर नेवले के बालों को उसने सुई में पिरोकर कनपटियों में सी दिया था। उसकी यह छोटी-सी प्लास्टिक सर्जरी बड़ी कुशलता से की गई थी। सर्पविद्या में रुचि रखने वाले व्यक्ति को भी ऑपरेशन के निशान नहीं दीखते थे।

## काल्पनिक उड़ानें

धामन बिलकुल निर्विष साँप होता है। इसमें विष और विषयन्त्र मौजूद नहीं होता। इसलिए जोगी इसकी संहारक शक्ति का प्रतिपादन भोले दर्शकों को भयभीत करने और उन पर अपना रौब जमाने के इरादे से ही कर रहा था। कलगीधर का स्वेच्छा से आकाश में विचरण, स्वेच्छा से देहत्याग, कन्दरा में निवास, बीन बजाकर उसे कन्दरा से निकालना, जड़ी के प्रभाव से उसे प्रभावहीन बनाना—जोगी की काल्पनिक उड़ानों के अलावा कुछ नहीं था। इसमें शक नहीं कि जोगी नाटकीय सजीवता से इन अद्भुत चमत्कारों का वर्णन करता था, जिससे दर्शक अभिभूत हो जाते थे।

अठाईस

# महाकाय दीर्घजीवी कछुए

हरिद्वार, बनारस, मथुरा आदि तीर्थस्थानों में कुछ विधवाएँ और ग़रीब लोग गेहूँ के आटे को गूँधकर छोटी-छोटी गोलियाँ बट लेते हैं। बटते समय राम का नाम जपते रहते हैं। राम नाम से भावित ये गोलियाँ पवित्र बन जाती हैं। तीर्थयात्री इन्हें मछलियों और कछुओं को खिलाते हैं। इससे वे समझते हैं कि इनकी यात्रा सुखद होगी।

## अन्तरिक्ष यात्री कछुए

महाभारत के अनुसार मछली ब्रह्मा का और पुराणों के अनुसार विष्णु का अवतार है। महाप्रलय में इसने मानव के पूर्वज मनु और उसके पोत की तूफ़ान में रक्षा की थी। कछुओं ने मनुष्य जाति के इतिहास में महत्त्वपूर्ण भूमिका अदा की है। प्रलय के समय धरती को विलीन होने से एक कछुए ने बचाया था। चन्द्रमा के चारों ओर परिक्रमा करने वाले सबसे पहले जीवित प्राणी कछुए थे।

1968 में सोवियत यूनियन के ज़ोन्द्र-5 मिशन में कछुओं का एक जोड़ा चाँद के चारों ओर उड़कर धरती पर वापस आ गया था। वह उड़ान एक सप्ताह रही थी। ये आरम्भिक टर्टोनॉट एक सोवियत लेबोरेटरी में सकुशल लौट आए थे। इस प्रकार इन्होंने मानव की अन्तरिक्ष उड़ान के लिए मार्ग प्रशस्त कर दिया था। अश्वमेध यज्ञ में जो 609 जीव-जन्तुओं की प्रदर्शनी की जाती थी उनमें कछुआ भी प्रदर्शित किया जाता था :

**द्यावापृथिवीय: कूर्म: ॥**

यजुर्वेद, अध्याय 24 ; 34.

## कूर्म अवतार — विकास की कहानी

भारत में हिन्दू कूर्म जयन्ती मनाते हैं, जिनमें कूर्म अवतार की पूजा की जाती है। इस अवतार का मूल प्रादुर्भाव हमें शतपथ ब्राह्मण में मिलता है। सतयुग (अथवा प्रथम अवस्था) में कूर्म अवतार का रूप विकसित हो गया और तब भगवान् विष्णु कूर्म के रूप में प्रकट हुए। प्रलय में समाप्त हो गई कुछ चीज़ों को उन्होंने फिर

से प्रकट कर दिया। क्षीरसागर के नीचे वे कूर्म के रूप में शयन करते हैं। देवासुर संग्राम में एक बार असुरों का पलड़ा भारी हो गया। वे विष्णु के पास सहायता लेने

चित्र 73 समुद्रमन्थन में कछुए की पीठ पर मन्दरांचल

गए। उसने उन्हें क्षीरसागर को मथने और उससे निकले अमृत को पीने की सलाह दी, जिससे वे अतुल बलशाली और अमर बन जाएँ। मथने के लिए वासुकि साँप

की रस्सी और मन्दरांचल पर्वत का दण्ड बनाया गया। इस विशाल आयोजन में विष्णु ने कछुए का रूप धारण कर मदद दी थी।

उसी कछुए की पीठ पर मन्दरांचल को टिकाया गया था। देवों और राक्षसों ने समुद्र को मथा था जिससे अमृत, सब कामनाओं को पूरा करने वाली गाय कामधेनु, राजा इन्द्र का सफ़ेद हाथी ऐरावत आदि अनमोल पदार्थ निकले थे। हिन्दू कछुए को पवित्र मानते हैं। यह विष्णु भगवान् का दूसरा अवतार है। हिन्दू पुराणों के अनुसार हमारी धरती को विष्णु के कूर्म अवतार रूप ने धारण कर रखा है।

## अजीब मान्यताएँ

जब यह हिलता है तब कमर-पीठ पर टिकी धरती डोलने लगती है, तभी भूचाल आते हैं, सारी दुनिया में कछुए के बारे में विचित्र मान्यताएँ जुड़ी हुई हैं। लम्बी गरदन को बाहर तान लेने और फिर सिकोड़ लेने के गुण के कारण ग्रीक पुराण में कछुआ शिश्न का प्रतीक बन गया था और यह एफ़्रोडाइट तथा हर्मीस के लिए पवित्र माना जाता था। यह दीर्घ जीवन का भी प्रतीक था और समझा जाता था कि यह कभी नहीं मरता।

कूर्म अवतार की कहानी प्रकृति में होने वाले विकास की द्योतक है। भगवान् विष्णु के दस अवतारों में पहली मछली और दूसरा कछुआ है। डार्विन का विकासवाद का सिद्धान्त भी मछली से आगे जीवों का विकास प्रतिपादित करता है। मछली केवल पानी में रह सकती है। और इसका अगला विकसित रूप कछुआ पानी और ज़मीन दोनों पर रह सकता है।

चीनी पुराण में कछुआ पानी और धरती दोनों का प्रतीक है। रेड इण्डियन मानते हैं कि जीवनतरु कछुए की पीठ पर उगा हुआ है। नाइजेरिआ के नीग्रो कछुए को स्त्री की योनि का प्रतीक समझते थे। चीन के शाङ् राजाओं (1450-1050 ईस्वी पूर्व) की क़ब्रों में कछुए के जो खोल प्राप्त हुए हैं उनकी पीठों को चिकना बनाकर उन पर शिकार, फ़सलें, रोग, स्वप्न आदि की बातें लिखी हुई हैं।

शिङ् (ब्राज़ील) का विस्तृत क्षेत्र जलधाराओं, झीलों, पहाड़ियों, घने जंगलों से व्याप्त है; ग़ैर-आबाद है। इसमें सब मिलाकर एक हज़ार रेड इण्डियन पुराने ढर्रे पर दिगम्बर या अर्द्ध दिगम्बर रहते हैं। मैं इस अछूते इलाक़े की जड़ी-बूटियाँ खोजने वहाँ 1986 में गया था। पारम्परिक नृत्यों में वे अपनी देह को जंगली जीवों के दाँतों, हड्डियों, काँटों, पंखों और बीजों से सजाते थे। एक माला में अन्य जीवों के अलावा

कछुए भी पिरो रखे थे। इन हृष्ट-पुष्ट स्वस्थ लोगों के मुखिया ने मुझे जो चीजें उपहार में दी थीं उनमें यह विलक्षण माला भी थी।

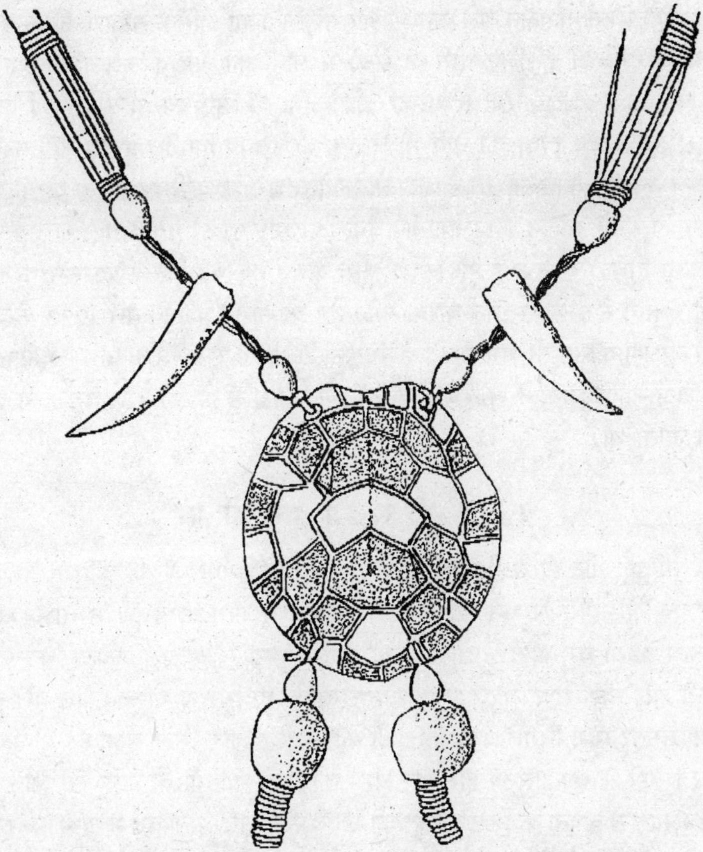

चित्र 74 रेड इण्डियन द्वारा विशेष समारोहों में पहने जाने वाली माला

## बारह टोकरों में एक हज़ार कछुए

एक चेले ने पूरे पच्चीस बरस तक अपने उस्ताद की चिलम भरी। फिर भी, उस्ताद ने उसे सोना बनाना नहीं सिखाया। पच्चीस बरस की लगन और तपस्या से चेला स्वयं कुन्दन बन चुका था। उसने गुस्से में उस्ताद को कछुआ बन जाने का शाप दे दिया। इस कहानी को सुनाकर साधु लोग बताया करते हैं कि जिस तरह कछुआ अपने सारे अंगों को समेटकर जल में जीवन-भर पड़ा रहता है, वैसे ही जो

गुरु अपनी विद्या को पेट में ही रखे रहते हैं, उसका प्रकाश नहीं करते, वे कछुए के समान ही हैं।

तीर्थ स्थानों में पलने वाले कछुओं और मछलियों का धार्मिक संरक्षण क़रीब-क़रीब ख़त्म हो गया है। इसलिए चोरी के धन्धे में लोगों का अधिक रुझान हो गया है। चोर व्यापारी इन्हें टोकरियों में भरकर कोलकाता के लिए बुक करा देते हैं। प्रवास में इन्हें कुछ दिन खाने को नहीं भी मिलता तो इसका विपरीत प्रभाव नहीं पड़ता। ये लम्बे उपवास को झेल लेते हैं। दिल्ली रेलवे स्टेशन पर कई बार यमुना के कछुओं के हावड़ा रेलवे स्टेशन (कोलकाता) बुक किए गए टोकरे पकड़े गए हैं। एक बार तो बारह टोकरों में एक हज़ार कछुए बुक कराए गए थे। दिल्ली प्रशासन के वन्य प्राणी विभाग ने इन्हें हस्तगत करके मजिस्ट्रेट के सामने पेश किया। 1972 के वन्य प्राणी संरक्षण क़ानून के अन्तर्गत इन्हें पकड़ना या मारना दण्डनीय अपराध है। अपराधी जब क़ानून के शिकंजे से बच निकलता था तब कछुओं को फिर यमुना में छोड़ दिया जाता था।

## ब्रज में भी संख्या कम हो गई

नदियों और झीलों में रहने वाले कछुओं को धर्मपरायण हिन्दू राम नाम की आटे की गोलियाँ और भुने हुए चने खिलाकर पुण्य लाभ करते हैं। मथुरा के घाटों के साथ बहती यमुना में, राधाकृष्ण के युगल कुण्डों में चालीस-पचास किलोग्राम वज़नी और साठ सेण्टीमीटर से अधिक लम्बे कछुए मिलना मामूली बात थी। ब्रज में अधिकतर लोग निरामिष हैं। कछुओं को उनसे संरक्षण मिला हुआ है। वे आदमी से डरते नहीं थे। श्रद्धालुओं द्वारा दिए चुग्गे को खाने सीढ़ियों के ऊपर आ जाते थे। एक बरसात में यमुना के विश्राम घाट की ऊपरी सीढ़ी तक पानी बढ़ गया था। कछुओं के बड़े-बड़े झुण्ड पानी से बाहर निकलकर चुग्गा खा रहे थे। मैंने इनके फ़ोटो लिए थे। उन्हें देखने से इनकी घनी आबादी का पता चलता था। वे एक के ऊपर एक चढ़े हुए थे। नीचे की भूमि दिखाई नहीं देती थी। उचक-उचककर चुग्गा माँगते थे।

1987 में हालात बदल गए थे। इनकी संख्या बहुत कम हो गई थी। मैंने किश्ती में घण्टे भर यमुना के घाटों का दौरा किया। राधाकृष्ण के युगल कुण्डों और वहाँ से डेढ़ किलोमीटर दूर इनसे भी बड़े एक कुण्ड को देखने गया। मैंने देखा कि पानी से बाहर निकलने में ये संकोच करते हैं। इसका कारण यह है कि लोग इन्हें बड़ी संख्या में चोरी-छिपे पकड़ लेते हैं और कोलकाता के व्यापारियों को बेच देते हैं।

कोलकाता के होटलों में इसका मांस शौक़ से खाया जाता है। उत्तर भारत में कंजरों और कुछ छोटी जातियों में ही इसे खाने का रिवाज़ है। श्राद्ध में पितरों के लिए ब्राह्मणों को भोजन कराया जाता है। मनुस्मृति में उन्हें कछुए का मांस खिलाने का विधान किया है। इसे खाने से उनकी ग्यारह मास तक तृप्ति हो जाती थी :

**''' कूर्मयोस्तु मांसेन मासानेकादशैव तु॥**

मनुस्मृति, अध्याय 3; 270.

## खाने के लिए चार करोड़ अस्सी लाख अण्डे

दक्षिण अमेरिका की अमेजन नदी के तटों पर सभी जगह कछुओं ने घर बना रखे थे। अमेजन की आरम्भिक खोज करने वाले प्रकृतिविद् हेनरी वाल्टर बेट्स ने रिपोर्ट दी थी कि नदी के लोग हर साल कम से कम चार करोड़ अस्सी लाख अण्डे तो इकट्ठा कर ही लेते थे। कछुए के अण्डे देखने में मुर्ग़ी के अण्डे जैसे ही दीखते हैं। इनसे बढ़िया खाद्य पदार्थ बनाए जाते हैं। मेक्सिकन इन्हें चाव से खाते हैं। ऑस्ट्रेलिया के एक डाक टिकट पर कछुआ अंकित है।

## चिरायु महाकाय कछुए

कोलकाता के चिड़ियाघर में दो महाकाय कछुए सौ साल से कम उम्र के नहीं थे। दर्शकों के हाथों से दिए गए चनों और मूँगफलियों को वे खाते रहते थे। सारस, मोर, कौए, और छोटे पंछी उनकी पीठ पर सवारी करते रहते थे। पीठ का व्यास क़रीब नब्बे सेण्टीमीटर था। महाकाय कछुओं की उम्र डेढ़ सौ बरस तक होती है। रीढ़ की हड्डी वाले प्राणियों में सबसे लम्बी उम्र कछुओं की होती है। 160 साल से अधिक ज़िन्दा रहने वाले कछुओं के बारे में उल्लेख मिलते हैं। लेकिन इनकी दीर्घ आयु का प्रामाणिक रिकॉर्ड 116 से ऊपर है।

दक्षिण अमेरिका के 960 किलोमीटर पश्चिम में गालापागोस आइलैण्ड है। अन्दाज़ है कि इसमें नौ-दस हज़ार महाकाय कछुए बचे हैं। वनस्पतियाँ कम होने से यहाँ के कछुओं की गरदन लम्बी हो गई है जिससे ऊँची वनस्पतियों को खा सकें। घास-पात खाने वाले ये कछुए जुराबों, जांघियों और डायपरों (diapers) को भी उत्सुकता से निगल जाते हैं। ये दिन में सोलह घण्टे सोते हैं। शेष समय भोजन की तलाश के लिए कुछ सौ मीटर तक चले जाते हैं। कभी-कभी ये कीचड़ में स्नान करते हैं। कीचड़ इनकी देह पर पतली तह में जम जाता है जो इन्हें चीचड़ (ticks)

और मच्छरों से बचाता है। यहाँ पुराने कछुए 120 सेण्टीमीटर लम्बे थे। उनका वज़न 225 से 270 किलोग्राम था। मादाओं का वज़न मुश्किल से इनसे आधा होता था।

महाकाय कछुए सामान्यतया शान्त और आलसी जीवन गुज़ारते हैं। वे सुबह सात और आठ के बीच उठते हैं, एक घण्टा धूप सेंकते हैं। उनका भारी शरीर धीरे-धीरे गरम हो जाता है। फिर वे घास चरने और पत्तों को कुतरने में लग जाते हैं। वे बिच्छू बूटी और ज़हरीले फलों को खा जाते हैं। पत्ता थोहर के गिरे हुए फलों और पत्तों को खा लेते हैं। दोपहर बाद वे चार या पाँच बजे प्राय: आराम करते हैं। ठण्डी रातों में कीचड़ या पानी में आधे डूबे हुए घनी झाड़ी में गड़कर सो जाते हैं। इससे गालापागोस की रातों में उनका शरीर गरम रहता है जो खाए हुए भोजन को पचाने में मदद करता है। वहाँ रात को तापमान गिरकर पचास डिग्री फ़ॉर्नहाइट तक आ जाता है। गरमियों में वे अधिक खाते हैं और सरदियों में कम।

## कछुओं के हमले का ख़तरा

29 अप्रैल, 1969 को टैम्पिको (मेक्सिको) के नज़दीक समुद्रतट के साथ-साथ हज़ारों कछुए जमा हो गए थे। अधिकारियों को पता चला कि कछुओं की फ़ौज नगर पर हमला बोलने वाली है। उनसे निबटने के लिए उन्होंने तट के साथ-साथ बेयोनेट से लैस सैकड़ों सिपाहियों को तैनात कर दिया था। रूटर के संवाद में कछुओं का ख़तरा बहुत अधिक बताया गया था, क्योंकि तट पर जो कछुए उपस्थित थे उनके अलावा मई के प्रथम सप्ताह में हज़ारों कछुए और आने की उम्मीद थी।

## मछुओं के घर की छत

बंगाल की खाड़ी के कछुओं के बारे में एलिअन ने लिखा था कि श्रीलङ्का के ताप्रोबेन द्वीप के चारों ओर के समुद्र में इतने विशाल आकार के कछुए रहते हैं कि उनके खोल घरों की छतें बनाने के काम आते हैं। ये खोल पन्द्रह हाथ (क्यूबिट) लम्बे होते हैं। कोहनी से अंगुलियों तक के पैमाने को हाथ कहा करते थे। एक हाथ क़रीब पैंतालीस से पचपन सेण्टीमीटर लम्बा होता था। हाथ की औसत लम्बाई पचास सेण्टीमीटर मान ली जाए तो कछुओं की लम्बाई 7.50 मीटर बैठती है।

स्पष्ट है कि एक खोल की छत के नीचे कितने ही आदमी बैठकर सूर्य की तपिश से राहत पा सकते थे। इसकी सतह चिकनी होने से वर्षा जल झटपट बह जाता था, जबकि टाइलों में अटक-अटककर देर से बहता था जिससे मकान में

सीलन आ जाती थी। तूफ़ान में टाइलों की छत को भयंकर क्षति पहुँचती थी। कछुए का कवच कठोर होता है और एक प्राकृतिक गुफ़ा के ऊपर पड़ी हुई खोखली चट्टान की तरह अडिग पड़ा रहता था। इसलिए टाइलों की छत की निस्बत यह तूफ़ान के वेग को अधिक अच्छी तरह बर्दाश्त कर लेती थी।

इस सम्बन्ध में स्ट्रैबो का कथन एलिअन की पुष्टि करता है। उसने लिखा है कि ताप्रोबेन में मछली पकड़ने में और ख़ासकर कछुए पकड़ने में बड़ा मज़ा लिया जाता है। कछुए के कवच के नीचे सारे परिवार आश्रय ले सकते हैं। इन पुराने लेखकों ने विशाल कछुओं का जो आकार-प्रकार, लम्बाई लिखी है वह अतिशयोक्तिपूर्ण और अविश्वसनीय है।

## मेरे पालतू कछुए

भारत में कछुओं को घरों में पालने का शौक़ बहुत कम है। यूरोप और अमेरिका में गृहकच्छप रखने का शौक़ लोकप्रिय है। पालकों की माँग पूरा करने के लिए युनाइटेड किंग्डम हर साल हज़ारों कछुए आयात करता है। ख़रीददार सामान्यतया उस कछुए को पसन्द करता है जो छेड़ने पर झट अपने अंगों को अन्दर समेट ले।

मैंने अपने घर में कई बार कछुए पाले हैं। कुछ क़िस्में तो ऐसी थीं जिनके कवच का रंग कीचड़ जैसा मैला था। एक बार स्टार टॉर्टोइज़ (star tortoise) पाला था। इसके काले रंग के कवच पर पीले रंग की रेखाएँ पड़ी रहती हैं। यह अधिकतर भूमि पर विचरता है। इसलिए संस्कृत में इसे पीतराजि भूकूर्म या तारिक भूकूर्म कहते हैं। इसका लेटिन नाम **जेओकेलोने ऐलेगांस** (शोएप्फ़) [**Geochelone elegans** (Schoepff)] है।

कछुओं की कुछ क़िस्में अधिकतर भूमि पर रहती हैं, उन्हें भूकूर्म कहते हैं। जिनका अधिक समय पानी में गुज़रता है उन्हें जलकूर्म कहते हैं। इनके फिर दो भेद हैं – ताज़े पानी में रहने वाले कछुए और समुद्र के खारे पानी में रहने वाले कछुए। इन्हें क्रमशः नदीकूर्म और सिन्धुकूर्म कहते हैं। सामान्यतया भूमि के कछुओं (भूकूर्म) और मीठे पानी के कछुओं को (जलकूर्म और नदीकूर्म) टॉर्टोइज़ (tortoise) और समुद्र में रहने वाले कछुओं (सिन्धुकूर्म) को टर्टल (turtle) कहते हैं। विश्व के गरम भागों में इनकी लगभग 250 जातियाँ मिलती हैं।

मेरा अनुभव है कि कछुआ बहुत अच्छा पालतू (pet) जीव बन जाता है। इसकी बहुत देखभाल करने की ज़रूरत पड़ती है। मैं अपने पालतू कछुए को घर

के सेहन के बग़ीचे में छोड़ देता था। वह उसमें घूमता-फिरता था। सरदियों में वह अधिकतर सोता रहता था। घूम-फिरकर वह अपना भोजन खुद तलाश करता था। घर के लोगों के हाथ से वह फल खा लिया करता था। दिल्ली के चिड़ियाघर में मोर के बाड़े में कुछ तारिक्र भूकूर्म पाल रखे थे। इन्हें पपीता तथा मांस का कीमा खाने को दिया जाता था। एक दोपहर को मैंने एक युगल को जोड़ा बनाने की चेष्टा करते देखा था।

अधिक समय पानी के अन्दर रहने वाले कछुओं की एक जाति के चार कछुए मेरे दिल्ली निवास में थे। लॉबी के अन्दर खुले जलकुण्ड में मैंने रंग-बिरंगी मछलियाँ पाली हुई थीं। इनके साथ ये जलवासी चार कछुए रख दिए थे। ये आटे की गोलियाँ और रोटी के नन्हे कतरे खाते थे। पत्ता गोभी और खीरे का पतला काटा हुआ टुकड़ा पानी पर तैरा देते थे। उन्हें ये खाते रहते थे। इन्हें मछलियों को पकड़ने की कोशिश करते हुए कभी नहीं देखा गया। ये विशुद्ध शाकाहारी थे।

## बीमार हो जाने पर

कछुए का जोड़ा पाला जाए तो अच्छा है। प्रकृति में कछुआ सरदियों में कीचड़ या रेत के अन्दर गड़कर निश्चल सोता रहता है। इसलिए पालतू कछुए को भी ये सुविधाएँ प्रदान की जानी चाहिए। यदि यह छिपकर सो नहीं रहा है, बग़ीचे में घूमने निकलता है तो उसे हर रोज़ खाने में लेटस, पत्ता गोभी, मटर, फल आदि देने चाहिए। सप्ताह में एक बार उसके भोजन में कौड लिवर ऑयल और कैल्सियम ग्लूकोनेट का पाउडर छिड़क देना चाहिए।

9 सितम्बर, 1970 को ब्रिटिश ओवरसीज़ एअर लाइन कोऑपरेशन के हवाई जहाज़ का जब अपहरण कर लिया गया था तब उसमें ग्यारह साल का एक बालक मिचेल हैचर भी अपने पालतू कछुए के साथ सफ़र कर रहा था। जोर्डन के रेगिस्तान की गरमी में उसे चार दिन हवाई जहाज़ में क़ैद रहना पड़ा था। भूखे और प्यासे कछुए को उसने केवल टमाटर खिलाकर उसके जीवन की रक्षा की थी।

कछुए पर चिपकी चीचड़ों (ticks) के ऊपर स्पिरिट लगाकर उन्हें चिमटी से खींच लेते हैं। कछुए के मल में गोल कीड़े नज़र आएँ तो उसे भोजन में ज़रा-सा सेण्टोनीन का पाउडर मिलाकर हफ़्ते में एक बार खिला देना चाहिए। आँख बहती हो तो बोरिक एसिड के चार प्रतिशत घोल से आँखें धोनी चाहिए।

उनतीस

# प्रियतमा की मणियाँ : वीरबहूटियाँ

वीरबहूटी लम्बोतरा, एक सेण्टीमीटर से छोटा, गुदगुदा, उजले सिन्दूरी लाल रंग का मखमली कीड़ा है जो बरसात के आरम्भ होने पर धरती पर डोलता हुआ पाया जाता है। महर्षि सुश्रुत समझते थे कि वीरबहूटी की उत्पत्ति भूमि से होती है। वे इसे मैथुनी सृष्टि के परिणामस्वरूप पैदा होने वाला जीव नहीं मानते थे।

वृद्ध वाग्भट और संस्कृत के अनेक कवियों ने वीरबहूटी की चमक से उजली धरती का वर्णन वर्षा ऋतु में किया है :

**इन्द्रगोपमण्डूकप्रभृतय उद्भिज्जाः**

सुश्रुतसंहिता, सूत्रस्थान 1; 39.

**इन्द्रगोपधनुःखण्डैर्विद्युदुद्योतदीपिता।**

अष्टांगसंग्रह, सूत्रस्थान, ऋतुचर्या 3; 42.

**शक्रगोपोज्वला मही।**

सुश्रुतसंहिता, सूत्रस्थान 6; 34.

बूढ़ी नानियों का विश्वास है कि राम जी अपने नन्हे-मुन्नों को खेलने के लिए इन प्यारी-प्यारी नन्ही गुड़ियों को आसमान से वर्षा के साथ ही गिरा देते हैं। इसलिए उत्तर प्रदेश में अनेक जगहों पर इन्हें राम जी की गुड़िया कहते हैं। जब यह प्रकट होती हैं उन दिनों तीजो या हरियाली तीज का त्योहार मनाने में महिलाएँ मगन होती हैं। उधर लाल-लाल परिधानों में बलड़ियों और नववधुएँ हरियाली में कूदती-फाँदती और फूलती हुई नज़र आती हैं और इधर ये हरी घास के मखमली हरे कालीन पर विचरती दीखती हैं। तीजो के त्योहार की अपूर्व शोभा में अनजाने ही भाग लेने के कारण उत्तर प्रदेश के अनेक देहातों में इसका नाम तीजो या तीज पड़ गया है। इसका लाल रंग वीरता का प्रतिनिधित्व करता है, संभवतः इसलिए इसे वीरबहूटी कहते हैं।

राम जी द्वारा बरसाने के इस लोक-विश्वास के स्रोत हमें संस्कृत के प्राचीन साहित्य में उपलब्ध होते हैं। संस्कृत के काव्यग्रन्थों और आयुर्वेद की प्राचीन संहिताओं

में हमें इसके लिए इन्द्रगोप, शक्रगोप, जिष्णुगोप सुरेन्द्रगोप आदि नाम मिलते हैं। इन्द्र, शक्र, जिष्णु, सुरेन्द्र शब्दों का अर्थ है इन्द्रदेव, और गोप का अर्थ है रक्षित। इसलिए संस्कृत के नामों का अर्थ हुआ इन्द्रदेव से रक्षित कीड़ा। इन्द्र देवता वर्षा के अधिपति हैं और वही इस प्यारे कीड़े को देवलोक से भेजते हैं, जिससे पृथ्वी पर रहने वाले लोग इसे देखकर प्रसन्न हों। संस्कृत के नामों पर विचार करने के प्रसंग में हमें लोक में सर्वाधिक प्रचलित नाम वीरबहूटी के अर्थ पर भी कुछ प्रकाश मिलता है। इन्द्र देवता अपनी वीरता के लिए तीनों लोकों में विख्यात हैं, इसलिए वीर देवता द्वारा रक्षित नई नवेली बहूटी (छोटी बधू) जैसे शर्मीले जीव को भी वीरबहूटी कहना सर्वथा उपयुक्त है। नई बहू जिस तरह संकोचशील और सिमटी हुई-सी रहती है उसी तरह वीरबहूटी को हाथ में उठाएँ तो वह झट अपने अंगों को समेट लेती है, मानो संकोचशील नई दुलहन लाल मखमली कपड़ों में सिमट गई है। उत्तर प्रदेश में कुछ जगहों पर इसे राम जी की बुढ़िया कहते हैं। इस शब्द का भाव भी इन्द्रगोप जैसा ही है। जैविकी के आधुनिक विद्वान् इसे **मूतेल्ला ओच्चिदेन्तालिस (Mutella occidentalis)** कहते हैं। फ़ारसी में इसे कीमे मखमल कहते हैं जिसका अर्थ है मखमली कीड़ा। बच्चे इन मखमली कीड़ों को हरी-हरी घास और रेत पर से बीन लेते हैं और डिब्बों में बन्द करके खेल करते हैं।

संस्कृत के कवियों द्वारा वीरबहूटी के निम्नलिखित वर्णन दिलचस्प हैं — 'मस्ती में कूँजते हुए मोरों से, विचरती हुई वीरबहूटियों के समूहों वाले घास के मैदानों से, कदम्ब और अर्जुन के फूलों की सुगन्ध में बसे रमणीय जंगलों में हाथी चर रहे हैं':

**प्रमत्त संनादितबर्हिणानि सशक्रगोपाकुलशाद्वलानि।**
**चरन्ति नीपार्जुनवासितानि गजाः सुरम्याणि वनान्तराणि॥**

रामायण

पानी की बूँदें पड़ी हुई घास के मैदानों में, झुण्डों में घूमती हुई वीरबहूटियों ने बन्धूक की कलियों के सौन्दर्य को मात कर दिया है और वे ऐसी शोभायमान हो रही हैं मानो पलाश-पुष्पों के खिले हुए गुच्छे चमक रहे हों :

**मुकुलितमतिशय्य बन्धुजीवं घृतजलबिन्दुषु शाद्वलस्थलीषु।**
**अविरलवपुषः सुरेन्द्रगोपा विकचपलाशचयश्रियं समीयुः॥**

किरातार्जुनीय, 10; 27.

छोटी-छोटी वीरबहूटियों से और नई घास के हरे मैदानों से रंग-बिरंगी धरती

ऐसी शोभायमान हो रही है मानो किसी नारी ने तोते-रँगी हरी साड़ी को अपने शरीर पर लपेट लिया है जिस पर लाखी रंग की बिन्दियाँ पड़ी हुई हैं :

**बालेन्द्रगोपान्तरचित्रितेन विभाति भूमिर्नवशाद्वलेन।**
**गात्रनुपृक्तेन शुकप्रभेण नारीव लाक्षोक्षितकम्बलेन॥**

रामायण.

'छितराई हुई वैदूर्यमणि के समान दिखाई देने वाली घास के कोमल अंकुरों से भरी हुई, ऊपर निकले हुए कन्दली के पत्तों से लदी हुई और वीरबहूटियों से छाई हुई धरती उस नायिका जैसी दीख रही है जो सफ़ेद रत्न के अलावा अन्य सभी रंगों के रत्नों वाले आभूषणों से सजी हुई हो' :

**प्रभिन्नवैदूर्यनिभैस्तृणाङ्कुरैः समाचिता प्रोत्थितकन्दलीदलैः।**
**विभाति शुक्लेतररत्नभूषिता वराङ्गनेव क्षितिरिन्द्रगोपकैः॥**

ऋतुसंहार, सर्ग 2; 5.

लाल रंग की वीरबहूटियाँ धरती पर चमकती हुईं ऐसी लग रही हैं मानो परदेश गए हुए लोगों की विरही स्त्रियों के लाल-लाल प्राण हों :

**स्फुरन्तः पिंगलाभासो धरण्यामिन्द्रगोपकाः।**
**सरक्तवान्तपान्थस्त्री जीवा इव चकाशिरे॥**

सुभाषितावलि.

नई घास की शोभा से सम्पन्न इस धरती पर वीरबहूटियाँ अत्यधिक सुन्दर लग रही हैं। ऐसा प्रतीत होता है कि नीलकमल के बिछौने में कामकेलि प्रसंगवश मुग्ध लोचनों वाली प्रियतमा की मणियाँ टूटकर बिखर गई हों :

**अभिनवयवसश्रीशालिनि क्ष्मातलेऽस्मिनतिशयपरभागं भेजिरे जिष्णुगोपाः।**
**कुवलयशयनीये मुग्धमुग्धेक्षणाया मणय इव विमुक्ताः कामकेलिप्रसङ्गात्॥**

सुभाषिरत्नभाण्डागार, प्रकरण 6; 53.

राजा पुरुरवा गन्धमादन पर्वत पर उर्वशी को ढूँढ़ रहे हैं। वे कहते हैं - 'मुझे कुछ-कुछ तो ऐसे चिह्न मिल गए हैं जिनसे मैं थोड़ा-बहुत अनुमान लगा सकता हूँ कि वह क्रुद्ध देवी किधर से गई हैं, क्योंकि तोते के पेट जैसे हरे रंग वाली उसकी चोली पट्टी है जिस पर उसके आँसुओं से घुलकर ओठों से गिरे हुए लाल रंग की बुंदकियाँ दिखाई दे रही हैं और जो क्रोध में हड़बड़ी से चलने के कारण खिसककर नीचे गिर गई होगी। अच्छा, तो मैं इसे उठा लेता हूँ। अरे! यह तो हरी घास पर

वीरबहूटियाँ फैली हुई हैं' :

**कथं सेन्द्रगोपं नवशाद्वलमिदम्।**

विक्रमोर्वशीय, अङ्क 4.

चन्द्रापीड राजा की उपचारिका पत्रलेखा का उत्तरीय वस्त्र वीरबहूटियों के रंग जैसा लाल था :

**शक्रगोपकालोहितरागेणांशुकेन रचितावगुण्ठनयो।**

कादम्बरी, पूर्वभाग.

कालिदास ने रघुवंश में वीरबहूटी के लाल रंग की तुलना जलती चिनगारी से की है। ऋषि विश्वामित्र ने जब बालक राम को धनुष पर डोरी चढ़ाने की सामर्थ्य से सम्पन्न बताया, तब जनक को कुछ-कुछ विश्वास होने लगा कि जैसे वीरबहूटी के बराबर नन्ही-सी चिनगारी में भी जलाने की शक्ति छिपी रहती है वैसे ही काकपक्षधारी राम में भी धनुष उठाने की शक्ति अवश्य होगी:

**एवमाप्तवचनात्स पौरुषं काकपक्षकधरेऽपि राघवे।**
**श्रद्दधे त्रिदशगोपमात्रके दाहशक्तिमिव कृष्णवर्त्मनि॥**

रघुवंश, सर्ग 11; 42.

## दवासाज़ी में

इन्हें बड़ी संख्या में इकट्ठा करके सुखा लेते हैं। बाज़ार में सूखी हुई जो वीरबहूटियाँ बिकती हैं, उनका रंग केसरिया लाल होता है। चूर्ण या भस्म के रूप में यह चेता संहति (नर्वस सिस्टम) की बलदायक औषध के लिए दी जाती है। यह अंग ग्रहनाशक (antispasmodic) तथा प्रतिपूयिक (एण्टिसेप्टिक) है और पक्षाघात (लकवे) में प्रयुक्त होती है। उदरशूल में यह जायफल के साथ दी जाती है। मोम के साथ सूखी वीरबहूटी का चूर्ण मिलाकर बनाई मरहम हाथ-पैरों की सूजन में लगाते हैं। पारद के संस्कार में वीरबहूटी काम आती हैं। मसूरिका के दानों को बाहर निकालने के लिए इसे खिलाते हैं। इसकी मात्रा आधी या एक वीरबहूटी है। देशीय चिकित्सा में यह रूक्ष, उष्ण, कफवातशामक एवं वाजीकरण है। ध्वजभंग में इसका बाह्य प्रयोग करते हैं। वाजीकरण होने से यह खिलाई भी जाती है। कामोत्तेजक तिलों में वीरबहूटियाँ भी डाली जाती हैं। गठिया में और दर्दों में वीरबहूटी का तेल लाभकारी माना जाता है।

तीस

# चमगादड़ : आसमान में उड़ने वाला स्तनपायी

गंग नहर, हरिद्वार की पटरी के दोनों ओर मीलों तक तरह-तरह के पेड़ लगाए गए थे। कोई 1957 में धनौरी कैनाल रेस्ट हाउस के पास ये पेड़ इतने घने हो गए थे कि दिन में भी इनके अन्दर सूर्य का प्रकाश पूरी तरह नहीं पहुँच पाता था। यहाँ पर आम के पुराने पेड़ों पर हज़ारों चमगादड़ों ने डेरा डाल रखा था।

## साठ-सत्तर हज़ार की बस्ती

1969 की मई की एक शाम को मैंने ग़ौर किया, साढ़े सात बजे पहला झुण्ड उड़ा जिसमें ग्यारह चमगादड़ थे। दूसरे झुण्ड में सैंतालीस चमगादड़ थे। उसके बाद उनकी अनवरत शृंखला बन गई। इनकी गिनती करना सम्भव नहीं रहा। हर सेकण्ड में सौ चमगादड़ मेरे आगे से निकल रहे थे। कुछ क्षणों में ही आसमान में ऐसे फैल गए जैसे काला बादल छा गया हो। सबका पहाड़ की तरफ़ रुख़ था। देखते ही देखते ये चार धाराओं में बँट गए। पूरब की तरफ़ शिवालिक की पहाड़ियों पर जा रहे थे। शुरू में तो एक सेकण्ड में एक सौ चमगादड़ मेरे सामने से गुज़र रहे थे, अब पचास गुज़र रहे थे। पन्द्रह मिनट तक यह सिलसिला चालू रहा। इतने समय में कुल मिलाकर चालीस हज़ार चमगादड़ गंगा की नहर के इस रैन बसेरे से निकल गए। ये तो मेरे सामने से गुज़रे थे इसलिए गिनती में आ गए। रैन बसेरा छोड़ते ही जिन्होंने दूसरी दिशाओं में रुख़ कर लिया उनकी गिनती नहीं की जा सकी। उन्हें भी गणना में शामिल किया जाए तो अनुमान है कि इस बस्ती में साठ-सत्तर हज़ार चमगादड़ होंगे।

जुलाई, 1969 में मैंने देखा कि ज्वालापुर घाट के पास दोनों ओर नहर की पटरियों के पेड़ों पर चमगादड़ ही चमगादड़ भरे पड़े थे। आम के पत्ते गहरे हरे रंग के होते हैं। जिससे आम के झुरमुट में अन्धकार-सा बन जाता है। इसलिए आम के पेड़ों पर इनके डेरे डालना स्वाभाविक था।

सूर्य की किरणों को रोकने के लिए यूकलिप्टस के पेड़ों पर पर्ण-वितान न

था। वे एकदम लमढींग की तरह आसमान की तरफ़ चले गए थे। इन पेड़ों पर दिन-भर सूर्य की सीधी किरणें थोड़ी-बहुत पड़ती ही रहती थीं। अचरज की बात है कि यूकलिप्टस के पेड़ों पर भी इनके डेरे पड़े थे। चिकने, सफ़ेद तने वाले इन पेड़ों पर काले चमगादड़ दूर से ही दिखाई दे जाते थे। इन पेड़ों के अलावा शीशम के पेड़ों पर भी मैंने इन्हें लटकते देखा था। दिन-भर ये उलटे टँगे रहते थे और साँझ होते ही बसेरे को छोड़ने लगते थे।

## उड़ते-उड़ते पानी पी लेते थे

शाम को इनका पहला काम नहर में पानी पीना था। उड़ते-उड़ते ही ये धारा के ऊपर से मुँह में पानी भर लेते थे। मैंने एक बात ग़ौर की थी कि ये सदा धारा के रुख़  की तरफ़ उड़ते हुए पानी पीते थे। दिन में भी किसी-किसी चमगादड़ को मैंने पानी पीते देखा था।

चमगादड़ जब पेड़ पर उतरता था तब पहले परों के किनारे लगे दो कुण्डों से टहनी को पकड़ता था। इसके बाद टाँगों के द्वारा लटक जाता था। उसका सिर नीचे रहता था और पंखों को हिलाता रहता था। ज़मीन से इनकी ऊँचाई दस मीटर से ऊँची रहती होगी।

## विश्वविद्यालय के कुञ्जों में

चमगादड़ों की दूसरी बड़ी बस्ती गुरुकुल कांगड़ी विश्वविद्यालय में थी। गुरुकुल कांगड़ी में अनेक भवनों के चारों ओर यूकलिप्टस की वह क़िस्म उगा रखी है जिसका तना चिकना, सफ़ेद होता है और वह एकदम सीधा, लम्बा चला जाता है। इसके पत्तों में एक उड़नशील तेल होता है जिसमें से सन्तरे की गन्ध आती है। इसका लेटिन नाम *एउकालिप्तुस चित्रिओदोरा* हूकर (*Eucalyptus citriodora* Hooker) है।

विश्वविद्यालय परिसर में युकलिप्टस के अनेक झुरमुट थे। 5 मई, 1973 को इनके ऊपर मैंने हज़ारों चमगादड़ लटके हुए देखे थे। कभी-कभी ये आम के ऊँचे पेड़ों पर भी बैठ जाते थे। ये पेड़ 500 मीटर की दूरी पर थे। ग्वाले ने मुझे बताया था कि तीन दिन पहले (पहली मई को ) ये आम के पेड़ों पर बैठे हुए थे। ग्वाला अपनी गायों को उन पेड़ों के साए में बिठाकर ख़ुद भी आराम कर लेता था। उसने ग़ौर किया कि जिन पेड़ों के ऊपर चमगादड़ लटकते थे उनके नीचे गायें नहीं बैठतीं।

चमगादड़ों का मल नीचे गिरता था उसकी गन्ध गायों को बुरी लगती थी।

शाम सात बजे कौए युकलिप्टस के पेड़ों के ऊपर रैन बसेरे के लिए आने लगे। सवा सात बजे चमगादड़ यहाँ से उड़ने लगे। कौओं का शोर बढ़ने लगा। पन्द्रह मिनट में ही अधिकांश चमगादड़ उड़ गए। उनकी जगह कौए बैठ गए। पाँच मिनट पहले इनका शोर चरम सीमा पर था। धीरे-धीरे शोर कम होता गया और पौने आठ बजे तक वातावरण शान्त हो गया।

1969 में मैंने नहर के किनारे यूकलिप्टस के पेड़ों पर चमगादड़ों की जो बस्ती देखी थी, प्रतीत होता है कि वही बस्ती गुरुकुल के युकलिप्टस के पेड़ों के ऊपर आ गई थी। 22 जुलाई, 1969 की सुबह पाँच बजे मैं फिर नहर की पटरी पर चमगादड़ों की वापसी देखने गया। सुबह पाँच बजे तक सभी चमगादड़ लौट आए थे और वृक्षों पर लटक गए थे।

आजकल चमगादड़ों का आहार — आम, अमरूद, लीची, लोकाट — कोई फल नहीं है। जंगलों में इन्हें गूलर, पीपल और बरगद के फल मिल जाते होंगे। ये फल इतने परिमाण में तो नहीं होते कि चमगादड़ों की इस बड़ी फ़ौज का पेट पाल सकें। सम्भव है कि ये कुछ पेड़ों के कोमल पत्ते खाकर गुज़र करते हों।

अश्वमेध यज्ञ में चमगादड़ों (जतू) को प्रदर्शित किया जाता था (यजुर्वेद, अध्याय 24; 25,36)।

7 मई, 1973 सुबह जब तक वातावरण अधिक गरम नहीं होता, चमगादड़ चुपचाप लटके हुए सोते रहते हैं। गरमी अधिक बढ़ जाने पर अपने डैनों को लगातार हिलाकर हवा करते रहते हैं। सुबह दस बजे मैंने देखा कि कॉलेज छात्रावास के यूकलिप्टस के पेड़ों पर से एक बड़ा झुण्ड उड़कर राजेन्द्र छात्रावास के सामने आम्रकुञ्ज में बैठ गया।

8 मई, 1973 को सुबह सभी चमगादड़ यूकलिप्टस पर बैठे थे। बारह बजे दोपहर यहाँ कोई नहीं था। वे सब राजेन्द्र छात्रावास के आम्रकुञ्ज पर जा बैठे थे। यह स्थान खुले युकलिप्टसों से कहीं अच्छा था। कुञ्ज घना था, जो धूप, तपिश, चौंध और सीधी लू से भी कुछ हद तक बचाता था।

## दो प्रधान वर्ग

जन्तुओं के वर्गीकरण में चमगादड़ वर्ग (Chiroptera) सबसे आसानी से पहचाना

जाता है। चमगादड़ अकेला स्तनपोषी है जिसके डैने होते हैं और जो वास्तव में उड़ सकता है।

चमगादड़ स्तनधारी समूह के दूसरे सबसे बड़े वर्ग चिरोप्तेरो के सदस्य हैं। पूरे विश्व में इनकी 1001 प्रजातियाँ हैं जिन्हें प्रथम दृष्ट्या मेगाचिरोप्तेरा एवं मिक्रोचिरोप्तेरा नामक दो उपवर्गों में बाँटा गया है। मेगाचिरोप्तेरा उपवर्ग की समस्त 187 प्रजातियों को केवल एक ही कुल में रखा गया है। मिक्रोचिरोप्तेरा उपवर्ग की समस्त 834 प्रजातियों को पहले पाँच मुख्य कुलों में, फिर उन्हें बीस कुलों में वर्गीकृत किया गया है। इनमें से पेलीओचिरोप्तेरीगोइडिआ नामक मुख्य कुल से संबन्धित तीनों कुलों की समस्त प्रजातियां समूचे विश्व से विलुप्त हो चुकी हैं। चमगादड़ों का दो प्रधान वर्गों में श्रेणीकरण किया गया है :

1 **मेगाचिरोप्तेरा** (Megachiroptera) इसमें फलाहारी चमगादड़ों की सभी जातियाँ शामिल हैं।

2 **मिक्रोचिरोप्तेरा** (Microchiroptera) इसमें कीटभक्षी और मांसाहारी चमगादड़ों की सभी जातियाँ शामिल हैं।

मेगाचिरोप्तेरा का अर्थ बड़े चमगादड़ हैं जो फलाहारी चमगादड़ों के बड़े आकार का परिचायक है। चीरोप्तेरा (chiroptera) ग्रीक भाषा के दो शब्दों के मिलने से बना है —चीरोस (chieros) और प्तेरोन (pteron) चीरोस का अर्थ हाथ और प्तेरोन का अर्थ पंख है। पृष्ठवंशी जीवों की बाँह के समान ही इसकी बाँह में ऊपरी बाँह होती है जो कोहनी तक आती है, दो हड्डियों वाली अगली बाँह होती है जो कलई तक आती है और हाथ होता है जिसमें अँगूठा और चार अंगुलियां होती हैं।

चमगादड़ों का भार कुछ ग्राम से लेकर एक किलोग्राम तक होता है तथा इनकी सामान्य उम्र बीस से तीस वर्ष के बीच होती है।

आर्कटिक, अंटार्कटिक व कुछ एकान्त समुद्री द्वीपों को छोड़कर विश्व के समस्त भागों में चमगादड़ की उपस्थिति दर्ज की गई है। कई समुद्री द्वीपों पर चमगादड़ ही एक मात्र स्थानीय स्तनधारी है।

भारत में चमगादड़ की कुल 109 प्रजातियाँ पाई जाती हैं जिनमें से तेरह मेगाचिरोप्तेरा व अट्ठानबे मिक्रोचिरोप्तेरा उपवर्ग से संबन्धित हैं। इनमें से मेगचिरोप्तेरा उपवर्ग की एक प्रजाति ऐसी है जो पूरे विश्व में सिर्फ़ भारत के तमिलनाडु राज्य में ही पाई जाती है। **लेतिदन्स सलीममलाई** नामक यह प्रजाति तेरोपोदिदी कुल के

लेतिदनस नामक वंश की एकमात्र प्रजाति है, जिसे सन् 1972 में पहली बार भारत के तमिलनाडु राज्य में मदुरै ज़िले के हाई वेवी पर्वत शृंखला के काराडाना कॉफ़ी

**चित्र** 76 चमगादड़ की शारीरिक रचना

स्टेट से खोजा गया था। संरक्षण की दृष्टि से इसे लुप्तप्राय जीवों की श्रेणी में रखा गया है।

## फलाहारी चमगादड़ का आहार

कुछ छोटे फलाहारी चमगादड़ अपने आहार के ऊपर मँडराते हैं, फल को मुँह में पकड़कर उठा लेते हैं और उड़ते-उड़ते खा लेते हैं। बड़ा फलाहारी चमगादड़ इतना फुर्तीला नहीं होता। वह उलटा लटके हुए ही फल खाता है।

सब चमगादड़ भकोसू होते हैं। एक छोटा फलाहारी चमगादड़ एक ही खाने में अपने भार से अधिक खा जाता है। सभी फलाहारी चमगादड़ फूलों का मकरन्द और फलों का रस पीते हैं। फल का गूदा चबाते हैं, केवल रस निगल जाते हैं और फोक फेंक देते हैं। केले, अमरूद जैसे पके हुए नरम फल चबाने पर आसानी से द्रव बन जाते हैं, उन्हें निगल जाते हैं। आम और काजू के फूलों जैसे सूक्ष्म फूलों के मकरन्द, कुछ फल चमगादड़ों को विशेष पसन्द हैं। वे फूलों को चबाते हैं और उन्हें कुचलकर मकरन्द निकाल लेते हैं। बड़े फूलों से मकरन्द जीभ से चाट लेते हैं।

## मांसाहारी चमगादड़ का आहार

मांसाहारी चमगादड़ के भोजन का एक बड़ा हिस्सा पक्षी होते हैं। ये छोटे चमगादड़ों को भी खाते हुए देखे गए हैं। पाले हुए एक चमगादड़ को मैंने गौरैय्या दी। उसने सबसे पहले इसका सिर खाया। इसके दाँत और जबड़े लकड़बग्घे जैसे मज़बूत होते हैं। यह चूहों और मेढकों को भी पकड़ लेता है। एक पालतू चूहा पिंजरे में से निकल गया। पनाह लेने के लिए वह चमगादड़ के पिंजरे में घुस गया। चमगादड़ ने उसे मारकर अंशत: खा लिया। सुबह उसका मुण्डविहीन धड़ पिंजरे में पड़ा मिला। पक्षियों को ये उनके रैन बसेरों में पकड़ लेते हैं।

कीटभक्षी चमगादड़ उड़ते हुए ही छोटे कीड़ों को पकड़ लेते हैं और उड़ते-उड़ते खा लेते हैं। बड़े और सख़्त कीड़ों को डेरे पर उतरकर खाते हैं।

वैम्पायर (vampire) चमगादड़ मनुष्य और अन्य रीढ़दार प्राणियों का ख़ून चूसने वाले एकमात्र स्तनपोषी हैं। प्राणिशास्त्र में ये **देस्मोदुस (Desmodus) दिफ़िल्ला (Diphylla)** और दिआएमुस (Daemus) गणों (genera) में समाविष्ट किए गए हैं।

मध्य और दक्षिण अमेरिका का यह मूलवासी तीखे कर्तन दाँतों (in cisor teeth) द्वारा शिकार से ख़ून चूसने के लिए आवश्यक सुराख़ काट लेता है।

एक वैज्ञानिक ने बताया है कि जब वैम्पायर काटता है तब थक्का विलीन करने वाला प्रभावशाली पदार्थ स्रवित करता है। वैम्पायर चमगादड़ों की लाला में विद्यमान यह पदार्थ आघातों का असरदार इलाज हो सकता है। आघात के रोगियों को यह पदार्थ दिया जाए तो थक्कों को विलीन करके मस्तिष्क की हानि कम की जा सकती है।

## राडार सिस्टम

चमगादड़ रात को खाते हैं। अँधेरे में वे सुगमता से और तेज़ी से उड़ते हैं। कुछ चमगादड़ों की दृष्टि मार्गदर्शक होती है। बहुत-सी जातियाँ दृष्टि पर निर्भर नहीं रहतीं। दृष्टि से वञ्चित करने पर भी चमगादड़ नितान्त अन्धकार में बाधाओं की परवाह किए बग़ैर उड़ सकते हैं। कमरे में आर-पार धागे तान रखे हों वे उन्हें बिना छुए उड़ लेते हैं। इसी तरह अन्धा बनाए हुए इन चमगादड़ों के रास्ते में शाखाएँ और शाखिकाएँ लगा दी गईं, वे उनसे बचकर कमरे की दीवार पर बैठने आ गए।

चमगादड़ों का अपना राडार सिस्टम होता है। उनके द्वारा निकाली गई कर्णातीत (supersonic) ध्वनियाँ वायु में प्रकम्पन पैदा करती हैं, उनके मार्ग में आने वाले पदार्थों से टकराती हैं, वे फिर वापस भेज दी जाती हैं, जिन्हें चमगादड़ झट पकड़ लेते हैं। इन चेतावनी देने वाली गूँजों से उन्हें मार्ग की बाधाओं का पता चल जाता है और वह उनसे बच जाता है।

## किसानों के मित्र

कीटख़ोर चमगादड़ जहाँ एक ओर फ़सल को नुकसान पहुँचाने वाले कीटों का सफ़ाया करते हैं वहीं फलाहारी चमगादड़ बीज विस्थापन कर वन्य परिस्थितिकी तंत्र को मज़बूती प्रदान करते हैं। यही नहीं, दोनों ही प्रकार के चमगादड़ों द्वारा उत्सर्जित अपशिष्ट पदार्थ सबसे अच्छी क़िस्म का जैव उर्वरक है, जिसे रात्रिकालीन विचरण के दौरान ये खेत-खलिहानों में बिखेरते हैं। किसी भी क्षेत्र की कृषि उत्पादकता एवं चमगादड़ों की संख्या में सीधा सम्बन्ध है। चमगादड़ व कृषि एक ही सिक्के के दो पहलू हैं। किसी एक के बिना दूसरे की समृद्धि की परिकल्पना निरर्थक है।

# जातियाँ

भारत में पाई जाने वाली चमगादड़ की कुछ जातियाँ निम्नलिखित हैं :

### बड़ा चमगादड़

**स्वरूप, आदतें, प्रजनन** : इसके सिर और शरीर की लम्बाई लगभग तेईस सेण्टीमीटर, पंखों का फैलाव 122 सेण्टीमीटर, भार 568 से 625 ग्राम होता है। इसका सिर आरक्त-भूरा और थूथनी गूढ़े रंग की या काली-सी होती है। यह भारत, श्रीलङ्का और म्याँमार में पाया जाता है। पश्चिमी राजस्थान, कच्छ और सिन्ध में कम मिलता है। भारतीय चमगादड़ों में सबसे बड़ा है।

### विविध नाम

अंग्रेज़ी : फ़्लाइंग फ़ॉक्स (flying fox)।
कन्नड़ : मेल्ला, सिक्त।
तमिल : वोव्वल।

तेलुगु : सिकुरायी।
मराठी : वटवागुल।
मलयालम : वोव्वल।
लेटिन : **प्तेरोपुस गिगान्तेउस** (ब्रुनिच) [**Pteropus giganteus** (Brunnich)]।
संस्कृत : उड्डयन वल्गुल, जतुका।
हिन्दी : गादल, बादुर।

गोधूलि बेला में डेरे से उड़ता है। दिन में बड़ी कॉलोनियों में, पेड़ों पर बसेरा करता है, जहाँ शोरगुल होता रहता है और आपस में तकरार होती रहती है। इन्हें

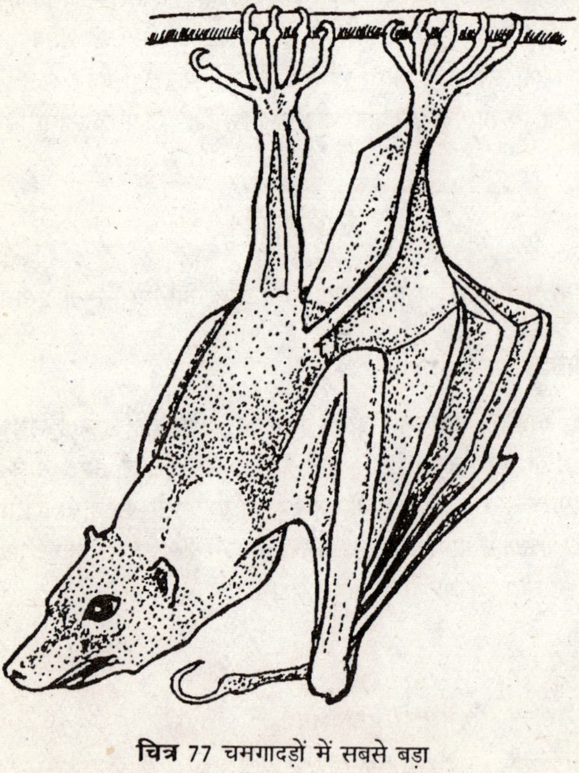

**चित्र** 77 चमगादड़ों में सबसे बड़ा

जगहों का और वृक्षों में फल लगने के समय का ख़ूब याद रहता है। फल-वाटिकाओं में ये बहुत विनाश करते हैं। फलों के केवल रस को पीते हैं, फोक को फेंक देते

हैं। साल में एक बार प्रजनन करते हैं। 140 से 150 दिन के गर्भाधान के बाद शुरू फ़रवरी में एक बच्चा पैदा होता है। बहुत-सी जगहों पर इसका मांस खाया जाता है।

## पिंगला गादड़

इसे संस्कृत में पिंगल वल्गुल; अंग्रेज़ी में फुल्वस फ़्रूट बैट (fulvous fruit bat) और प्राणिशास्त्र में **रोउसेत्तुस लेशेनाउल्तीई** डेसमारेस्ट (**Rousettus leschenaulti** Desmarest) कहते हैं।

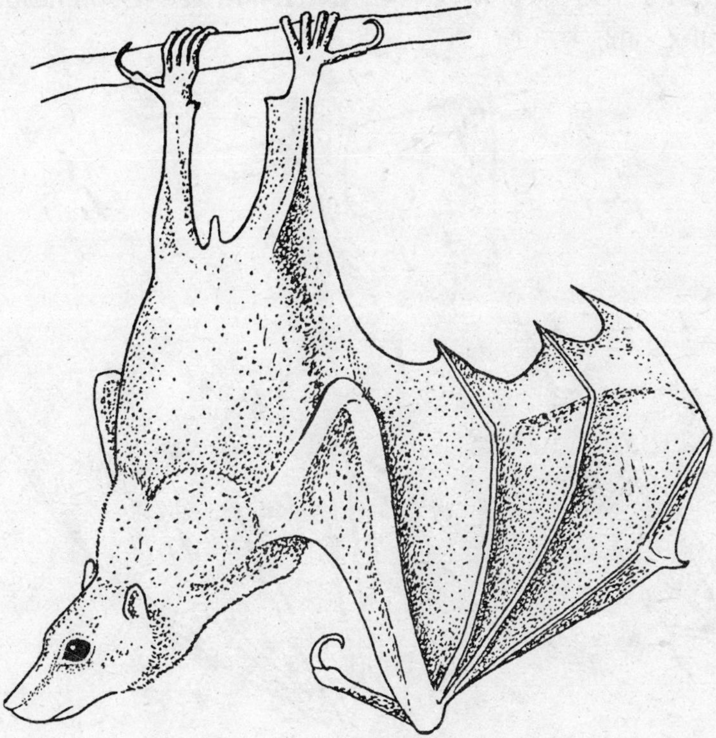

**चित्र** 78 मध्यम आकार का चमगादड़

**मध्यम आकार का चमगादड़** : सिर और शरीर 12.7 सेण्टीमीटर, पूँछ 1.8 सेण्टीमीटर, अग्र बाहु 7.2 से 8.6 सेण्टीमीटर। एक समान हलका-भूरा, कभी-कभी

पीले रंग का। बड़े नर के पार्श्व मैले-धूसर। भारतीय प्रायद्वीप और दक्खन पूर्वी एशिया की शोरगुल युक्त कॉलोनिओं, गुफ़ाओं और मानव निर्मित संरचनाओं, चट्टानी गुफ़ाओं, कुओं और पुराने खँडहरों के कमरों में मिलता है। मार्च से अगस्त तक प्रजनन करता है।

## फलगादड़

इसे संस्कृत में लघु-नास वल्गुल; अंग्रेज़ी में शौर्ट-नोज़्ड फ़्रूट बैट (short-nosed fruit bat) और प्राणिशास्त्र में **चिनोप्तेरुस स्फ़िंक्स** वाहल (**Cynopterus sphinx** Vahl) कहते हैं।

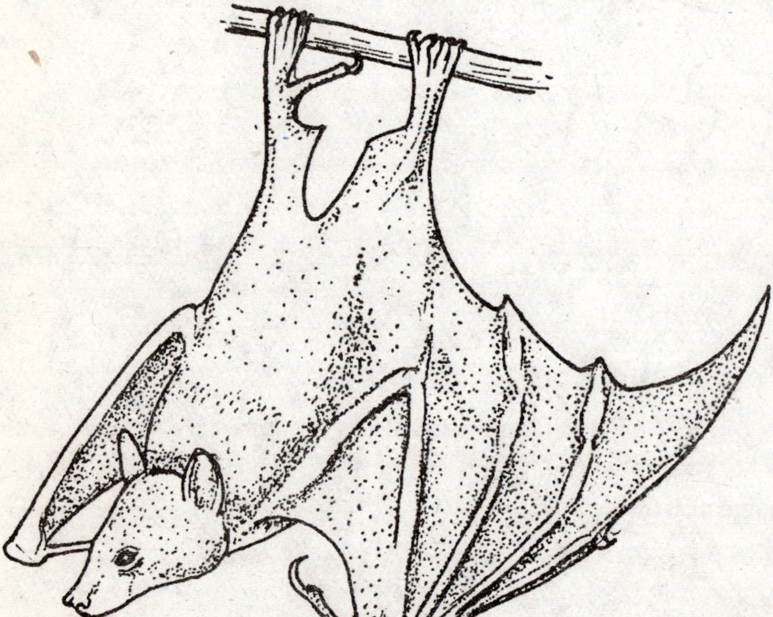

**चित्र** 79 इसके कान सफ़ेद किनारों से घिरे होते हैं

लगभग नंगे कान सफ़ेद किनारों से घिरे होते हैं और नथुने दूर तक अलग-अलग होते हैं। इसकी खाल भूरे रंग की विभिन्न छायाओं वाली, लोहित या पीताभ या मैली-धूसर

होती है। नर में प्राय: चमकीला, रक्ताभ-भूरा या जंगारी-भूरा कॉलर होता है। प्रायद्वीपीय भारत और दक्खन-पूर्व एशिया में अकेला और छोटे समूहों में, ताड़ के पत्तों, बरगद

**चित्र** 80 चमगादड़ के मुंह में केला

की वायवीय जड़ों और पेड़ के खोलों में मिलता है। फूलों का रस और फल खाता है। गर्भधारण काल 115 से 125 दिन; प्रजनन समय मार्च और सितम्बर होता है।

## पीला चमगादड़

इसे संस्कृत में पीतोदर जतु; अंग्रेज़ी में कॉमन यैलो बैट (common yellow bat) और प्राणिशास्त्र में **स्कोतोफ़िलुस हेआथि** (हॉर्सफ़ील्ड) [**Scotophilus heathi** (Horsfield)] कहते हैं।

इसका सिर एवं शरीर 7.6 सेण्टीमीटर, पूँछ 5.1 सेण्टीमीटर और अग्रबाहु 5.6 से 6.4 सेण्टीमीटर लम्बे होते हैं।

इसके निचले भाग गूढ़े पीले होते हैं। इसकी लाल-से रंग वाली भी एक क़िस्म होती है, ऊपर से पीली-सी भूरी होती है।

यह भारत और दक्षिण पूर्व एशिया में पाया जाता है। झुण्डों में रहता है। छोटी कॉलोनियों में रैन बसेरा करता है। शिकार के लिए शाम को जल्दी निकल जाता है। एक के आमाशय में बड़ी मात्रा में उड़ने वाली चींटियाँ पाई गई थीं। अपने निवास

स्थानों के उत्तरी क्षेत्र में यह शीतनिद्रा में चला जाता है। जून-जुलाई में इसके प्राय: दो बच्चे पैदा होते हैं।

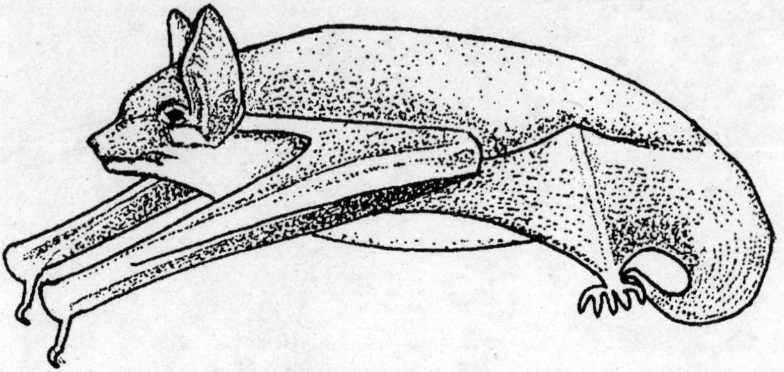

**चित्र** 81 पीला चमगादड़

## घोड़ा-नाल चमगादड़

इसे संस्कृत में बृहत् खुरप जतु; अंग्रेज़ी में ग्रेट ईस्टर्न हॉर्सशू बैट (great Eastern horseshoe bat) और प्राणीशास्त्र में **रीनोलोफुस लुक्तुस** टेमिन्क [**Rhinolophus luctus** Temminck] कहते हैं।

इसका सिर एंव शरीर नौ सेण्टीमीटर, पूँछ 6.6 सेण्टीमीटर और अग्रबाहु 6.6 से 7.6 सेण्टीमीटर लम्बे होते हैं। *रीनोलोफुस* गण में यह सबसे बड़ी जाति है।

इसके शरीर पर फ़र लम्बा, ऊनी और ज़रा-सा घुँघराला होता है। रंग गूढ़ा काला होता है। बालों के सिरे राख जैसे रंग के होते हैं। कदाचित् आरक्त भूरा होता है। इसके कान लम्बे होते हैं, ऊपर की ओर बढ़ते हुए कम चौड़े हो जाते हैं, उसके सिरे नोकीले नहीं होते।

यह हिमालय, पश्चिमी घाट श्रीलङ्का की पहाड़ियों और दक्षिण-पूर्व एशिया में पाया जाता है।

गुफ़ाओं और पुरानी इमारतों के एकान्त कोनों में अकेला या जोड़ों में रैन बसेरा करता है। हिमालय में यह शाम को जल्दी आहार की तलाश में निकल जाता है। घरों और वृक्षों के आस-पास चुपचाप उड़ता रहता है। छह से नौ मीटर से ऊपर

ऊँचाई पर उड़ता हुआ कम ही देखा गया है। पश्चिमी घाटों में मई के महीने में बच्चे के साथ माँ देखी गई है।

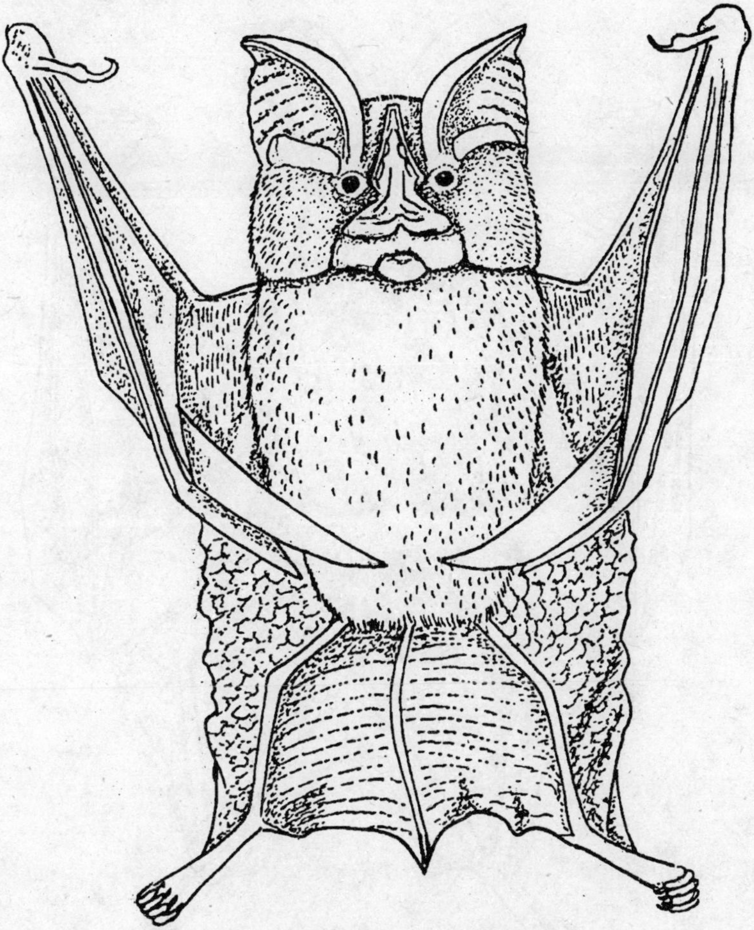

**चित्र** 82 शरीर पर फ़र लम्बा होता है

## मांसभक्षी चमगादड़

इसे संस्कृत में भारत मासेष्ट जतु; अंग्रेज़ी में इण्डियन फ़ाल्स वेम्पायर (Indian false vampire) और प्राणिशास्त्र में **मेगादर्मा लीरा** जिओफ़्रॉय (**Mega-derma lyra** Geoffroy) कहते हैं।

इसका सिर एवं शरीर 8.6 सेण्टीमीटर, अग्रबाहु 6.5 से 6.8 सेण्टीमीटर लम्बे होते हैं। इसकी पूँछ नहीं होती। इसका रंग धूसर या सलेटी धूसर होता है। इसके कान बड़े और गोल होते हैं। निचले हिस्से में 1/3 लम्बाई तक जुड़े होते हैं।

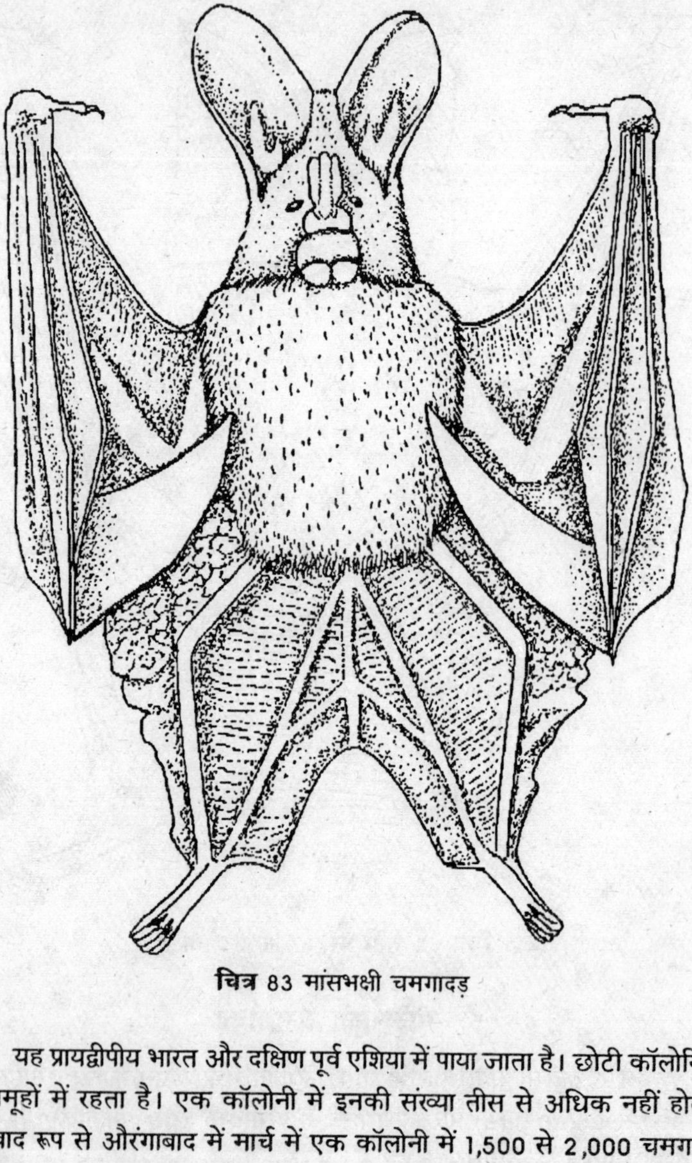

चित्र 83 मांसभक्षी चमगादड़

यह प्रायद्वीपीय भारत और दक्षिण पूर्व एशिया में पाया जाता है। छोटी कॉलोनियों में समूहों में रहता है। एक कॉलोनी में इनकी संख्या तीस से अधिक नहीं होती। अपवाद रूप से औरंगाबाद में मार्च में एक कॉलोनी में 1,500 से 2,000 चमगादड़

देखे गए थे। यह पुरानी इमारतों, कुओं और गुफ़ाओं में रैन बसेरा करता है। सूर्यास्त के बाद बिलकुल अँधेरा हो जाने पर बाहर निकलता है। टस्सर रेशम के पतंगों, अन्य पतंगों, घास के टिड्डों के अलावा छोटे पृष्ठवंशियों और पिपिस्टेलिस जैसे छोटे चमगादड़ों, छोटे चूहों, पक्षियों, गिरगिटों और मेढकों को भी खाता है। ज़मीन के समीप उड़ते हुए इन्हें पकड़ लेता है। कहा जाता है यह मछली को भी पकड लेता है। अक्टूबर और नवम्बर में ये जोड़ा बनाते हैं। अप्रैल में बच्चे पैदा होते हैं। औरंगाबाद की बड़ी कॉलोनी प्रजननकाल के बाद ख़त्म हो गई थी। बच्चे के वयस्क हो जाने तक माँ बच्चे को अपने साथ रखती है।

## भारत जतुका

इसे संस्कृत में भारत जतुका; अंग्रेज़ी में इण्डियन पिपिस्ट्रेले (Indian pipistrelle); प्राणिशास्त्र में **पिपिस्त्रेल्लुस कोरोमान्द्रा** (ग्रे) [**Pipistrellus coromandra** (gray)] कहते हैं।

इसका सिर एवं शरीर 4.6 सेण्टीमीटर, पूँछ 3.6 सेण्टीमीटर और अग्रबाहु 2.7 से 3.1 सेण्टीमीटर लम्बे होते हैं। इसका रंग सामान्यत: गूढ़ा भूरा होता है। निचला भाग ज़रा हलके रंग का होता है। थूथनी नोकीली नहीं होती। वयस्कों में आँखों तक

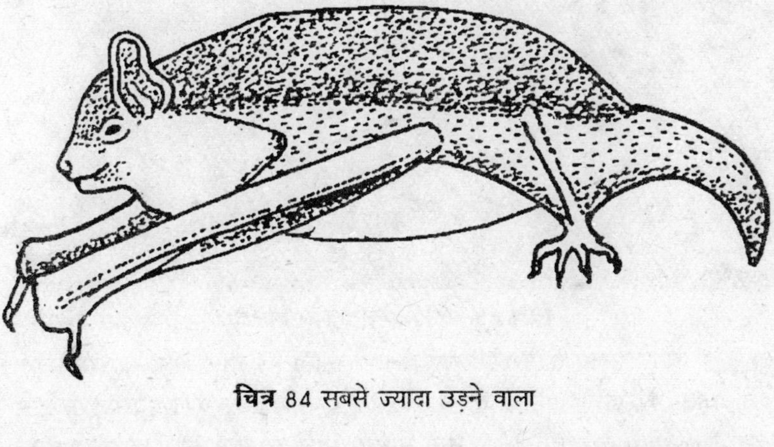

**चित्र** 84 सबसे ज्यादा उड़ने वाला

फ़र नहीं होते हैं। आँखों के बीच में घने फ़र होते हैं। कान कुछ तिकोने होते हैं। उनके सिरे गोल होते हैं।

यह सबसे जल्दी उड़ने वाला चमगादड़ है, सारी रात बाहर रहता है। उषाकाल

से कुछ ही समय पहले सोने चला जाता है। तेज़ी से उड़ता है। छोटी मक्खियों जैसे कीटों की खोज में घरों में घुस जाता है। इन्हें यह बड़ी मात्रा में खाता है। उत्तरी क्षेत्रों में यह शीतनिद्रा में चला जाता है। मई के महीने में इसके बच्चे पकड़े गए हैं और सितम्बर में गर्भावस्था के अन्तिम दिनों वाली मादा पकड़ी गई थी। सम्भवत: एक साल में दो बार इसके बच्चे पैदा होते हैं। आमतौर पर एक बारी में दो बच्चे पैदा होते हैं। यह भारत और दक्षिण-पूर्व एशिया में पाया जाता है। घरों की छतों और अन्य इमारतों में बहुधा रैन बसेरा करता हुआ देखा जाता है। वृक्षों की छाल के नीचे रैन बसेरा करते हुए इसे पकड़ा गया है।

**लुप्तप्राय जीव :** बढ़ती जनसंख्या, शहरीकरण, विकास-कार्यों में तेज़ी, पुरानी हवेलियों व किलों का जीर्णोद्धार एवं आम जनता में चमगादड़ों की प्रकृति के बारे में फैली भ्रांतियाँ —ये प्रमुख कारण हैं जिनके चलते चमगादड़ विलुप्त होने के कगार पर पहुँच गए हैं। अज्ञानता के कारण कुछ जगह लोग इस भ्रम के शिकार हैं कि चमगादड़ नाक को पकड़ लेती है। कई क्षेत्रों में धारणा है कि ये शरीर पर जोंक

**चित्र** 85 स्तनपान कराती चमगादड़

की तरह चिपक जाए तो छुड़ाना मुश्किल हो जाता है। कुछ क्षेत्रों में इसे अशुभ माना जाता है। इन्हीं भ्रांतियों के चलते लोग चमगादड़ों से घृणा करते हैं वे इन्हें अपने आस-पास नहीं रहने देते। इनके आश्रय-स्थलों को उजाड़ने की कोशिश करते हैं। आश्रय-स्थलों में आग भी लगा देते हैं। एक मात्र उड़ने वाले इस स्तनपायी को संरक्षण प्रदान करना चाहिए। ◘◘